100 ANS DE DESIGN

PENNY SPARKE

OCTOPUS

À Molly, Nancy et Celia

100 ans de design

Publié pour la première fois en Grande-Bretagne sous le titre
A Century of Design
Design Pioneers of the 20th Century

Traduit de l'anglais et révisé par Sophie Artaud, assistée de Philippe Rollet (p. 6 à 55)

Adaptation et réalisation par Decoudun-Le Dosseur, Paris

Dépôt légal 37380 Août 2003
ISBN 201260163-4
Imprimé en Chine

Sommaire

Introduction

Cet ouvrage présente les grands designers du XXᵉ siècle et maints objets qui n'existeraient pas si ces pionniers ne les avaient pas imaginés. Nous n'y pensons jamais et pourtant, de la fourchette au canapé, de l'abribus à l'ordinateur, beaucoup de choses qui nous entourent et font partie de notre vie quotidienne ont d'abord été pensées et dessinées par un créateur ou une équipe de designers.

Ce travail de conception n'est pas aussi simple qu'il y paraît de prime abord, et les objets ne naissent pas d'un croquis griffonné au dos d'une enveloppe... Ils répondent en réalité à une question précise : quelle forme permettra à chacun d'eux de remplir au mieux sa fonction ? Une fonction qui, d'ailleurs, diffère largement selon les cas. Elle peut être strictement utilitaire, quand il s'agit de concevoir un couteau tranchant et facile à utiliser, ou purement esthétique et ne viser qu'à l'embellissement de notre cadre de vie. Elle peut être sociale ou psychologique : l'objet présente alors un aspect sécurisant et doit faciliter les relations entre les êtres. Elle peut être purement commerciale et viser à alimenter le marché avec un produit nouveau. Le designer se doit de prendre en compte ces différents aspects avant de tracer ses premières esquisses.

Ses responsabilités sont multiples : il doit créer un objet viable, qui remplisse parfaitement sa fonction, tout en donnant une forme à nos rêves, à nos aspirations, même inconscientes, en nous fournissant des symboles et des repères. Notre identité, en tant que personnes et en tant que groupe social, est étroitement liée aux objets dont nous nous entourons. Gérer efficacement l'ensemble de ces paramètres représente une tâche quasi surhumaine...

Les designers sont confrontés à toutes sortes de contraintes. Pour un objet produit à l'échelle industrielle — ce qui est la règle aujourd'hui —, il leur faut prendre en compte les exigences du fabricant, jusqu'au marketing et à la vente au détail. Ils doivent être au fait des impératifs techniques liés à la production et connaître les caractéristiques des différents matériaux utilisés. Ils ont aussi à devancer les goûts et les attentes des consommateurs. En ce sens, ils jouent un rôle culturel essentiel : ils conçoivent notre environnement matériel, et il est donc capital qu'ils possèdent une vision globale de ce que doit être notre cadre de vie.

Certains créateurs ont exploré les formes en les stylisant toujours plus ; d'autres se sont attachés à théoriser le rôle du designer dans la société, en décryptant les implications culturelles, économiques et politiques de son travail ; d'autres enfin ont su créer des objets en parfaite adéquation avec l'« air du temps » et les attentes du public. Ce livre est consacré aux pionniers qui ont vu dans le design la meilleure façon de concilier leur désir de créativité et leur vision des attentes de la société de leur temps.

Au cours du XXᵉ siècle, le design a été plus d'une fois à l'avant-garde des grands changements culturels de la société, comme de ses transformations plus générales. Les designers travaillent en parallèle avec les artistes, les architectes, les hommes politiques et les techniciens, qui ne cessent de leur fournir de nouvelles sources d'inspiration. Ils ont toujours partagé les préoccupations majeures de leur époque, et ils se sont toujours sentis concernés par les changements d'orientation politique, culturelle ou artistique.

Si les designers se sont parfois regroupés pour défendre leurs conceptions, tous considèrent leur travail comme une aventure personnelle. L'idéologie dominante d'une époque influence les diverses catégories socioprofessionnelles, et les designers ne font pas exception à la règle. Le modernisme a joué ce rôle. Son ambition première visait à insuffler de la modernité aux objets industriels composant notre cadre de vie. Inspiré par les avancées technologiques les plus récentes, prenant en compte les principes de la production industrielle, le modernisme emprunte son langage visuel à l'art abstrait, qu'il considère comme le plus apte à traduire les aspirations de la modernité. La plupart des grands designers modernistes ont été, au départ, des architectes adeptes du fonctionnalisme, une doctrine selon laquelle la structure interne d'un bâtiment détermine la forme de son enveloppe. Ils ont appliqué cette théorie au design. L'approche moderniste a eu un tel impact dans les années vingt et trente que, dans la plupart des institutions traitant peu ou prou du design, comme les écoles ou les musées, cette conception a été la seule à avoir voix au chapitre. De nombreux créateurs se sont bien sûr positionnés en marge de ce mouvement, mais tous ont ressenti son influence. Le modernisme n'a été sérieusement battu en brèche que dans les années soixante ; il n'a cependant jamais complètement disparu et reste une référence essentielle.

Qui sont les créateurs que *100 ans de design* a choisi de présenter ?

Première constatation : la plupart d'entre eux sont des hommes, même si quelques femmes se sont fait un nom dans ce domaine — leur nombre augmente d'ailleurs à mesure que l'on avance dans le temps. Dans les premières décennies du siècle, elles sont surtout décoratrices d'intérieurs ou assistantes des premiers modernistes.

Deuxième constatation : presque tous les designers ont reçu une formation d'architecte et, très logiquement, se sont d'abord intéressés à l'aménagement intérieur. Ils se sont cependant rapidement tournés vers le design des objets emblématiques du XXᵉ siècle, tels les machines à écrire, les robots ménagers ou les voitures. Cette règle de l'évolution de l'architecte vers le designer n'a souffert que peu d'exceptions jusqu'en 1945 : à cette date apparaissent les premiers créateurs qui dessinent exclusivement des objets industriels. Ce va-et-vient constant entre les disciplines fait toute la richesse du design au XXᵉ siècle.

Les designers tendent tous vers le même but : se donner et donner à leurs contemporains un environnement de meilleure qualité. Mettre de la beauté et du sens dans le cadre de la vie de tous les jours : telle est la raison d'être essentielle du design au XXᵉ siècle et tel fut le niveau d'engagement individuel de ses pionniers.

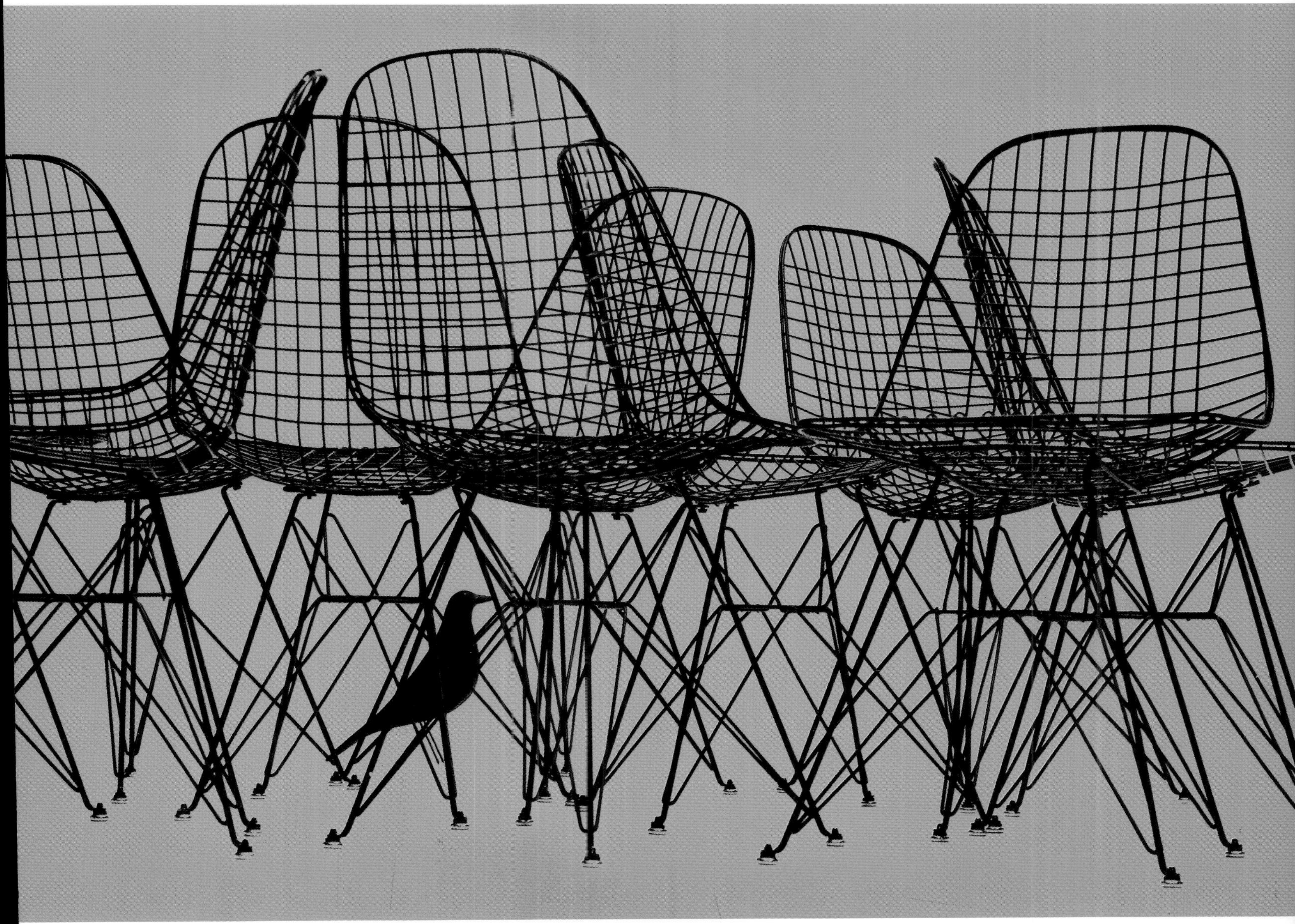

Couverture de The Architectural Review *de juin 1952 présentant un ensemble de chaises métalliques dessinées par Charles Eames pour le fabricant de mobilier Herman Miller. L'élégance minimaliste de ces chaises a beaucoup contribué à faire évoluer le goût du public dans l'immédiat après-guerre.*

Le nouveau siècle

Le nouveau siècle

Durant les décennies qui marquent le passage du XIXe au XXe siècle, la technologie et les modes de vie se sont transformés de façon radicale. À cette époque est né ce que l'on pourrait appeler la « modernité ». La vie des habitants du monde industrialisé, toutes classes sociales confondues, a changé de manière irrévocable. Transport, communications, production de biens de consommation : tout se fait désormais à grande échelle.

Derrière ces bouleversements, il y a la technologie, perçue comme une force rationnelle, progressiste, positive et irrépressible. Bien des gens placent en elle tous leurs espoirs et la considèrent comme le meilleur moyen d'aller de l'avant et de placer le siècle qui s'ouvre sur la voie d'un « mieux-vivre ». Ils pensent qu'elle engendrera nécessairement le progrès matériel et l'égalité sociale, et permettra de résoudre de façon rationnelle et efficace les problèmes de la vie quotidienne.

Les architectes et les designers se montrent particulièrement sensibles aux sirènes de la technologie. Pendant un siècle, ils ont vécu dans une atmosphère sécurisante, gardant les yeux rivés sur le passé. C'est en effet la recherche du confort, et non celle de la nouveauté, qui a déterminé les goûts de la nouvelle classe moyenne apparue au XIXe siècle : après le néoclassicisme, le néogothique.

Le design du nouveau siècle se dresse alors contre cette tentation de la nostalgie. Les architectes ouvrent la voie, appliquant leurs idées à l'architecture intérieure, puis aux objets, et faisant voler en éclats la hiérarchie traditionnelle entre arts majeurs et arts appliqués.

Cette révolution voit le jour en Grande-Bretagne. Inspirés par les idées de John Ruskin relayées par William Morris, C.R. Ashbee, C.F.A. Voysey et les autres tenants du mouvement Arts and Crafts, les architectes s'inquiètent de l'interprétation abâtardie que donnent des styles classiques les machines de l'ère industrielle. N'y a-t-il pas moyen de revivifier la création et l'artisanat ? Ne peut-on renouer les liens qui, jadis, unissaient les fabricants et leurs produits ?

Cette façon foncièrement artisanale et traditionnelle de concevoir la production des meubles et des objets a certes quelque chose de passéiste, mais elle a été pour les architectes et les designers de l'époque le moyen d'exprimer leur opposition aux conceptions de leur temps. L'idéal d'Arts and Crafts s'est répandu largement et, un peu partout en Europe — mais principalement en Finlande, en Hongrie et en Suède —, on s'est mis à rechercher passionnément les images et les motifs propres à l'identité nationale.

Le design moderne est né dans les grandes villes : Vienne, Paris, Bruxelles, Barcelone, Milan ou Glasgow. Il ne s'est d'abord appliqué qu'à l'architecture, mais s'est rapidement élargi aux arts appliqués et à la décoration intérieure.

L'Art nouveau, connu dans les pays d'Europe du Nord sous le nom de Jugendstil, est le premier style qui marque une réelle rupture avec le passé. Il s'agit pourtant d'un mouvement que l'on pourrait qualifier de « transitionnel » : il utilise largement des formes inspirées de la nature, mais s'appuie sur des matériaux nouveaux, comme la fonte, l'aluminium ou le verre feuilleté.

Les formes créées par l'Art nouveau, des plus variées, vont des courbes fluides d'Hector Guimard *(voir pages 20-21)*, d'Émile Gallé et d'Eugène Gaillard en France, à celles plus simples d'Henry van de Velde *(voir pages 16-17)* et de Victor Horta en Belgique, d'Antonio Gaudi en Espagne et de Peter Behrens *(voir pages 30-33)* en Allemagne, en passant par les lignes plus géométriques de Charles Rennie Mackintosh *(voir pages 26-29)* en Écosse et d'Otto Wagner ou de Josef Hoffmann en Autriche *(voir pages 12-13, 34-37)*. À travers ses différentes manifestations, l'Art nouveau recherche l'harmonie entre la structure d'un bâtiment et son décor.

Le rôle croissant de la machine, la recherche d'une rationalisation du travail et d'une efficacité maximale ont conduit au remplacement progressif des formes complexes inspirées de la nature par des structures plus géométriques. Les tenants du Jugendstil en Allemagne et en Autriche se sont montrés particulièrement sensibles à cette évolution et à ces nouveaux impératifs technologiques.

De grandes expositions assurent alors une large audience à ces transformations. Les expositions universelles qui se tiennent à Paris en 1889 et 1900 *(voir pages 22-23)* rendent un vibrant hommage à l'Art nouveau ; celle de Turin en 1902 attire l'attention du public sur le style dépouillé de Charles Rennie Mackintosh. Des revues comme *The Studio* ou *Span* permettent aux conceptions nouvelles de passer les frontières ; les styles et les idées traversent rapidement l'Atlantique. Dans ce creuset d'influences, l'exotisme des formes découvertes par les Européens dans leurs différents empires coloniaux joue un rôle certain.

Le changement ne concerne pas seulement l'architecture et les arts décoratifs, mais le mode de vie dans son ensemble. Le concept de *Gesamtkunstwerk* (« œuvre d'art totale ») entraîne les créateurs à travailler en faisant fi des frontières entre beaux-arts, arts décoratifs et arts appliqués. L'utopie semble à portée de main : un monde nouveau va naître, où la modernité saura satisfaire toutes les exigences de la vie contemporaine. Cette révolution n'aurait certainement pas pris les mêmes formes sans les idées avant-gardistes de quelques personnalités d'exception, tant en Europe qu'aux États-Unis.

Les hommes restent les principaux initiateurs du grand mouvement qui se dessine. Les architectes, inspirés par les dernières avancées de la technologie, s'attachent à transformer l'environnement matériel de leurs contemporains. La décoration et l'artisanat résistent encore vaillamment à ce que l'on a appelé plus tard « l'esthétique de la machine » et donnent à leur façon libre cours à la modernité. Mais surtout, à l'époque, comme le prouvent la vie et l'œuvre des créateurs dont il est question dans ce chapitre, tout est encore possible...

Vitrail d'une des fenêtres de l'hôtel Otlet, à Bruxelles, construit à la fin des années 1890 par Henry van de Velde, qui s'est également chargé de l'aménagement intérieur du bâtiment. Ces motifs élaborés uniquement à partir de lignes courbes, typiques des créations fin de siècle, sont déclinés dans tout le décor de l'hôtel.

L'architecte et designer viennois Otto Wagner (1841-1918) a joué un rôle déterminant dans l'émergence du modernisme. À la fois enseignant, écrivain et praticien, il a inspiré de nombreux autres architectes. Il est l'un des premiers à avoir pris en compte les exigences de la « vie moderne » : technologie et matériaux

Otto Wagner

nouveaux, accompagnement du développement des villes. Alors que certains de ses prédécesseurs se sont largement inspirés des styles du passé et ont mélangé les motifs décoratifs de façon souvent artificielle, Wagner a conçu des structures architecturales et des objets entièrement nouveaux.

À Vienne, Otto Wagner a été le leader incontesté de l'avant-garde, tant en architecture que dans le domaine du design. Son enseignement, ses écrits et, plus encore, ses réalisations ont apporté au design une aide précieuse pour franchir le cap du nouveau siècle.

Angle du toit de la gare de Karlplatz, à Vienne, dessinée en 1898. L'attention que Wagner accorde aux détails de la structure et aux motifs décoratifs caractérise ses réalisations pendant cette période de transition. Cela le mènera à renoncer aux styles décoratifs du passé au profit du fonctionnalisme.

FORMATION ET PREMIERS TRAVAUX

Wagner reçoit une solide formation académique en architecture au lycée technique de Vienne, de 1857 à 1860 (dont une année passée à l'académie d'architecture de Berlin). Entre 1861 et 1863, il étudie à l'Académie de Vienne, où il enseigne et dont il dirige le département d'Architecture en 1894. Ses premières réalisations en tant qu'architecte sont des maisons de ville au décor inspiré des styles classiques — un goût qu'il abandonne peu à peu au cours de sa carrière. Il en dessine une quarantaine, dont la sienne (1889), située Rennweg 3, à Vienne, dotée d'une façade au décor Renaissance, et pour laquelle il conçoit également le mobilier. Celui-ci révèle des réminiscences du style Biedermeier, très en vogue auprès de la nouvelle bourgeoisie viennoise apparue au milieu du XIXe siècle.

VERS LE FONCTIONNALISME

Les toutes premières années du XXe siècle sont pour Wagner une période de transition, durant laquelle il développe une vision très personnelle de l'architecture. Il rejoint quelque temps les artistes et architectes fondateurs, en 1897, de la Sécession viennoise. Ce mouvement s'oppose à l'Académie de Vienne, qui tient les arts appliqués pour inférieurs aux beaux-arts,

Intérieur de l'église Am Steinhof, à Vienne, construite entre 1904 et 1907. Cette réalisation, parmi les plus marquantes de Wagner, préfigure le modernisme : les murs portent un riche décor, mais la structure du bâtiment témoigne d'une évolution vers une austérité croissante.

Applique dessinée en 1902 pour les bureaux du journal Die Zeit*, à Vienne. Cet objet d'une grande simplicité et strictement utilitaire met en pratique les conceptions fonctionnalistes de Wagner.*

notamment à la peinture. Les tenants de ce mouvement souhaitent abolir les frontières entre l'architecture, les arts décoratifs et les arts appliqués. À la fin du XIXe siècle, Wagner a exécuté de nombreux dessins, par exemple pour un stand, à la structure en fonte, de l'Exposition universelle de Paris en 1900 *(voir pages 22-23)*, et pour son mobilier. On y retrouve les courbes typiques du Jugendstil, version assagie, dans les pays d'Europe du Nord, de l'Art nouveau français.

L'idéal de la Sécession — l'interdépendance de l'architecture et des arts décoratifs — est aussi celui de Wagner. À partir de 1900, les bâtiments et les meubles qu'il dessine tendent de plus en plus au fonctionnalisme. Il donne ainsi davantage de force à ses sièges en insistant sur leur structure. Il utilise également volontiers des matériaux novateurs, tels le verre ou l'aluminium, qui l'amènent à abandonner une grande partie de ses motifs décoratifs antérieurs. Le mobilier d'un des bâtiments marquants de cette période, la Caisse d'épargne des Postes et Télécommunications de Vienne (1904-1906), se compose ainsi de formes géométriques simples en hêtre teinté et poli. Quelques détails en aluminium judicieusement placés — les sabots des pieds des sièges, la courbe des accoudoirs, les points de jonction des différentes parties — soulignent la structure. L'assise perforée de certains sièges les allège, les trous circulaires font écho aux rivets des plaques d'aluminium.

Wagner accorde la même attention aux détails dans toutes ses créations. En 1902, par exemple, il travaille à une gamme d'argenterie Jugendstil pour l'usine viennoise de J.C. Klintosch, qui est exposée à la foire internationale de Turin de la même année. À une plus large échelle, il participe aux grands changements qui transforment alors la physionomie de Vienne. Conseiller pour la commission de transport de la ville, il dessine, entre 1894 et 1899, des ponts et des gares — dont la gare de Karlplatz *(voir page ci-contre)* — pour la compagnie des chemins de fer de Vienne. En 1906-1907, il travaille pour la commission qui s'occupe de la régulation du canal du Danube.

WAGNER ENSEIGNANT ET ÉCRIVAIN

Dès les balbutiements du fonctionnalisme, les projets de Wagner constituent des exemples marquants pour les designers, à Vienne et dans toute l'Europe. Parallèlement, ses idées novatrices se répandent grâce à ses écrits et à ses activités d'enseignant. Dès la parution, en 1896, d'*Architecture moderne*, où il expose ses idées sur les nouvelles exigences de la vie moderne, Wagner est considéré comme le « père du modernisme viennois ». Au département d'Architecture de l'Académie de Vienne, il influence fortement des étudiants comme Josef Hoffmann *(voir pages 34-37)* et Joseph Maria Olbrich, qui ont travaillé avec lui en 1896 et comptent parmi les fondateurs de la Sécession viennoise.

Wagner s'est intéressé à toutes sortes de projets, du plus petit au plus grand ; ils ont en commun leur engagement farouche en faveur de la modernité.

Petit fauteuil en bois courbé (hêtre teinté et poli) à assise perforée, dessiné entre 1904 et 1906 pour la Caisse d'épargne des Postes et Télécommunications de Vienne — peut-être le bâtiment le plus caractéristique du travail de Wagner.

La plupart des créateurs qui ont joué un rôle clé dans l'émergence d'un style nouveau à la charnière du XIXe et du XXe siècle travaillaient à Vienne, Paris ou Bruxelles : c'est dans ces trois capitales que s'est forgé un design épris de modernité et tournant résolument le dos aux grands exemples du passé. Les expositions et les revues

Carlo Bugatti

spécialisées ont cependant permis à des créateurs installés dans des villes plus modestes, tel le Milanais Carlo Bugatti (1856-1940), de donner à leur travail une audience internationale. Ses créations, foncièrement originales, reflètent certaines tendances des arts appliqués de l'époque : recours à des matériaux rares ou intérêt pour un répertoire décoratif non occidental.

Carlo Bugatti, devant l'une de ses créations de la fin des années 1890. On reconnaît d'emblée les éléments stylistiques chers à l'artiste, tels le motif du cercle et le décor orientalisant.

Coffre gainé de parchemin, au piètement de bronze doré (vers 1902). Les motifs floraux stylisés qui ornent les panneaux se retrouvent dans nombre des créations de Bugatti.

FORMATION ET PREMIERS PROJETS

Contrairement à beaucoup de designers de son temps, Bugatti n'a pas reçu une formation d'architecte mais de peintre. Il étudie à l'académie Brera, à Milan, à la fin des années 1870, puis à l'académie des Beaux-Arts de Paris. Il caresse quelque temps l'idée de devenir architecte, mais pendant trente ans consacre toute son énergie à dessiner et fabriquer des meubles pour sa riche clientèle milanaise.

La chambre à coucher qu'il réalise en 1880, à l'occasion du mariage de sa sœur, lui sert de coup d'essai. Il s'inspire de l'architecture islamique

Chambre à coucher, dessinée vers 1900 pour la résidence de lord Battersea à Londres, typique du style de Bugatti : formes arrondies, détails décoratifs d'inspiration orientale, atmosphère étouffante.

pour les arcs ornementaux du lit, dote le chevet et le pied de motifs japonisants, et fait largement appel à la marqueterie dans l'ensemble du décor. En 1888, il ouvre à Milan un atelier d'ébénisterie.

Dans la mouvance de John Ruskin ou William Morris, Bugatti entend privilégier une fabrication artisanale et de qualité. Son style, comme celui des tenants de l'Aesthetic Movement anglais et des artistes parisiens de l'époque, est teinté d'exotisme et s'inspire des arts du Proche-Orient. Ses créations, dont bien des critiques ont stigmatisé l'excentricité, utilisent largement des matériaux jusqu'alors rarement employés en ameublement, tels le vélin ou le cuir, les incrustations et la passementerie.

ÉVOLUTION DU STYLE

À partir des années 1890, Bugatti privilégie toujours plus les formes symétriques et le motif du cercle. Il gaine nombre de ses créations de l'époque de vélin ou s'en sert pour dissimuler le raccord entre différents éléments. En 1900, il remporte une médaille d'argent à l'Exposition universelle de Paris *(voir pages 22-23)* ; la même année il fournit l'ameublement d'un palais d'Istanbul. En 1902, à la foire internationale de Turin, il montre quatre projets d'ameublement, qui comme toujours chez lui prennent en compte l'agencement intérieur dans son ensemble. L'un de ces projets, une pièce dont la forme repose sur un motif en spirale, reçoit le premier prix. Cette esthétique de la courbe, de la sinuosité « organique » est dans le droit fil de l'Art nouveau. Cette création, qui d'une certaine façon marque l'apogée de la carrière de Bugatti, lui assure une reconnaissance internationale.

Malgré leur excentricité et leur caractère parfois exotique, les créations de Bugatti peuvent être considérées comme relevant de l'Art nouveau. Elles témoignent en effet d'une volonté de se démarquer des formes et des styles traditionnels — une tâche bien rude en Italie, où l'héritage de la Renaissance est particulièrement prégnant.

En 1904, Bugatti, qui a probablement surestimé les chances de succès de ses meubles, revend son usine. Il quitte Milan pour Paris et — à l'exception notable d'une série d'objets en argent exposée en 1907 — tourne définitivement le dos aux arts appliqués pour se consacrer à la peinture.

Cabinet gainé de vélin, avec des parements de bois et de métal, dessiné vers la fin des années 1890. La structure symétrique de ce meuble particulièrement élaboré, typique des créations de Bugatti de l'époque, dévoile l'influence de l'art japonais (motifs floraux, bambous) et de l'art islamique (arcs outrepassés du piètement).

Henry van de Velde (1863-1957) est avec Otto Wagner *(voir pages 12-13)* l'un des pionniers du modernisme. Tout comme Wagner, Van de Velde a été à la fois architecte, designer et enseignant. Ses écrits ont assuré une large audience aux idées modernistes. En élaborant un langage nouveau qui prenait en compte les spécificités

Henry van de Velde

Henry van de Velde dans un fauteuil appartenant à un ensemble de meubles dessinés pour l'exposition de la Sécession en 1899. Derrière lui, une de ses toiles d'inspiration symboliste.

du matériau, Wagner a permis au design de faire du passé table rase ; Van de Velde s'est pour sa part intéressé en priorité à la ligne et à la forme. Pour lui, le contour d'un objet doit s'affranchir de toute référence à la nature et être en parfaite adéquation avec sa structure : de l'utile peut jaillir le beau.

FORMATION ET PREMIÈRES RÉALISATIONS

Van de Velde commence par étudier la peinture, à Anvers de 1881 à 1884, puis à Paris en 1884 et 1885. Ses premières œuvres subissent l'influence du postimpressionnisme de Van Gogh ou Gauguin, ou du pointillisme de Seurat. Il adopte ensuite les lignes fluides chères aux artistes symbolistes, avant de s'intéresser aux arts décoratifs — il dessine notamment des affiches — et au style Art nouveau. En 1889, il rejoint Les Vingt, un groupe de peintres symbolistes belges. En 1894, dans un essai intitulé *Le Déblaiement de l'art*, il expose sa théorie de la ligne « dynamographique », qui vise à traduire le dynamisme interne d'un objet. Dans la chaise dessinée pour la villa Bloemenwerf, par exemple, les courbes participent de la structure du meuble, mais lui donnent aussi une ligne ascendante, évasée.

VILLA BLOEMENWERF

Van de Velde, dont le travail se veut social, se montre sensible aux théories de John Ruskin ou William Morris, les deux ténors du mouvement anglais Arts and Crafts. Tout comme Morris, il passe du graphisme à l'architecture et aux arts décoratifs, par le biais d'un projet pour sa maison, la villa Bloemenwerf, à Uccle, en Belgique (1895). Son architecture se ressent nettement de

Pour Van de Velde, la courbe participe de la structure d'un objet tout en étant un élément décoratif. Les éléments courbes simples et très subtils qui composent cette chaise — dessinée en 1895 pour la villa Bloemenwerf, sa maison — en font l'une des premières manifestations du modernisme.

Van de Velde délaisse très tôt la peinture pour réaliser des affiches. Dans celle-ci, exécutée en 1897 pour une usine de produits alimentaires de Mülheim, en Allemagne, l'artiste montre son habileté à combiner des formes organiques et des motifs abstraits, et à intégrer parfaitement le texte dans l'image.

Les pièces d'argenterie créées par Van de Velde illustrent la ligne « dynamographique », à la fois structurelle et décorative. L'élégance de ces couverts, dessinés en 1903 pour Theodor Müller, orfèvre de la cour à Weimar, caractérise le travail de Van de Velde.

l'influence de l'Art nouveau français et belge. Elle se caractérise par son homogénéité, fondée sur l'utilisation de formes organiques qui se retrouvent jusque dans les détails du mobilier. Cette villa vaut bon nombre de commandes à Van de Velde : le grand marchand d'art Siegfried Bing et son rival, Julius Meier-Graefe, propriétaire de l'enseigne *La Maison moderne*, notamment, le chargent de dessiner l'ameublement de leurs boutiques respectives à Paris. À la fin des années 1890 et au début des années 1900, Van de Velde s'essaie à pratiquement tous les arts décoratifs ou appliqués : ameublement, reliure, ferronnerie, céramique, papier peint, textile, vêtement, etc. L'utilisation exclusive de lignes courbes et sages, sans la moindre exubérance, caractérise alors son style.

SÉJOUR EN ALLEMAGNE ET DERNIERS TRAVAUX

En 1899 Van de Velde part pour l'Allemagne et y vit jusqu'en 1917. En 1902, on lui demande les plans d'une nouvelle école des arts appliqués à Weimar — l'ancêtre du Bauhaus —, dont il devient codirecteur en 1908. Jusqu'à la Première Guerre mondiale, il est un acteur essentiel du développement du design en Allemagne ; en 1907, il compte parmi les cofondateurs du Deutscher Werkbund, une association d'artistes cherchant à faire le lien entre design et industrie. Ses dessins pour la manufacture de porcelaine de Meissen, pour des objets d'orfèvrerie ou de ferronnerie, l'aménagement du musée Folkwang de Hagen figurent parmi les projets les plus importants alors élaborés.

En 1914, ses conceptions quelque peu idéalistes sur le rôle du designer dans la société se heurtent aux principes rationalistes très rigoureux d'Hermann Muthesius, un autre cofondateur du Deutscher Werkbund, figure marquante du design allemand. Pour Muthesius, le design doit se plier aux normes de la standardisation, qui seule permet la production en masse des objets créés par les designers. Van de Velde, au contraire, fidèle en cela aux principes d'Arts and Crafts, se pose en défenseur de l'artisanat. Il démissionne la même année de son poste de professeur ; en 1920, il quitte l'Allemagne pour les Pays-Bas, puis la Belgique. Il s'occupe alors de nombreux projets, dont l'aménagement de la rive gauche du Schelde, à Anvers (1926), l'agencement de la bibliothèque universitaire de Gand (1936) et du Kröller-Müller Museum d'Otterlo (1937-1938). Malgré ces réalisations d'envergure, il se trouve peu à peu exclu des grands débats sur le design.

Van de Velde s'est intéressé à de nombreux domaines de la création, mais il est toujours resté fidèle à son credo : le beau, c'est l'utile. La forme de ce vase de grès, dessiné au début des années 1900 pour Reinhold Hanke, est déterminée par l'emplacement et la ligne très particulière des deux anses.

La plupart des grandes ruptures qui marquent la naissance du design moderne sont le fait d'architectes désireux de faire évoluer l'architecture des bâtiments tout autant que leur agencement intérieur. En créant des lignes audacieuses, ils ont cherché à tirer le meilleur parti des possibilités offertes par la production de masse. Au même moment

Elsie de Wolfe

apparaissait une nouvelle profession. Les « décorateurs » désiraient remplacer les intérieurs lourdement meublés par des ambiances plus aérées, plus lumineuses, plus modernes. Leur approche, bien que moins radicale que celle des architectes, s'avérait tout aussi novatrice. Leur vision de l'aménagement intérieur, considéré comme un tout, reliait le travail de différents corps de métiers — tapissiers, ébénistes et autres artisans spécialisés — jusqu'alors séparés. L'Américaine Elsie de Wolfe (1865-1950) a été l'une des premières décoratrices d'intérieur. Fidèle à sa maxime, « Simplicité, harmonie et proportions », elle a revisité, au tournant du siècle, la résidence d'Américains fortunés souhaitant afficher leur bon goût…

Elsie de Wolfe par Cecil Beaton. Son influence, considérable, a amené de nombreuses jeunes femmes, telles Syrie Maugham (voir pages 54-55) *ou Sibyl Clefax, en Grande-Bretagne, à embrasser la profession de décoratrice d'intérieur. Leur travail se situe aux antipodes des recherches du modernisme, qui reflète l'application au design de l'« ère de la machine ». Il n'en représente pas moins l'un des aspects novateurs de la décoration intérieure au XX*e *siècle.*

Photographie extraite de The House in Good Taste *(1913), révélant le goût d'Elsie de Wolfe pour les tissus à fleurs. Le petit coin-bureau installé dans un angle du salon est également typique de son travail. Elsie de Wolfe, qui a beaucoup utilisé les meubles anciens, a modifié leur aspect d'origine en les repeignant dans des tons discrets, gris ou vert pâle, et en remplaçant les garnitures vieillottes et foncées par des tissus plus clairs et plus gais.*

PREMIÈRES COMMANDES

Elsie de Wolfe n'est pas issue de la « bonne société » à laquelle appartiennent la plupart de ses clientes. Elle s'est pendant longtemps consacrée au théâtre, en tant que comédienne professionnelle, et ne s'est tournée vers la décoration qu'à l'approche de la quarantaine. En 1897-1898, elle redécore son appartement de New York, dont elle fait une sorte de show-room.

En 1905, son aménagement du premier club féminin de New York, le *Colony Club*, dessiné par l'architecte Stanford White, lui apporte la célébrité. Grâce à ce projet, Elsie de Wolfe met en pratique ses idées visant à « rafraîchir » la décoration intérieure.

On y trouve déjà les principaux éléments propres à son style : beaucoup de chintz fleuris, des couleurs douces et lumineuses (rose, gris, bleu pâle) et surtout du blanc ; des rayures et des motifs de treillage, clin d'œil aux arts décoratifs du XVIIIe siècle ; des meubles français du XVIIIe siècle. Les meubles anciens y voisinent sans heurt avec des créations contemporaines, dans une atmosphère très claire, empreinte de modernité.

Pièce du Colony Club *— premier club exclusivement féminin de New York, construit en 1905 par* Stanford White *—, servant à la fois de salle de réunion et de jardin d'hiver. Cette photographie illustre un chapitre de* The House in Good Taste *consacré à l'utilisation du treillage, tant à l'intérieur qu'à l'extérieur.* Elsie de Wolfe *a repris ce type de décor, inspiré des jardins de Versailles, dans plusieurs de ses projets pour des résidences privées.*

Vue partielle de l'intérieur de la villa Trianon, résidence d'Elsie de Wolfe à Versailles, résumant l'essentiel de son style : meubles anciens, influence des arts décoratifs français du XVIIIe siècle, larges rayures et couleurs claires.

SUCCÈS

L'agencement du *Colony Club* vaut de nombreuses commandes à Elsie de Wolfe, mais la décoration de ses résidences successives lui sert en quelque sorte de carte de visite. Elle importe des meubles et des objets d'art européens anciens qu'elle intègre à ses décors, leur conférant ainsi une touche « Vieille Europe » très appréciée outre-Atlantique. En 1905, avec Elizabeth Marbury, son ancienne associée, elle achète la villa Trianon à Versailles.

THE HOUSE IN GOOD TASTE

En 1913, sa réputation s'accroît avec la parution de son livre, *The House in Good Taste (La Maison de bon goût)*. L'ouvrage, illustré de photographies montrant des intérieurs aménagés par Elsie de Wolfe, a d'abord paru par chapitres dans une revue de décoration largement diffusée

La décoratrice donne de nombreux conseils à ses lecteurs elle leur suggère notamment de remplacer les grands rideaux de dentelle, démodés, par une simple mousseline blanche, et se fait l'avocate des salles de bains modernes et de l'éclairage électrique.

Dans les années vingt et trente, Elsie de Wolfe passe de plus en plus de temps en France, décorant les demeures de riches Américains expatriés. Elle conserve son agence de New York jusqu'à sa faillite en 1937. En 1940, elle se retire en Californie avec son mari, sir Charles Mendl, un diplomate britannique. Sa nouvelle résidence de Beverly Hills, où elle a multiplié les audaces — larges rayures, murs laqués en vert et grands miroirs —, a fait l'objet d'un reportage pour le magazine de décoration *House and Garden*.

Hector Guimard

À l'instar d'Antonio Gaudi à Barcelone ou de Victor Horta à Bruxelles, Hector Guimard (1867-1942) est à Paris le meilleur représentant du style Art nouveau en architecture. Ce mouvement, qui a connu un grand succès auprès de la bourgeoisie européenne dans les années 1890 et au tout début du XXe siècle, apparaît comme une transition essentielle entre les styles du XIXe siècle et le modernisme. Les courbes de l'Art nouveau s'inspirent de la nature, mais chez les créateurs les plus talentueux elles ne se résument pas à une simple évocation du règne végétal et assument un rôle véritablement fonctionnel. Les œuvres de Guimard se sont vite démodées, mais sa conception de l'alliance entre l'esthétique et le fonctionnel a perduré. Selon celle-ci, l'architecture, la décoration intérieure et les objets doivent former un ensemble homogène se référant au même vocabulaire ornemental.

Hector Guimard dans son atelier. Les motifs organiques qu'il a créés, et dont il a fait grand usage dans ses commandes tant privées que publiques, tiennent un rôle de premier plan dans notre vision du Paris de la Belle Époque.

Les dessins de Guimard pour le métro parisien (à partir de 1903) comptent parmi ses réalisations les plus remarquables. C'est dans les entrées de métro que se mêlent le plus efficacement décor, matériau et finalité « utilitaire » : l'éclairage est inclus dans de grands boutons de fleurs stylisés, portés par de longues tiges sinueuses en fonte. Paris compte encore quelques-unes de ces bouches de métro, qui, au même titre que la tour Eiffel, appartiennent à son patrimoine.

PREMIÈRES RÉALISATIONS

De 1882 à 1885, Guimard suit les cours des Arts décoratifs, à Paris, puis, en 1888, ceux des Beaux-Arts. En 1888, il reçoit sa première commande, l'aménagement du restaurant *Le Grand Neptune*, quai d'Auteuil, à Paris, où il utilise largement la courbe et le bois. Se considérant d'emblée comme un « ensemblier », il prend intégralement en charge la réalisation d'un intérieur, jusque dans les moindres détails.

C'est dans cet esprit qu'il réalise le Castel Béranger (1894-1897), rue La Fontaine, à Paris. Il conçoit le bâtiment dans son entier — décoration intérieure, mobilier, détails architecturaux —, de façon à ce qu'il forme un tout organique et cohérent. Les éléments de cuivre ou de fer forgé, telle la grille de l'entrée principale *(voir page ci-contre)* ou la rampe de l'escalier principal, sont travaillés en courbes asymétriques qui confèrent au bâtiment, au demeurant d'une structure assez statique, un dynamisme fluide. Guimard, qui prête attention au moindre détail, tant à l'extérieur qu'à l'intérieur, dessine les revêtements des sols et des murs, les éclairages et une série de meubles en acajou foncé. Des formes allongées, asymétriques, et un important décor sculpté caractérisent ces éléments.

Grille de cuivre et de fer forgé du Castel Béranger, rue La Fontaine, à Paris, construit entre 1894 et 1897. Le décor de ce petit immeuble fait grand usage de ces courbes très fluides qui deviendront la marque de fabrique de l'Art nouveau. L'asymétrie et la longue courbe en coup de fouet sont deux leitmotive que Guimard reprend ici à satiété, dans les détails de l'architecture, les tapis, les cages d'escalier, les papiers peints, etc.

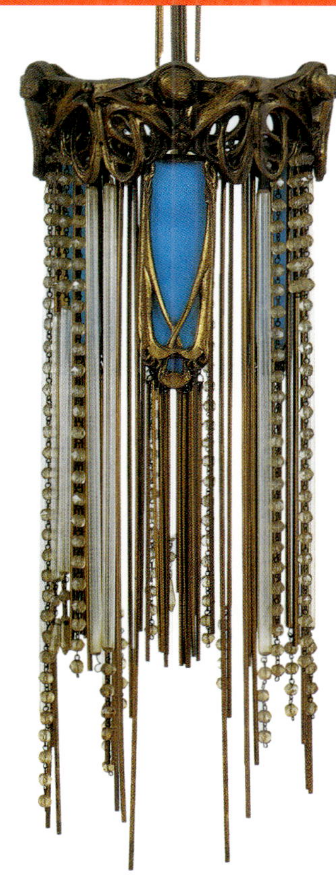

Étonnant plafonnier de bronze et de verre, dessiné vers 1908, fonctionnant à l'électricité. La modernité se dissimule derrière une richesse décorative extraordinaire.

Meuble d'acajou, dessiné vers 1902-1903. Le décor végétal sculpté, asymétrique, et la mouluration des panneaux sont typiques des meubles élaborés par Guimard. Les lignes sinueuses, clairement inspirées du règne végétal, prennent à force de stylisation un caractère presque abstrait, qui leur confère une grande modernité.

STATIONS DE MÉTRO

À l'occasion de l'Exposition universelle de Paris de 1889, Guimard travaille sur le pavillon de l'Électricité, conçu dans le plus pur style Art nouveau. Il apparaît dès lors comme le meilleur représentant de la modernité et c'est très logiquement que l'on s'adresse à lui, en 1903, pour dessiner les entrées du métro parisien. Cette commande, dans laquelle Guimard privilégie les matériaux modernes — fonte, fer forgé ou verre — lui permet de montrer clairement qu'il entend se libérer des formes classiques pour créer un langage visuel personnel, inspiré des formes organiques.

DERNIERS PROJETS

Guimard s'est toujours montré très intéressé par les « accessoires » de l'architecture, tels les grilles, les poignées de portes, les loquets, etc. Il a dessiné de nombreux objets en fer forgé et des meubles pour sa propre demeure, l'hôtel Guimard (1909) et pour l'hôtel Mezzura (1910). Il y délaisse l'acajou sombre, largement utilisé au Castel Béranger, au profit d'essences plus claires, comme le poirier. Les sièges, au décor sculpté foisonnant, s'ornent de tissus aux riches motifs décoratifs.

En 1920, Guimard crée une gamme de meubles standardisés, mais l'Art nouveau est alors déjà passé de mode. À l'exposition des Arts décoratifs de Paris, en 1925, où il expose quelques-unes de ses créations, les formes géométriques l'emportent sur les sinuosités de l'Art nouveau. Guimard n'en reste pas moins le premier créateur qui a su s'affranchir des styles classiques ; les grands designers du XXe siècle lui doivent leur liberté d'action.

Paris 1900

Les événements les plus marquants de la seconde moitié du XIXe siècle ont été les grandes expositions internationales, qui présentaient à un public toujours plus nombreux les récentes avancées de la technologie et les nouveaux produits de l'industrie. L'Exposition universelle de 1889, à Paris, a remporté un véritable triomphe et consacré l'Art nouveau français. Onze ans plus tard, en 1900, une nouvelle exposition universelle affirma l'hégémonie de ce style dans le domaine de la décoration et des arts décoratifs.

SITE RETENU

L'Exposition universelle de 1900, installée sur le Champ-de-Mars, s'articule, rive droite, à partir des Champs-Élysées, rive gauche, autour de l'esplanade des Invalides, et englobe aussi le Grand Palais et le Petit Palais. Pendant plusieurs mois, elle draine des milliers de visiteurs. On y accède par une entrée monumentale, la porte Binet (du nom de son architecte), dans laquelle certains ont voulu voir une sorte de réponse à la tour Eiffel, érigée à l'occasion de l'exposition de 1889. Au sommet de ce porche gigantesque, une statue de femme, dite *La Parisienne*, symbolise cette manifestation placée sous le signe de la courbe et de la grâce Art nouveau. À côté des pavillons français, sont présents quelques pays étrangers, tels les Pays-Bas ou l'Autriche, représentée par Josef Hoffmann *(voir pages 34-37)* et Otto Wagner *(voir pages 11-12)*. Le travail d'Henry van de Velde *(voir pages 16-17)* ou de Charles Rennie Mackintosh *(voir pages 26-29)*, qui comptent pourtant parmi les créateurs de premier plan, n'est pas exposé.

POURQUOI L'EXPOSITION ?

L'exposition de 1900 poursuit un but clairement nationaliste. Elle entend prouver que le style Art nouveau est une création spécifiquement française qui, bien qu'enracinée dans les arts décoratifs du XVIIIe siècle, fait un large usage des dernières avancées techniques, notamment dans le domaine de la métallurgie. Elle vise également à démontrer que les arts décoratifs ont la faveur des créateurs français, et à faire en sorte que le reste de l'Europe associe le style français à l'idée de qualité.

L'exposition prouve l'importance de l'Art nouveau pour la décoration intérieure et les arts décoratifs. Le grand marchand d'art Samuel Bing, dont la boutique parisienne, *La Maison de l'Art nouveau*, a donné son nom au nouveau style, présente un pavillon réalisé d'après les projets d'Eugène Gaillard, Georges de Feure et Edward Colonna.

Vitrine d'acajou sculpté dessinée par V. Epaux pour l'Exposition universelle de 1900. Son décor de branches de pommier en bas relief, construit sur des courbes très fluides, reste parfaitement symétrique ; on y décèle l'influence de l'art du XVIIIe siècle, auquel les créations Art nouveau des années 1900 se réfèrent implicitement.

Chambre à coucher conçue par Eugène Gaillard, exposée dans le pavillon de Samuel Bing, dont les six pièces entièrement meublées et décorées par des artistes français ont fait grande impression. On y perçoit l'influence du style du XVIIIe siècle ; une exposition de meubles de cette époque s'est d'ailleurs tenue au Petit Palais en même temps que l'Exposition universelle.

Affiche dessinée par Georges Leroux pour l'Exposition universelle de 1900 ; cette figure de femme au long drapé fluide est un motif récurrent qui accompagne l'exposition.

Le pavillon de l'Union centrale des arts décoratifs expose ces œuvres d'art issues de la collaboration entre de grands créateurs et des ateliers d'artisanat de très haut niveau. Les meubles, les objets d'art — céramique, orfèvrerie — et la décoration intérieure sont dus à des artistes et designers contemporains talentueux tels Hector Guimard *(voir pages 20-21)*, Louis Majorelle ou Émile Gallé.

Les grandes manufactures d'art traditionnelles, comme la manufacture de porcelaine de Sèvres ou la manufacture de tapisseries des Gobelins, exposent des œuvres propres à conforter l'idée d'une continuité de l'excellence française en matière artistique — l'un des chevaux de bataille des organisateurs de l'exposition. Parallèlement, l'accent est mis sur la modernité, et plus particulièrement sur l'importance de l'électricité : un pavillon lui est consacré, auquel on accède par le « Château d'eau », un impressionnant ensemble de fontaines mues par l'énergie électrique.

Ce déploiement de technologie place l'exposition sous le signe du mouvement et de l'énergie.

DÉCLIN DE L'ART NOUVEAU

L'exposition de 1902, à Turin, rend elle aussi hommage à l'Art nouveau, pourtant déjà en perte de vitesse. Une des raisons de ce désaveu est l'importance du décor sculpté, qui rend impossible toute production industrielle, même à petite échelle. L'Art nouveau est supplanté en quelques années par un style nouveau, né à Vienne, plus géométrique, plus adapté à l'ère du machinisme. La contribution de Josef Hoffmann à l'Exposition universelle de 1900, caractérisée par des lignes horizontales et verticales dominantes et excluant radicalement les formes organiques chères à l'Art nouveau, apparaît, avec le recul, comme des plus prophétiques.

Vue panoramique du site de l'Exposition universelle, à cheval sur les deux rives de la Seine. La tour Eiffel, construite pour l'Exposition universelle de 1889, en est un des éléments les plus remarqués. Au premier plan, en bas, figure la porte Binet, qui sert d'entrée monumentale à l'exposition.

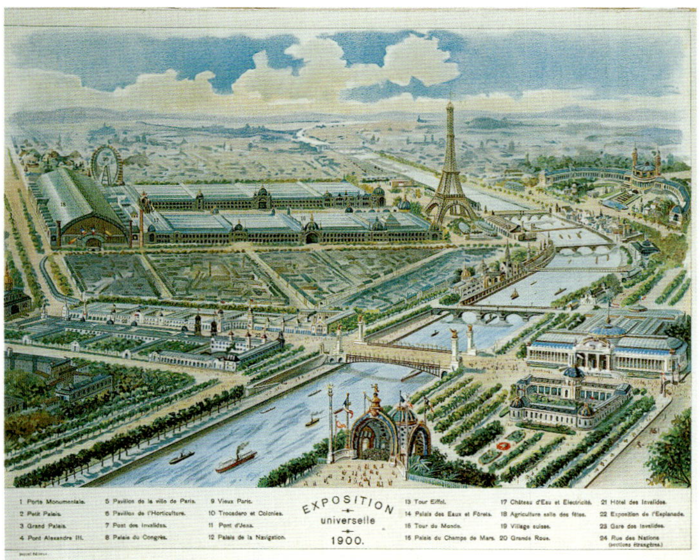

La plupart des grands designers du tournant du siècle sont nés en Europe, mais quelques créateurs américains ont eux aussi grandement participé à l'émergence d'un nouveau design. Aux États-Unis comme en Europe, les architectes ont joué un rôle primordial, s'intéressant tant aux bâtiments qu'à leur aménagement

Frank Lloyd Wright

intérieur — conçu comme une sorte d'extension de l'enveloppe architecturale — et à leur ameublement. Frank Lloyd Wright (1867-1959), l'un des principaux représentants de la modernité aux États-Unis, a fortement influencé les créateurs dans les années qui ont précédé et suivi la Première Guerre mondiale.

Frank Lloyd Wright, l'un des rares architectes américains dont l'influence se soit fait sentir outre-Atlantique jusqu'aux lendemains de la Seconde Guerre mondiale.

Fauteuil dessiné en 1904-1905 pour Darwin D. Martin. L'utilisation du bois et l'importance des lignes droites caractérisent les premiers meubles signés par Wright.

PREMIÈRES RÉALISATIONS

De 1855 à 1857, Wright reçoit une formation d'ingénieur à l'université du Wisconsin, avant de décider de devenir architecte. À partir de 1887, il exerce ce métier dans la région de Chicago, notamment, entre 1889 et 1892, auprès de Dankmar Adler et de Louis Sullivan. En 1896, il s'établit à son compte et travaille à de nombreux projets privés. Sa vision de l'architecture — des horizontales très marquées qui relient l'intérieur et l'extérieur, l'importance des espaces ouverts — s'inspire des conceptions japonaises. Entre le milieu des années 1890 et le début des années 1900, il dessine pour une clientèle avide de modernité des résidences fondées sur le concept d'architecture « libre », accordant un rôle essentiel aux lignes, à l'asymétrie et aux matériaux naturels, tel le bois.

Il conçoit le mobilier et l'aménagement intérieur d'une maison comme intégrés à l'architecture et envisage l'ensemble, du sol au plafond, dans les projets qu'il soumet à ses clients. Dans son idéal, l'« architecture organique », les bâtiments semblent émaner naturellement du paysage environnant. À l'instar des murs, le mobilier sert à structurer l'espace. Ainsi dans la maison Ward Willitts, construite à Chicago en 1901 et 1902, la cheminée, autour de laquelle est aménagée une longue banquette, devient un élément essentiel de l'architecture intérieure.

LE MOBILIER

Les conceptions architecturales de Wright — importance des formes géométriques et de la rencontre de différents plans — se retrouvent dans son mobilier. Il dessine notamment des sièges de bois très simples, rectilignes, dont certains éléments presque hypertrophiés — généralement le dossier — jouent le rôle d'une petite cloison et structurent l'espace de la pièce où ces meubles sont placés.

Ses plus belles réussites dans ce domaine restent sans doute ses créations pour l'immeuble Larkin à Buffalo, New York : ces chaises et bureaux, dessinés en 1904, comptent parmi les premiers meubles métalliques

The Tree of Life (L'Arbre de vie), *dessiné en 1904-1905 pour la maison de Darwin D. Martin à Buffalo, New York, et fabriqué par la Linden Glass Company. L'accent mis sur les lignes verticales rappelle le travail de Charles Rennie Mackintosh* (voir pages 26-29), *et caractérise les créations de Wright du début du siècle.*

Ensemble de porcelaines pour l'hôtel Impérial de Tokyo *(1915-1922). Après la mort de Wright, ces pièces ont été fabriquées par la manufacture japonaise Noritake.*

Résidence de Frederick C. Robbie, à Chicago, construite en 1909. Cette vue de la terrasse du salon montre l'importance des horizontales dans ce projet.

Fauteuil Impérial Tokyo *faisant partie d'un ensemble de créations pour l'hôtel* Impérial de Tokyo *(1915-1922). Tout comme le fauteuil présenté page ci-contre, cette pièce a été rééditée dans les années quatre-vingt par la société italienne Cassina.*

conçus pour l'intérieur et n'imitant pas la texture du bois. Les chaises d'acier peint, dotées d'un dossier strictement géométrique traversé de perforations carrées, possèdent une assise de cuir et un piètement incurvé en acier. Ces créations minimalistes, tant en ce qui concerne le matériau que le style, ont posé de nouveaux standards pour la création de mobilier de bureau.

AUTRES PROJETS

Outre des sièges et des aménagements intérieurs, Wright dessine des vitraux, de la verrerie, de la céramique, des textiles et de l'orfèvrerie. Entre 1915 et 1922, il conçoit par exemple pour l'hôtel *Impérial* de Tokyo toute une gamme d'objets à la fois utilitaires et décoratifs.

FIN DE CARRIÈRE

Après un séjour au Japon, Wright crée des architectures très novatrices, telle la fameuse Maison sur la cascade, construite de 1935 à 1939 à Bear Run, en Pennsylvanie, pour Edgar Kaufmann. Parfaitement intégrée à son environnement, elle se compose d'une structure en béton armé portée par des piliers de pierre qui enjambent une chute d'eau.

Wright, architecte et théoricien, grande figure de l'architecture du début du XXe siècle, a exercé une profonde influence sur les designers du groupe De Stijl, notamment Gerrit Rietveld *(voir pages 98-101)*.

Charles Rennie Mackintosh (1868-1928) a passé la plus grande partie de son existence dans la petite ville écossaise de Glasgow, bien loin des grandes métropoles — Paris, Vienne, Bruxelles — où bouillonne l'avant-garde artistique de l'époque. Il n'en est pas moins une figure essentielle du design au tournant du siècle.

Charles Rennie Mackintosh

Le « groupe des Quatre », à Dunure avec un groupe d'amis, dans les années 1890. Frances Macdonald est en haut de la photo, sa sœur, Margaret, à l'extrême gauche. Herbert McNair (à gauche) et Charles Rennie Mackintosh (à droite) sont allongés au premier plan.

Dans les années 1900, il constitue avec sa femme, Margaret, sa belle-sœur Frances Macdonald et le mari de cette dernière, Herbert McNair, le « groupe des Quatre ». Il passe alors pour l'un des créateurs les plus talentueux et les plus originaux de son temps. En 1913, il quitte Glasgow pour Londres. Malgré les succès et la réputation internationale qu'il s'y forge rapidement, il s'y sent mal à l'aise et ne réussit jamais à se défaire d'une tendance à la mélancolie et d'une insatisfaction chroniques.

Si l'on excepte le dessin de l'appui-tête, légèrement différent, cette chaise de chêne à haut dossier (1898-1899) est en tout point identique aux sièges dessinés pour la chaîne de salons de thé de Miss Cranston à Glasgow. Mackintosh a abondamment utilisé ce modèle, dont le dossier très haut fait écho aux verticales marquées qui structurent souvent ses architectures intérieures.

STYLE NOVATEUR

On connaît de Mackintosh ses projets architecturaux pleins d'audace : l'école des Beaux-Arts de Glasgow, achevée en 1909, et deux résidences bâties près de la même ville — Windhyll, en 1900-1901, et Hill House, en 1903. Claires et lumineuses, elles s'avèrent d'une étonnante modernité.

Pourtant son génie éclate davantage dans ses projets de meubles, de vitraux, de tissus ou d'orfèvrerie. Dans ses dessins, où l'on décèle de lointaines références à la nature et au corps humain, il assemble à loisir des formes abstraites, mettant l'accent sur les horizontales et les verticales.

À force de stylisation, ses fleurs aux longues tiges deviennent des motifs purement abstraits, comme animés d'une vie propre. Ses créations se nourrissent de plusieurs influences habilement synthétisées : les entrelacs de l'art celtique, le dépouillement japonais, la poétique d'Arts and Crafts et des préraphaélites.

DÉBUTS DE CARRIÈRE, ET ATTRAIT DU SYMBOLISME

Mackintosh débute en tant qu'architecte à Glasgow. En 1889, il travaille pour le cabinet d'architecture Honeyman & Keppie, où il rencontre le dessinateur Herbert McNair. Tous deux suivent les cours du soir de l'école des Beaux-Arts de Glasgow. Avec Margaret et Frances Macdonald, ils travaillent sur des projets d'affiches ou d'objets d'art. Leurs créations révèlent alors l'influence de l'illustrateur Aubrey Beardsley et celle des formes Art nouveau.

Au milieu des années 1890, le symbolisme et le vocabulaire artistique que celui-ci privilégie — figures de femmes idéalisées,

Carte des consommations du White Cockade (La Cocarde blanche) un des restaurants de Miss Cranston à Glasgow — dessinée en 1911 par Margaret Mackintosh. Ses figures de femmes au tracé élégant et ses motifs inspirés du monde végétal se retrouvent sur nombre de créations de Mackintosh.

Meuble de rangement — créé pour Windhyll — et plafonniers portant les motifs floraux stylisés chers à Mackintosh.

longues chevelures et robes flottantes, fleurs, oiseaux, thème de l'amour et de la mort — exercent sur Mackintosh un attrait incontestable.

Dès 1893, des commandes privées lui offrent l'occasion de dessiner du mobilier : essentiellement des meubles de rangement ou des armoires de chêne.

ANNÉES 1900

L'année 1900 est essentielle pour Mackintosh et ses collaborateurs, puisqu'il commence à travailler sur les projets de Windhyll, la maison que se fait construire William Davidson. Invité par l'architecte-designer Josef Hoffmann *(voir pages 34-37)*, il participe à la 8e exposition de la Sécession, ce qui assure à ses travaux une audience internationale. La même année, il épouse Margaret Macdonald. Les dessins dus à Margaret, longues figures féminines ou motifs naturalistes, ont enrichi de nombreuses créations de Mackintosh.

MACKINTOSH THÉORICIEN

Mackintosh ne partage pas les idées de William Morris, C.R. Ashbee, C.F.A. Voysey et des autres membres du mouvement Arts and Crafts, partisans de l'« art pour tous », pas plus que leur défense inconditionnelle de l'artisanat ; il cherche plutôt à élaborer des formes nouvelles pour donner corps à sa grande idée : fondre l'architecture et le décor intérieur en un ensemble homogène. Cette préoccupation rejoint les grands principes des meilleurs représentants de l'école allemande et autrichienne ; comme eux, Mackintosh désire créer une « œuvre d'art totale », dont les éléments se fondent en une harmonie visuelle globale.

Deux projets montrent avec quel brio Mackintosh a su faire en sorte que l'effet général d'un aménagement l'emporte sur la somme des éléments qui le composent. Dans un dessin daté de 1900, destiné à l'intérieur du 120 Mains Street, à Glasgow, la première demeure qu'il habite avec Margaret Macdonald, le réseau de lignes créé par le dossier des sièges, les panneaux muraux, une frise placée à mi-hauteur et les

plafonniers mettent l'accent sur le jeu des horizontales et des verticales. Seules des couleurs assourdies — blanc, crème, gris pâle — sont utilisées, réveillées par des touches de violet. Quelques compositions de fleurs séchées, inspirées de l'ikebana, quelques estampes japonaises proposent un contrepoint à cette géométrie omniprésente. Cet ensemble est sans nul doute le fruit d'une collaboration : à Mackintosh revient la trame géométrique, à Margaret les détails décoratifs.

À l'exposition des Arts décoratifs modernes de Turin, en 1902, le couple montre un nouvel exemple de son travail avec le fameux *Rose Boudoir*. Une structure géométrique, aux proportions soigneusement étudiées, s'orne de motifs mélangeant l'organique et le naturel : roses et visages de femmes stylisés, longues chevelures dénouées, formes sinueuses.

Les meubles que Mackintosh dessine dans les années 1900 — dont le mobilier de Windhyll ou la fameuse chaise à très haut dossier créée pour Hill House — sont conçus pour composer un effet d'ensemble, où chaque partie joue un rôle précis, un peu comme dans un orchestre chaque instrument concourt à donner une couleur particulière à un morceau de musique. Dans cette veine s'inscrivent aussi les meubles créés pour la chaîne de salons de thé de Miss Cranston à Glasgow (1898-1899, 1903), dont Mackintosh conçoit l'agencement intérieur et l'ameublement.

SUCCÈS INTERNATIONAL ET DESSINS D'ARCHITECTURE

Entre 1900 et 1906, Mackintosh est particulièrement prolifique. Il participe à de nombreuses expositions en Europe, et sa réputation franchit rapidement les frontières, ce qui lui vaut de nombreuses commandes.

Chambre d'amis du 78, Demgate, à Northampton, construit entre 1916 et 1917 pour W.J. Bassett-Lowke et sa femme. Mackintosh a fourni un mobilier spécialement dessiné pour les lieux ; il abandonne ici les motifs floraux pour un style plus linéaire et plus dépouillé.

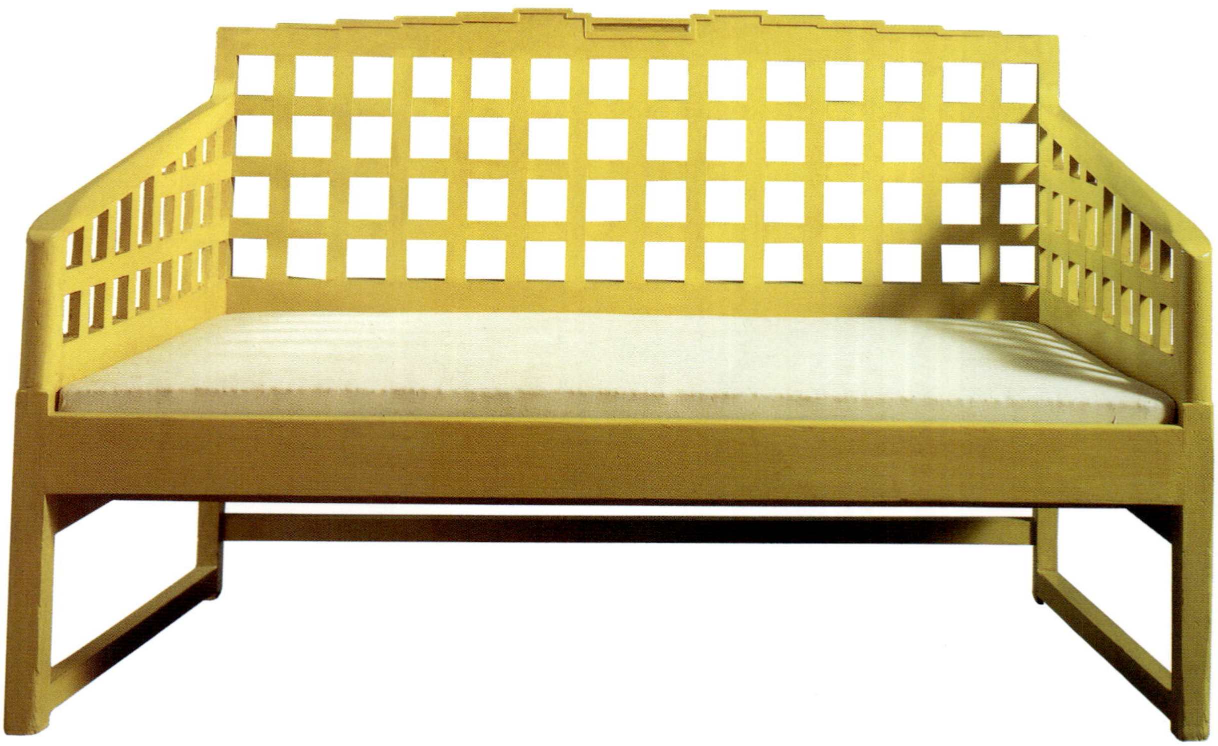

Banquette dessinée en 1917 pour le Dug-Out (La Tranchée), l'un des établissements de Miss Cranston à Glasgow, aménagé en sous-sol. Les horizontales et les verticales créent des effets géométriques, qui sont en quelque sorte la signature de Mackintosh ; ils seront particulièrement prisés par les artistes des Wiener Werkstätte (voir pages 38-39).

Dessin de la façade sud-est de Hill House (1913), à Helensburgh, à une quarantaine de kilomètres à l'ouest de Glasgow, réalisée pour l'éditeur Walter Blackie. Des réminiscences de l'architecture écossaise traditionnelle percent dans ce projet d'une grande modernité.

En 1902, le banquier viennois Fritz Wämdorfer, mécène des Wiener Werkstätte, lui demande un projet pour un salon de musique. Fidèle à son esthétique, Mackintosh couvre les murs de grands panneaux, installe une frise à hauteur de lambris, dessine des luminaires et des chaises à haut dossier.

Une de ses réalisations les plus importantes est l'école des Beaux-Arts de Glasgow, construite en deux temps, d'abord de 1897 à 1899, puis de 1907 à 1909. C'est ici la fonction, et non le décor, qui détermine la forme. Mieux encore, l'école peut véritablement être considérée comme un *Gesamtkunstwerk*, une « œuvre d'art totale » dans laquelle les détails les plus insignifiants — jusqu'aux pattes de fixation qui servent au laveur de carreaux à accrocher son échelle — jouent un rôle. Le moindre élément, tant à l'intérieur qu'à l'extérieur, porte la marque du créateur.

DERNIERS PROJETS

Néanmoins, les commandes se raréfient, et en 1913 Mackintosh quitte Glasgow pour Londres. La maison qu'il construit en 1916-1917 pour l'industriel W.J. Bassett-Lowke et les dessins de fleurs stylisées qu'il donna dans les années vingt pour des tissus imprimés comptent parmi ses créations les plus importantes à cette époque.

Le groupe qui s'est formé autour de Mackintosh est resté à l'avant-garde du design durant toute la période capitale qui marque le passage au nouveau siècle. Mackintosh a toujours été convaincu de la nécessité d'aborder de façon radicalement nouvelle l'architecture et le design, en donnant à la structure une importance essentielle sans pour autant mépriser le rôle de la décoration ; ses créations font de lui l'un des pionniers du design moderne.

École des Beaux-Arts de Glasgow, construite entre 1897-1899 et 1907-1909. Mackintosh a veillé aux moindres détails de l'aménagement, tant à l'intérieur qu'à l'extérieur ; sa créativité éclate dans cette plaque métallique ou dans la bibliothèque de l'école.

Peter Behrens (1868-1940) a travaillé dans des domaines aussi variés que l'architecture, le design ou l'identité visuelle, mais il est unanimement considéré comme le pionnier de l'application du design à l'industrie. Il a sans doute été le premier à concevoir pour un industriel une identité visuelle homogène, applicable

Peter Behrens

à différents produits standardisés : entre 1907 et 1914, consultant en design auprès de la société allemande AEG (Allgemeine Elektrizitäts Gesellschaft), la compagnie allemande d'électricité, il crée une ligne forte, à la fois progressiste et novatrice. Cette démarche fait école : dans les années trente, Walter Dorwin Teague *(voir pages 116-117)*, Norman Bel Geddes et Raymond Loewy *(voir pages 120-123)* travaillent dans le même esprit pour d'importantes sociétés américaines. Behrens se considérait comme un réformateur ; son ambition était d'introduire dans la vie de chacun, grâce à l'industrialisation, des objets au design soigné.

Max Liebermann, Portrait de Peter Behrens, *1913. Behrens connaît alors un grand succès, à la fois comme architecte et comme designer industriel.*

FORMATION ET PREMIERS TRAVAUX

Behrens a reçu une formation de peintre, et c'est à la peinture qu'il se consacre exclusivement dans les années 1890. À la recherche d'un style personnel, il s'essaie à différents mouvements artistiques, dont l'impressionnisme et le symbolisme. En 1889, il épouse Lilli Kramer, dont il a deux enfants : Josef, né en 1890, et Petra, née en 1898. En 1893, il participe à la première exposition des artistes de la Sécession, à Munich, qui, comme leurs homologues de Vienne, entendent rompre avec la peinture académique ; son travail y est bien accueilli. Dans les années 1890, il montre régulièrement ses œuvres aux expositions de la Sécession, ce qui lui assure une certaine réputation. À la fin de cette décennie, il se lance dans la gravure sur bois : une de ses meilleures œuvres dans ce domaine, *The Kiss (Le Baiser)*, de 1898, aux lignes sinueuses, révèle une évidente influence d'Aubrey Beardsley et de l'Art nouveau.

Dans les années 1890, Behrens dessine des meubles, de la porcelaine, de l'orfèvrerie et des vitraux, dans un style Art nouveau assez sage. Son intérêt pour le processus de fabrication des objets grandit et il participe, en 1897, à la création des Ateliers réunis d'art et d'artisanat, une organisation basée à Munich qui souhaite revaloriser l'artisanat. Il élabore ensuite de nombreux objets pour des usines allemandes : en 1898, des verres à vin fabriqués par Benedikt von Poschinger, à Oberswieselau ; en 1901, des bijoux pour la société Schreger, à Darmstadt ; en 1902, des couverts pour

Machine à coudre dessinée en 1910 pour la société Pfaff. La qualité du travail de Behrens pour AEG, où il avait montre un réel talent dans le dessin des éléments techniques, sans pour autant négliger l'esthétique, lui a valu cette commande.

Lampe à arc dessinée en 1907 pour AEG. Cet éclairage à réflecteur a été conçu pour des pièces au plafond bas.

Ensemble d'argenterie dessiné en 1902 pour la demeure de Behrens et fabriqué par Ruckert, à Mayence. Le décor géométrique des manches est caractéristique de la façon dont Behrens simplifie les motifs Art nouveau.

Ruckert, à Mayence. Il présente aussi ses gravures sur bois et des reliures dans le pavillon allemand de l'Exposition universelle de 1900, à Paris. Dès ses premiers travaux, Behrens apparaît comme une figure essentielle du design international.

DARMSTADT

L'année 1900 est essentielle dans la carrière de Behrens. Il s'installe cette année-là à Darmstadt et devient membre d'une colonie d'artistes très influencés par le mouvement anglais Arts and Crafts. Dans ce petit groupe, fondé en 1898, figurent notamment Hans Christiansen, qui dessine des meubles, de la céramique et de la verrerie, Rudolf Bosselt, sculpteur et médailliste, Patriz Hüber, ensemblier, créateur de meubles et de ferronneries.

En 1901, Behrens se fait construire à Darmstadt une maison dans l'esprit du *Gesamtkunstwerk* (« œuvre d'art totale »). Il dessine tout, jusqu'au moindre détail, et cette demeure illustre les multiples facettes de ses talents de designer et d'architecte autodidacte. Elle est encore dans le style Art nouveau, mais l'extérieur, aux lignes subtilement incurvées, témoigne d'une exigence nouvelle de simplicité. Plusieurs grands designers du XXe siècle, dont avant lui William Morris et Henry van de Velde *(voir pages 16-17)*, ont mis leurs théories en pratique dans leur maison en faisant ainsi une sorte de champ d'expérimentation de leurs idées.

À Darmstadt, Behrens s'occupe aussi de théâtre, avec notamment, en 1900, la parution d'un opuscule intitulé *Feste*, dans lequel il expose sa conception du théâtre idéal. Il réalise ensuite trois aménagements d'intérieurs pour la foire internationale de Turin de 1902. En 1903, sa carrière prend un tournant décisif lorsqu'il devient directeur de l'école des arts appliqués de Darmstadt ; son travail pour AEG établit définitivement sa réputation d'architecte et de designer novateur.

AEG

Ces commandes offrent à Behrens l'occasion d'évoluer du design d'objets artisanaux et de l'architecture domestique vers la conception de produits manufacturés et de bâtiments industriels. À partir de 1907, le directeur

***Chaise dessinée en 1903 pour la maison du poète Richard Dehmel, ami de Behrens, à Hambourg. Les sinuosités de l'Art nouveau y sont très assagies. Cette discrétion se retrouve dans les œuvres contemporaines du Belge Henry van de Velde* (voir pages 16-17).**

Horloge double face à cadran d'acier cerclé de cuivre (1910). Cette horloge d'une grande simplicité formelle, aux chiffres particulièrement faciles à lire, appartient à une série de réalisations pour les usines et les bureaux que Behrens a souhaité standardiser au maximum.

d'AEG, Walther Rathenau, lui propose de dessiner une multitude d'objets, de la lampe à arc au ventilateur en passant par des bouilloires électriques ou des couverts. Leur design devrait être à la fois fonctionnel et facile à fabriquer de façon industrielle : Behrens abandonne les courbes sophistiquées de l'Art nouveau pour des formes plus simples et plus utilitaires.

Il ne rejette cependant pas de façon systématique tout élément de décor, comme en témoignent ses dessins de bouilloires électriques, auxquelles des lignes douces et des anses de rotin tressé confèrent une silhouette très traditionnelle. Ce mélange de tradition et de modernité se retrouve dans ses recherches graphiques pour AEG, alors que ses ébauches de ventilateurs et de lampes *(voir page 31)*, conçus pour des usines et des bâtiments publics, semblent davantage relever de l'esthétique industrielle et ne font pas la moindre concession au décor. Behrens utilise le même langage étroitement lié au monde de la machine dans la célèbre usine de turbines d'AEG, dessinée en 1908-1909. À la même époque, il cherche cependant à donner une dimension esthétique aux objets qu'il conçoit pour cette société, en accordant par exemple aux proportions une importance particulière. Pour lui, « même un moteur devrait avoir un petit air de cadeau d'anniversaire ». Cette attitude esthétisante ouvre la voie à bien d'autres designers industriels, qui à leur tour font du stylisme une de leurs préoccupations majeures. Le travail de Behrens pour AEG, reposant sur une approche fonctionnaliste, est celui d'un véritable pionnier du design. Pour la première fois, un créateur s'attache à façonner une nouvelle identité visuelle pour une firme industrielle, avec tout ce que cela comporte de recherches et de contraintes.

Deux modèles d'une série de bouilloires électriques — disponibles en trois formes et différents types de finition — conçue en 1909 pour AEG. Plaquées de nickel et dotées d'une surface martelée, elles donnent l'illusion d'avoir été réalisées à la main ; d'autres modèles évoquent davantage une fabrication en série.

FIN DE CARRIÈRE ET INFLUENCE

L'expérience industrielle de Behrens reste sans suite — à l'exception de la création, en 1912, d'une gamme de meubles très simples destinés à la classe ouvrière —, et Behrens se consacre dès lors à l'architecture. Après 1907, son style évolue vers le néoclassicisme. Behrens s'implique également beaucoup dans le programme de renouveau du design allemand initié par le Deutscher Werkbund. Cette organisation fondée en 1907, qui compte parmi ses membres des directeurs d'usines, des architectes, des designers et des hommes politiques, se bat pour l'émergence d'un design nouveau, adapté à l'ère industrielle.

Behrens joue également un rôle essentiel en enseignant les idées nouvelles à la jeune génération d'architectes. Autour de 1910, trois hommes apparaissent comme les pionniers du mouvement moderne en architecture : Le Corbusier, Walter Gropius et Ludwig Mies van der Rohe *(voir pages 94-97, 88-89, 92-93)*. Tous trois ont débuté dans l'atelier de Behrens.

EIN LANDHAUS IN SCHLACHTENSEE

Von PETER BEHRENS

Mich leitete dieser Gedanke: Wenn man für einen Menschen ein Haus baut, so muß es sein wie ein Porträt, ihm ähnlich und sein Wesen abspiegelnd. Mit diesem Ziel war es mir eine besondere Freude, Herrn Universitätsprofessor Kurt Lewin zu einer Wohnstätte behilflich zu sein. Die Aufgabe war interessant, weil es sich hier darum handeln mußte, ohne Aufwand großer materieller Mittel, nach der Gesinnung des Bewohners die Einfachheit seines Wesens auszudrücken und von meinem eigenen Standpunkt aus die Formidee zu finden, die ihr gemäß sei.

Solche Erwägungen wurden mir erleichtert durch überlegte Wünsche des Bauherrn, der das Haus nicht allein mit seinen nächsten Angehörigen, sondern mit einem Verwandten bewohnen wollte, der seinen eigenen Kreis beanspruchte. Das bedingte eine klare Zweiteilung des Grundrisses und ergab auch in der äußeren Erscheinung die deutliche Gliederung der Baumasse mit einem abgeschlossenen Flügelanbau, auf dessen Terrasse sich aber, wie im gemeinsam benutzten Garten, alle Familienmitglieder nach Wunsch zusammenfinden können.

P. B.

16

Page de la revue Die Neue Linie (La Ligne nouvelle), *publiée en 1932. La photographie d'une maison dessinée par Behrens, à Schlachtensee, illustre son texte. Lignes nettes et volumes fonctionnels sont les marques distinctives des grands architectes modernistes, tels Le Corbusier, Gropius et Mies van der Rohe, qui ont travaillé quelque temps dans la mouvance de Behrens.*

Hall d'entrée du siège social de Höchst AG, à Höchst, construit entre 1920 et 1924. Dans des réalisations antérieures, telle l'usine AEG de Berlin (1908-1909), Behrens a déjà employé le répertoire architectural que l'on retrouve ici : structures en béton spectaculaires, riches effets de matière en surface.

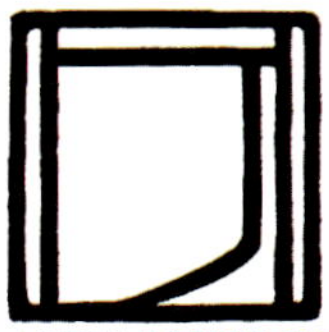

Josef Hoffmann

Au tournant du siècle, Vienne a joué un rôle clé dans l'élaboration d'un nouveau design et d'une nouvelle architecture, et a rapidement acquis dans ce domaine une renommée internationale. Le travail pionnier d'Otto Wagner *(voir pages 12-13)* et celui des créateurs de la Sécession viennoise, qui rejettent les styles artistiques hérités du passé, suscitent une vague de créativité et d'innovations. L'architecte et designer Josef Hoffmann (1870-1956), l'un des fondateurs de la Sécession, a joué un grand rôle dans la propagation des idées progressistes en matière de design. Bâtiments, meubles, vases : sa production est très vaste, et il a exercé une influence certaine sur les jeunes générations d'architectes.

Josef Hoffmann, sur un de ses sièges. Ses recherches s'appuient sur les idées développées par le mouvement Arts and Crafts, initié en Angleterre par John Ruskin et William Morris. Cependant, alors que ce dernier entend promouvoir un design de qualité en privilégiant une fabrication artisanale de haut niveau, Hoffmann désire proposer au public des objets réalisés en série. Comme d'autres membres des Wiener Werkstätte et de la Sécession, il s'est inventé une signature graphique très épurée (en haut).

UNE APPROCHE TRÈS PERSONNELLE DU DESIGN

Hoffmann rejette délibérément les modèles stylistiques du passé et refuse tout décor inspiré de la nature. Seules les formes géométriques et abstraites trouvent grâce à ses yeux, ce qui, bien entendu, entre en résonance avec un monde dominé par l'avènement de la production en série, industrialisée, rationalisée. Hoffmann ne nie pourtant pas totalement l'idée de décor : celui-ci sert de complément aux modèles géométriques qui déterminent les formes, qu'il s'agisse de bâtiments, de meubles ou d'objets. Cette conception apparaît avec une grande clarté dans les premiers projets de décoration intérieure qu'Hoffmann présente aux expositions de la Sécession, entre 1898 et 1900. Dans ces dessins, la présence de motifs décoratifs compense souvent la structure très géométrique des meubles : vases de fleurs, lignes ondulées, motifs ornant les murs et les tapis *(voir page ci-contre)*. Le contraste entre les formes géométriques et le décor qu'elles accueillent accompagne comme un leitmotiv toute la carrière d'Hoffmann.

SOUS LE SIGNE DE LA SÉCESSION

Né à Pirnitz — aujourd'hui en République tchèque —, Hoffmann a d'abord étudié l'architecture à Brno, puis, de 1892 à 1895, à l'Académie de Vienne, où il a Otto Wagner pour professeur. C'est un élève studieux, très motivé, voire ambitieux, qui aime à communiquer et faire connaître ses conceptions : il adhère toute sa vie à des groupements d'artistes et exerce longtemps une activité d'enseignant.

De 1896 à 1897, Hoffmann travaille dans l'atelier de Wagner. En 1897, il compte parmi les cofondateurs de la Sécession viennoise, avec le peintre Gustav Klimt et les designers Koloman Moser et Joseph Maria Olbrich. Il dessine alors énormément et se fait dès cette époque le porte-parole des idées nouvelles qui éclosent en permanence. Entre 1897 et 1900, il travaille à l'agencement de plusieurs intérieurs, dont la salle du *Ver Sacrum*, dans un bâtiment Sécession construit par Olbrich,

De petites sphères de bois forment un contrepoint élégant aux verticales qui structurent le Modèle 371 *(vers 1906). Ce motif fréquemment utilisé par Hoffmann dans ses créations sert aussi à relier les différents éléments.*

Croquis pour un aménagement intérieur (1899). Le mobilier s'intègre à la conception de l'ensemble, caractérisé par les lignes verticales et horizontales. Par la suite, Hoffmann a totalement renoncé à la ligne courbe, dont la présence reste pourtant timide — dans le dessin de la chaise, par exemple.

Hall d'entrée du sanatorium de Purkersdorf, en Autriche (1904). L'influence du néoclassicisme est sensible (utilisation de piliers monumentaux, symétrie rigoureuse de l'agencement), mais la simplicité de l'ensemble est très moderne. Les fauteuils sont dus à Koloman Moser, l'un des fondateurs des Wiener Werkstätte.

Le palais Stoclet, à Bruxelles, dessiné entre 1905 et 1911, est l'une des réalisations les plus prestigieuses d'Hoffmann. L'extérieur démontre sa maîtrise des formes géométriques ; l'intérieur témoigne de son habileté à concilier les qualités décoratives et fonctionnelles de l'aménagement.

et, en 1899, celui de la maison viennoise de l'industriel Paul Wittgenstein.

D'emblée, il est reconnu comme l'un des jeunes créateurs les plus prometteurs de son époque. Choisi pour représenter l'Autriche à l'Exposition universelle de Paris de 1900 *(voir pages 22-23)*, il y présente des décors strictement géométriques, en rupture totale avec les sinuosités Art nouveau des artistes français. Il entre en contact avec Charles Rennie Mackintosh *(voir pages 26-29)*, qu'il invite à participer à la 8e exposition de la Sécession en 1900 ; en 1903, il participe à la fondation des Wiener Werkstätte *(voir pages 38-39)*.

PROJETS ARCHITECTURAUX

La carrière d'architecte d'Hoffmann débute en 1900, avec quatre villas construites dans la banlieue de Vienne entre 1901 et 1905. En 1904, il dessine le sanatorium de Purkersdorf *(voir page 35)*, où il développe un langage « cubiste » très personnel, mettant l'accent sur des formes strictes, sans le moindre ornement. Le caractère novateur de ce bâtiment et de son aménagement connaît un fort retentissement. Comme Wagner, Hoffmann conçoit ses intérieurs comme des *Gesamtkunstwerke*, des « œuvres d'art totales ». Parmi ses créations les plus célèbres figurent le palais Stoclet, à Bruxelles, construit de 1905 à 1911 avec la collaboration de Gustav Klimt, et le *Fledermaus Café* de Vienne (1907).

« Machine à s'asseoir », **Modèle 670** *(1908). Ce siège inclinable en contreplaqué de hêtre teinté, courbé et tourné a été fabriqué par J. & J. Kohn jusqu'en 1916. Les petites sphères de bois, caractéristiques des créations du designer, permettent de régler l'inclinaison du dossier.*

MEUBLES

Comme Wagner encore, Hoffmann crée un bâtiment en pensant à son ameublement. La conception de meubles spécialement élaborés pour un intérieur spécifique représente de fait une part essentielle de son travail. Leur structure est toujours géométrique, qu'il s'agisse de commodes, de tables ou de sièges.

Les chaises dessinées pour des cafés dans la première décennie du XXe siècle comptent peut-être parmi ses réalisations les plus connues. Ces « machines à s'asseoir », comme il les appelle, se caractérisent par la simplicité de leur structure et la discrétion de leur décor. Les petites boules dont Hoffmann agrémente souvent les articulations de ses sièges ne sont pas simplement décoratives ; elles servent également à souligner la structure du meuble. La société J. & J. Kohn s'est chargée de la diffusion de nombreux meubles d'Hoffmann, dont le style s'est ainsi répandu dans toute l'Europe et jusqu'aux États-Unis.

CÉRAMIQUE, FERRONNERIE ET VERRERIE

Hoffmann s'intéresse aussi à d'autres arts appliqués : céramique, ferronnerie, verrerie... Comme en architecture, il privilégie la structure. Ces projets, présentés notamment à la foire internationale de Turin de 1902, rencontrent une large audience. Verre, fer forgé et céramique : chacun de ces matériaux représente pour Hoffmann un nouveau défi. Selon ses conceptions, un objet doit refléter la matière dans laquelle il est réalisé : celle-ci dicte la forme.

Pour la verrerie viennoise Lobmeyr, par exemple, Hoffmann dessine une gamme de récipients, de verres et de vases en verre soufflé et taillé. Les objets en verre soufflé possèdent par essence quelque chose d'organique, alors que les pièces en verre taillé sont plus géométriques.

Les céramiques d'Hoffmann, pourtant ornées de décors strictement géométriques, ne sont pas exemptes d'une certaine douceur.

Ses dessins de ferronneries, tout comme les motifs qu'il crée pour le textile, font grand usage des quadrillages.

Malgré son goût pour le fonctionnalisme, Hoffmann a créé des objets plus décoratifs, telle cette coupe à deux anses en métal doré martelé (1920). Des pièces de ce type ont été produites en grand nombre dans les années vingt par les Wiener Werkstätte.

FIN DE CARRIÈRE

Hoffmann dessine le pavillon de l'Autriche pour l'exposition des Arts décoratifs de Paris en 1925, et ses motifs géométriques marquent fortement le style Art déco des années vingt et trente.

L'influence d'Hoffmann dépasse le cadre de l'Europe pour s'étendre aux États-Unis : en 1928, ses œuvres exposées à New York exercent un grand ascendant sur deux Viennois émigrés, Joseph Urban et Paul Frankl, et sur l'Américain Donald Deskey *(voir pages 62-63)*.

Hoffmann est alors une figure éminente du design. Sa carrière relativement longue lui a permis de participer aux grandes expositions et de conserver ses activités d'enseignant jusqu'à un âge avancé.

Salle de bains du palais Stoclet (1905-1911). Le marbre qui revêt les sols et les murs témoigne d'une recherche du luxe, à laquelle Hoffmann ne sacrifie cependant pas son goût pour la simplicité fonctionnelle.

Wiener Werkstätte

Les Wiener Werkstätte (« ateliers viennois ») sont créés en 1903 pour défendre un artisanat de qualité face aux progrès de l'industrialisation. Ils se placent dans le sillage de la Sécession viennoise, née dès 1897, qui entend gommer la frontière entre beaux-arts et arts décoratifs. Les fondateurs des Wiener Werkstätte, Josef Hoffmann *(voir pages 34-37)* et Koloman Moser, qui en est le directeur artistique, tiennent d'ailleurs un rôle de premier plan dans la Sécession. Ils bénéficient du soutien financier d'un mécène, le banquier Fritz Warndorfer, secrétaire de la Sécession. Bien que très influencés par les idées du mouvement britannique Arts and Crafts — notamment celles de John Ruskin et de William Morris —, les artistes réunis dans les Wiener Werkstätte tournent résolument le dos aux styles hérités du passé et s'attachent à inventer des formes adaptées au monde moderne. Il s'agit, selon les termes d'Hoffmann, de développer « des relations étroites entre le public, les créateurs et les artisans, afin de créer des choses simples pour la maison ».

Vase de verre, dessiné vers 1905 par Jutta Sika, l'une des personnalités féminines les plus importantes des Wiener Werkstätte. Le motif en damier et les pieds-boule sont typiques des premiers objets sortis de ces ateliers.

Pendule ornée d'incrustations dessinée en 1906 par Joseph Urban pour un restaurant de Vienne. Très décorative, elle reflète la partie commerciale de l'activité des Wiener Werkstätte.

PREMIERS PROJETS

Les dessins d'Hoffmann, de Moser et d'autres créateurs comme Otto Prütscher, Michael Powolny, Carl Czeschka et Joseph Urban demeurent jusqu'à la Première Guerre mondiale à l'avant-garde du design autrichien. Résolument modernes, ils se caractérisent par l'utilisation de motifs géométriques et abstraits : damiers, carrés, cercles, quadrillages… De petits ateliers, consacrés chacun à une discipline — bijouterie, ferronnerie, jouets, verrerie, céramique ou reliure —, conçoivent les objets. En 1910, vêtements et accessoires de mode s'ajoutent à cette liste déjà longue. Ces créations, entièrement réalisées à la main, coûtent inévitablement très cher et seule l'élite y a accès.

DESSINS D'ORNEMENT

À partir de 1915, les motifs élaborés par les Wiener Werkstätte deviennent plus décoratifs, multipliant ouvertement les références au baroque très orné du XVIIe siècle ou au style Biedermeier, très apprécié par la bourgeoisie montante de la première moitié du XIXe siècle. Les attentes de la clientèle, qui manifeste le désir de vivre dans une certaine opulence, suscitent ce changement de cap.

Les intérieurs de Dagobert Peche, ornés d'une profusion de meubles et d'objets décoratifs *(voir page ci-contre)*, sont particulièrement représentatifs de cette tendance.

Salon de réception des Wiener Werkstätte, montré lors de l'exposition de Vienne en 1904. Les petits plafonniers sont une création de Josef Hoffmann, l'un des cofondateurs du groupe.

Miroir encadré de bois doré, dessiné vers 1925 par Dagobert Peche. Caractéristique de la production des Wiener Werkstätte dans la dernière décennie de leur activité, il allie luxe et modernité. Cette double tendance se retrouve dans les objets d'art créés à Paris à la même époque.

RÔLE DES FEMMES

À partir des années vingt, plusieurs femmes collaborent aux ateliers ; leur créativité ne trouve toutefois à s'exprimer que dans la production d'objets pour la maison. Certaines d'entre elles se sont formées auprès de Moser et à l'école des arts appliqués de Vienne : c'est le cas de Therese Trethan, qui conçoit des meubles peints, et de Jutta Sika, spécialisée dans la céramique et le verre *(voir page ci-contre)*. Leurs créations font partie du catalogue des produits commercialisés par les Wiener Werkstätte.

DERNIERS DÉVELOPPEMENTS

Les Wiener Werkstätte ne parviennent pas à réaliser l'idéal social d'Hoffmann : créer pour la vie de tous les jours des objets à la fois simples et de bonne qualité. Leurs productions sont même rapidement considérées comme des objets à la mode, réservés à une clientèle fortunée. Les sociétés J. & J. Kohn et Thonet permettent néanmoins de populariser le style des Wiener Werkstätte à travers les créations d'Hoffmann ou de Moser. En 1919, les Wiener Werkstätte ouvrent à New York, sur la Cinquième Avenue, une boutique dessinée par Joseph Urban. Avec cette installation aux États-Unis, l'aspect commercial de l'entreprise prend le pas sur l'idéal de réforme sociale.

Le nouveau style viennois se répand rapidement dans la capitale américaine, jusque dans l'aménagement des vitrines des magasins ou des théâtres… De plus en plus orné, le style des Wiener Werkstätte tend bientôt à se confondre avec l'Art déco, devenu le style prédominant dans les années trente. Les Wiener Werkstätte cessent toute activité en 1932, en raison de cette prééminence de l'Art déco et de l'absence de soutien financier.

Fauteuil de bois courbé, dessiné en 1901 par Koloman Moser et fabriqué par J. & J. Kohn. Cette société a collaboré avec les Wiener Werkstätte pour de nombreux projets de meubles très novateurs.

Le modernisme conservateur

Le modernisme conservateur

La Première Guerre mondiale marque une rupture très importante dans l'évolution du design moderne. L'Art nouveau a perdu une bonne part de sa créativité et de sa capacité de renouvellement. Les maîtres de ce courant pourtant essentiel ont tous disparu ou rabâchent à l'envi les mêmes thèmes.

À l'opposé, les idées prônées par les membres du mouvement Arts and Crafts — simplicité et rationalité, notamment — connaissent un développement très important, après la Première Guerre mondiale, à travers le fonctionnalisme (*voir chapitre suivant* : Un modernisme de progrès). Cette nouvelle théorie, qui prône l'émergence d'une architecture et d'un design radicalement nouveaux, s'avère très influente jusqu'à la Seconde Guerre mondiale. Le modernisme présente en fait deux visages : l'un ouvertement progressiste, l'autre plus conservateur et tourné vers les grands styles du passé.

Ce climat est favorable à des artisans et des décorateurs d'intérieurs comme Jean Dunand, Eileen Gray et Jacques-Émile Ruhlmann (*voir pages 44-51*) qui, à l'instar de Pierre Legrain, Jean Puiforcat, le tandem de décorateurs Süe et Mare ou Michael Frank, occupent le devant de la scène dans les années vingt. Chacun se livre à ses recherches personnelles, tout en participant d'un mouvement global. L'exposition des Arts décoratifs, qui se tient en 1925 à Paris (*voir pages 52-53*), est décisive : elle attire l'attention sur leurs travaux et donne son nom au style qui caractérise cette époque, l'Art déco. Elle permet surtout au reste du monde de prendre connaissance de ce qui se passe en France.

L'impact de cette manifestation sur les créateurs étrangers est très grand, qu'ils la visitent effectivement, comme le Britannique Keith Murray ou l'Américain Donald Deskey (*voir pages 60-63*), ou qu'ils en voient simplement des images dans des revues. Les aménagements d'intérieurs de la décoratrice britannique Syrie Maugham (*voir pages 54-55*) mêlent tradition et modernité ; ceux du designer suédois d'origine autrichienne Josef Frank (*voir pages 56-57*) combinent eux aussi la modernité et des références aux grands exemples du passé.

Tout comme naguère l'Art nouveau, l'Art déco défend d'abord une vision élitiste du mobilier et de la décoration, en utilisant de préférence des matériaux coûteux, avant que son esthétique gagne le grand public. Pour la première fois, dans les années trente, un style se répand dans toutes les classes de la société. Quantité d'objets produits en grande série sont fabriqués dans le style Art déco, jusqu'aux couverts ou aux ustensiles de pique-nique : l'Art déco devient un style populaire et international, dénominateur commun du décor des grands transatlantiques, des gratte-ciel, des usines et des cinémas, comme des intérieurs les plus modestes.

Le deuxième volet, plus conservateur, du modernisme, ne connaît pas la même fortune. Dans les pays scandinaves, tels la Suède, la Finlande et le Danemark, aux traditions populaires très présentes, la recherche de formes nouvelles est active : les créations nordiques dans le domaine de la verrerie, de la céramique, des meubles et du textile sont renommées sur le marché international. À l'exigence de qualité s'ajoute l'ambition de parvenir à une société égalitaire, notamment par le biais de l'industrie, qui doit permettre à chacun, grâce à la production en série, de vivre dans un environnement de meilleure qualité.

Des créateurs suédois comme Wilhelm Kåge (*voir pages 66-69*), Edvard Hald, Simon Gate, Gregor Paulsson, Gunnar Asplund, Bruno Mathsson (*voir pages 80-81*), et d'autres encore, s'assurent une audience internationale grâce aux efforts de la Svenska Slöjdföreningen (Société suédoise pour le design industriel, *voir pages 70-71*), qui prêche la fusion des traditions artisanales et de la production industrielle. Au Danemark, c'est dans le mobilier que cet idéal peut le mieux s'incarner. Kaare Klint (*voir pages 64-65*) est à l'origine d'un programme repris après la guerre par la génération suivante de créateurs danois.

En Finlande aussi les préoccupations sociales tiennent une place importante, et le pays ambitionne de développer une forme de modernité qui lui serait propre. Comme en Suède et au Danemark, les créateurs finlandais cherchent à faire vivre la tradition nationale. En choisissant des matériaux traditionnels, comme le bois, ils prônent une sorte de « modernité dans la continuité ». Les réalisations d'Alvar Aalto (*voir pages 74-77*) et son usage précurseur du contreplaqué courbé trouvent un prolongement dans le domaine de la ferronnerie ou de la verrerie.

Cette version adoucie du modernisme connaît un grand succès en Grande-Bretagne, car, dans le pays qui a vu naître le mouvement Arts and Crafts, le respect de la tradition s'avère essentiel. Des créateurs de meubles comme Ambrose Heal et Gordon Russell (*voir pages 72-73*) marchent sur les traces de C.R. Ashbee ou d'Ernest Gimson. Parallèlement, la culture populaire trouve un écho dans les œuvres d'artistes tels Enid Marx (*voir pages 82-83*), Eric Ravilious et Paul Nash : leur travail reflète leur détermination à combiner d'une façon novatrice le passé et le présent.

Ce n'est pas le versant le plus rigide du modernisme qui a reçu le meilleur accueil et exercé l'influence la plus grande, mais l'autre, le plus traditionnel, qui intègre des éléments purement décoratifs et utilise des matériaux classiques. Il demeure présent, d'ailleurs, dans notre environnement et notre vie quotidienne.

Panneau de paravent laqué, créé entre 1945 et 1950 par Pierre Dunand, d'après un dessin de son père, Jean Dunand. Se référant à l'univers du Douanier Rousseau, il associe la naïveté et la sophistication caractéristiques des œuvres de Jean Dunand dans les années vingt et trente.

Jean Dunand (1877-1942) est l'une des grandes figures de l'art français au début du XXe siècle. Décoration intérieure, bois, métal, laque, vases, chaises, paravents, bijoux : Dunand explore de nombreux matériaux et différents domaines de la création. Le respect des savoir-faire artisanaux est peut-être le seul dénominateur commun

Jean Dunand

à toutes ses œuvres. Pierre Dunand a décrit son père comme un homme travailleur et déterminé. Sa carrière, longue de quelque quarante années, illustre parfaitement ce propos : d'abord sculpteur anonyme au sein d'un atelier, Dunand se met à son compte et, au milieu des années trente, emploie une centaine de personnes pour réaliser les décors des paquebots transatlantiques.

Jean Dunand est une figure essentielle des arts décoratifs français au début du XXe siècle. Ses œuvres en laque, notamment, révèlent une grande originalité d'inspiration et la maîtrise d'une technique particulièrement difficile.

Les deux couleurs contrastées de ce vase de métal aux formes élégantes (vers 1925) témoignent d'une utilisation originale et très expressive des possibilités de la laque.

SCULPTURE ET PREMIERS OBJETS D'ART

Jules-John Dunand (tel est son nom pour l'état civil) est né à Genève, et c'est à l'école des arts industriels de cette ville qu'il étudie la sculpture. En 1897, une bourse d'études lui permet de partir étudier à Paris. Employé dans l'atelier du sculpteur Jean Dampt, Dunand assiste celui-ci dans la production de sculptures plutôt classiques, en bois ou en métal. À l'Exposition universelle de 1900, un bronze qu'il vient d'achever, intitulé *Quo Vadis*, lui vaut la médaille d'or.

Dunand ne s'intéresse réellement aux arts décoratifs qu'en 1903 : il décore alors l'appartement parisien de la comtesse de Béarn, pour qui il crée des meubles sculptés et des portes. À la suite de cette expérience, il décide d'ouvrir un atelier. Les arts décoratifs l'occupent entièrement à partir de 1905 environ : il commence alors à donner des dessins pour des vases de cuivre ou de laiton. Ces premières créations, qui font la part belle aux motifs végétaux, stylisés et asymétriques, reflètent l'influence de l'Art nouveau et de l'art oriental.

LA LAQUE

La carrière de Dunand prend un tournant décisif en 1909 : il décide de changer son prénom en Jean et de s'intéresser à l'art de la laque. À partir de 1912, à l'instar d'Eileen Gray *(voir pages 46-49)*, il suit l'enseignement d'un artisan japonais, Seizo Sugawara. Émerveillé par ce matériau, il ne cesse plus, dès lors, de l'utiliser.

La laque lui sert d'abord à recouvrir d'une couche protectrice les objets métalliques qu'il crée, et ce n'est qu'après la Première Guerre mondiale qu'il en explore l'infinie richesse.

Paravent de laque (années vingt). Le motif géométrique dans la partie supérieure du paravent et le poisson stylisé reflètent l'intérêt de Dunand pour l'art japonais ainsi que sa passion pour la nature, spécialement la faune et la flore exotiques.

Sa maîtrise de l'art de la laque lui permet de créer des panneaux et des paravents d'une qualité extraordinaire, ornés de feuillages et d'animaux stylisés — hérons, grenouilles, singes ou daims — dans lesquels on décèle l'influence de l'art japonais. À partir de 1919, il remplace progressivement ces thèmes naturalistes par des motifs purement géométriques. En 1924, il ajoute les accessoires de mode — bijoux, sacs — à la liste déjà longue de ses créations.

Coiffeuse de bois laqué, dessinée pour un boudoir présenté au salon des Artistes décorateurs de 1930. À partir de cette date, Dunand adopte un style moins orné et presque cubisant, reposant sur des formes très simples et géométriques.

ANNÉES VINGT ET TRENTE : LE TEMPS DU SUCCÈS

L'exposition de Paris en 1925 marque en quelque sorte l'aboutissement de la première partie de la carrière de Dunand. Dans la section intitulée « une ambassade française », il montre notamment un fumoir composé de panneaux de laque et meublé de fauteuils ornés de motifs d'inspiration cubiste. Ce premier décor, accueilli avec enthousiasme, lui vaut de nombreuses commandes. Son atelier connaît rapidement une belle extension ; en 1928, ses œuvres sont présentées aux États-Unis, lors d'une exposition dans le grand magasin new-yorkais Lord & Taylor.

Mais, plus encore que ces premiers succès, ce sont les décors pour deux paquebots de la Compagnie Sud-Atlantique — l'*Atlantique* en 1931 et le *Normandie* en 1935 — qui attirent l'attention du public sur Dunand. Ses grands panneaux de laque aux décors figuratifs, ses intérieurs et ses meubles raffinés témoignent de l'extraordinaire vitalité, en France, des traditions de l'artisanat du luxe.

Cette excellence ne survit pas à la Seconde Guerre mondiale. Les objets dessinés par Dunand, au fini impeccable, très coûteux à réaliser, suscitent quantité d'imitations dans des matériaux moins précieux, et cette surabondance entraîne inéluctablement la désaffection du style Art déco. Grâce aux ensembles somptueux exposés à Paris en 1925, et surtout à ses grands décors pour les transatlantiques des années trente, Dunand reste cependant l'un des meilleurs défenseurs d'un artisanat de luxe à la fois original et intransigeant sur la qualité des matériaux comme de la technique.

Ensemble de colliers de taille décroissante (1927). Leurs motifs laqués rouges et noirs révèlent l'influence des bijoux africains.

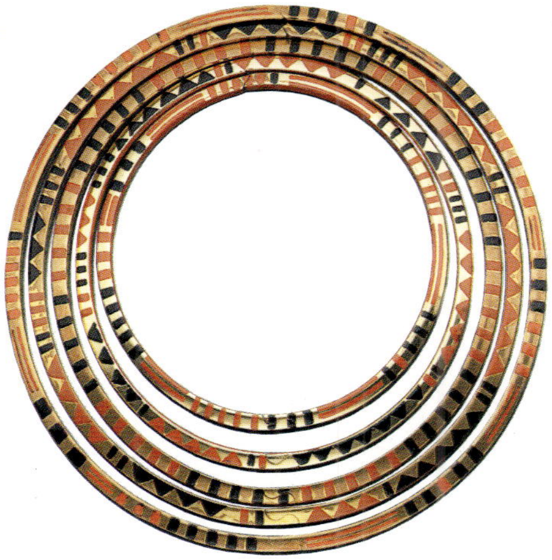

Il est difficile de faire entrer Eileen Gray (1878-1976) dans quelque catégorie que ce soit : celle que l'on a pu définir comme une « solitaire sereine mais déterminée » s'est toujours appliquée à rester en marge de tous les courants. En raison de cette originalité, son talent n'a été reconnu que dans les années

Eileen Gray

Eileen Gray par Berenice Abbot en 1926. Bien que ses créations aient obtenu une reconnaissance tardive, elle occupe une place essentielle dans l'histoire du design au XXe siècle.

soixante-dix, mais Eileen Gray est aujourd'hui unanimement considérée comme l'une des grandes figures du design du XXe siècle, et l'une des rares femmes qui aient exercé une influence décisive dans ce domaine. Contrairement à Charlotte Perriand, qui a fait ses premières armes auprès de Le Corbusier *(voir pages 94-97)*, ou de Lilly Reich, très proche de Ludwig Mies van der Rohe *(voir pages 92-93)*, Eileen Gray a travaillé la plupart du temps seule.

FORMATION ET PREMIÈRES ŒUVRES

Si les dernières œuvres d'Eileen Gray se distinguent assez mal de celles des modernistes, ses premières créations témoignent de l'influence du design français. De 1898 à 1902, elle étudie à la Slade School de Londres, et séjourne une première fois à Paris, avec sa mère, en 1900, à l'occasion de l'Exposition universelle. Elle ressent un véritable coup de foudre pour

Lit de repos (vers 1920-1922). La laque, premier matériau exploré par Eileen Gray en tant que designer, lui a servi à mettre en valeur une série d'objets. Le tissu luxueux et les motifs d'inspiration orientale sur le cadre du lit caractérisent la première phase de sa carrière.

Salon de l'appartement parisien de Suzanne Talbot (1933). Les fameux fauteuils Serpent (au centre gauche) et Bibendum (à l'extrême gauche et à l'extrême droite), et les peaux d'animaux sauvages apportent une touche d'exotisme.

la ville et, grâce à l'aide de sa famille, s'installe dès 1907 dans un appartement du 21, rue Bonaparte, à Saint-Germain-des-Prés ; elle y habitera jusqu'à sa mort.

En 1910, Eileen Gray décide de se consacrer à la laque, une technique qu'elle a étudiée à Londres, puis à Paris, sous la direction du maître japonais Seizo Sugawara. Elle réalise des meubles au fini impeccable, dans une harmonie de tons sourds, de noirs et de bruns. À partir de 1913, des motifs abstraits inspirés du cubisme remplacent les figures mythologiques qu'elle dessinait jusqu'alors.

La créatrice présente ses œuvres pour la première fois à l'occasion de l'exposition de la société des Artistes décorateurs de 1913. Le couturier Jacques Doucet, qui visite l'exposition, lui passe sa première vraie commande. Elle crée notamment pour lui une petite table de laque rouge, dont le dessin rappelle les meubles du XVIIIe siècle. Elle partage cet intérêt pour les arts décoratifs du siècle des Lumières avec de nombreux designers de l'époque, dont Jacques-Émile Ruhlmann *(voir pages 50-51)* ou Maurice Dufrêne.

DÉCORATION INTÉRIEURE

Dans les années vingt et trente, Eileen Gray, en tant qu'« ensemblier », travaille pour de nombreux clients parisiens, dont Suzanne Talbot et la vicomtesse de Noailles. Elle recourt à des matériaux inhabituels, tels le

Le Destin, *paravent de laque dessiné en 1914 pour le couturier Jacques Doucet. La face principale s'orne d'une scène allégorique où figurent deux jeunes garçons, dont l'un porte un vieillard ; le revers est décoré d'un motif abstrait composé de lignes ondulées.*

Chaise S, dessinée entre 1932 et 1934 pour la seconde résidence d'Eileen Gray en France, à Castellar. Dotée d'une assise confortable, elle repose sur une structure en contreplaqué très fonctionnelle, qui peut se plier en deux.

parchemin ou les œufs d'autruche. Elle fait aussi grand usage de la laque, notamment sur des paravents. Sa création la plus originale est sans doute un lit de repos en forme de canoë, supporté par une série de petits pieds robustes. Ce meuble, baptisé *Pirogue*, réapparaît dans plusieurs de ses aménagements d'intérieurs. Eileen Gray dessine aussi à cette époque des motifs pour des tissus ; tout comme dans les œuvres des cubistes, on y retrouve un écho de l'art des colonies françaises d'Afrique et du Pacifique.

GALERIE JEAN DÉSERT

En 1922, Eileen Gray ouvre une boutique à Paris, la galerie Jean Désert. La plupart de ses créations, qui nécessitent la collaboration de nombreux artisans d'art hautement qualifiés, atteignent inévitablement des prix très élevés. Seuls les tapis *(voir page ci-contre)*, au coût de fabrication moindre, remportent un véritable succès commercial. La galerie reste ouverte pendant huit années, au cours desquelles Eileen Gray manifeste un intérêt grandissant pour le cubisme et le fonctionnalisme, tant en architecture que dans le design. Cette tendance apparaît nettement dans ses projets de meubles, comme sa petite table de 1923, composée de plans sécants — clairement influencée par De Stijl et notamment Gerrit Rietveld *(voir pages 98-101)* — et une coiffeuse en tubes d'acier du milieu des années vingt, avec des tiroirs suspendus sur un seul côté. Ses œuvres en laque du début des années vingt marquent une recherche de simplicité ; Eileen Gray renonce notamment à la passementerie, largement employée dans ses premières créations.

VERS LE MODERNISME

La *Chambre-Boudoir pour Monte-Carlo* qu'Eileen Gray expose en 1923 au salon de la société des Artistes décorateurs marque son passage à des réalisations plus fonctionnelles que décoratives. Cette pièce sobrement meublée compte deux paravents (disponibles en blanc et en noir) composés de petits parallélépipèdes superposés, articulés par un système de baguettes verticales, un tapis et une fourrure jetée sur un sofa. Dans la seconde moitié des années vingt, Eileen Gray utilise de plus en plus les formes géométriques et emploie de nouveaux matériaux, comme les tubes d'acier ; elle se penche aussi sur l'idée de la production en série. Ses premières créations, décoratives, teintées d'exotisme et fabriquées suivant les grandes règles de la tradition artisanale, cèdent le pas à des œuvres se rapprochant de ce qui se fait à l'époque en Allemagne, aux

Pirogue, *lit de repos créé vers 1920 pour Suzanne Talbot, l'une des meilleures clientes d'Eileen Gray. Sa forme rappelle celle des canoës africains, creusés dans un tronc : à Paris, la communauté artistique regarde alors volontiers du côté des arts non occidentaux.*

Tapis de laine (années vingt). Acheté par Coco Chanel (il est marqué de ses initiales), il a garni sa maison de Roquebrune. Les tapis d'Eileen Gray portent souvent des motifs géométriques très simples et très graphiques, dans la mouvance de l'esprit moderniste.

Pays-Bas et à Paris même, dans le groupe constitué autour de Le Corbusier et Charlotte Perriand. Les créations d'Eileen Gray présentent cependant une version adoucie du modernisme de l'Europe du Nord : le fauteuil *Transat* (1925-1930), par exemple, combine une extrême stylisation de la forme et l'utilisation de matériaux traditionnels, comme le bois et la tapisserie.

Elle dessine aussi un ensemble de meubles pour sa maison de Roquebrune et édite notamment une chaise, très confortable, pour sa galerie parisienne.

EILEEN GRAY ARCHITECTE

La carrière d'Eileen Gray amorce un tournant décisif à partir du milieu des années vingt. Le critique Jean Badovici la persuade de se consacrer à l'architecture, et elle se lance dans l'aventure avec beaucoup d'enthousiasme. Sa maison, à Roquebrune, dans le Sud de la France, constitue sa première réalisation. De 1926 à 1929, elle met au point, avec Badovici, le projet d'une construction très moderne, baptisée *E-1027* : toit en terrasse, murs couverts d'un badigeon blanc, fenêtres en meurtrières. Elle conçoit aussi pour cette maison une série de meubles, dont le fameux fauteuil *Bibendum (voir page 47)*, et une petite table de verre et acier. Après que Badovici a racheté la villa *E-1027*, Eileen Gray se fait construire dans le même esprit, à Castellar — toujours dans le Sud de la France —, une maison plus petite. Son mobilier *(voir page ci-contre, la chaise* S*)* témoigne de la même recherche de rigueur et de simplicité.

En 1937 Eileen Gray participe encore au projet de Le Corbusier pour l'exposition de Paris en 1937 (un pavillon pour un centre de vacances), mais elle a alors déjà donné le meilleur de son travail de designer, comme le prouvent deux de ses créations les plus célèbres, les sièges *Bibendum* et *Transat*.

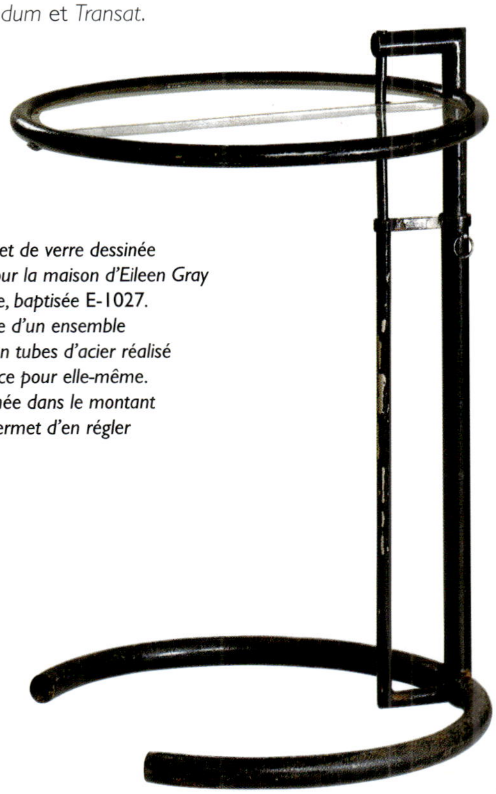

Table d'acier et de verre dessinée vers 1927 pour la maison d'Eileen Gray à Roquebrune, baptisée E-1027. Elle fait partie d'un ensemble de meubles en tubes d'acier réalisé par la créatrice pour elle-même. Une clef cachée dans le montant de la table permet d'en régler la hauteur.

Le seul nom de Jacques-Émile Ruhlmann (1879-1933) évoque les notions de luxe et de raffinement. Selon ce créateur, un objet de luxe équivalait à une sorte d'objet-étalon, un modèle à décliner ensuite dans des matières moins coûteuses, pour une production en série. Ruhlmann n'était pas, comme Jean Dunand, un artisan d'art,

Jacques-Emile Ruhlmann

Jacques-Émile Ruhlmann, l'un des principaux représentants du style Art déco en France. Il possédait au plus haut point le sens de l'élégance des formes et le goût du détail raffiné. Dans les ensembles luxueux qu'il a composés, meubles et objets d'art se répondent et se complètent en parfaite harmonie.

mais il se définissait lui-même comme un « ensemblier », un concepteur capable d'imaginer dans sa globalité l'ambiance d'une maison ou d'un appartement. Et Ruhlmann s'est intéressé de fait à tous les aspects de la décoration : mobilier, luminaires, papiers peints, tapis… Son style mêle harmonieusement la rigueur de structures géométriques très modernes à un répertoire de formes inspiré par les styles des siècles précédents, notamment le néoclassicisme et l'Empire.

PREMIÈRES CRÉATIONS

Ruhlmann ne suit pas une formation d'ébéniste ; c'est dans les ateliers de son père, propriétaire d'une société de papiers peints et miroiterie, qu'il se familiarise avec les matériaux rares et coûteux qu'il utilisera par la suite. En 1907, à la mort de son père, il prend sa succession à la tête de l'affaire familiale et met au goût du jour l'appartement de quelques riches clients. Il se marie la même année et, comme bien d'autres designers et décorateurs, dessine pour son propre usage des meubles très épurés. Durant sa carrière, relativement courte, il adopte toujours la même méthode, fournissant des croquis très aboutis des meubles qu'il conçoit aux artisans auxquels il sous-traite la fabrication.

Lit de repos en bois de rose et bronze doré (années vingt). Les matériaux coûteux, la combinaison de formes très épurées et de détails décoratifs (garniture de bronze doré, coussins cylindriques) inspirés des grands styles classiques en font une création caractéristique des œuvres de Ruhlmann.

Lavabo surmonté d'un grand miroir circulaire (vers 1925). Le placage de marbre, qui renvoie à la somptuosité des intérieurs de l'Ancien Régime, et la vasque très fonctionnelle à la forme pure illustrent parfaitement l'habileté de Ruhlmann à combiner la notion de luxe avec les exigences de la modernité.

La Chasse, *panneau de laque et feuilles d'or (vers 1934). La figure du chasseur et les animaux, très stylisés et traités en léger relief, témoignent de la façon dont les années trente se créent un vocabulaire ornemental inspiré à la fois par le Japon et l'Antiquité classique.*

Il présente un de ses papiers peints au salon des Artistes décorateurs de 1911. Deux ans plus tard, les meubles qu'il expose au salon d'Automne remportent un vif succès et assurent définitivement sa réputation : leurs motifs sobres, leurs hauts pieds fuselés leur confèrent déjà l'élégance qui marquera toutes ses créations. En 1919, il fonde avec le peintre et décorateur Pierre Laurent la société Ruhlmann & Laurent. Le style qu'il développe alors connaît un énorme succès dans les années vingt : ses meubles, fabriqués suivant la tradition des grands ébénistes du XVIIIe siècle s'ornent de soie ou de velours, de motifs d'ivoire ou d'ébène.

EXPOSITION DE 1925 ET SUCCÈS COMMERCIAL

L'apogée de la carrière de Ruhlmann se situe en 1925. Pour l'exposition des Arts décoratifs qui se tient cette année-là à Paris, il élabore et décore avec l'aide de son ami, l'architecte Pierre Patout, l'*Hôtel du collectionneur*, souvent considéré comme l'un des sommets de l'Art déco. Il en dessine les meubles, mais aussi les motifs des tapis et des papiers peints. Il mélange habilement des formes simples et modernes, « cubistes », et des éléments décoratifs plus classiques, telles les frises.

Ce succès lui vaut des commandes prestigieuses : le décor d'un salon de thé du paquebot *Île-de-France*, la salle de réunion de la Chambre de commerce de Paris et, en 1926, un ensemble de meubles pour le palais de l'Élysée. À la fin de la décennie, Ruhlmann crée des meubles encore plus coûteux et somptueux ; il commence à utiliser conjointement des bois d'essence précieuse et des matériaux modernes, comme les tubes d'acier.

Il expose régulièrement ses créations, notamment lors du salon annuel des Artistes décorateurs. Son dernier envoi, en 1932, témoigne d'une simplicité quasi rustique, aux antipodes de ses créations antérieures. Un an avant sa mort, Ruhlmann ferme sa société qui commençait à décliner, la mode ayant changé. Sa gloire n'a duré qu'une dizaine d'années, assez pour faire de lui une figure essentielle de l'Art déco français, comme en témoignent les grandes expositions internationales auxquelles il a participé et les commandes publiques prestigieuses qui lui ont été passées.

*Table de bois sculpté et doré, avec un plateau de marbre (vers 1929). Le succès de l'*Hôtel du collectionneur *vaut à Ruhlmann de nombreuses commandes de la part de Parisiens fortunés. Ses clients apprécient son habileté — particulièrement sensible dans cette table, dessinée pour l'hôtel Ducharne — à combiner la modernité des formes et une ornementation discrètement influencée par les styles classiques.*

Paris 1925

Le style Art déco, qui s'est développé en France dans les années vingt, doit son nom à l'Exposition internationale des Arts décoratifs et industriels modernes. Initialement prévue en 1915, elle s'est finalement tenue à Paris en 1925, car la Première Guerre mondiale a contraint ses organisateurs à en reculer la date de dix ans. Cette manifestation, financée par le gouvernement français, visait à prolonger l'Exposition universelle de 1900, qui avait consacré la prééminence de la France dans le domaine des arts décoratifs. Il s'agissait aussi de rivaliser avec les designers allemands, réunis au sein du puissant Deutscher Werkbund, qui s'étaient donné pour objectif de concilier les exigences du design et celles de l'industrie.

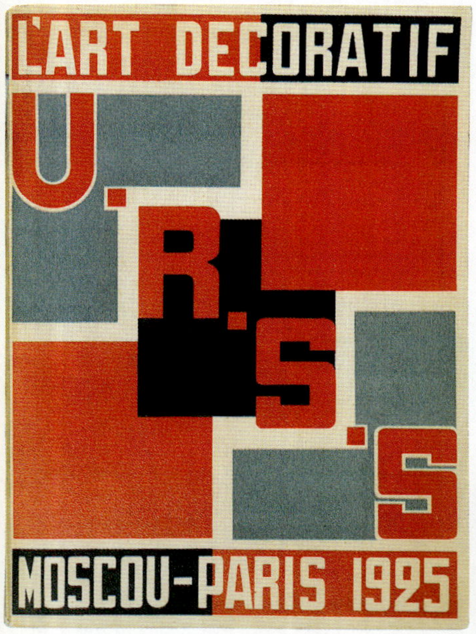

L'Art décoratif, *catalogue du pavillon russe de l'exposition des Arts décoratifs de 1925. Comme le pavillon, la couverture est due à Konstantin Melnikov ; son graphisme épuré et géométrique fait écho à l'esthétique constructiviste dont le bâtiment se réclame.*

NOUVEAU STYLE POUR L'EXPOSITION

Quand la manifestation peut enfin se tenir, un nouveau style a supplanté l'Art nouveau. Il combine des motifs venus d'horizons très divers : le XVIIIe siècle français, les styles classiques, la peinture cubiste, l'art africain… Le cahier des charges imposé aux exposants exclut toute copie directe du passé, et tous s'ingénient à présenter des meubles aussi « modernes » que possible, en faisant appel à des formes géométriques et abstraites. De très nombreuses nations participent à l'exposition, dont la Grande-Bretagne, l'Italie, la Turquie, le Danemark, la Suisse, la Grèce, le Japon, la Suède, la Pologne et l'Autriche. Deux absents de marque : l'Allemagne, pour des raisons politiques, et les États-Unis, qui estiment ne rien avoir à présenter.

L'Oasis, *paravent de cuivre et fer forgé (1925). Pièce maîtresse du stand du ferronnier Edgar Brandt, il présente les traits caractéristiques de la plupart des créations de l'époque : formes naturelles stylisées à l'extrême et composition à la fois dense et symétrique.*

Agencements proposés par les Galeries Lafayette, dont une pièce conçue par Maurice Dufrêne. Le sens du décor et de l'apparat, point commun entre tous les exposants, se retrouve dans ces trois exemples.

Pavillon soviétique, conçu par Melnikov. Utilisation du verre et de l'acier, trame régulière de la façade, effet puissant et original des obliques qui se croisent au sommet de l'escalier : ces éléments relèvent du constructivisme, la version russe du modernisme.

PAVILLONS FRANÇAIS

L'exposition s'étend sur une très vaste zone, à cheval sur les deux rives de la Seine. Les pavillons qui accueillent les meubles et les objets d'art en constituent les bâtiments phares. Les plus importants sont ceux des grands magasins parisiens — le Bon Marché, le Printemps, les Magasins du Louvre et les Galeries Lafayette —, car chacun d'eux s'est attaché les services d'un décorateur de renom. Les Galeries Lafayette ont ainsi fait appel à Maurice Dufrêne pour leur installation présentée dans un bâtiment spectaculaire, le pavillon de la Maîtrise, dû aux architectes Jean Hiriart, Georges Tribout et Georges Beau. Parmi les ensembles les plus importants figurent l'*Hôtel du collectionneur* de Jacques-Émile Ruhlmann *(voir pages 50-51)*, et le bureau agencé par Pierre Chareau dans le pavillon de l'ambassade française.

AUTRES EXPOSANTS

Le pavillon autrichien et le pavillon russe comptent parmi les plus intéressants. Le premier, dessiné par Josef Hoffmann *(voir pages 34-37)*, abrite un ensemble de meubles créés par Josef Frank *(voir pages 56-59)* ; le second, d'une architecture très avant-gardiste, est dû à Konstantin Melnikov. Son seul rival est le pavillon de l'Esprit nouveau de Le Corbusier *(voir page 95)*, exemple du modernisme à la française qui entretient des rapports étroits avec les conceptions fonctionnalistes prônées par les designers allemands. Ce pavillon est conçu comme un module reproductible dont la juxtaposition doit permettre de créer des ensembles d'appartements.

L'exposition atteint son but : prouver que la France occupe la première place mondiale dans l'artisanat de luxe. Le style Art déco qu'elle met en exergue, épuré, stylisé, se répand en Europe et aux États-Unis, dans toutes les couches de la société et dans tous les domaines de la création, jusqu'aux usines et aux gratte-ciel...

Chambre de l'Hôtel du collectionneur, dessinée par Jacques-Émile Ruhlmann. L'usage quasi exclusif de matériaux précieux pousse ici à l'extrême une tendance partagée par la plupart des exposants français, dont les créations privilégient le luxe et une très grande qualité d'exécution.

Dans les années vingt, le style prôné au tout début du siècle par Elsie de Wolfe aux États-Unis *(voir pages 8-9)* se répand en Europe. En Grande-Bretagne, la profession de décoratrice d'intérieur passe pour parfaitement « convenable » pour une femme désireuse d'utiliser à bon escient sa sensibilité artistique.

Syrie Maugham

Pour les familles fortunées, recourir aux services d'un décorateur équivaut à un signe extérieur de richesse et de raffinement. Syrie Maugham (1879-1955) est à bien des égards l'équivalent britannique d'Elsie de Wolfe ; les deux femmes ont d'ailleurs été très amies pendant l'entre-deux-guerres.

Syrie Maugham, l'une des personnalités du monde de la décoration intérieure britannique des années trente. Elle a contribué à l'émergence d'un style nouveau, alliant les exigences du confort et une grande élégance.

Hall de l'appartement de Syrie Maugham, à Londres. Les porte-torchères baroques, les tabourets sculptés et le grand miroir rococo rappellent le luxe des siècles passés, alors que les grands espaces très lumineux évoquent le confort des appartements modernes.

DÉBUTS

Comme pour nombre de décoratrices, son métier est d'abord pour Syrie Maugham un simple prolongement de sa vie sociale — et peut-être aussi le moyen d'oublier une vie sentimentale difficile, car elle se marie et divorce deux fois. Son second mari, l'écrivain Somerset Maugham, lui permet de rencontrer les membres les plus huppés de la société londonienne, dont certains deviennent ses clients.

En 1922, Syrie Maugham ouvre à Londres une boutique où elle vend divers objets de décoration et des meubles peints qu'elle réalise elle-même. Ces meubles sont remarqués l'année suivante par le magazine *Vogue* et lancent la mode des meubles décapés et repeints de couleurs pastel.

La boutique connaît un tel succès que Syrie Maugham crée une succursale à Chicago en 1926, puis une autre à New York. La boutique londonienne change plusieurs fois d'adresse pour se rapprocher des quartiers résidentiels où vit sa clientèle.

STYLE

Comme Elsie de Wolfe, Syrie Maugham conçoit la décoration intérieure de façon très moderne, tout en se montrant attachée à un certain classicisme. Elle recourt cependant plus volontiers que son amie américaine à des matériaux nouveaux. Son style, qui remporte un très grand succès auprès d'une clientèle d'artistes et de gens fortunés, mêle de façon très originale, dans une ambiance chaleureuse et intimiste, meubles anciens et créations contemporaines.

Son travail reçoit souvent les honneurs de la presse : les grandes revues de mode et de décoration de l'époque, comme *Harpers Bazaar*, *Vogue* ou *House and Garden* lui consacrent des articles qui lui permettent d'élargir sa clientèle. Conséquence logique de ce succès, les éléments clés de son style, tels les miroirs, les meubles de bambou ou les grandes compositions florales, deviennent les parangons de l'élégance et du bon goût.

Salle à manger de Syrie Maugham, reproduite dans Home and Garden *(1949). Une atmosphère éclectique où l'on retrouve les « standards » de son style : meubles peints et miroirs rococo.*

Salle de bains de Margaret Argyll, à Londres. Y cohabitent des accessoires inspirés du passé, tabouret Louis XVI ou table Louis XV, et des éléments modernes, mur-miroir et grande baignoire.

« PIÈCE BLANCHE » ET AUTRES CONCEPTS

Les couleurs de prédilection de Syrie Maugham sont le blanc et toutes les nuances de beige, mais malgré cette quasi-monochromie les ambiances qu'elle crée n'ont rien d'austère, car elle sait jouer avec talent des lumières et des textures. C'est à son propre usage qu'elle imagine certains de ses intérieurs les plus spectaculaires, comme la villa Eliza, au Touquet, achevée en 1926, ou sa maison de Londres, sur King's Road, qu'elle décore en 1927. Le salon de cette demeure, surnommé la « pièce blanche », n'a rien de monotone, bien au contraire : le camaïeu subtil de blanc, l'association des matériaux, les ombres délicates instaurent une atmosphère pleine de raffinement. Syrie Maugham aime à répéter que le dépouillement est l'une des clés d'une décoration réussie, mais elle n'hésite pas à disposer un peu partout de grands bouquets ou des objets anciens, pour mettre en valeur, par contraste, la couleur des murs. À partir de 1933 elle abandonne les jeux de blancs et de beiges et utilise plus volontiers le rose, le vert et le bleu.

À la fin des années trente la guerre menace, et le climat est peu propice à la décoration intérieure. Syrie Maugham ferme sa boutique de Bruton Street en 1938 ; en 1940, elle part pour New York avec sa sœur Liza et y reste jusqu'à la fin de la guerre. Elle revient en Grande-Bretagne en 1944, mais ne retrouve plus le rôle éminent qu'elle avait joué avant-guerre dans le domaine de la décoration. Dans les années cinquante et soixante, des maisons comme Osborne & Little, David Hicks ou Jon Bannenburg reprennent le flambeau.

« Pièce blanche » de Syrie Maugham à Londres (1927). Elle résume à elle seule ce qui a fait le succès de la décoratrice auprès de sa riche clientèle : l'utilisation très moderne des miroirs et du blanc, omniprésent, dans une atmosphère de confort et de douceur.

L'architecte-designer Josef Frank (1885-1967) est né en Autriche. Il a grandement contribué au développement d'un design moderne « classique ». Il débute à Vienne, au moment où les Sécessionnistes et les Wiener Werkstätte *(voir pages 38-39)* commencent à proposer un design radical et progressif, en phase avec les temps modernes. Il s'installe

Josef Frank

en Suède au début des années trente et pose les bases du modernisme suédois d'inspiration traditionnelle, dont l'aura internationale dominera le style des intérieurs de l'après-guerre. Du fait de ses origines et de sa forte nature individualiste, Frank restera un outsider. Son œuvre connaît pourtant une forte notoriété à l'étranger durant les années trente, et sa contribution à la notion de design moderne suédois est bien plus importante que ne l'a été celle de nombreux designers natifs de ce pays.

Josef Frank, dont la production combine la rigueur du design fonctionnaliste avec une nouvelle approche, éclectique, de la décoration intérieure. Son influence s'est exercée dans de nombreux domaines, notamment dans la formation d'un courant du design, le « moderne suédois ».

A811F, *chaise en bois courbé, conçue au début des années trente pour la Travel Company. Bien que l'on attribue souvent cette chaise à Josef Hoffmann* (voir pages 34-37), *les magazines contemporains y reconnaissent la patte de Frank. L'élégance des proportions et la simplicité de la structure sont en effet typiques de son style.*

ARCHITECTURE ET INTÉRIEURS AVANT 1914

De son père, grossiste dans l'industrie textile, Frank a hérité une passion pour le design textile. Il commence par étudier l'architecture à l'école technique de Vienne. L'enseignement qu'il y reçoit accorde une grande importance à l'histoire de l'architecture et le prédispose à respecter les traditions du passé : ainsi consacre-t-il sa thèse à Leon Battista Alberti (1404-1472), architecte italien de la Renaissance. Une fois diplômé, il ouvre une agence d'architecture avec Oskar Strnad et Oskar Wlach. Ils réalisent de nombreux projets de design intérieur en puisant dans un large éventail d'influences — des chinoiseries et du mobilier anglais du XVIIIe siècle aux soieries et motifs traditionnels français de la même période. Dans une chambre créée pour sa sœur en 1910, à Vienne, Frank combine ainsi des éléments Art nouveau avec des motifs personnels.

Dès le début de sa carrière, Frank ne se sent pas attiré par les idées de l'avant-garde viennoise — le *Gesamtkunstwerk* ou « œuvre d'art totale » — et privilégie au contraire une notion moins ambitieuse du design domestique, plus soucieuse de confort. D'autres projets de jeunesse, comme l'aménagement intérieur du musée de l'Asie du Sud-Est à Cologne ou encore celui d'une école suédoise à Vienne, portent la marque d'un style néoclassique. C'est en travaillant à ce dernier projet que Frank fait la connaissance de sa future femme, la Suédoise Anna Sebenius.

ANNÉES VINGT

De 1919 à 1927, Frank enseigne à l'école d'arts appliqués de Vienne, tout en continuant à exercer son métier d'architecte et de designer. Deux domaines l'obsèdent. D'abord l'habitat social, pour lequel il conçoit, avec l'appui des socialistes viennois, de très nombreux projets dans le plus rigoureux des styles fonctionnalistes *(voir page ci-contre)* ; ensuite, la décoration intérieure. C'est avec Wlach qu'il fonde en 1925 Haus und Garten (« Maison et Jardin »), une coopérative de design intérieur destinée à la riche bourgeoisie viennoise, qui

Wiedenhofer Hof, logements sociaux pour ouvriers, construits en 1923-1924. Frank réalise beaucoup de projets de ce type à Vienne dans les années vingt, mais ses préférences vont plutôt à l'habitat individuel.

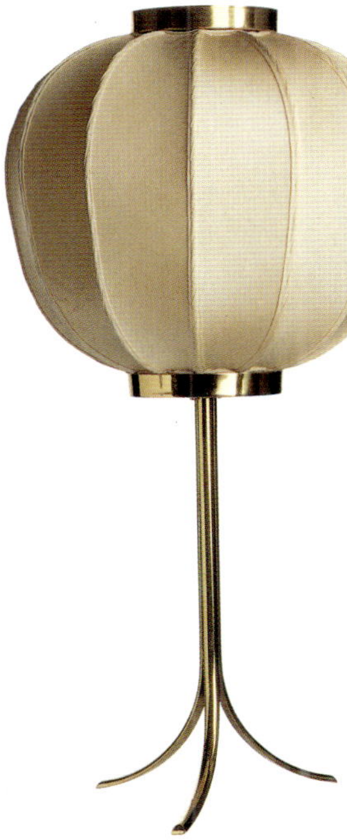

Lampe de table dessinée dans les années cinquante pour Svenskt Tenn. À l'inverse des modernistes progressistes, qui privilégient l'acier et le verre pour les luminaires, Frank choisit souvent des matériaux traditionnels : cuivre et tissu.

commercialise du mobilier. Frank conçoit aussi des meubles et ces motifs textiles — dont les modèles *Primavera* et *Mirakel* *(voir page 59)*, tout spécialement imaginés pour la coopérative.

EXPOSITIONS DES ANNÉES VINGT

Le travail de Frank est révélé pour la première fois au public en 1925, lors de l'exposition des Arts décoratifs de Paris, où Haus und Garten présente un aménagement intérieur tout simple, composé de murs blancs et de mobilier en bois. Cette exposition éveille l'intérêt des professionnels, dont celui d'Estrid Ericson, propriétaire du magasin de design Svenskt Tenn, à Stockholm, alors très en vogue ; Ericson joue un rôle important dans la carrière de Frank. En

Croquis préparatoire à l'exposition de San Francisco en 1939. Frank réutilise de nombreuses pièces pour ce projet, parmi lesquelles le paravent décoré et le lit, la coiffeuse aux trois miroirs et le lampadaire multidirectionnel. Cet intérieur, typique de son style par sa légèreté et la richesse de ses motifs, a contribué à asseoir aux États-Unis sa réputation de fondateur du courant moderne suédois.

Magasin Svenskt Tenn, présentant des créations de Frank. L'association du tapis aux couleurs vives, de l'élégante table à pieds fuselés et du canapé confortable signe l'atmosphère feutrée et moderne d'une décoration intérieure toujours prisée en Suède.

Des années trente aux années cinquante, Frank a décliné le thème du meuble précieux à tiroirs — toujours recouvert d'un placage ornemental. La forme réactualisée de ce cabinet lui a été inspirée par le mobilier asiatique et anglais du XVIIIe siècle. Une version en a été exposée en 1952 au National Museum de Stockholm.

1927, l'architecte Ludwig Mies van der Rohe *(voir pages 92-93)* propose à Frank de participer à une manifestation consacrée à l'habitat au Weissenhofsiedlung de Stuttgart, autour d'un projet de logements dont les bâtiments et les aménagements intérieurs sont confiés à des architectes modernistes de renom international. La contribution de Frank à cette exposition renforce sa réputation de défenseur du fonctionnalisme. Néanmoins, son projet, sur deux niveaux, témoigne d'une approche moins austère et plus humaine de l'habitat, agrémenté de meubles confortables, de coussins et d'épaisses étoffes.

INSTALLATION EN SUÈDE

En 1932, Ericson propose à Frank de concevoir mobilier et textiles pour son magasin de Stockholm. L'avènement du régime nazi en Autriche pousse Frank à s'installer en Suède l'année suivante, et dès 1934, il dirige le design de Svenskt Tenn. À partir de ce moment-là, il se consacre plus particulièrement au design mobilier et textile comme à l'aménagement intérieur, et moins à l'architecture.

Son travail dans la Suède des années trente se caractérise par un usage affirmé des couleurs et des motifs, au service d'une certaine idée de l'élégance, des proportions et du confort domestique. En étroite collaboration avec Ericson, il conçoit de confortables canapés, d'élégants cabinets à tiroirs marquetés, divers modèles de lampes en cuivre ou en laiton diffusant une lumière douce, et des tissus d'ameublement aux couleurs et aux motifs chatoyants. Certains meubles deviennent emblématiques de son style, par exemple le tabouret à trois pieds d'inspiration égyptienne ou la coiffeuse aux trois miroirs équipée d'un chariot de service. Après la publication de son ouvrage *Architektur als Symbol (L'Architecture comme symbole)* en 1930, dans lequel il définit l'architecture comme une discipline allant au-delà de la fonction et de la technologie, Frank publie des articles dans la revue suédoise *Form*.

INFLUENCES INTERNATIONALES

Les créations de Frank servent de plus en plus souvent à représenter le design suédois. Lors de l'Exposition universelle de Paris en 1937, il présente, avec Ericson, un modèle de terrasse aménagée dans la plus grande simplicité, garnie de sièges en rotin et de plantes en pot. La critique y décèle une nouvelle sensibilité, dépourvue de l'austérité du fonctionnalisme, qu'elle qualifie de « moderne

Mirakel, *créé avant le départ de Frank pour la Suède, en 1934, pour Haus und Garten. Typique du goût du designer pour les motifs floraux exubérants,* **Mirakel**, *classique de l'ameublement, est resté populaire jusque dans les années soixante.*

Vegetable Tree *(1944). Dans cet imprimé au motif orientalisant, conçu aux États-Unis et envoyé à Estrid Ericson à l'occasion de son cinquantième anniversaire, le goût de Frank pour les motifs de couleurs vives est à son apogée.*

suédois ». En 1939, à la foire internationale de New York comme lors de l'exposition du Golden Gate à San Francisco, la critique accueille les intérieurs de Frank comme une « recherche d'équilibre ». La présentation de New York comprend un bureau en forme de haricot sur un plancher à damiers, une chauffeuse tapissée ornée de motifs floraux, des étagères et une table basse ; celle de San Francisco se compose de paravents ornés de motifs floraux, de l'habituelle coiffeuse à miroirs et d'une lampe flexible.

PENDANT LA GUERRE

Au début de la Seconde Guerre mondiale, Frank quitte la Suède pour New York, où il accepte un poste de professeur d'architecture à la New School for Social Research. En 1944, à l'occasion du cinquantième anniversaire d'Ericson, Frank fait parvenir à ce dernier cinquante nouveaux designs textiles — des motifs évocateurs de la nature, à base d'oiseaux et de fleurs fidèles à ses sources d'inspiration de toujours. Cela lui permettra, à son retour en Suède l'année suivante, de faire rebondir sa carrière. Les créations de cette période, à l'image notamment du motif *Vegetable Tree*, sont devenues des classiques du style suédois, toujours appréciés.

MODERNE SUÉDOIS DE L'APRÈS-GUERRE

La réputation de Frank atteint son apogée dans les années cinquante. Un des projets les plus intéressants de cette période est un simple intérieur recouvert de tissu imprimé, réalisé pour le sculpteur Carl Milles et présenté sous le nom d'*Anne's House*. L'approche esthétique de Frank, qui privilégie un aménagement confortable et des espaces de vie agréables, est de plus en plus souvent associée au style moderne suédois. À la fin de sa vie, Frank se tourne de nouveau vers l'architecture, mais dans une perspective expérimentale et visionnaire qui influencera plus la future génération postmoderne que les contemporains du designer, tenants du modernisme.

À l'issue de la Première Guerre mondiale, l'industrie des arts appliqués britannique, de même que le public, conçoivent le design d'une façon on ne peut plus classique. C'est dans ce climat frileux que l'architecte-designer néo-zélandais Keith Murray (1892-1981) en vient à travailler, entre les deux guerres, avec des céramistes, des verriers et des ferronniers

Keith Murray

britanniques, afin de moderniser leur production et de la remettre au niveau de celle d'autres pays — en particulier la France, patrie d'un design bien plus progressiste. Son modernisme reçoit tout au long de sa carrière un excellent accueil critique. Murray a également contribué à créer une nouvelle profession en Grande-Bretagne : celle de consultant en design industriel.

Keith Murray a joué un rôle clé dans la modernisation des produits de l'industrie des arts appliqués britannique des années vingt aux années trente. Créateur indépendant, il a notamment collaboré avec le céramiste Wedgwood et le verrier Stevens & Williams, et introduit dans leur design un minimalisme innovant.

Service à cocktail plaqué argent dessiné en 1935 pour Mappin & Webb. Sa particularité tient à la sobriété de ses détails, au minimalisme rigoureusement étudié.

FORMATION ET PREMIÈRES RÉALISATIONS

La famille Murray arrive en Grande-Bretagne en 1906. Tout en effectuant son service militaire dans le Royal Flying Corps pendant la Première Guerre mondiale, Murray étudie l'architecture à l'Architectural Association de Londres. Jeune diplômé, il se rend à Paris et visite l'exposition des Arts décoratifs en 1925. Bien qu'il soit passionné de verrerie ancienne, il découvre à l'exposition des Arts décoratifs suédois à la Royal Academy de Londres, en 1931, quelques pièces simples et délicatement gravées d'Edward Hald et de Simon Gate, qui nourrissent son intérêt pour la verrerie contemporaine.

Grâce au Comité des arts et de l'industrie, organisme créé en 1931 et soutenu par le gouvernement, commun aux artistes et aux fabricants, Murray est présenté à la verrerie Whitefriars de Londres, pour laquelle il produit un grand nombre d'œuvres expérimentales aux formes géométriques simples. À partir de 1932, il travaille avec un autre verrier, Stevens & Williams, installé dans les Midlands. Au même moment, il entame une collaboration avec le fabricant de céramique Wedgwood, dans le Staffordshire. Comme chez Stevens & Williams, il intervient comme concepteur indépendant et peut étudier les structures de production de l'entreprise. Bien qu'il ne soit pas un artisan qualifié, sa profonde compréhension des matériaux et des procédés de fabrication assure le succès de ses créations.

Vases en verre gravé, conçus en 1935-1939 pour Stevens & Williams. Le motif de cactus, simple et discret mais efficace, ne nuit pas à leur forme imposante.

Pichet et chope vert céladon engobés de couleur crème créés en 1935 pour Wedgwood. Seuls des cercles concentriques, imprimés à la base, ornent ces pièces — un procédé auquel Murray a fréquemment recours.

OBJETS EN VERRE ET EN CÉRAMIQUE

Jusqu'en 1939, Murray crée de nombreux objets pour Stevens & Williams et pour Wedgwood. Pour Stevens & Williams, il réalise des articles en verre, du service de table fabriqué en série aux coupes gravées ou taillées et aux pièces uniques en verre soufflé. Pour Wedgwood, il conçoit vases, pichets, bols, vaisselle et autres objets en céramique pratiques et décoratifs. Son approche, radicalement neuve, résulte d'une part de sa formation d'architecte et de sa foi dans le style moderne, d'autre part, de son respect des matériaux et des traditions néoclassiques, notamment celles du XVIIIe siècle. Ceci est particulièrement flagrant pour les élégants et minutieux motifs répétitifs de ses vases en verre taillé et ciselé, aux formes géométriques ou inspirées de la nature.

L'impact visuel de ses pièces tient à leurs formes et à leur structure, remarquablement mises en valeur par des motifs décoratifs intégrés telles que des stries et des nervures épousant les contours. La couleur joue un rôle important dans son œuvre. S'étalant sur une gamme de demi-teintes, les nuances de ses céramiques vont du bleu mat au gris et au jaune paille, et jouent surtout sur les verts, le noir étant appliqué tant à la céramique qu'aux objets en verre. La délicatesse des coloris rehausse le minimalisme des formes.

Vase en faïence enduit d'un vernis vert mat dessiné pour Wedgwood. La forme, baptisée « annulaire », résulte de l'utilisation d'un tour, qui permet l'obtention de ce design typiquement Art déco.

Le travail de Murray attire l'attention du public lors d'une série d'expositions à Londres, notamment, en 1933, *Les Arts industriels britanniques appliqués à l'habitat*, au Dorland Hall et, en 1935, *L'Art britannique dans l'industrie*, à la Royal Academy. Son travail est alors considéré comme l'une des plus importantes contributions britanniques au modernisme. Vers le milieu des années trente il s'essaie aussi à la ferronnerie pour le fabricant Mappin & Webb, pour lequel il élabore des articles de luxe, tels des services à cocktail *(voir page ci-contre)*. À partir de 1936, il revient à sa première activité, l'architecture, et ouvre une agence avec C.S. White. Leur première commande est une nouvelle usine pour Wedgwood, inaugurée en 1940. Il crée encore une collection de céramiques pour cette entreprise en 1946 (dans un style géométrique moins agressif que celui de ses premières pièces), mais consacre le reste de sa carrière à l'architecture.

Parmi les dizaines de pionniers du design industriel américain qui sont devenus célèbres dans les années vingt et ont fait fortune dans les années trente, Donald Deskey (1894-1989) est l'un des plus fortement influencés par les traditions décoratives modernes de Vienne et de Paris — particulièrement par le style géométrique Art déco. Il est le designer

Donald Deskey

qui a le plus pleinement exploité le potentiel décoratif de matériaux nouveaux et peu conventionnels comme le liège, l'aluminium, le linoléum et l'acier chromé. Il a pris une part importante dans l'élaboration d'un style moderne spécifiquement américain, le « Streamline ».

Donald Deskey s'est employé à introduire les formes fuselées et modernes de l'Art déco européen au cœur du design industriel américain. Son agence de design basée à New York, Donald Deskey Associates, est devenue l'une des plus importantes des États-Unis.

Chaise tapissée et rembourrée à piètement en aluminium, conçue en 1929 pour le salon de beauté new-yorkais Abraham & Strauss, et produite par le fabricant de mobilier Ypsilanti Reed. Sa facture minimaliste est typique des créations de Deskey de la fin des années vingt.

FORMATION ET PREMIERS TRAVAUX

Deskey naît dans le Minnesota. Il commence par chercher sa voie. Formé à l'architecture à l'université de Californie (1915-1919), il suit pendant la Première Guerre mondiale une formation de maître artilleur. Il occupe ensuite divers emplois, dont celui d'aide équipementier de navires ou d'aspirant ingénieur. Ces différentes expériences, suivies de voyages à Chicago en 1920 — où il travaille comme graphiste —, puis à Paris en 1923, le familiarisent avec l'ingénierie et la peinture. Il finit par s'installer à Paris où il rencontre sa femme, Mary Campbell Douthett, et œuvre comme lithographe et graphiste. Ces premières expériences éclectiques sont particulières à cette génération d'artistes et de designers de l'entre-deux-guerres, attirés financièrement par des collaborations avec le monde industriel et commercial. Les bénéfices sont réciproques, l'industrie considérant de plus en plus l'intégration du design dans l'élaboration de ses produits comme un moyen de gagner en prestige et de prendre l'avantage sur la concurrence.

SUCCÈS À NEW YORK

Deskey et sa femme rentrent aux États-Unis à la fin de 1923 et y restent jusqu'à ce que l'attrait de Paris et de l'exposition des Arts décoratifs de 1925 les poussent à retraverser l'Atlantique. Le design radicalement nouveau que Deskey découvre à l'exposition des Arts décoratifs l'impressionne, et le créateur contribue activement à l'introduction de ce style décoratif moderne aux États-Unis, et surtout à New York. En 1926, il commence à y travailler comme consultant en design industriel et, l'année suivante, il dessine des meubles, des lampes et élabore des textiles pour Deskey-Vollmer, une société créée avec son partenaire Phillip Vollmer, qui sera active jusqu'en 1931. Deskey réalise alors une série de paravents dans une variété de matériaux allant du linoléum au liège, en passant par le cuivre et la bakélite, et il y intègre de larges motifs géométriques Art déco. Paul Frankl, designer viennois émigré, achète l'un d'entre eux et l'expose dans sa galerie de New York. Un autre est présenté dans une vitrine conçue et aménagée par Deskey lui-même pour le magasin Saks, sur la Cinquième Avenue.

À la fin des années vingt, Deskey se consacre à la création d'ameublements et d'intérieurs luxueux pour clients fortunés. Sa première commande

Tube d'aluminium surmonté d'un abat-jour blanc (1935). Sa forme s'inspire en droite ligne du style Bauhaus et affirme le caractère « industriel » du design de Deskey. Dans les années trente, le designer est réputé pour ses éclairages.

Intérieur du Bar Casino International de New York (1939). Son aménagement semble directement inspiré des comédies musicales hollywoodiennes et recrée un univers de rêve, alors très apprécié.

Table basse en aluminium « à pont » (années trente). À cette époque, Deskey dessine de nombreuses meubles modernes aux formes simples, tant pour des clients publics que privés. Cette pièce témoigne de sa virtuosité technique et de son goût pour l'innovation.

importante est la conception d'un appartement pour John D. Rockefeller sur la 54e Rue, à New York en 1930. Il privilégie les coloris en demi-teintes et un usage radical de nouveaux matériaux. Il commence également à s'intéresser à la production de masse, fidèle, à cet égard, au nouveau courant de coopération entre industriels et designers. Il se lancera notamment dans une collaboration avec un industriel de Grand Rapid, dans le Michigan, pour produire à grande échelle une chaise en acier tubulaire. Il remporte le concours pour l'aménagement intérieur du Radio City Music Hall du Rockefeller Center, à New York, entre 1932 et 1933. La tâche, à la fois prestigieuse et exigeante, nécessite l'embauche d'une importante équipe de dessinateurs et d'assistants. Deskey convie différents artistes, notamment Stuart Davis, à réaliser des fresques modernistes, et collabore étroitement avec eux. L'aménagement reflète son amour des formes abstraites et des matériaux variés.

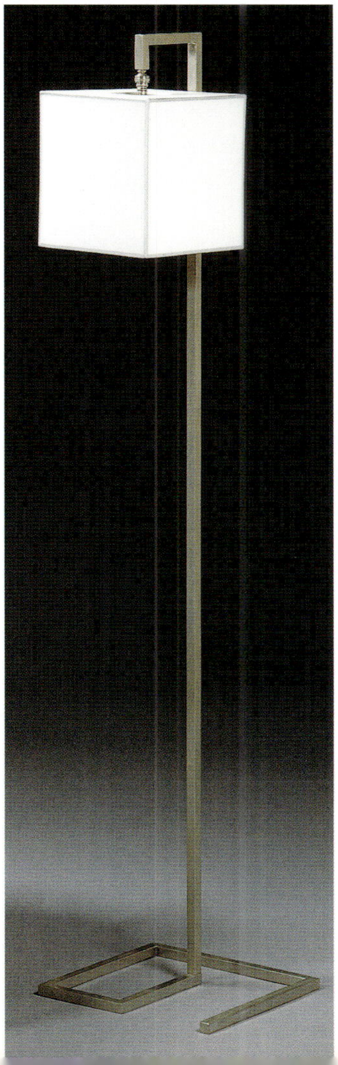

EXPOSITIONS ET ŒUVRES DE MATURITÉ

À l'instar de bien de ses contemporains, Deskey bénéficie grandement, pour sa réputation, de sa participation aux grandes expositions de design des années vingt et trente, comme l'Exposition universelle de Paris en 1937 ou la foire internationale de New York en 1939. À la fin de la décennie, il a déjà collaboré avec de nombreux industriels — le fabricant de meubles Widcicombe, Libby Glass et Froehler Manufacturing — sur des projets allant de l'équipement industriel aux appareils ménagers. Il continue à concevoir des intérieurs. L'un de ses projets les plus motivants de la fin des années trente est le *Bar Casino International* de New York, un night-club dont le bar prolonge la rampe d'un escalier monumental. Dans les années quarante, Deskey fonde une agence, Donald Deskey Associates, et travaille notamment au design des produits et emballages de Procter et Gamble. Il reste en activité jusqu'en 1970.

Au cours du XXe siècle, les designers danois ont accompagné de façon remarquable le développement du mobilier moderne, associant l'ancien avec le nouveau d'une manière originale. Si leur contribution a été saluée dans les années cinquante, grâce aux créations de Hans Wegner, de Børge Mogensen et de Finn Juhl, l'origine de ce succès

Kaare Klint

remonte aux années trente, et aux écrits et travaux de Kaare Klint (1988-1954). Klint a cherché à appliquer les valeurs traditionnelles de l'ébénisterie à des pièces contemporaines, destinées à satisfaire aux exigences de la vie moderne. Il combine l'analyse du mobilier de toutes époques et de toutes traditions à l'étude anthropométrique et ergonomique, afin d'élaborer des meubles pratiques, beaux et modernes. Son mobilier anticipe le principe de fonctionnalité, et dès les années trente, les designers du monde entier suivent sa méthode. Après la Seconde Guerre mondiale, son enseignement suscite le renouveau du design danois.

Kaare Klint a milité pour une modernité fonctionnelle. Il a conçu des meubles simples, traités comme des équipements plutôt que comme des objets d'art.

Chaise longue 4699 *(1933). Cette réinterprétation de la chaise longue du XIXe siècle reflète l'intérêt de Klint pour le confort de l'utilisateur. L'ajout d'un matelas en est la preuve.*

AVANT LA PREMIÈRE GUERRE MONDIALE

Après des études de peinture à l'École polytechnique de Frederiksberg, Klint entame une formation d'architecte et de designer à l'école technique de Copenhague, sous la direction de son père P.V. Jensen Klint, avant de rentrer au service de l'architecte Carl Petersen. En 1914, celui-ci invite Klint à travailler avec lui à des aménagements intérieurs pour le musée d'Art de Faborg, au Danemark. Dès ses premiers projets, Klint a conscience de son principal souci : adapter les meilleurs aspects du mobilier traditionnel aux exigences de confort contemporaines. Ainsi, sa chaise en bois pour le musée de Faborg combine-t-elle des proportions classiques, agrémentées de détails empruntés au style Régence anglais — comme son piètement fuselé —, des matériaux traditionnels et des techniques de fabrication industrielles. Il en résulte un design d'une grande simplicité, intrinsèquement moderne *(voir page ci-contre)*. Vers 1916, Klint entame une étude personnelle d'anthropométrie appliquée au mobilier, œuvre de toute une vie qui inspirera ses réalisations futures.

Fruit, conçu au milieu des années quarante en collaboration avec son fils Ebsen pour le fabricant Le Klint. Ce modèle d'abat-jour en papier plié et plastique enduit constitue un exemple de fonctionnalité minimaliste, à faible coût. Il est toujours fabriqué.

Safari, dessiné en 1933 et réalisé par Rudolf Rasmussen. Pour cette réinterprétation de la chaise de safari pliante, Klint s'est inspiré de l'esprit utilitaire et de la simplicité du mobilier traditionnel, dont il exploite les qualités dans son design. Ce modèle, toujours édité, reste apprécié des Scandinaves.

Chaise en chêne et rotin créée en 1914, en collaboration avec Carl Petersen, et fabriquée par N.M. Rasmussen. Cette chaise, initialement imaginée pour le musée de Faborg, est encore éditée.

PÉDAGOGIE ET CRÉATION DES ANNÉES VINGT À TRENTE

Klint continue à travailler à l'aménagement et à l'équipement de musées, dont le musée Thorvaldsen (1922-1925) et le musée danois des Arts décoratifs (1924-1954), tous deux situés à Copenhague. En 1920, il ouvre son propre studio d'architecture et de design et devient un théoricien influent. En 1924, il crée le département Mobilier de l'Académie royale des arts de Copenhague, où il exerce quelque vingt ans plus tard comme professeur d'architecture.

Ce que l'on retient principalement de sa production, ce sont ses meubles simples et résistants, datant de la fin des années vingt. Tous s'inspirent de pièces anciennes, modifiées pour correspondre au mode de vie des débuts du XXe siècle. Le fauteuil *Safari*, par exemple, lui a été inspiré par une chaise d'officier de l'armée britannique qu'il a transformée en un fauteuil à la fois pratique, confortable, léger, et de proportions harmonieuses.

INFLUENCES SUR LE DESIGN CONTEMPORAIN

Bien que féru des méthodes traditionnelles de l'ébénisterie — son mobilier est réalisé à la main, principalement dans la petite entreprise familiale de Rudolf Rasmussen —, Klint est ouvert à l'idée de produire en série des pièces à faible coût, tels ses abat-jour en papier plié. Ses successeurs et anciens collaborateurs — comme Ole Wansher ou Mogensen — ont retenu son enseignement et traduit à leur manière son art d'adapter des formes anciennes, ainsi que son souci d'ergonomie et de confort.

Plus que tout autre pays européen du début du XXᵉ siècle, la Suède a accueilli le design moderne comme un moyen d'exprimer son identité politique, sociale et culturelle. En bien des points, il s'est agi d'une extension du romantisme national, un mouvement prônant le retour à l'art et la culture folklorique dominant le monde

Wilhelm Kåge

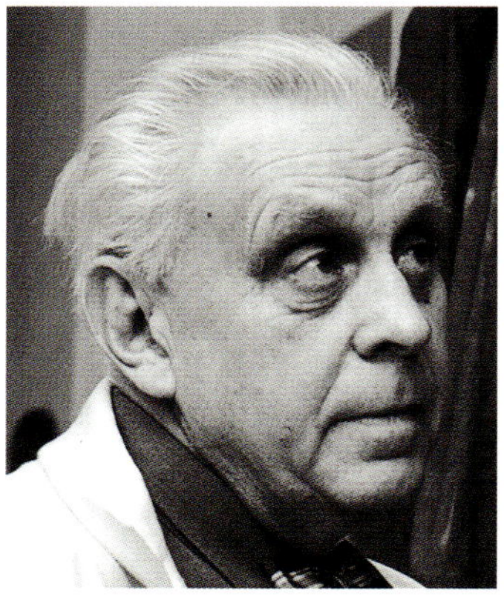

scandinave au siècle précédent, en relation à des aspirations à l'indépendance politique, au tout début du XXᵉ siècle. Le design suédois moderne a cependant cherché à concilier tradition et innovation, plus particulièrement dans le domaine de la céramique et du verre. Bien que faisant appel à la mécanisation, les industriels ont entrepris d'améliorer l'esthétique de leurs produits les plus courants en invitant des artistes comme Wilhelm Kåge (1899-1960) à travailler pour eux. La collaboration de Kåge avec l'industriel de la céramique Gustavsberg a été une des plus remarquables.

Wilhelm Kåge a joué un rôle important dans la formation du style moderne suédois. Grâce à sa collaboration avec le céramiste allemand Gustavsberg, il a concrétisé l'idéal de nombreux designers suédois du début du XXᵉ siècle, créant des articles d'usage courant et du mobilier de qualité peu coûteux à produire et accessibles à tous.

Lys bleu, *conçu pour l'*Exposition sur l'habitat *de* Stockholm *en 1917. Kåge a adapté des motifs d'inspiration folklorique à un mode de production industriel.*

PREMIERS TABLEAUX, PREMIÈRES AFFICHES ET CÉRAMIQUES

Kåge débute comme peintre et comme affichiste Art nouveau. De 1908 à 1909, il étudie à Stockholm, puis, de 1911 à 1912, à Copenhague. Au contact de l'avant-garde artistique — notamment le peintre suédois Carl Wilhelmsson et le sculpteur danois Johan Rohde —, il s'intéresse à l'art de son temps, en particulier au symbolisme. Son évolution de la peinture vers l'affiche, juste avant la Première Guerre mondiale, marque sa première incursion dans le monde du design commercial.

GUSTAVSBERG ET L'EXPOSITION SUR L'HABITAT

En 1917, Gustavsberg, le plus important fabricant de céramiques de Suède, sollicite Kåge pour remplacer Gunnar Wennerberg au poste de directeur artistique. Dans ses premiers travaux, Kåge emboîte le pas de ses prédécesseurs, avec une prédilection pour les motifs simples inspirés de la nature (oiseaux ou fleurs) et typiques de l'artisanat suédois. Dès 1917, il relève un premier défi en créant un service de table pour l'*Exposition sur l'habitat* de la galerie d'art Liljevalchs, à Stockholm. Organisée par des designers et des fabricants, l'exposition présente vingt-trois intérieurs entièrement aménagés en logements modèles pour familles de la classe moyenne et ouvrière suédoise. Le service de table de Kåge, le célèbre *Lys bleu*, en faïence vernissée et ornée de motifs stylisés puisés dans la tradition suédoise, est destiné à une production en série à faible coût. Empreint d'une audacieuse modernité, il se révèle trop en avance sur le goût de la clientèle de l'époque, qui le rejette au profit de modèles à la décoration plus chargée. Durant les années vingt, Gustavsberg abandonne temporairement son intention de produire un design simple et décoratif pour la consommation de masse au profit d'un style néoclassique et luxueux, appliqué à des pièces uniques.

*Exemple d'intérieur réalisé pour l'*Exposition sur l'habitat *de Stockholm en 1917, où s'est exprimé l'intérêt des designers suédois pour l'environnement quotidien de leurs compatriotes. Le service* Lys bleu *est posé en haut de l'étagère de droite.*

Tout comme Simon Gate et Edvard Halt, qui travaillent pour le verrier Orrefors, Kåge s'inscrit dans cette tendance. Il gagne un grand prix avec une œuvre présentée à l'exposition des Arts décoratifs de Paris en 1925, à la décoration plus riche que ses créations précédentes. Durant cette période, il utilise une gamme de glaçures colorées plus étendue et expérimente des formes complexes.

EXPOSITION DE STOCKHOLM DE 1930

Une nouvelle étape intervient dans l'évolution du design moderne suédois et dans la carrière de Kåge lors de l'exposition de Stockholm, en 1930. Pour la première fois, les principaux architectes suédois — parmi lesquels Gunnar Asplund et Sven Markelius — s'ouvrent largement au style radical de l'architecture fonctionnaliste moderne. Ce design et cette

Saladier créé pour Gustavsberg, couronné par un grand prix à l'exposition des Arts décoratifs de Paris de 1925. Dans les années vingt, les créateurs suédois de céramiques, et Kåge en particulier, adoptent temporairement dans leur production une démarche plus élitiste, privilégiant les pièces uniques décorées dans un style néoclassique.

Praktika, *présenté à l'exposition de Stockholm de 1930. D'un design trop austère, ces plats empilables, conçus pour répondre aux exigences fonctionnalistes, ont été un échec commercial.*

architecture modernes sont étroitement liés aux exemples allemand et français. Mais seul le design suédois entretient des liens politiques avec la social-démocratie, et prend en compte le logement social et la production d'objets domestiques de qualité pour le plus grand nombre.

Encore une fois, cependant, les Suédois accueillent sans enthousiasme ces propositions de design radical, en particulier dans le domaine des arts décoratifs. Une désaffection mise en évidence par l'échec commercial de *Praktika* : un jeu de plats ovales empilables et à usage multiple, susceptibles d'être assortis ou mélangés, en céramique blanche ultrasimple à peine surlignée d'une bordure verte. *Praktika* — baptisé ainsi en référence à l'univers fonctionnaliste — est fabriqué pour la première fois en 1933 ; à l'instar du *Lys bleu*, il se révèle trop puriste pour le marché suédois et ne se vend pas.

En 1930, Kåge dessine le service *Pyro*, qui remporte un énorme succès commercial et est présenté à l'Exposition universelle de Paris de 1937. Pyro, lui aussi très simple, a des formes plus douces et s'orne, sur un fond crème, de motifs décoratifs floraux et stylisés d'un brun chaud, inspirés du folklore suédois. Dans un genre entièrement opposé, Kåge réalise la même année la ligne *Argenta*, un ensemble de pièces bien plus sophistiquées d'inspiration Art déco, décorées de figures humaines et animales néoclassiques en argent ; elle figure à l'exposition de Stockholm.

CARRIÈRE PLUS TARDIVE

Dans les années quarante, Kåge continue de dessiner des services de table fabriqués en série et développe un style de plus en plus fluide et dépouillé, faisant appel à des formes sculpturales qui influenceront vivement les céramistes européens après la Seconde Guerre mondiale. Il baptise à nouveau *Praktika* un service de table conçu en 1944, sobrement rehaussé de cinq filets gris et dont les formes, plus arrondies, sont d'inspiration organique. *Praktika II*, dans la même veine, naît au début des années cinquante.

Kåge crée aussi de la céramique d'art plus expressive et sculpturale. Dans les années quarante, il renouvelle ses sources d'inspiration et délaisse la culture rurale traditionnelle suédoise pour s'ouvrir aux influences plus internationales de la céramique mexicaine ou chinoise. La ligne de grès *Farsta* naît de cette nouvelle orientation. Une exposition au musée de Stockholm en 1953 présente une impressionnante série d'articles de Kåge — de plats en forme de poisson à des vases ornés de spectaculaires motifs abstraits, semblant réalisés à main levée. Ces objets, qui ont peu à voir avec les faïences industrielles de l'avant-guerre, laissent deviner l'ampleur du talent de leur créateur. D'autres pièces des années cinquante affichent une parenté avec les céramiques de Pablo Picasso, tandis que des créations des années quarante, collectivement intitulées *Surrea*, font ouvertement référence à l'esthétique surréaliste et cubiste.

Argenta, *ligne de vases incrustés d'argent (vers 1930). C'est le dernier ensemble de pièces de style néoclassique — très populaire en Suède dans les années vingt — conçues par Kåge.*

Pyro, *service conçu pour passer du four à la table, présenté à l'exposition de Stockholm de 1930 et fabriqué par Gustavsberg. Ses tons crème et brun, et ses motifs floraux stylisés rappellent l'artisanat suédois, mais la simplicité d'usage et la maniabilité de ses pièces en font un produit moderne.*

Kåge demeure directeur artistique de Gustavsberg jusqu'en 1947, lorsque Stig Lindberg le remplace. Il continue néanmoins à coopérer avec l'entreprise jusqu'en 1960, année de sa mort.

Stand de Gustavsberg à l'exposition de Stockholm de 1930. De nombreuses créations de Kåge y sont présentées.

AUX ORIGINES DU STYLE MODERNE SUÉDOIS

Bien que Kåge n'ait travaillé qu'un seul matériau pendant quarante ans, en collaboration avec un unique industriel, son talent s'avère plus que déterminant dans la formation du style moderne suédois. Ce style national passe à la postérité à la fin des années trente, et séduit à la fois la critique et le public du monde occidental durant les années de l'après-guerre.

La longue carrière de Kåge témoigne du succès des designers et des industriels suédois dans leur tentative d'allier le confort et l'accessibilité à l'innovation, pour séduire le marché de masse tout en façonnant un style moderne intégrant les exigences politiques et sociales du moment. L'envergure de la production de Kåge — des pièces uniques issues de son travail personnel aux articles quotidiens attractifs produits industriellement à bon marché — démontre combien son talent a profité au monde du design et contribué à l'émergence d'un style national unique.

Vase (1920). Ses motifs décoratifs bleus en forme de plume évoquent ceux des faïences artisanales suédoises. Leur finesse les distingue cependant des productions contemporaines plus traditionnelles.

Svenska Slöjdföreningen

« Société suédoise pour le design industriel »

Beaucoup des efforts réalisés au cours du XXe siècle pour formuler et mettre en place un design moderne ont été accomplis par des associations d'envergure nationale, créées soit par un gouvernement, soit par des groupes indépendants. Leur rôle a été de promouvoir et d'améliorer la qualité du design, la plupart du temps à des fins économiques, politiques, culturelles ou éthiques. Ces organisations trouvent, pour la majeure partie d'entre elles, leur origine au milieu du XIXe siècle, quand l'expansion industrielle menace de déprécier les standards du design artisanal traditionnel. La Svenska Slöjdföreningen (« Société suédoise pour le design industriel »), fondée en 1845, est l'une des plus anciennes.

Vase dessiné en 1918 par Simon Gate pour le verrier Orrefors. En 1915, dans le cadre de son programme de mise en relation des artistes et des industriels, la Svenska Slöjdföreningen a présenté Gate à Orrefors.

ORIGINES ET PREMIÈRES EXPOSITIONS

À l'origine, cet organisme est fondé pour « apporter des améliorations aux produits de l'artisanat et de l'industrie suédoise par la coopération avec les forces artistiques, faire évoluer la culture domestique et relever le niveau général du goût public ». Au tournant du XXe siècle, sous le mandat d'Erick Folcker, elle prend l'Allemagne pour modèle, à travers les écrits et le travail d'Hermann Muthésisus, fondateur et dirigeant du Deutscher Werkbund, une organisation créée en 1907 pour rapprocher le design et l'industrie allemands. Dans le même esprit, elle organise une exposition de design suédois à Stockholm en 1909. On y découvre le travail d'artistes et de designers pionniers collaborant avec des industriels : Alf Wallander, qui travaille avec les céramiques Rorstrand, et Gunnar Wennerberg, qui dessine des pièces pour Gustavsberg. Cependant, leurs travaux, exécutés à la main, appartiennent encore au style Art nouveau et présentent un caractère élitiste.

Intérieur conçu par Josef Frank (voir pages 56-59) pour le magasin de meubles Svenskt Tenn, à l'occasion de la foire internationale de New York de 1939. Ce style d'ameublement, baptisé par les Américains « moderne suédois », propose une approche plus humaine du design domestique.

EXPOSITION SUR L'HABITAT

Vers 1915, sous l'influence de son nouveau secrétaire, le critique Erik Wettergren, la Svenska Slöjdföreningen entreprend de promouvoir un design plus ouvertement moderne, afin de mettre davantage d'artistes en contact avec le monde de l'industrie et, surtout, de lier son programme avec celui de la social-démocratie. L'*Exposition sur l'habitat* est organisée dans ce but en 1917, à la galerie Liljevalchs de Stockholm. Vingt-trois aménagements intérieurs, conçus comme des modèles d'habitation pour la classe ouvrière suédoise, y sont proposés. Whilhem Kåge *(voir pages 66-69)*, alors directeur artistique de Gustavsberg, y présente le « service pour l'ouvrier » *Lys bleu*, un service de table inspiré de l'artisanat, fabriqué industriellement et à faible coût. Les intérieurs exposés reçoivent le soutien du critique Grehor Paulsson, qui prend la tête de l'organisme en 1917. Dans son livre *Vackra Vardagsvaror (Plus de beauté au quotidien)*, publié en 1919, il explique la nécessité de « passer de façon définitive d'une production individuelle isolée au travail collectif et conscient de toute une génération, au service d'une forme de culture issue d'une large base sociale ». La réforme sociale du design sous-tend l'action de la Svenska Slöjdföreningen durant le mandat de Paulsson, long de plusieurs années.

Intérieur réalisé pour l'exposition de Stockholm de 1930. L'usage de l'acier tubulaire et de surfaces dépouillées trahit la forte influence exercée par le Bauhaus et Le Corbusier sur les designers suédois de l'époque.

Fireworks (Feux d'artifice), *vase en verre dessiné en 1921 par Edvard Hald pour Orrefors. Comme Gate, Hald a été mis en contact avec Orrefors par l'intermédiaire de la Svenska Slöjdföreningen.*

ANNÉES TRENTE ET APRÈS-GUERRE

Bien que peu de progrès notables aient été accomplis dans les années vingt, l'exposition de Stockholm prouve que les designers suédois prennent part au modernisme international et qu'ils peuvent associer un design de progrès avec un programme social radical. En 1932, l'arrivée au pouvoir des sociaux-démocrates en Suède permet la mise en œuvre de ces idéaux. Durant cette décennie, la Svenska Slöjdföreningen joue un rôle essentiel dans la promotion du design moderne suédois — un style d'ameublement simple et gai, devenu célèbre lors de la présentation du mobilier de Josef Frank à l'Exposition universelle de Paris de 1937, à la foire internationale de New York *(voir page ci-contre et page 119)* puis à celle de San Francisco, en 1939.

Après 1945, un changement d'orientation des activités de la Svenska Slöjdföreningen s'impose. Elle collecte alors des données sur les dimensions idéales du mobilier. En 1955, sous la direction du critique Åke Huldt, elle entreprend de faire revivre l'esprit des années trente à l'occasion de l'exposition *Halsinborg 55*, qui pâtit de l'émergence d'autres manifestations internationales de design, comme les Triennales de Milan. Dans les années soixante-dix, l'organisme a perdu son leadership. De nos jours, sous le nom de Föreningen Svensk Form (« Société pour le design et l'artisanat suédois »), il publie un journal encore très suivi, *Form*, et représente le design suédois dans son pays et à l'étranger.

Plat de céramique créé par Gunnar Wennerberg pour Gustavsberg et présenté à l'exposition de design suédois à Stockholm en 1909 — une manifestation organisée par la Svenska Slöjdföreningen, qui a mis en avant les productions d'artistes travaillant avec l'industrie. L'œuvre s'inspire des couleurs de la nature, ainsi que de motifs et de formes observés sur les champignons. Ce mélange sophistiqué de naturalisme et d'abstraction caractérise la contribution suédoise au mouvement Art nouveau.

Les idéaux du mouvement de designers anglais du XIXe siècle Arts and Crafts ont été en partie incarnés et mis en œuvre, au cours du XXe siècle, par le designer et fabricant de meubles britannique Gordon Russell (1892-1980). Bien que celui-ci n'ait pas étudié le design, il a repris à son compte les idéaux du mouvement Arts and Crafts en travaillant

Gordon Russell

dans les Cotswolds, région de l'ouest de l'Angleterre fortement influencée par les architectes-designers C.R. Ashbee et Ernest Gimson, fondateurs du mouvement, qui y avaient établi des guildes d'inspiration médiévales pratiquant l'artisanat au sein de petites communautés artistiques rurales. Russell a pleinement conscience du fait que le designer du XXe siècle doit tenir compte de la mécanisation industrielle ; il considère que la machine, associée aux valeurs de l'artisanat, peut devenir un outil utile et démocratique.

Gordon Russell, dont le mobilier et les écrits ont plaidé pour la réconciliation de l'artisanat et de l'industrie, et pour l'équilibre entre la tradition Arts and Crafts et l'innovation moderne.

FORMATION ET PREMIERS TRAVAUX

En 1906, Russell débute son apprentissage dans le petit atelier paternel de restauration de mobilier ancien, à Broadway, dans les Cotswolds. Dès 1910, il commence à créer du mobilier et ouvre un atelier. Il expose bientôt son travail, en 1922 à Cheltenham, dans le Gloucestershire, puis en 1924, à l'exposition de l'Empire britannique à Wembley, à Londres, et enfin à l'exposition des Arts décoratifs de Paris de 1925. Il y obtient cinq médailles, ce qui lui assure une réputation internationale. En 1927, il crée les Ateliers Russell à Broadway — qui deviennent en 1929 la société Gordon Russell. Il se lance dans la fabrication de mobilier simple en bois, inspiré des préceptes de Gimson, dont la facture, malgré un aspect innovant, rappelle le mobilier anglais du XVIIIe siècle. Son atelier est partiellement mécanisé.

COMMANDES ET MOBILIER PLUS TARDIFS

Russell se consacre à deux importants projets durant la seconde moitié des années vingt. Tout en poursuivant le développement de son entreprise par l'ouverture d'un magasin à Londres en 1929 — il en confie la direction à l'historien d'art Nikolaus Pevsner —, il commence à travailler à l'ameublement de la maison qu'il fait construire à Kingcombe, dans les Cotswolds. Les années trente sont déterminantes dans son parcours. Lors de sa visite à l'exposition de Stockholm, en 1930, il est particulièrement impressionné par les objets d'art décoratifs qu'il y découvre — qu'ils émanent de designers comme Simon Gate, Wilhelm Kåge *(voir pages 66-69)*, Edvard Hald ou Carl Malmsten —, car ils associent avec brio des éléments de l'artisanat à des formes

Table de salle à manger en chêne dessinée en 1923 et faite à la main par G. Cooke dans l'atelier de Russell à Broadway. Sa simplicité rustique est typique des dernières productions Arts and Crafts de la période.

modernes et des techniques industrielles. Avec son frère W.H. Russell et l'ébéniste Eden Minns, Russell continue à dessiner et à faire fabriquer des meubles qui, au fil de la décennie, gagnent en simplicité sous l'influence du mouvement moderne.

POSTÉRITÉ

Russell joue un rôle important dans la réforme du design britannique en raison de son activité au sein de l'association Design et Industrie — une organisation fondée en 1915 — et de son affiliation avec le groupe Good Furniture à la fin des années trente. En 1940, il abandonne la direction de son entreprise et prend part dès le début de la guerre à l'Utility Scheme, « plan d'urgence » britannique pour le mobilier et le textile, destiné à promouvoir un design industriel de qualité à faible coût. De 1947 à 1959, il est de nouveau un fervent réformateur du design au titre de directeur du Council of Industrial Design, un organe gouvernemental fondé en 1944 avec le British Board of Trade (« Office britannique du commerce ») dans le but de relancer les exportations nationales. La vision unique de Russell est celle d'un monde qui puisse concilier le meilleur de l'artisanat et de l'industrie, à l'instar de ce qui a été initié en Suède, afin de dynamiser le design britannique.

Chambre à coucher, en noyer anglais avec incrustations d'ébène et d'if, réalisée en 1926 pour le Cirencester dans l'atelier de Broadway. On y décèle les influences combinées de l'artisanat anglais et de la simplicité héritée du mouvement Arts and Crafts.

Cabinet de collectionneur en noyer et loupe d'orme fabriqué en 1929 par H.J. Holloway. Le motif rayon de soleil et le travail de marqueterie témoignent de l'influence française Art déco sur la production de Russell à la fin des années vingt.

Cabinet et bibliothèque en marqueterie de bois de rose et d'ébène façonnés en 1928 par F. Shilton. Bien que le choix pointilleux du vernis et la facture gothique des panneaux vitrés rappellent le mobilier anglais du XVIIIe siècle, ses lignes simples traduisent la modernité conservatrice chère à Russell.

Le Finlandais Alvar Aalto, l'un des plus grands architectes du XXe siècle (1898-1976), peut également être considéré comme l'une des plus éminentes figures du design moderne ; son approche, bien que rationnelle, dépasse l'exigence mécaniste des modernes aspirant à une facilité d'utilisation comme à la production de masse, et privilégie la continuité avec

Alvar Aalto

le passé. Aalto passe pour un humaniste rationaliste : bien qu'il ait approuvé les avancées technologiques, il ne les a considérées utiles que lorsqu'elles améliorent la vie quotidienne, et il nourrit un respect instinctif pour les matériaux naturels et les formes organiques. Il n'a jamais cherché à faire partie d'une avant-garde mais choisit, au contraire, d'aborder chaque projet comme un exercice créatif de traitement des matériaux susceptible d'être adapté à la plus grande variété de contextes. Ses nombreuses créations, populaires dans le monde entier et constamment rééditées, témoignent de son succès éclatant dans cette entreprise.

Alvar Aalto a été l'un des plus importants architectes-designers modernistes finlandais. Il a su concilier la douceur des matériaux et des formes organiques avec une approche du design industriel radicalement contemporaine.

Fauteuil 39 *(1936). Cette chaise longue en bouleau laminé, dotée d'un siège suspendu en chanvre tissé, a été spécialement créée pour le pavillon finlandais de l'Exposition universelle de Paris de 1937.*

FORMATION ET PREMIÈRES RÉALISATIONS

Il n'est pas anodin que le lieu de naissance d'Aalto soit une petite ville rurale, Kuortane, près de Jyväskylä, où il dessine ses premiers bâtiments. Les paysages de Finlande — et les côtes déchiquetées et spectaculaires — ont eu une influence récurrente sur son œuvre, de même que le bois, ressource naturelle nationale la plus abondante. Aalto aborde l'abstraction visuelle à travers la nature plutôt que l'imagerie géométrique d'un monde en voie de mécanisation. En cela, il se rapproche beaucoup plus de l'esthétique organiste d'un Frank Lloyd Wright *(voir pages 24-25)*, pionnier du modernisme américain, que de l'esthétique industrielle des modernistes européens comme Le Corbusier en France *(voir pages 94-97)* ou Walter Gropius en Allemagne *(voir pages 88-89)*.

De 1916 à 1921 Aalto étudie l'architecture à Helsinki, avec, pour maîtres, les Suédois Armas Lindgren et Lars Sonek. Pour compléter sa formation, il voyage abondamment, en Scandinavie puis en Europe centrale et jusqu'en Italie. Il y assimile une tradition classique qui exerce un fort impact sur ses premières productions. Il connaît d'autres sources d'influence par la suite, notamment les écrits du designer William Morris, à l'origine du mouvement Arts and Crafts — qui prône la « vérité des matériaux » — et le design Art nouveau inspiré des formes de la nature de l'architecte belge Henry van de Velde *(voir pages 16-17)*. Dès le début de sa carrière, Aalto se voit prendre part au mouvement moderne international, bien qu'il soit perçu

Fauteuils conçus en 1931-1932 pour le sanatorium de Paimio. Leur composition — une feuille de contreplaqué courbé fixée à une structure en bouleau stratifié — les rend aussi confortables que faciles à produire. Après 1935, Artek assure leur fabrication.

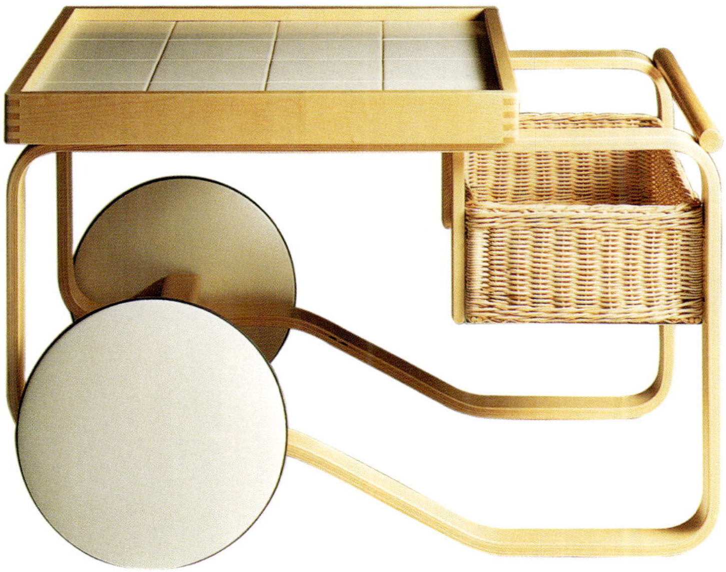

900, table roulante créée au milieu des années trente pour Artek. Modifiant légèrement le principe structurel des fauteuils Paimio, Aalto a pourvu cet objet domestique pratique et séduisant de roues, d'un plateau carrelé et d'un panier.

comme l'archétype du Finlandais, puisqu'il fait carrière dans son pays natal. En 1922 il ouvre une agence à Jyväskylä, part en 1927 pour Turku puis s'établit finalement à Helsinki en 1933, où il demeure jusqu'à sa mort.

DESIGN MOBILIER DES ANNÉES VINGT ET TRENTE

En 1924 Aalto épouse Aino Marsio, une architecte, avec laquelle il collabore durant les années vingt sur les techniques de cintrage du bois, destinées à obtenir des formes douces et organiques. En travaillant sur deux de ses plus célèbres programmes architecturaux de la fin des années vingt — la bibliothèque Viipuri, en 1927 et le sanatorium de Paimio en 1929 —, il fait des progrès majeurs dans le domaine du design.

L'assise et le dossier du fauteuil *Paimio*, créé en 1929 pour le sanatorium (et perfectionné au début des années trente), est constitué d'une seule et même feuille de bouleau en contreplaqué thermoformé fixée à deux cadres en bouleau cintré et laminé, formant la structure et les accoudoirs. Initialement fabriqué par une entreprise basée à Turku, Huonekalu-ja Rakennustyötehdas, il procède d'un design révolutionnaire sans aucun

Savoy, dessiné en 1937 pour le projet global du restaurant Savoy, à Helsinki. Aalto applique au verre son amour des formes organiques et l'on dit que les fjords finlandais lui auraient inspiré les contours de ce vase. Iittala l'édite toujours.

antécédent direct, bien que les expériences menées avec l'acier tubulaire par des designers modernistes allemands et hollandais comme Marcel Breuer *(voir pages 108-111)* et Mart Stam *(voir pages 112-113)* aient clairement influencé ses élégantes courbes minimalistes.

Au début des années trente, la chaise *Paimio* est le point de départ d'une série de meubles en contreplaqué cintré — chaises, tabourets et tables —, dont la plupart sont toujours produits. Le tabouret empilable *60*, probablement le modèle le plus connu d'Aalto, fabriqué à très grande échelle (dont les copies sont toujours de qualité inférieure), a égayé plus d'un intérieur contemporain.

À compter de 1929, Aalto confie la réalisation de son mobilier à un artisan menuisier à Turku, Otto Korhonen ; au début des années trente, il développe avec lui des formes à piètement de bois cintré en L, en Y et en éventail — marques de fabrique de ses futures créations —, qu'il considère comme une avancée très importante, au point de la comparer à l'invention de la colonne architectonique.

PRODUCTION POUR ARTEK

La plupart des designs d'Aalto, qu'il s'agisse de mobilier, de luminaires, de textiles ou d'œuvres en verre, ont été conçus comme des « accessoires architecturaux » — des éléments intégrés au bâtiment — et produits commercialement, particulièrement à partir de la création d'Artek à Helsinki en 1935. Fondé par Alvar et Aino Aalto, Marie Gullishsen et Harry, son époux, industriel, pour fabriquer et vendre des articles bien conçus et à bas prix, Artek met pour la première fois les créations d'Aalto directement à la portée du public finlandais. Le magasin, outre du mobilier en bois, commercialise également des lustres dessinés par Aalto pour les projets architecturaux. Suspendus au-dessus de la table du dîner ou d'un fauteuil de lecture, ils sont conçus pour répondre aux exigences de l'utilisateur.

Des textiles ornés d'un simple motif linéaire imprimé en noir sur blanc *(voir page ci-contre)* et les vases en verre *Savoy*, initialement créés en 1937 pour le restaurant *Savoy* à Helsinki, bénéficient également du label Artek. Les lignes ondulatoires de ces vases en verre transparent et opaque fabriqués par Iittala font écho aux formes fluides du mobilier d'Aalto en bois cintré, comme à ses nombreux bâtiments.

Aino Marsio-Aalto, dont l'apport créatif est déterminant pour Aalto, se charge de la conception de pichets et de gobelets relativement bon marché, en verre moulé et rainuré, réalisés dans les années trente par Karhula et commercialisés par Artek. Ils ont été produits jusqu'à la fin des années cinquante et réédités dans les années soixante-dix. Aalto collabore de façon identique à des projets d'architecture avec sa seconde épouse, Elissa

Tabourets empilables conçus de 1927 à 1935 pour la bibliothèque Viipuri. Ces articles simples et pratiques, ultra-imités et jamais surpassés, résultent des expériences d'Aalto sur le bois cintré. Ils figurent toujours au catalogue d'Artek.

Lampe de bureau (début des années trente). Contrairement aux éclairages Bauhaus, dont la conception obéit aux règles de production industrielles, ceux d'Aalto s'attachent à la qualité et à la variété de la lumière dispensée.

Makiemi, à laquelle il s'unit en 1952. En 1954 Artek déménage dans des locaux plus spacieux situés au centre d'Helsinki. L'entreprise continue de fabriquer et de vendre les créations d'Aalto et, suivant l'esprit de son fondateur, apporte son soutien au design dans le monde entier.

RENOMMÉE INTERNATIONALE

Au cours des années trente, Aalto représente la Finlande dans de nombreuses expositions et fait de son pays, géographiquement en marge de l'Europe, une puissance majeure du modernisme au XXe siècle. En novembre 1933, la chaise *Paimio* est présentée chez Fortnum & Mason, lors d'une exposition parrainée par le magazine progressiste *Architectural Review*. Des entreprises ouvrent par la suite, en Grande-Bretagne et aux États-Unis, pour importer et commercialiser le mobilier d'Aalto — notamment Finmar en 1934-1935. Aalto conçoit le pavillon finlandais pour l'Exposition universelle de Paris de 1937 et la foire de New York de 1939. En 1938, le Museum of Modern Art de New York le sollicite pour une exposition personnelle. Fait révélateur, une grande partie des créations d'Aalto sont toujours produites et n'ont rien perdu de leur valeur. Nombre de ses pièces originales, dont l'aspect et la fonctionnalité sont aussi adéquats qu'à l'époque de leur lancement, équipent encore les bibliothèques, les institutions sociales et les jardins d'enfants finlandais. Il est évident que le design d'Aalto demeure d'une actualité sans âge du fait de son caractère essentiellement humaniste, et qu'il peut concilier la tradition avec les exigences du monde moderne.

Chambre du foyer Baker House construite en 1949 pour le Massachusetts Institute of Technology, à Cambridge. Aalto a également conçu le mobilier en bois, qui traduit sa recherche d'un aménagement intérieur cohérent et confortable.

Motif textile réalisé dans les années trente pour Artek. Cet « accessoire architectural » associe le naturel et le confort à un motif strictement minimaliste.

Le bois courbé

Le design moderne du XXe siècle n'est pas le simple résultat d'innovations artisanales initiées par des individus visionnaires, mais il a fortement dépendu des avancées obtenues dans la technologie des matériaux, dont les procédés de cintrage du bois stratifié, du placage et, ultérieurement, du bois contreplaqué. Ces innovations ont rendu possible l'assemblage de mobilier en un nombre de pièces restreint, le design y gagnant en unité et en fluidité. Les bois stratifiés et contreplaqués, à la fois résistants et légers, sont synonymes de confort sans l'embarras du volume. À partir de cette technologie, les designers ont façonné de puissantes icônes de l'âge moderne, désormais parties intégrantes des espaces publics et domestiques.

THONET : PREMIERS ÉLÉMENTS EN BOIS COURBÉ

L'entreprise fondée à Vienne au début du XIXe siècle par Michael Thonet est à l'origine des plus importantes innovations intervenues dans le cintrage du bois. Aux alentours de 1830, Thonet, s'inspirant du savoir-faire des tonneliers et des constructeurs de bateaux, développe un procédé de cintrage du bois à la chaleur et dépose le brevet en 1841. Il utilise cette méthode pour des chaises, des lits et des canapés. Son but est de restreindre le nombre de pièces utiles. Cette méthode s'avère inévitablement moins coûteuse et laborieuse que la taille manuelle et, dès la seconde moitié du XIXe siècle, Thonet introduit dans son usine un système de rationalisation du travail.

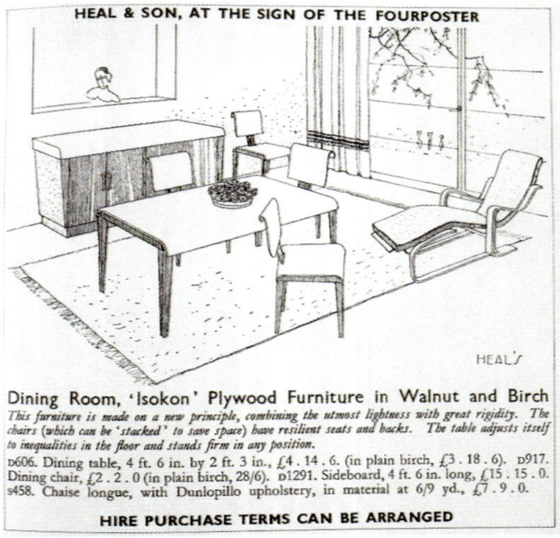

Publicité pour le détaillant de mobilier Heal & Sons, destinée à promouvoir des articles en contreplaqué, manufacturés par Isokon. La légèreté et la solidité du matériau sont exaltées dans le texte qui accompagne l'annonce.

DÉBUTS DU MODERNISME

Thonet met au point une méthode pour courber le bois massif et le bois stratifié, innovation utilisée par les designers progressistes. Au début du XXe siècle, Josef Hoffmann *(voir pages 34-37)*, Otto Wagner *(voir pages 12-13)* et Adolf Loos travaillent déjà avec Thonet et son concurrent, Kohn. Plus tard, Le Corbusier introduit des chaises Thonet dans son pavillon de l'Esprit nouveau lors de l'exposition des Arts décoratifs de Paris en 1925 *(voir page 95)*.

Chaise en hêtre et contreplaqué courbé manufacturée par Thonet (1907). Le procédé industriel du bois courbé se répand largement aux États-Unis en 1900, et Thonet en profite pour développer la production en série d'articles de première nécessité.

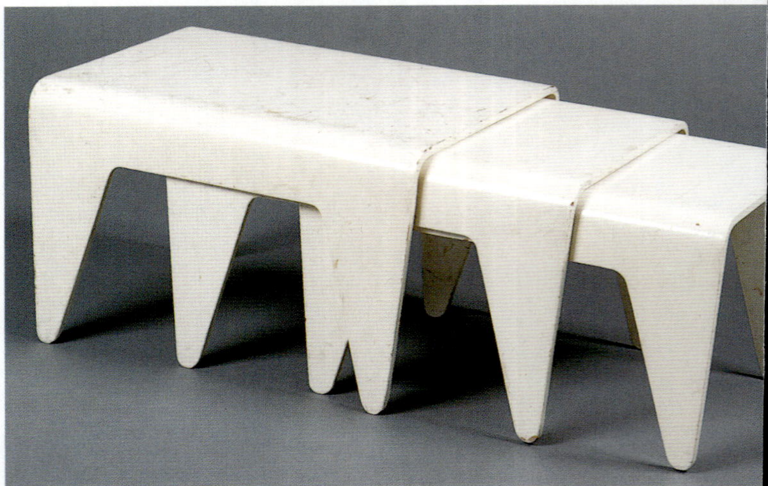

Jeu de tables gigognes dessiné en 1936 par Marcel Breuer pour Isokon. Le design met l'accent sur le procédé lui-même, le plan et les piètements de la table faisant partie d'une seule et même pièce de contreplaqué.

APPORTS FINLANDAIS ET BRITANNIQUES

Au cours des années trente, les qualités du bois courbé autorisent de nombreux designers à développer des formes radicales. Tandis que l'usage du bois les ancrait dans le naturel et la tradition ancestrale, la légèreté, la robustesse et la flexibilité de ce matériau leur donnent les moyens de produire un design adapté au style de vie moderne. Alvar Aalto est l'un de ceux qui tirent le meilleur parti de ces nouvelles techniques *(voir pages 74-77)*. Sa chaise *Paimio (voir page 75)* se compose d'une armature en bois stratifié et d'une seule et même plaque courbée formant le dossier et le siège en contreplaqué — un mode de traitement requérant de très fines couches de bois compressées et collées, alternativement et en diagonale, de manière à en améliorer la résistance. Cette technologie aboutit rapidement à la naissance de la première chaise à encorbellement.

Les réalisations d'Aalto étendent leur influence à d'autres pays, particulièrement à la Grande-Bretagne où, comme en Scandinavie, les designers sont attachés à concilier modernité et tradition. En 1931 l'ingénieur Jack Pritchard fonde la compagnie Isokon, qui se spécialise dans la production de mobilier moderne en contreplaqué. En sortent des pièces clés du design d'avant-guerre, notamment une chaise longue en 1936 et le *Penguin Donkey*, destiné à contenir des livres de poche, toutes deux conçues par Marcel Breuer *(voir pages 108-111)*. Walter Gropius *(voir pages 88-89)* travaille lui aussi pour Isokon.

D'autres initiatives intéressantes découlent de cette révolution technique : de 1931 à 1940, le designer anglais Gerald Summers dessine des tables basses et des chaises à encorbellement fabriquées sous son propre label, Makers of Simple Furniture. Après 1945, cependant, des technologies plus récentes remplacent le contreplaqué courbé : le contreplaqué moulé *(voir pages 152-153)* et les plastiques.

Exposition organisée en 1937 à l'initiative du magasin Bowman Brothers, à Londres, présentant un intérieur composé de mobilier en bois stratifié et contreplaqué courbé, conçu par Alvar Aalto. Les chaises à encorbellement témoignent des qualités de souplesse et de résistance du matériau.

DA, *dessiné vers 1948 par Hans Wegner. Les courbes spectaculaires du siège et du dossier en stratifié lui confèrent une apparence moderne et organique.*

Bruno Mathsson

Contrairement à bien des designers cités dans cet ouvrage dont la réputation tient en partie à une généreuse production, l'architecte-designer suédois Bruno Mathsson (1907-1988) n'est connu que pour un petit nombre de designs, créés entre les années trente et soixante. Quelques-unes de ces pièces visionnaires et originales, devenues des classiques du design contemporain, sont toujours produites. Mathsson appartient à cette génération de designers qui a été à l'origine du style moderne suédois, né juste avant la Seconde Guerre mondiale, et dont il est un représentant exemplaire.

Bruno Mathsson a intégré avec succès sa conception de la technologie, de l'esthétique et du confort dans son design. Celui-ci mérite idéalement l'appellation de moderne suédois.

PREMIÈRES RÉALISATIONS

Mathsson naît à Värnamo, en Suède. De 1923 à 1931 il y apprend le métier dans l'atelier d'ébénisterie de son père, Karl Mathsson, directeur d'une fabrique de meubles qui produira par la suite la plupart de ses éléments de mobilier. Bien que Mathsson ait pu vivre et travailler à l'écart des foyers de design progressiste tels que le Bauhaus en Allemagne, son expérience dans le domaine du bois courbé, au début des années trente, le rattache au savoir-faire de grands modernistes européens comme Alvar Aalto *(voir pages 74-77)* ou Marcel Breuer *(voir pages 108-111)*. Sa propension à l'innovation est mise en évidence lors de la présentation de son travail à l'exposition de Stockholm en 1930, puis en 1936, lors d'une exposition personnelle à Gothenburg. Tout comme Kaare Klint *(voir pages 64-65)*, Mathsson cherche à redéfinir le siège sous son acception la plus simple : un objet conçu pour s'asseoir. Contrairement à Klint et à ses contemporains

Miranda, *avec son repose-pied* Mifot, *déclinaison de la chaise* Eva *(1934). Tous deux sont édités aujourd'hui en plusieurs versions par le fabricant suédois DUX Mobel.*

Intérieur de la résidence d'été de Mathsson. La pièce est meublée d'éléments de sa production, dont la chaise Eva *(1934). La simplicité et l'atmosphère informelle du lieu sont typiques du style moderne suédois, internationalement populaire, au cours des années quarante à cinquante.*

suédois Carl Malmsten et Josef Frank *(voir pages 56-59)*, Mathsson ne puise pas dans les styles traditionnels mais cherche des réponses totalement nouvelles à la question du mobilier moderne. Sa celèbre chaise *Eva,* élaborée en 1934, se compose d'une structure légère et minimale, faite de deux éléments de bouleau courbé, assemblés pour former un cadre sur lequel est fixé un tissu flexible, en bandes de chanvre tissé. Mathsson l'explique lui-même, son but avoué est le confort : « Le confort d'un siège résulte d'un "art" qui ne devrait pas être. Au contraire, la fabrication d'un siège doit résulter d'un "art" si consommé qu'il en devienne invisible. » Les courbes très organiques de sa chaise découlent plus d'une recherche d'ergonomie que des propriétés des matériaux qui la composent.

MATHSSON ET LE MODERNISME SUÉDOIS

La chaise *Eva* a été réalisée dans maintes versions différentes : des accoudoirs et un tabouret lui ont été adjoints *(voir page ci-contre)*, le dos a été relevé et différentes étoffes ont été testées pour le siège. L'idée est de produire un siège moderne et confortable convenant à tout le monde. Ce souci du confort universel, ainsi que la douce fluidité des lignes, caractérisent le mobilier et les intérieurs de style moderne suédois. Ce design, d'un tempérament plus humaniste que l'allemand, privilégie les matériaux naturels tels que le bois, de préférence à l'acier tubulaire, et s'est acquis une grande popularité à la fin de la Seconde Guerre mondiale. La présentation de ses chaises à Paris en 1937, ainsi qu'à l'exposition du Golden Gate à San Francisco, puis à la foire de New York en 1939, n'a fait que renforcer l'aura internationale grandissante de Mathsson.

CARRIÈRE PLUS TARDIVE

À l'issue de la Seconde Guerre mondiale, Mathsson poursuit sa carrière en tant qu'architecte et designer de mobilier. De 1945 à 1958 il se concentre sur la commande architecturale et teste des principes de construction simples pour des résidences d'été, en verre, bois et béton — à l'exception d'une table en bois au design innovant, conçue en 1946. À partir de 1958 il travaille à la conception de nouvelles formes de mobilier avec le scientifique Piet Hein, avec qui il crée notamment la table ovale *Superellipse* en 1964. *Eva*, cependant, restera dans les mémoires. Aussi adaptée à la vie domestique qu'aux réceptions ou aux salles de conférences, elle demeure un symbole persistant des valeurs d'idéalisme qui ont dominé le design suédois des années trente à quarante.

Table en bois (1935). Sa ligne simple n'a d'égale que la facilité avec laquelle on peut la replier et la ranger. Le design suédois des années trente à quarante se caractérise par cette absence de prétention.

Enid Marx

Enid Marx, designer britannique née en 1902, a façonné le style d'une gamme étendue de produits et d'articles du quotidien — des textiles aux couvertures de livres et aux illustrations en passant par les tapis, les timbres ou les surfaces en plastique stratifié — qui ont influencé subtilement l'environnement. Au cours de sa longue carrière, elle a conservé une approche identique et développé un style personnel immédiatement reconnaissable à un usage délicat de l'ornement dans un registre moderne et stylisé. Son esthétique est parvenue à concilier modernisme et tradition populaire, tout en développant une profonde compréhension à la fois de l'artisanat et du design industriel.

Enid Marx, figure de proue du design britannique au XXe siècle, a travaillé pour des organismes tels que l'Advisory Comittee on Utility Furniture, (« Comité consultatif pour l'équipement d'urgence »), les transports londoniens ou la Poste royale.

Couverture créée pendant les années trente pour Chatto & Windus. Le motif floral stylisé témoigne du talent d'Enid Marx pour les motifs abstraits, et de sa capacité à associer les références du passé à un style moderne et novateur.

PREMIERS DESIGNS TEXTILES FAITS MAIN

De 1922 à 1925, Enid Marx étudie les beaux-arts au Royal College of Arts de Londres, où elle découvre la gravure sur bois. Après ses études, elle abandonne la peinture pour la fabrication de planches d'impression gravées et entre comme apprentie chez les designers textiles Phyllis Barron et Dorothy Larcher, à Hampstead ; elle y réalise des imprimés ornés de motifs naturalistes. En 1927, elle crée son atelier à Londres, et au cours des douze années suivantes, elle conçoit une vaste gamme de tissus pour une clientèle variée. Ses influences s'étendent de l'art populaire anglais au style mécaniste des premiers modernes britanniques.

Timbre à un pence et demi dessiné en 1952 pour commémorer l'accession au trône de la reine Elizabeth II. Tout en respectant les contraintes inévitables de l'exercice, Enid Marx a stylisé les symboles traditionnels de l'Angleterre, de l'Écosse, du pays de Galles et de l'Irlande du Nord — la rose, le chardon, la jonquille et le trèfle — dans une composition vivante et informelle.

Door, design imprimé sur une étoffe en lin (1949). Réalisé à partir d'une planche (ou cliché) de bois gravé, ce tissu fait à la main illustre le talent d'Enid Marx pour la composition abstraite.

Vue intérieure d'un wagon du métro de Londres en 1949. Dans le revêtement textile des sièges, baptisé Shield, *Enid Marx intègre un design abstrait aux étroites contraintes d'une fabrication et d'un usage industriels.*

DESIGN INDUSTRIEL

Enid Marx applique la même combinaison de tradition et de modernité dans ses méthodes de travail. Elle s'intéresse à l'artisanat tout en s'engageant sur la voie de la fabrication industrielle. La gamme de revêtement textile qu'elle élabore en 1937 pour les sièges d'une compagnie de transports londoniens démontre sa capacité à adapter sa créativité. Ces étoffes solides sont imprimées d'une suite de motifs géométriques identiques de couleurs vives et contrastées. Son but, affirme Enid Marx, est de produire quelque chose de visuellement séduisant, qui ne passe pas de mode et vieillisse bien. Répondant à une autre commande industrielle de grande envergure elle crée des décors stratifiés pour la firme ICI, puis, au milieu des années trente, des doublures textiles pour une ligne de bagages.

ÉQUIPEMENT D'URGENCE ET DESIGNS DE L'APRÈS-GUERRE

De 1944 à 1947, Enid Marx œuvre au service de l'Utility Scheme (« plan d'urgence ») initié par le British Board of Trade (« Office britannique du commerce ») en vue de produire du mobilier et des textiles de haute qualité et à faible coût en période de guerre. Elle imagine une gamme de tissus ornés de petits motifs dont on peut faire varier la répétition.

En 1945, en reconnaissance de sa contribution au design britannique, elle reçoit le titre de Royal Designer for Industry, la plus haute récompense professionnelle que son pays puisse accorder aux professionnels de dimension internationale. Elle se consacre ensuite au design graphique — édition, timbres, papiers d'emballage. En élaborant une telle variété d'articles de base, Enid Marx est devenue une figure essentielle du design britannique.

Un modernisme de progrès

Un modernisme de progrès

La métaphore dominante du design moderne durant la première moitié du XXe siècle a été, sans conteste, la machine. Perçue comme un symbole de puissance, capable d'engendrer le progrès et la démocratie, et de contrôler le monde naturel chaotique, la machine a stimulé l'imagination de maints architectes et designers des pays industrialisés, soumis à l'exigence pressante de renouveler l'apparence de l'environnement quotidien. Elle n'a jamais été plus évidente que dans l'élan réformateur des trois premières décennies du siècle. Dans un contexte culturel, politique, économique et technologique en constante évolution, l'idée, tout autant que la réalité même de la mécanisation, ont été à l'origine d'un travail expérimental sans précédent.

À la suite de la Première Guerre mondiale, les principaux pays d'Europe se jettent dans l'action, galvanisés par la nécessité de créer un nouveau monde démocratique au sein duquel l'environnement matériel doit jouer un rôle déterminant. Beaucoup d'architectes et de designers y voient une occasion d'engager leurs conceptions esthétiques et leur réflexion au service d'un nouvel art de vivre de masse. À cette fin, ils combinent les innovations que permet la fabrication d'articles en série — à l'instar des constructeurs automobiles américains comme Henry Ford — avec les innovations stylistiques que les architectes et designers progressistes ont commencé à mettre en place au début du siècle, en se fondant sur les principes de simplification et d'abstraction géométrique.

Conjuguées pour la première fois, ces forces font émerger un puissant mouvement de réforme du design. L'ex-Union soviétique et les Pays-Bas, les premiers, se lancent dans l'application de ces idéaux — l'une stimulée par le besoin de se forger une architecture et un design « post-révolutionnaires », les autres dans le but de développer un nouveau langage du design qui associe la spiritualité et l'idéalisme social. Le magazine hollandais *De Stijl*, paru pour la première fois en 1917, se fait l'écho du travail de Piet Mondrian, Theo van Doesburg, Bart van der Leck, Gerrit Rietveld *(voir pages 98-101)* et de quelques autres, qui mélangent lignes verticales et horizontales avec une palette de couleurs simples, en s'efforçant d'atteindre ce qu'ils définissent comme le « style pur » — applicable aussi bien à un bâtiment qu'à une chaise ou un tableau. En Union soviétique, artistes, architectes et designers travaillent à la poursuite d'un idéal similaire — bien que leur souci soit moins la reconstruction en elle-même que la création et l'invention d'un nouveau monde. Ils conçoivent des affiches, des vêtements de travail, des bâtiments et d'autres outils de propagande à des fins autant pratiques qu'idéologiques. Il s'ensuit un mouvement dynamique, qui conduit artistes et designers tels que Kasimir Malevitch, Vladimir Tatline, El Lissitzky et Alexandre Rodtchenko *(voir pages 102-105)* à produire des formes et des images abstraites innovantes.

C'est au Bauhaus, en Allemagne, que la théorie du design qui va émerger sous le nom de fonctionnalisme atteint son niveau d'expression le plus sophistiqué et le plus abouti. Cette école expérimentale d'architecture, de design et d'artisanat fondée en 1919, elle aussi inspirée d'un idéalisme politique et culturel, entreprend de créer un langage universel des formes et de l'objet. Dans les années vingt, cette ambition est devenue réalité. La théorie du fonctionnalisme, qui s'enracine dans les principes de production de masse et de simplification géométrique, stipule que la forme de l'objet dépend de sa structure interne. Les enseignants du Bauhaus développent un système d'enseignement du design recommandant la « confiance dans le matériau » et soulignant l'importance de la fonction.

Dans les années vingt, la France élabore également sa version d'un modernisme de progrès. Le travail de Le Corbusier, de Charlotte Perriand *(voir pages 94-97)* et d'autres designers se fonde sur la machine et l'abstraction géométrique. Les hautes aspirations culturelles de ce mouvement se renforcent de ses liens étroits avec l'univers des beaux-arts, en particulier la peinture et la sculpture post-cubistes.

Ces différentes approches du design gagnent l'architecture par l'intermédiaire des arts appliqués — mobilier, céramique, verre, métal et textile — et, en fin de compte, par le biais du design industriel. À la fin des années vingt, le modernisme équivaut à un idéal international, mis en valeur à travers de nombreuses manifestations, par exemple, l'exposition du Weissenhofsiedlung de 1927 ou l'exposition de Stockholm de 1930. L'idéalisme de ce mouvement implique néanmoins l'incapacité des efforts de ses protagonistes à affecter l'environnement d'une façon significative. Son influence se ressent, cependant, à travers de nombreux aspects concrets, telle l'apparition d'acier tubulaire dans le mobilier scolaire ou hospitalier. L'influence du modernisme reste plus puissante à un niveau théorique, celui des magazines internationaux, des collections de musées et des programmes éducatifs.

Bien que l'Europe ait été pionnière dans la mise en œuvre d'un tel phénomène idéologique et esthétique, les États-Unis ne restent pas indifférents à ce qui va devenir le mouvement moderne, en architecture et en design. En 1932, une exposition majeure, *Style international*, développe ce thème au Museum of Modern Art de New York. Les États-Unis produisent aussi une forme de design plus orientée vers la consommation qui connaît un impact international important, voire dominant, dans les années de l'après-guerre. Alors que les Européens se cantonnent principalement à l'architecture et aux arts appliqués, les designers industriels américains refaçonnent de façon spectaculaire les réfrigérateurs, les caisses enregistreuses, les appareils photo et les automobiles. Au contraire de leurs homologues européens, ces designers ne sont animés ni par de hautes aspirations ni par une idéologie particulière, mais se fixent pour mission la modernisation en masse des foyers. Les Norman Bel Geddes, Raymond Loewy *(voir pages 120-123)*, Walter Dorwin Teague *(voir pages 116-117)*, Henry Dreyfuss *(voir pages 130-131)*, Lurelle Guild et autres cherchent à doter les biens de consommation d'une nouvelle séduction qui les rende plus compétitifs. Ils vénèrent la vitesse et la modernité, thèmes remarquablement mis en évidence par l'exposition *Century of Progress* de Chicago en 1933 ou lors de la spectaculaire foire internationale de New York en 1939 *(voir pages 118-119)*. Cette année-là, les machines contemporaines dominent la vie moderne, tant à l'usine qu'au foyer, où elles économisent le travail domestique, donnant à chacun l'impression qu'il entre de plain-pied dans le futur.

Design graphique conçu en 1923 par P. Keler et W. Molnar au Bauhaus. Cette composition géométrique abstraite indique le sens de circulation pour des voies de service sous un bâtiment.

L'architecte Walter Gropius (1883-1969) a tenu une place considérable dans la promotion des idées du mouvement moderne, à la fois comme praticien, comme enseignant de premier plan et comme théoricien. Ses designs d'objets fabriqués en série — céramiques, papiers peints et meubles — sont tous empreints d'un même style unifié et fonctionnel,

Walter Gropius

s'inspirant des règles de construction architecturale selon lesquelles la forme suit la fonction. Dans son approche du design, comme dans celle d'autres praticiens modernistes, l'accent est mis sur la place de l'objet dans l'espace plutôt que sur sa fonction décorative.

Walter Gropius, le fondateur du Bauhaus en 1919, a réussi à inculquer l'idéal de nombreux réformateurs du design des années vingt — l'unification des mondes de l'art et de l'industrie — à tous ceux qui sont passés par cette école. Ses idées et son enseignement se sont rapidement répandus en Europe et aux États-Unis, de même que ses écrits et ses réalisations.

PREMIERS CHANTIERS ET PREMIERS PAS DANS LE DESIGN INDUSTRIEL

De 1903 à 1907, Gropius se forme à l'architecture à Munich et à Berlin. Il entre au studio d'architecture de Peter Behrens en 1907 *(voir pages 30-33)* et devient son premier assistant sur nombre de projets importants, dont l'aménagement intérieur et l'ameublement des grands magasins Lehmann à Cologne. En 1909, il ouvre une agence en partenariat avec Adolf Meyer et se forge une réputation d'architecte innovant et moderne en signant, dès 1911, l'usine du chausseur Fagus à Alfeld. La forme cubique dépouillée du bâtiment, le toit plan et, surtout, la façade en rideau en verre, de facture entièrement nouvelle, démontrent d'emblée l'originalité prometteuse de sa démarche pour l'architecture moderne. En 1913, Gropius se lance dans le design d'équipement industriel et conçoit une locomotive diesel et un wagon. Il aménage également l'intérieur d'un wagon-lit, présenté lors de l'exposition du Deutscher Werkbund à Cologne en 1914 *(voir page ci-contre)*, et conçoit en même temps, en collaboration avec Meyer, un projet spectaculaire d'usine modèle — proposant un usage moderne de matériaux industriels comme le verre et le métal. À cette époque, il crée également du mobilier en acier pour l'équipement intérieur du cuirassé Hindenburg.

Plafonnier réalisé en 1923 et présenté au Haus am Horn. *Les austères panneaux de verre géométrique ont été fabriqués dans les ateliers de l'école.*

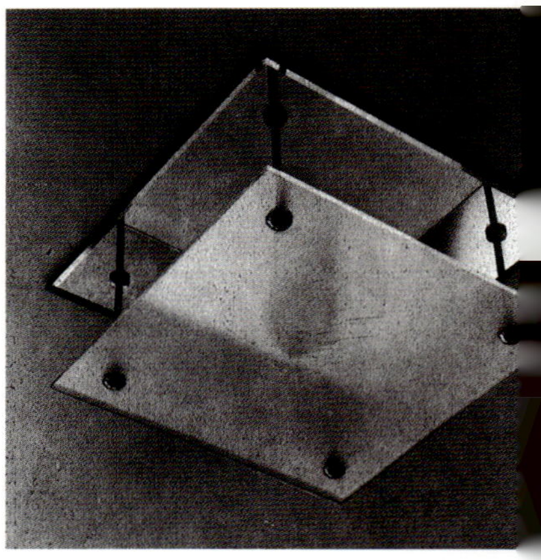

TAC I, *service à thé dessiné en 1968 pour le porcelainier allemand Rosenthal. Les formes au design typiquement organique marquent une rupture avec le rigoureux style géométrique dont Gropius a été le pionnier dans les années vingt, et auquel il reste associé.*

Vue du bureau de Gropius au Bauhaus en 1927. L'endroit est devenu une sorte de lieu de travail expérimental. On y rencontre plusieurs produits exemplaires du Bauhaus, manufacturés dans les ateliers de l'école, consacrés au bois, au métal ou au textile. La suspension lumineuse est dûe à Gropius, qui s'est inspiré du designer hollandais Gerrit Rietveld (voir pages 98-101).

Compartiment d'un wagon-lit conçu en 1914. Les lignes dépouillées et fonctionnelles de son équipement, renforcées par le décor abstrait des sièges, prouvent que les idées de Gropius en matière de design sont au moins aussi progressistes que ses conceptions architecturales.

BAUHAUS

En 1915 Gropius aborde un tournant de sa carrière lorsqu'on lui propose la direction de l'école des arts appliqués à Weimar. Sa décision, repoussée par l'avancée de la Première Guerre mondiale, devient effective en 1919, tandis qu'il accepte également la direction de l'Académie des arts de Weimar. Il persuade les institutions locales de fusionner les deux écoles pour en faire un seul et même lieu d'enseignement. Ainsi naît le Staatliches Bauhaus Weimar, plus tard internationalement reconnu sous le nom de Bauhaus *(voir pages 90-91)*.

Le développement du Bauhaus devient la principale occupation de Gropius durant les années vingt. En tant que directeur de l'école, il lui revient d'en déterminer la philosophie de travail et d'enseignement. Il pense qu'il faut supprimer les cloisonnements entre les beaux-arts, l'artisanat et l'architecture, et que l'on doit enseigner aux artistes à travailler en relation avec l'industrie. Il continue à travailler sur ses propres projets, notamment sur une poignée de porte géométrique et, en 1923, sur un plafonnier qui figure au *Haus am Horn (voir page ci-contre)*, sorte de maison d'exposition dont le design intérieur a été imaginé par les enseignants et les élèves du Bauhaus. Lorsque le Bauhaus quitte Weimar pour Dessau en 1925, Gropius dessine les nouveaux bâtiments de l'école dans un style d'architecture moderniste, ainsi que des maisons pour lui et des membres du personnel enseignant. En 1926 il crée l'aménagement intérieur de son propre bureau.

APRÈS LE BAUHAUS

En 1920 Gropius rouvre son cabinet d'architecture avec Meyer et consacre l'essentiel de son énergie à la conception de mobilier modulaire promis à la fabrication en série. Lorsqu'il démissionne du Bauhaus en 1928, il s'intéresse de nouveau au design de véhicules — en l'occurrence, à la conception de carrosseries de voitures pour la firme Adler. Ses idées progressistes sont cependant rejetées par le régime nazi. Il fuit à Londres en 1934, monte un nouveau cabinet avec Maxwell Fry et dessine du mobilier pou la société Isokon *(voir page 79)*. En 1937 il émigre aux États-Unis et devient professeur d'architecture à Harvard. Il a travaillé et vécu dans ce pays jusqu'à sa mort, mais l'un de ses derniers designs a été une commande du porcelainier allemand Rosenthal.

Bauhaus

Le travail du Bauhaus est sans doute celui que l'on associe le plus à l'idée même du modernisme. Le Bauhaus, école allemande de design, a d'abord été basé à Weimar de 1919 à 1925, puis à Dessau, de 1925 à 1932, et enfin, brièvement, à Berlin, jusqu'à sa fermeture en 1933 par le parti nazi. Son poids considérable dans l'architecture et le design de l'époque tient principalement à l'influence exercée par ses membres, élèves et professeurs, qui comptent dans leurs rangs beaucoup des principaux designers du XXe siècle, au design fonctionnel de ses produits — qui ne cesse de susciter des rééditions —, ainsi qu'à la pertinence de sa théorie. Le travail des designers Dieter Rams en Allemagne ou Kenneth Grange en Grande-Bretagne s'inspire largement des principes du Bauhaus et de ses héritiers.

Bâtiment du Bauhaus à Dessau, construit d'après les plans de Walter Gropius. L'école a intégré ce nouveau quartier général en 1925. Empreint d'une géométrie rigoureuse et doté d'une façade de verre, il est rapidement devenu un symbole éloquent du modernisme en architecture.

Lampe de bureau dessinée en 1923-1924 par Wilhelm Wagenfeld en collaboration avec K.J. Jucker, et réalisée aux ateliers de métal — où Wagenfeld a été élève. Le recours au métal, au verre opalescent et à la composition géométrique fait de ce design un « classique » moderne, que l'on produit encore actuellement.

PROFESSEURS, ÉTUDIANTS ET THÉORIES

Le Bauhaus est fondé en 1919 à Weimar par l'architecte Walter Gropius *(voir pages 88-89)*, de la fusion de l'Académie des arts et de l'école des arts appliqués, institutions alors placées sous sa responsabilité. L'école cherche à former les artistes au design industriel, bien que son fonctionnement, dans les premières années, s'apparente plus à une guilde médiévale. Suivant le projet visionnaire de Gropius, des artistes contemporains tels que Paul Klee, Vassily Kandinsky, Lyonel Feininger, Johannes Itten, Laszlo Moholy-Nagy et Josef Albers viennent y enseigner les bases du maniement des matériaux et l'étude des formes naturelles. Les élèves suivent ensuite des ateliers ouvrant aux métiers spécifiques auxquels ils se destinent.

Beaucoup de créateurs de renom passent par le Bauhaus : Otto Lindig et Gerhard Marcks (céramique), Wilhelm Wagenfeld et Marianne Brandt (travail du fer *[voir pages 106-107]*) Marcel Breuer (mobilier *[voir pages 108-111]*), Anni Albers (textiles) et Oskar Schlemmer (décors et costumes de théâtre). En 1928, à la suite du départ de Gropius, Hannes Meyer prend la direction du Bauhaus jusqu'à ce qu'il soit remplacé, en 1930, par Ludwig Mies van der Rohe *(voir pages 92-93)*. Le climat politique instable de l'Europe des années trente cause une émigration assez massive des élèves aux États-Unis, ce qui contribue à répandre et populariser les théories de l'école.

L'impact du Bauhaus sur le design moderne s'enracine dans une philosophie radicale qui, d'après Gropius, élargit et adapte les idées puisées chez John Ruskin et William Morris du mouvement anglais Arts and Crafts à une ère nouvelle de production industrielle. Il s'agit donc de combiner le concept de « vérité des matériaux » — la forme de l'objet doit refléter la nature du matériau qui le compose — avec le principe rationaliste énonçant que « la forme suit la fonction » — le principe constructif et la forme de l'objet (ou du bâtiment) doivent en refléter les besoins (ou fonctions) structurels. En ayant recours à des lignes abstraites, affranchies de références historiques, et à une production mécanisée, les designers du Bauhaus veulent créer des produits standardisés et fonctionnels, porteurs d'un attrait universel.

DESIGN DE PRODUITS

Cette théorie du design, toujours présentée sous l'acception de fonctionnalisme, sous-tend tout l'enseignement du Bauhaus, en particulier après que

Atelier de métal du Bauhaus de Weimar (1923). Laszlo Moholy-Nagy y enseigne alors le traitement des formes. L'importance accordée au travail traditionnel des matériaux est évidente : on distingue clairement les établis de bois et les outils destinés aux élèves.

Couverture d'un catalogue du Bauhaus de Weimar établi au cours de ses quatre premières années d'activité conçue par Herbert Bayer. Les caractères sans empattement et la mise en page simplifiée sont typiques de la « nouvelle typographie » préconisée par l'école. Ce catalogue accompagne une des premières expositions du Bauhaus.

Tenture murale réalisée en 1926-1927 par Gunta Stölzl, et produite par l'atelier de tissage. Les motifs abstraits illustrent comment les formes géométriques étudiées lors de cours théoriques peuvent être traduites en trois dimensions. La plupart des femmes qui ont étudié au Bauhaus ont fait partie de cet atelier.

l'école a déménagé dans ses nouveaux locaux de Dessau, en 1925 *(voir page ci-contre)*. À cette époque, le goût des formes géométriques et l'esthétique rationaliste du mouvement hollandais De Stijl (combinée avec celle du constructivisme) se substituent au cursus d'atelier. Les matériaux eux-mêmes ainsi que les procédés de fabrication en série apparaissent désormais comme des facteurs déterminants dans l'élaboration des formes. Beaucoup d'objets produits par le Bauhaus sont devenus des classiques du design, notamment les chaises en acier tubulaire de Breuer *(voir pages 108-113)*, la lampe de bureau de Wagenfeld (1924 *[voir page ci-contre]*), la théière hémisphérique de Marianne Brandt (1924 *[voir page 107]*) ou les tapisseries à motifs géométriques d'Anni Albers. Le style Bauhaus est aujourd'hui simple à identifier, bien que les acteurs du mouvement aient pensé créer des objets « sans style ».

Ludwig Mies van der Rohe (1886-1969) est une figure majeure du mouvement moderne en matière d'architecture et de design. Ses tours de verre et de ses gratte-ciel d'acier ont exercé une énorme influence stylistique sur la ville moderne, et ses designs de chaises des années vingt ont eu un impact comparable sur le mobilier contemporain : le détail raffiné,

Ludwig Mies van der Rohe

l'élégance des lignes minimalistes, le sens infaillible des proportions et de l'harmonie, et par-dessus tout, l'émergence d'un style à l'attrait universel rendent son travail aussi pertinent aujourd'hui qu'il l'était au début du siècle. Par bien des aspects, ses meubles fonctionnent comme des architectures en miniature, offrant un travail sur l'espace comme sur les matériaux, et devenant parties intégrantes des intérieurs pour lesquels ils ont été créés.

Ludwig Mies van der Rohe a commencé à révolutionner le design de meubles en Allemagne dès les années vingt, puis poursuivi sa carrière d'architecte aux États-Unis dans les années cinquante.

Brno, *chaise en porte-à-faux (1930). Elle a été initialement réalisée en acier tubulaire et en acier plat. Elle est désormais fabriquée par Knoll, comme beaucoup des créations de Mies.*

DÉBUTS DANS L'ARCHITECTURE

Mies, qui décrit son travail comme « de la pensée en action » a plutôt la réputation d'un designer pragmatique que d'un théoricien. Il naît à Aix-la-Chapelle. De 1900 à 1902, il commence comme tailleur de pierre dans l'entreprise familiale. Il étudie l'architecture à Berlin et se passionne pour l'architecture néoclassique de Karl-Friedrich Schinkel. Il débute dans l'agence de Bruno Paul, en 1905, y reste deux ans, puis à l'instar d'autres architectes modernistes comme Le Corbusier et Walter Gropius, travaille chez Peter Behrens *(voir pages 94-97, 88-89, 30-33)*, de 1908 à 1911. Il fonde une agence à Berlin l'année suivante et ajoute le nom de sa mère à son patronyme, qui devient Mies van der Rohe.

PREMIÈRES CHAISES EN ACIER TUBULAIRE

Dès le début de sa carrière, Mies conçoit du mobilier. En 1920, il crée une table en bois de rose avec des chaises pour la salle à manger de son appartement à Berlin. Au milieu des années vingt, il élabore le design de chaises qui deviendront de grands classiques du XXe siècle. En 1927, Mies rencontre l'architecte-

Table basse, avec un plateau de verre et des pieds en X en acier plat (1929). L'utilisation de nouveaux matériaux et une modernité audacieuse caractérisent toutes les créations que Mies réalise à l'époque, en collaboration avec Lilly Reich.

Vue intérieure de la maison Farnsworth à Fox River, dans l'Illinois, construite de 1946 à 1950. Mies a dessiné le mobilier de style minimaliste, ainsi que les panneaux et cloisons en bois et marbre, visant à refléter, sans l'oblitérer, le paysage environnant, visible de toutes les parties de la maison.

Intérieur du pavillon allemand de l'exposition internationale de Barcelone de 1929. Le fauteuil Barcelona y a connu pour la première fois un succès majeur.

designer Lilly Reich, une émule du Bauhaus, première femme à siéger, en 1920, au bureau du Deutscher Werkbund (« Union allemande pour l'œuvre »). Elle collabore à la première version de la chaise en porte-à-faux à structure d'acier tubulaire. Contrairement aux modèles rectilinéaires à peine plus anciens de Mart Stam et de Marcel Breuer *(voir pages 108-111)*, celui-ci est de forme courbe, ce qui met en évidence le goût de Mies pour les performances esthétiques et structurelles du matériau, nouveau pour l'époque. La chaise est présentée en 1927 au Weissenhofsiedlung de Stuttgart *(voir pages 112-113)* lors d'une exposition placée sous la direction de Mies et présentant des modèles d'habitations conçus par les architectes modernistes.

BARCELONE ET MAISON TUGENDHAT

À peine deux ans plus tard, Mies et Lilly Reich imaginent un siège pour le pavillon allemand de l'exposition internationale de Barcelone, dont l'aménagement a été confié à Mies. La construction, qui tient également lieu de salon de réception au souverain espagnol Alphonse XIII, a des dimensions modestes et une forme exceptionnellement simple, mais fait appel à des matériaux sophistiqués comme le laiton et le marbre. Ce fauteuil, conçu comme un trône moderne, se compose d'une structure de métal en X, inspirée du mobilier de style classique, supportant deux coussins de cuir capitonnés qui en constituent le siège et le dossier. Fidèle à lui-même, Mies a également dessiné une table et un tabouret assortis et parfaitement proportionnés. Le tout dégage une élégance non dénuée d'autorité. Fait inhabituel à l'époque pour du mobilier moderniste, le modèle, dont la structure d'acier a été soudée et polie à la main, n'est pas destiné à une fabrication en série.

De 1928 à 1930, Mies se consacre à la maison Tugendhat à Brno (actuellement située en République tchèque), pour laquelle il crée deux sièges, en collaboration avec Lilly Reich. La chaise *Tugendhat* (1929-1930) se compose d'une simple structure d'acier réalisée à partir de barreaux plaqués de chrome, vissés et soudés ensemble, et d'un rembourrage de cuir soutenu par des sangles. Le fauteuil *Brno (voir page ci-contre)* constitue, pour sa part, un autre exercice visant à créer une forme gracieuse autour de l'acier tubulaire ; il existe également une version en barreaux d'acier plein.

CARRIÈRE AUX ÉTATS-UNIS

Après 1930, Mies cesse de dessiner du mobilier en acier tubulaire, mais ses créations de la décennie précédente deviennent des « classiques » — elles sont éditées par Knoll. Après avoir été le dernier directeur du Bauhaus à Berlin, Mies se rend à Chicago en 1937 et y ouvre une agence. Il consacre le reste de sa carrière à promouvoir une architecture moderniste aux États-Unis, produisant des icônes du genre, tels la maison Farnsworth à Chicago, construite de 1946 à 1950, et l'immeuble Seagram à New York.

Le Corbusier (1887-1968) passe sans nul doute pour l'un des architectes les plus révolutionnaires et influents du XXe siècle. On lui doit quelques-uns des concepts les plus radicaux et les mieux articulés sur l'architecture, qu'il a envisagée comme le moyen de répondre aux besoins et aux aspirations de la société moderne et démocratique,

Le Corbusier & Charlotte Perriand

dominée par la machine. Dans ses réalisations, qui englobent aussi bien l'échelle urbaine que celle du logement ou de la maison individuelle, Le Corbusier a développé une théorie de la forme architecturale qui rompt avec l'excès ornemental du siècle précédent en faisant prévaloir les forces de la raison, de la simplicité et de l'ordre. Le Corbusier a produit beaucoup de ses meubles les plus célèbres en collaboration avec la décoratrice Charlotte Perriand (1903-1999) — qui a poursuivi par ailleurs une longue carrière indépendante — et avec son cousin, l'architecte Pierre Jeanneret.

Le Corbusier et Charlotte Perriand en 1927, dans Le Bar sous le toit, *prototype d'intérieur moderne et fonctionnel conçu par Perriand pour le salon d'Automne.*

B301, *créé en 1928-1929 par Le Corbusier et Charlotte Perriand. La fabrication du cadre en acier tubulaire rend le siège inadapté à une production de série.*

FORMATION ET PREMIERS PROJETS D'ARCHITECTE

Le Corbusier, de son vrai nom Charles-Édouard Jeanneret — il utilise son pseudonyme à partir de 1920 —, naît à la Chaux-de-Fonds, en Suisse. Il débute comme graveur sur métaux, dans les pas de son père. En 1902, il réalise un boîtier de montre qui remporte un prix à l'exposition internationale de Turin. Encouragé par son professeur à se tourner vers l'architecture, il construit en autodidacte sa première maison, la villa Fallett, en 1905. Il complète sa formation à l'école d'art de la Chaux-de-Fonds et travaille pour deux importantes agences d'architecture : celle d'Auguste Perret à Paris, de 1907 à 1908, et celle de Peter Behrens à Berlin, de 1910 à 1911 *(voir pages 30-31)*. Perret l'initie à la technique du béton armé et Behrens, aux concepts d'industrialisation et de standardisation, ainsi qu'à l'usage des formes géométriques dans une perspective mécaniste de la construction. En 1914, Le Corbusier développe la première de ses idées révolutionnaires : la structure de béton armé supportée par des poteaux d'acier. Ce type de construction dite en « plan libre » affranchit le bâti de murs porteurs et ouvre sans restriction l'espace intérieur du bâtiment. En 1915, Le Corbusier imagine un concept de maisons préfabriquées en béton armé, baptisées *Dom-ino*.

THÉORIES ARCHITECTURALES ET « ESTHÉTIQUE DE L'INGÉNIEUR »

En 1917, Le Corbusier arrive à Paris et intègre rapidement l'avant-garde artistique de la capitale. Il fait la connaissance du peintre Amédée Ozenfant et s'intéresse à la peinture post-cubiste, que l'on appellera plus tard

« Unité témoin » conçue pour le pavillon de l'Esprit nouveau à l'exposition des Arts décoratifs de Paris de 1925. Elle révèle l'intérêt de Le Corbusier pour le mobilier simple et confortable — des chaises en bois courbé produites par Thonet et un fauteuil club en cuir.

« purisme ». Avec Ozenfant, il peint quotidiennement et fabrique des objets en série, notamment des flacons, qui reflètent une esthétique dépouillée, « pure et universelle ». Il admire les voitures — il possède une Voisin, dont il est fier —, les avions, ou les poignées de porte, qu'il considère comme le nec plus ultra du détail pratique en design.

Dès 1920, il se tourne franchement vers l'architecture et, durant la décennie, s'attache à perfectionner ses théories radicales sur le sujet. En 1923, il rédige un très influent manifeste, recueil de ses différents articles intitulé *Vers une architecture*, dans lequel il définit le logement comme une « machine à habiter ». En 1926, il publie *Cinq points pour une architecture nouvelle*, qui pose les principes de son art : l'usage du plan libre, le toit terrasse, les ouvertures larges et continues, la façade pleine et le recours aux pilotis (ou poteaux) portants. Ses théories sont largement mises en œuvre dans une série de logements au design minimal érigés durant cette période : des villas, dont le pavillon de l'Esprit nouveau pour l'exposition des Arts décoratifs de Paris de 1925 — baptisé du nom de la célèbre tribune d'esthétique progressiste qu'il édite alors —, la villa Stein à Garches (1927) et la villa Savoye à Poissy-sur-Seine (1929-1930). Toutes sont conçues suivant une « esthétique de l'ingénieur », un langage visuel résultant des solutions les plus rationnelles et les plus efficaces appliquées à l'architecture.

Charlotte Perriand dans la chaise longue B306, dessinée en 1928 en collaboration avec Le Corbusier et Pierre Jeanneret. La base en forme de H permet d'ajuster l'inclinaison du siège.

PREMIERS ÉLÉMENTS DE MOBILIER

L'intérieur d'un bâtiment dépendant essentiellement de sa structure, Le Corbusier le conçoit généralement, en accord avec son idée du plan libre, comme un seul et même espace ouvert susceptible d'être divisé au moyen de cloisons roulantes. Le mobilier, partie intégrante de la structure, apparaît sous forme de tables en béton en porte-à-faux ou se compose de pièces anonymes, fabriquées industriellement, tels les fauteuils club pour le magasin Maples à Londres ou la chaise Thonet en bois courbé.

Avant les années vingt, Le Corbusier a dessiné du mobilier dans l'esprit Arts and Crafts pour ses projets. Mais les changements radicaux intervenus dans sa conception de l'architecture et du design nécessitent un nouveau style pour ses intérieurs, tels les fauteuils sur lesquels il travaille en collaboration avec son cousin Jeanneret et Charlotte Perriand. Considérant le mobilier comme un élément d'équipement fonctionnel, il imagine pour le pavillon de l'Esprit nouveau, en 1925, les « unités de rangement », qui concrétisent ses idées.

CHARLOTTE PERRIAND

La jeune décoratrice Charlotte Perriand rejoint deux ans plus tard l'atelier de Le Corbusier. Ensemble, ils créent plusieurs prototypes en acier tubulaire. Charlotte Perriand, qui a étudié les arts décoratifs à Paris de 1920 à 1925, rejette le luxuriant style Art déco enseigné par ses professeurs, Maurice Dufrêne et Paul Follot, et expose un premier projet au minimalisme radical, *Le Bar sous le toit*, lors du salon d'Automne de 1927. Il est intéressant de noter qu'elle y utilise l'acier chromé sous forme de revêtement mural. De 1927 à 1929 elle collabore avec Le Corbusier à une série de fauteuils qui vont devenir des icônes du design moderne : le *Grand Confort* — version retravaillée du traditionnel fauteuil club, un fauteuil pivotant —

Vue du séjour de la villa Savoye, à Poissy, construite de 1929 à 1930. Le plan de table en béton illustre la vision de Le Corbusier d'un mobilier adapté à la forme architecturale. Il épouse un des piliers portants de la structure et s'appuie sur un unique piètement d'acier tubulaire.

Version « deux-places » du fauteuil Grand Confort *conçu en 1928 par Le Corbusier, Charlotte Perriand et Pierre Jeanneret. L'idée de mettre le cadre en acier tubulaire en évidence, en le plaçant à l'extérieur des coussins, est une proposition révolutionnaire, qui transforme un modèle traditionnel en objet moderne. Le siège est toujours fabriqué par Cassina.*

et la chaise longue *B306 (voir page 95)*, variante du rocking-chair Thonet. Chacun de ces modèles propose une « confrontation » — pour reprendre les propos de Charlotte Perriand — entre « de nouveaux matériaux industriels, comme l'acier tubulaire, et des matières naturelles, comme la peau de vache ».

PRODUCTION DE MOBILIER

Contrairement aux productions de Marcel Breuer *(voir pages 108-111)* ou Ludwig Mies van der Rohe *(voir pages 92-93)*, ces fauteuils ne constituent pas spécialement une innovation technique, mais plutôt une exploration esthétique du nouveau mobilier moderne. Refusés par Peugeot, ils sont finalement fabriqués par Thonet-Mundus, dont la réputation repose sur la production de mobilier industriel à faible coût. Malgré l'intention de départ, les sièges se révèlent difficiles à produire en série et restent par conséquent peu abordables. Au salon d'Automne de 1929, Charlotte Perriand et Le Corbusier exposent leur mobilier. Outre leurs fauteuils, ils y présentent des unités de rangement murales en verre et acier chromé, auxquelles il est peu probable que Charlotte Perriand ait participé, des versions préparatoires ayant été développées avant son arrivée à l'atelier.

ANNÉES TRENTE

En 1930, Le Corbusier, Jeanneret et Charlotte Perriand conçoivent un stand en contreplaqué pour une exposition à Londres, qui démontre leur intérêt pour les matériaux naturels. Après 1930, néanmoins, le mobilier n'occupe plus une place majeure dans le travail de Le Corbusier, qui se consacre désormais à l'architecture et à l'urbanisme. Dans les années cinquante, le style austère de ses designs d'avant-guerre se teinte de références douces, organiques et plastiques. Charlotte Perriand travaille avec lui jusqu'en 1937

Fauteuil pivotant en acier tubulaire dessiné en 1929 par Le Corbusier et Charlotte Perriand. Ce modèle s'inspire de la chaise B9 en bois courbé de Thonet.

et s'intéresse plus tardivement à l'architecture, après avoir passé deux ans au Japon comme conseillère gouvernementale à l'artisanat. En 1946, après trois ans en Indochine, elle conçoit le mobilier de la station française de sports d'hiver Méribel-les-Allues puis, en 1950, un prototype de cuisine pour l'Unité d'habitation de Marseille que construit Le Corbusier. Des années cinquante à soixante, elle poursuit son activité d'aménagement intérieur, réalise notamment les bureaux d'Air France à Londres (1957), du mobilier pour la Cité universitaire à Paris et des salles de conférences pour les Nations unies à Genève (1959-1970).

REGAIN DES ANNÉES SOIXANTE

Le mobilier dessiné par Le Corbusier et Charlotte Perriand dans les années vingt est remis au goût du jour par Cassina, qui réédite en 1965 la chaise coloniale de 1928 *(voir page 94)* et la chaise longue *(voir page 95)*, puis, un peu plus tard, le fauteuil pivotant. Comme leurs originaux, ces reproductions existent en plusieurs versions, dans une gamme de revêtements variés. En 1980, Charlotte Perriand devient la consultante de Cassina en la matière. Son rôle déterminant de « pionnière » du design moderne n'est pleinement reconnu que depuis quelques années.

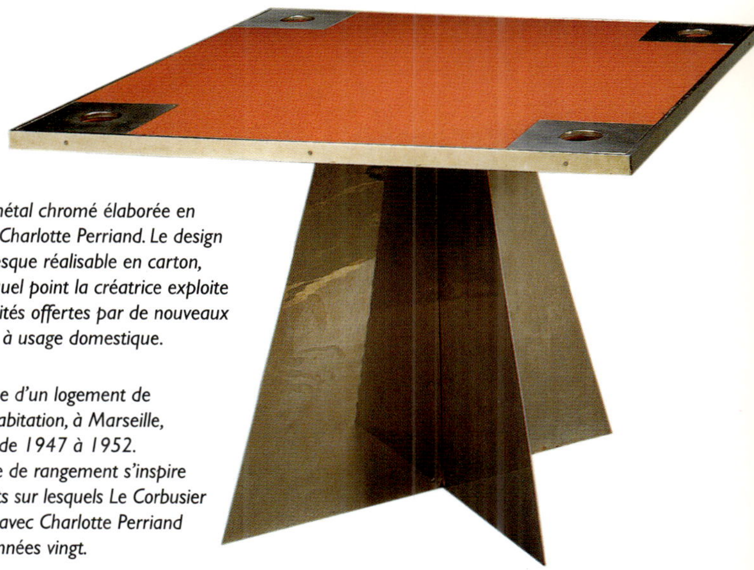

Table en métal chromé élaborée en 1930 par Charlotte Perriand. Le design simple, presque réalisable en carton, prouve à quel point la créatrice exploite les possibilités offertes par de nouveaux matériaux à usage domestique.

Coin-cuisine d'un logement de l'Unité d'habitation, à Marseille, construite de 1947 à 1952. Le système de rangement s'inspire de concepts sur lesquels Le Corbusier a travaillé avec Charlotte Perriand dans les années vingt.

Si l'on devait chercher un exemple de design moderne qui surpasse tous les autres, on retiendrait très probablement le fauteuil *Red/Blue (voir page ci-contre)* créé par le designer hollandais Gerrit Rietveld en 1918, sur la base d'une abstraction sans compromis. Devenu une icône familière des ouvrages de design et des magazines de décoration, cet objet, dont

Gerrit Rietveld

la stricte géométrie structurelle sert souvent à démontrer combien le design moderniste paraît incompatible avec le confort de l'usager, est peut-être la pièce la mieux connue de l'œuvre de Rietveld. Ce designer, qui compte parmi les plus innovants du XXe siècle, est parvenu à reformuler radicalement le langage des formes domestiques, et son intérêt pour la structure comme maîtresse de la forme a influencé nombre de ses plus talentueux successeurs.

Gerrit Rietveld, photographié avec la maquette de la maison Magnette-Corre, qu'il a conçue en 1947. Il n'a pas établi de différence entre la création de meubles, le design intérieur ou l'architecture. Sa démarche, tout à fait nouvelle, qui vise à rendre le public conscient de la structure d'une pièce et de ses limites dans l'espace, a fortement influencé les designers du modernisme plus tardif.

FORMATION ET PREMIERS TRAVAUX

Rietveld naît à Utrecht et y travailla presque toute sa vie, à l'exception de quelques incursions en Europe et aux États-Unis. En dépit de son influence sur le design moderne, on dispose de peu d'informations sur la manière dont il développe ses théories radicales. Apprenti jusqu'en 1912 dans l'atelier de son père, après un cursus éducatif traditionnel, il n'a jamais montré de dispositions particulières pour l'art de la rhétorique ou l'expression de manifestes. Son radicalisme s'exprime entièrement dans ses créations et son approche pratique du design. Il teste ses idées à l'aide de prototypes qu'il réalise en carton ou en bois.

Buffet en bois créé en 1919 et édité en 1983 par G. van de Groenekan. Pour ce meuble, l'une de ses premières pièces expérimentales, Rietveld se fonde sur le principe déjà éprouvé pour le fauteuil Red/Blue *et met en évidence la structure géométrique.*

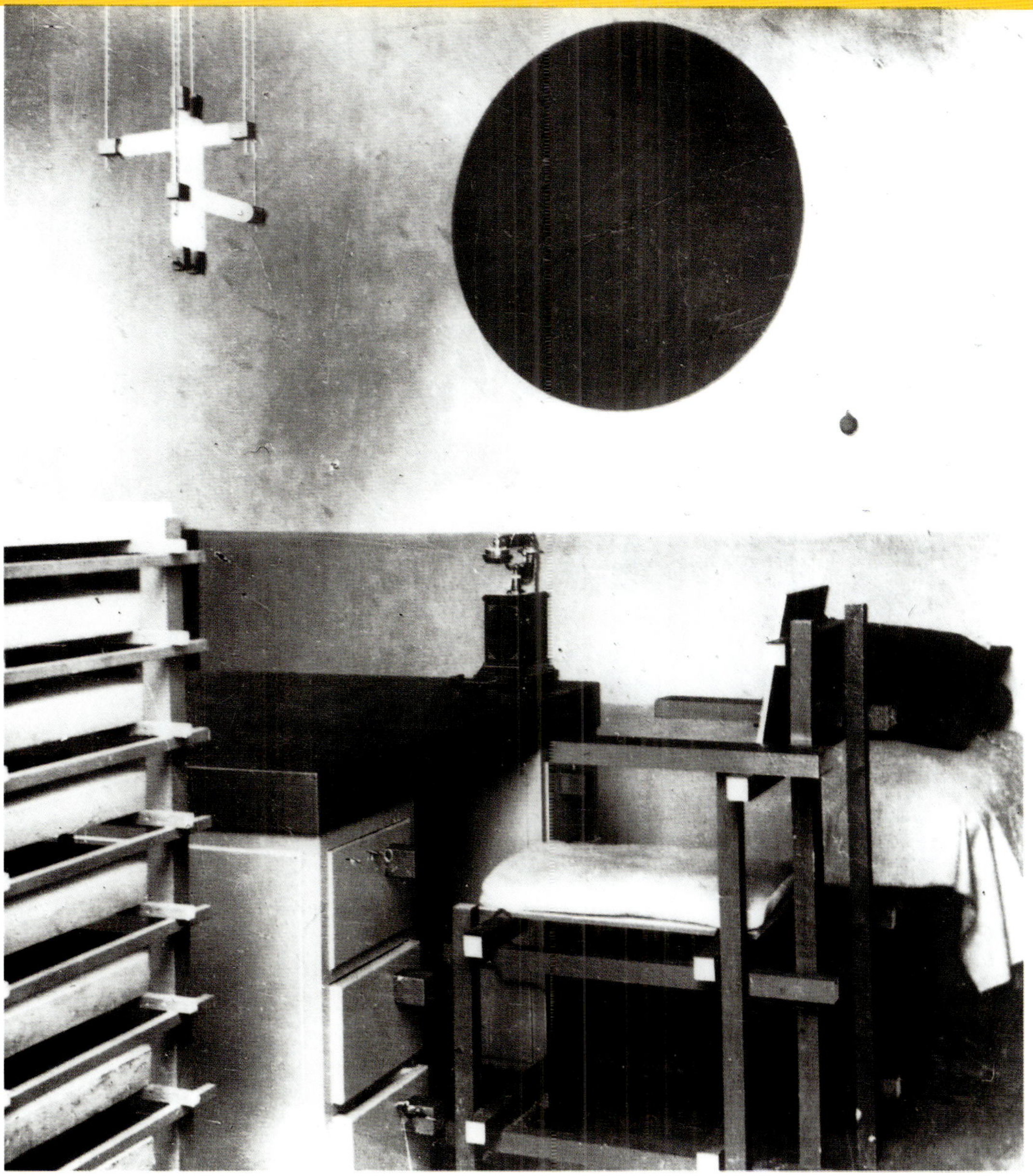

Vue partielle du bureau dessiné en 1920 pour la clinique du Dr Hartog à Maarssen. La chaise s'inspire du modèle Red/Blue *(1918). La suspension, le bureau et le bloc de tiroirs en suivent le principe, par la mise en évidence de leur ossature géométrique.*

Red/Blue *(1918). À travers un usage spécifique de la forme et de la couleur, Rietveld exploite délibérément, plutôt qu'il ne dissimule, les articulations des différents éléments de la chaise et initie une forme d'éveil à sa propre pratique du design.*

De 1906 à 1908, il étudie le design à des cours du soir puis, de 1903 à 1911, travaille pour le joaillier Cornelius Beeger. C'est à la même période qu'il apprend le dessin industriel. En 1911, il ouvre un atelier de fabrication de meubles à Utrecht. Il consacre les quatre années suivantes à perfectionner ses connaissances en architecture et réalise du mobilier en bois de facture solide et rustique, influencé tant par le style de son professeur de design P.L. Klaarhmmer que par celui de l'architecte-designer hollandais H.P. Berlage. Ses premières productions retiennent vaguement l'influence des designers anglais Charles Rennie Mackintosh *(voir pages 26-29)* et E.W. Godwin, dont il a pu découvrir les œuvres dans la revue d'architecture *The Studio*, avec celles du grand Frank Lloyd Wright *(voir pages 24-25)*. Rietveld se familiarise avec l'œuvre de Wright par le biais de son ami l'artiste Robert Van't Hoff, qui a fait la connaissance de l'architecte américain, pionnier de son temps.

RED/BLUE ET LE MOUVEMENT DE STIJL

En 1918, Rietveld conçoit une chaise qui ne se rattache à aucun précédent. Elle se compose de deux panneaux de bois standardisés et géométriques plats et rectangulaires, ajustés à des tasseaux de section carrée, le tout assemblé de telle façon que les pièces se chevauchent légèrement, ce qui met l'accent sur la simplicité de la construction. Le bois de chêne est initialement laissé

Zig-Zag, *conçu en 1934 pour* Metz & Co. *Sa forme, quoique constituée de différentes pièces de bois, traduit les efforts de Rietveld pour obtenir une chaise expérimentale d'un seul tenant et préfigure les sièges en plastique moulé des années soixante.*

Crate, *dessiné en 1935 pour* Metz & Co. *Ce fauteuil, en lames d'épicéa rouge, a été initialement vendu en kit. Son aspect brut est nouveau chez Rietveld.*

brut. En 1923, en vue d'une exposition au Bauhaus, Rietveld modifie légèrement la forme de la chaise et teinte les éléments — noir pour la structure, jaune pour la section carrée des tasseaux, rouge et bleu, respectivement pour le dossier et le siège. La forme de cette pièce — que l'on pourrait considérer comme une version structurelle du fauteuil traditionnel et comme un exercice de manipulation dans l'espace — trouve son origine dans l'intérêt de Rietveld pour un groupe d'artistes, de designers et d'architectes rassemblés depuis 1917 au sein de la revue *De Stijl (Le Style)*, auquel Rietveld a adhéré parmi les premiers. S'appuyant sur les découvertes du cubisme, les membres du groupe De Stijl se proposent d'abolir les frontières entre les beaux-arts et les arts appliqués, et de créer une forme d'art et d'architecture plus pure et plus nouvelle. Les peintres Piet Mondrian et Théo Van Doesburg réduisent ainsi leur palette aux tons simples et aux couleurs primaires. Quant aux formes, elles se composent de lignes droites horizontales et verticales ne laissant pas soupçonner le geste de l'artiste.

MEUBLES DE STIJL ET MAISON SCHRÖDER

Ce rigoureux système pictural, connu sous le nom de néoplasticisme, a été directement traduit dans les trois dimensions dans les expérimentations architecturales de Van Doesburg et J.J.P. Oud. Rietveld se met en quête d'un équivalent à ces théories sur le plan du design et réalise du mobilier dans ce but durant les six années suivantes : un buffet *(voir page 98)* et la chaise *High Back* (1919), une gamme de jouets pour enfants, une variante de *Red/Blue* pour un aménagement intérieur de Doesburg, et bien d'autres pièces, telle cette lampe à suspendre destinée à la clinique du Dr Hartog à Maarssen (1920 *[voir page 99]*). Dans ces créations remarquablement innovantes, il recourt à un langage minimal, à base d'intersections de lignes et de plans, à l'image de *Red/Blue*.

En 1924, en collaboration avec sa cliente, Mme Truus Schröder-Schräder, pour qui il travaille depuis 1921, Rietveld se lance dans un projet d'architecture intérieure tout aussi radical, à Utrecht. Le goût pour la composition, la structure et le découpage de l'espace dont Rietveld vient de faire l'expérience dans son mobilier, gouverne le design de la maison Schröder — l'extérieur, l'intérieur et les meubles obéissent à un code de couleur restreint et précis —, comme à l'usage de la ligne et du plan *(voir page ci-contre)*. Les parties hautes, imaginées suivant un plan innovant et ouvert, comportent des cloisons mobiles qui délimitent l'espace à vivre, et les espaces de travail et de repos.

ŒUVRE ARCHITECTURAL PLUS TARDIF ET POSTÉRITÉ

Fort d'accomplissements de cette envergure, Rietveld, encore très jeune, accède à une reconnaissance internationale en participant au CIAM (Congrès international d'architecture moderne) en 1928, ainsi qu'à l'exposition Viennese Workbund de 1931, où sont présents tous les architectes importants du mouvement moderne. Il continue d'élaborer du mobilier innovant, des pièces expérimentales en acier tubulaire et contreplaqué courbé, telle la *Beugelstoel* de 1927, à la chaise *Zig-Zag* de 1934, renouant avec les premières influences De Stijl à travers un design en porte-à-faux. La gamme de mobilier *Crate*, composition élémentaire en bois, conçue à faible coût, fabriquée en série et présentée en kit, date de la même période. Il fait également des expériences à partir d'aluminium et de contreplaqué, cherchant à concevoir une chaise qui puisse se composer d'un seul et même pan de matériau découpé. En 1924 il dessine une chaise de ce type en contreplaqué courbé. Il anticipe ainsi de

Portemanteau mural en fer forgé (1924). Il a figuré dans la maison Schröder et dans un immeuble de logements. Il témoigne de l'attention portée par Rietveld aux moindres détails de ses aménagements intérieurs.

deux décennies les innovations conduites par Charles Eames (*voir pages 148-151*) à partir de contreplaqué moulé, dans les années quarante.

Après 1945, Rietveld se consacre plus à l'architecture, sans délaisser pour autant le design de meubles. De 1930 à 1931, il construit une rangée de maisons attenantes sur l'Erasmuslaan, face à la maison Schröder, ainsi que le cinéma Vreeburg, à Utrecht, en 1936. En 1954, on lui confie la conception du pavillon des Pays-Bas à la Biennale de Venise, puis le pavillon de la Sculpture du parc Sonsbeek, à Amsterdam. De 1956 à 1967, il travaille également sur l'Institut des arts appliqués et, de 1963 à 1974, avec l'architecte Van Tricht, sur le Van Gogh Museum, tous deux à Amsterdam.

Quels qu'aient été son talent et ses compétences d'architecte, Rietveld reste avant tout le designer du fauteuil *Red/Blue*, que Cassina a réédité en 1971. Il a rapidement symbolisé le style pur des premiers modernes.

Vue de l'étage supérieur de la maison Schröder à Utrecht (1924). L'aménagement intérieur, conçu comme un exercice, fait jouer le cadre architectural, les différents espaces et l'ameublement au profit d'un seul et même projet visuel, traité dans son ensemble.

L'artiste et designer russe El Lissitzky (1890-1941) a établi des liens entre l'avant-garde de son pays d'origine — qui a vu naître, après la révolution de 1917, les idées radicales sur la fonction de l'art — et celle de l'Europe occidentale. Par ses relations avec les membres du groupe De Stijl et du Bauhaus, les principes du constructivisme — mouvement

El Lissitzky

d'artistes, d'architectes et de designers russes et progressistes ayant abandonné la tradition des beaux-arts après 1917 pour fonder un art au service de l'ordre politique et social — se sont répandus en Europe. Lissitzky a pratiqué la photographie, l'architecture intérieure et le design mobilier, l'installation, le graphisme et la typographie.

El Lissitzky dans son studio de Vitebsk vers 1919. Il a été l'une des figures marquantes de la génération d'artistes, designers et architectes post-révolutionnaires et avant-gardistes russes qui ont permis le développement d'un langage visuel entièrement nouveau.

Leipzig Chair *(1930). Ce siège en contreplaqué cintré fait preuve d'un caractère brut inédit, comparé aux autres pièces fabriquées à l'époque selon cette technique.*

PREMIÈRES ŒUVRES ET ACTIVITÉS PÉDAGOGIQUES

Comme bon nombre de pionniers du design du début du XXe siècle, Lissitzky — né Lazar Markovich Lissitzky, à Polschinok — fait des études d'architecture : de 1909 à 1914 à l'école technique supérieure de Darmstadt en Allemagne, puis en 1915-1916 en Russie. Dès 1917, à l'instar de beaucoup de ses contemporains, il commence par enseigner diverses disciplines. En 1918, par exemple, invité par Marc Chagall, il donne des cours de graphisme à l'école d'art de Vitebsk, où il restera jusqu'en 1919. En 1925-1926 il enseigne l'architecture intérieure et le design mobilier dans l'atelier de bois et métal des Vhutemas (« ateliers supérieurs d'art et de techniques »), une nouvelle école d'art et de design de Moscou.

En 1919 l'artiste d'avant-garde Kasimir Malevitch prend la direction de l'école d'art de Vitebsk, qu'il rebaptise *Ounovis* (« promoteurs de l'art nouveau »). C'est lui qui développe le concept de suprématisme, une forme de peinture non objective, composant des figures purement géométriques dans des couleurs franches. Sous l'influence de Malevitch, Lissitzky délaisse le style figuratif juif traditionnel des illustrations qu'il crée pour des livres pour enfants et commence à développer une forme moderne de typographie. En 1920 il réalise la célèbre affiche *Beating the Whites with the Red Wedge*, qui utilise les lignes diagonales et l'asymétrie, caractéristiques de l'art de Malevitch.

ÉTUDES DE PROUN ET TRAVAUX POSTÉRIEURS

En 1919 Lissitzky introduit le concept du *proun* — acronyme du russe « projet d'affirmation du nouveau » —, sorte d'installation décrite par l'artiste comme une combinaison de peinture et d'architecture. Dans ses études du *proun* (1919-1921), Lissitzky associe les principes du suprématisme et du constructivisme, qu'il applique à toute une série de techniques. Le design graphique et la typographie, souvent associés au photomontage, sont au centre de ses préoccupations. Au début des années vingt, cependant, il s'investit activement dans quelques expositions — notamment en 1927 à Cologne — et s'intéresse au design architectural. Il collabore avec l'architecte néerlandais Mart Stam sur un projet d'immeuble de bureaux à encorbellement baptisé

Vue de la salle du proun, conçue pour la grande exposition de Berlin de 1923. Lissitzky a utilisé des éléments géométriques pour créer une sensation de mouvement et de dynamisme absente de ses compositions en deux dimensions, bien qu'il y reprenne également la gamme chromatique du suprématisme : le rouge, le noir et le gris.

Beating the Whites with the Red Wedge *(1920). Dans cette célèbre affiche suprématiste, Lissitzky affirme son talent à utiliser des signes abstraits et des couleurs minimales qui concourent, avec la typographie, à délivrer un message idéologique : la destruction par l'Armée rouge de l'Armée blanche contre-révolutionnaire.*

Cloud Props (1924-1925), qui ne sera jamais réalisé. Comme d'autres artistes de cette période, il participe aussi à la propagande du nouveau régime et crée pour Lénine, en 1920, une tribune métallique en forme de grue.

Durant les années vingt, Lissitzky visite l'Allemagne, la France, les Pays-Bas et la Suisse, et noue des liens avec des designers comme Theo van Doesburg et Ludwig Mies van der Rohe *(voir pages 92-93)*. Ses idées sont bien connues du Bauhaus *(voir pages 90-91)*, et en retour les théories de l'école l'influencent, comme le montre clairement le seul siège que l'on connaisse de lui, créé en 1930 *(voir page ci-contre)*. Pendant les années trente, il se concentre sur la photographie, mais conçoit encore une autre affiche célèbre au concept abstrait et géométrique, *Provide More Tanks*. Elle date de 1941, année de sa mort.

Couverture de Die Kunstism, *publication créée en 1925 par Lissitzky et Hans Arp. La typographie spectaculaire, et la couleur, minimale mais forte, se combinent pour produire un effet visuel suggestif.*

Les idées des designers d'avant-garde, tel Alexander Rodchenko (1891-1956), ont eu une grande importance dans l'évolution du design moderne. Rodchenko est l'un des plus jeunes membres de cette génération d'artistes et de designers associés au mouvement constructiviste, apparu en Russie après la révolution de 1917. Les constructivistes cherchent

Alexander Rodchenko

à rénover le monde matériel ainsi que tous les domaines d'activité culturelle, en accord avec la nouvelle société démocratique qui est la leur. Dans le domaine des arts visuels et appliqués, cela implique l'utilisation de formes purement géométriques, traduisant le caractère universel de l'expérience humaine. De nombreux designers, en particulier ceux du Bauhaus, ont été profondément influencés par l'art constructiviste.

Alexander Rodchenko, par l'ampleur de son travail novateur — affiches, couvertures de livres, design mobilier, décors — compte parmi les designers les plus importants de sa génération.

DÉBUTS DU CONSTRUCTIVISME ET ACTIVITÉ PÉDAGOGIQUE

De 1911 à 1916, Rodchenko suit une formation artistique dans sa ville natale de Kazan, puis étudie les arts graphiques à Moscou où il passera le reste de sa vie. En 1911 il rencontre le poète Vladimir Maïakovski qui, en 1918, militera pour la séparation entre l'art et l'État et pour l'autogestion des institutions artistiques avec son traité *Manifeste pour la fédération volante des futuristes*. En 1915 Rodchenko fait la connaissance d'un autre artiste d'avant-garde, Vladimir Tatline, également lié au constructivisme, qui a découvert à Paris la peinture cubiste. L'influence de ces deux personnages se ressent dans ses premiers tableaux abstraits et dans ses constructions en trois dimensions.

À partir de 1917, Rodchenko se consacre, avec sa femme, Varvara Stepanovna, au développement d'un nouveau langage visuel dédié aux objets quotidiens. Pendant dix ans, il travaille sur une série de projets dans le domaine du design industriel et graphique, des décors, de la scénographie

Design intérieur pour un cercle de travailleurs, présenté dans le pavillon soviétique de l'exposition des Arts décoratifs de Paris de 1925. Il a été très apprécié pour sa simplicité, son caractère pratique et, avant tout, sa modernité sans compromis.

Décors et costumes pour une scène de La Punaise de Maïakovski (1929). La pièce a été présentée au théâtre de la Satire, à Moscou, et les décors constructivistes et minimalistes de Rodchenko ont connu un grand succès.

Photomontage pour l'affiche du Cuirassé Potemkine, *de Serge Eisenstein (1925). Rodchenko a également créé la couverture du programme. Pour le constructivisme, le cinéma et le théâtre représentent des formes importantes d'art de propagande.*

Série de couvertures pour Mess Mend ou Un Yankee à Petrograd, *feuilletons signés Jim Dollar, pseudonyme de Marietta Sanginyan (1924). Ces œuvres sont typiques de la façon dont Rodchenko associe une typographie et un graphisme audacieux à des photomontages pour créer un effet théâtral.*

théâtrale, de la mode, de la création de costumes et de l'architecture. Bien que peu de ses travaux, à l'exception de son œuvre graphique, aient fait l'objet d'une production en série, son approche radicale a beaucoup influencé le courant moderniste international.

L'un de ses premiers projets est une suite de lampes de forme abstraite pour le café *Le Pittoresque* de Moscou, en 1917. En 1919, il conçoit un kiosque d'inspiration cubiste pour la distribution des journaux et la propagande. La même année, il réalise une série de compositions architecturales et, l'année suivante, un bâtiment constitué d'éléments géométriques sur une structure en échafaudage — aucun de ces projets ne voit le jour. Rodchenko joue un rôle actif dans la politique culturelle post-révolutionnaire russe et est un membre actif de l'Inkhuk — « institut de la culture artistique », constitué en 1920 pour traiter des questions essentielles de l'art — dès ses débuts en 1923. De 1920 à 1930, il enseigne la composition aux Vhutemas (« ateliers supérieurs d'art et de techniques »), la nouvelle école d'art et de design de Moscou. Il y travaille, avec ses étudiants, au design d'objets quotidiens, en particulier des lampes et des services de table. Ces projets ne dépassent jamais le stade de la planche à dessin, mais il s'agit de compositions très originales, faites d'éléments abstraits et géométriques.

ANNÉES VINGT

Au début des années vingt, Rodchenko exerce ses talents graphiques : textiles, couvertures de livres, affiches, étiquettes et emballages. Les graphistes de la Russie post-révolutionnaire sont confrontés à un défi : inventer un style marquant, à la portée d'un public largement analphabète. Rodchenko utilise pour cela un graphisme et des caractères très simples, associés à des photomontages. Des formes géométriques de base ou des symboles, par exemple des flèches, illustrent les concepts abstraits. L'imagerie de ses nombreuses affiches publicitaires de ces années-là comporte un fort élément d'abstraction géométrique et fait appel à la typographie moderne. Revenant au design en trois dimensions, il conçoit l'aménagement intérieur d'un cercle ouvrier — un simple mobilier de bois, des sièges, des étagères —, qui sera présenté à l'exposition des Arts décoratifs de Paris en 1925 *(voir page ci-contre)*.

Rodchenko est particulièrement attiré par le monde du cinéma et du théâtre, où son design inventif peut s'exercer, ne serait-ce que pour un temps limité. Ses décors et costumes pour diverses productions théâtrales — notamment *La Punaise* de Maïakovski en 1929 *(voir page ci-contre)* — sont stupéfiants d'originalité. Il s'intéresse aussi au vêtement, domaine dans lequel il collabore étroitement avec sa femme, qui crée pour lui une salopette, témoignant par là de leur statut de travailleurs au sein du nouvel État soviétique.

De 1927 à 1930, Rodchenko, doyen de l'atelier de métal aux Vhutemas, privilégie peu à peu la photographie et, en association avec sa femme, y consacre la presque totalité de son activité future.

L'atelier de métal du Bauhaus a été l'un des plus productifs, tant pour ses produits conçus pour être fabriqués en série, que pour la valeur des designers industriels qui s'y sont formés. On compte parmi eux Wilhelm Wagenfeld, un des plus grands designers allemands, et Marianne Brandt (1893-1983), figure importante de l'histoire

Marianne Brandt

du design moderne non seulement parce qu'elle a dessiné certains des plus beaux objets en métal du XXe siècle, mais aussi parce qu'elle l'a fait en tant que femme. Elle explique combien il lui avait été difficile de se faire une place au Bauhaus, le travail du métal étant alors un domaine réservé aux hommes. Et aussi comment on lui avait confié un travail répétitif et ennuyeux avant de l'accepter au sein de l'atelier. Elle est devenue un des designers les plus célèbres du Bauhaus et l'une des rares étudiantes à ne pas sortir de l'atelier textile. De nos jours, ses œuvres sont éditées par Alessi.

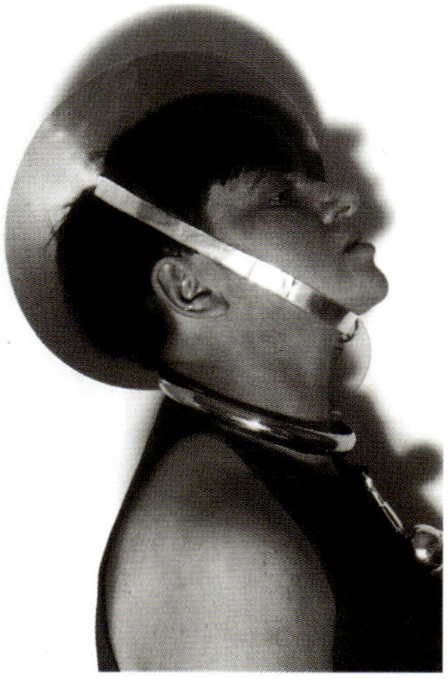

Autoportrait de Marianne Brandt, designer en métal et étudiante au Bauhaus, coiffée d'une parure qu'elle a elle-même créée et baptisée Bijou *pour un festival de métal.*

Le Compagnon du fumeur, *service en métal et plexiglas (milieu des années vingt). Le design de Marianne Brandt allie des matériaux nouveaux et traditionnels pour un usage quotidien.*

PREMIÈRES ANNÉES AU BAUHAUS

Marianne Brandt naît à Chemnitz. En 1911 elle étudie quelque temps la peinture et la sculpture à Weimar. En 1917 elle crée son propre studio tout en voyageant beaucoup. Elle se marie en 1919 en Norvège et part étudier l'année suivante à Paris, où elle reste plusieurs mois. En 1923 elle entre au Bauhaus comme étudiante au *Vorkurse* (« cours préparatoire »). Laszlo Moholy-Nagy, qui est depuis un an professeur principal de l'atelier de métal, est tout de suite impressionné par son travail et l'encourage à se spécialiser dans cette voie. Malgré les difficultés que Marianne Brandt doit surmonter en tant que femme, elle réalise, entre 1923 et 1924, une série d'objets pour la table, fonctionnels et innovants — dont un service à thé et à café, et une théière, en argent ou en cuivre avec des poignées et des bouchons en ébène. Leur forme géométrique pure — sphère, hémisphère et cylindre — s'inspire des principes esthétiques du constructivisme que Moholy-Nagy a introduits dans le département. Bien que ces objets aient été, à l'origine, exécutés à la main par un artisan talentueux, Marianne Brandt adhère totalement à la philosophie du Bauhaus, qui consiste à créer, au moins en théorie, pour la production industrielle. Elle écrira plus tard

« Notre tâche était de façonner ces objets de sorte que, même produits en nombre — ce qui rendait le travail plus facile —, ils satisfassent à tous les critères esthétiques et pratiques et restent meilleur marché qu'un objet produit à l'unité. »

DESIGN POUR UNE PRODUCTION EN SÉRIE

Durant les années qui suivent, de nombreuses créations en métal à usage domestique, aussi bien des bols que des cendriers, sortent de la table à dessin de Marianne Brandt. Sa première approche, influencée par l'artisanat, laisse petit à petit place à un regard plus direct sur la production en série. À partir de 1927, elle crée des lampes électriques et des appliques lumineuses pour un marché en pleine expansion. Ces objets pratiques, économiques et modernes, associant le chrome, l'aluminium et le verre, sont produits sous licence du Bauhaus par deux fabricants : Körting et Mathiesen et Leipzig Leutzch. Parmi les créations les plus connues de Marianne Brandt figure la lampe de chevet *Kandem*, de 1928. Avec son pied flexible, sa couleur unie (blanc ou noir) et sa base lourde, elle est simple et fonctionnelle, ce qui fait d'elle un classique du design.

Kandem, *le modèle 702, créé en 1928 avec l'aide de Hin Bredensieck pour un projet d'étudiant au Bauhaus, et fabriqué par Körting et Mathiesen. Marianne Brandt dessine cette lampe de chevet flexible, nickelée et émaillée, au moment où elle s'intéresse à la production en série.*

Service à thé et café (1924). L'ensemble en argent, ébène et plexiglas est d'une modernité agressive et reste une des créations les plus élitistes de Marianne Brandt. Alessi l'a réédité en 1985.

APRÈS LE BAUHAUS

Quand Walter Gropius *(voir pages 88-89)* et Moholy-Nagy quittent le Bauhaus en 1928, Marianne Brandt veut partir elle aussi, mais elle se laisse convaincre de rester à la tête de l'atelier de métal une année de plus. En 1929 elle travaille quelque temps à l'agence de Gropius à Berlin, puis passe les trois années suivantes au sein de la fabrique Ruppelwerk à Gotha. Durant le reste de sa carrière, elle s'adonne à la peinture, à la sculpture, tout en enseignant aux Beaux-Arts de Dresde (1949-1951) et à l'école des arts appliqués de Berlin (1951-1954). Elle ne renoue pas avec les succès de sa jeunesse, mais ses créations des années vingt sont restées une source d'inspiration pour de nombreux designers.

Cendrier en argent allemand et bronze réalisé en 1923-1924 et fabriqué à l'atelier de métal du Bauhaus. Sa forme reflète les centres d'intérêt de Marianne Brandt à l'époque, tant par sa composition abstraite — un hémisphère avec un orifice, de petits pieds, et un rebord — que dans sa fonction pratique, pleinement remplie.

Marcel Breuer (1902-1981), au tout premier plan de l'architecture et du design modernes, a eu une carrière longue et riche de succès. Ses contributions les plus célèbres au design du XXe siècle ont cependant vu le jour en Allemagne, au sein du Bauhaus où, à peine âgé de vingt ans, Breuer s'est hissé au niveau de ses maîtres, Walter Gropius et Laszlo Moholy-Nagy,

Marcel Breuer

grâce à ses réalisations. Dans les années trente, son mobilier simple, léger, fonctionnel, conçu pour une production en série, a rapidement représenté l'idéal de la vie moderne englobant la nouvelle technologie, et les concepts de raison, de fonctionnalité et de progrès.

Marcel Breuer, alors étudiant au Bauhaus. Jeune designer influent à cette époque, il a été à l'origine d'avancées importantes dans le traitement et l'usage des nouveaux matériaux. Il est devenu plus tard un architecte moderne de premier plan aux États-Unis.

Version de la chaise dessinée en 1921 au Bauhaus. La mise en évidence de la structure et du principe constructif révèle la forte influence des idées de Gerrit Rietveld sur Breuer durant sa formation.

ÉTUDES ET EXPÉRIENCES AU BAUHAUS

Contrairement à Gropius, Breuer n'est pas un philosophe, mais un designer à l'esprit pratique, ce dont témoigne sa production féconde. C'est sans nul doute un être très organisé et promis à la réussite. Il naît à Pec, en Hongrie, et passe ses premières années bien loin du monde cosmopolite des designers d'avant-garde qui se partagent entre l'Allemagne, l'Autriche et la France. Découvrant l'art moderne dans les publications, il décide de devenir peintre et part étudier à Vienne. Très vite, il entend parler de l'école de design et d'art nouveau de Weimar, si bien qu'en 1920 il s'installe dans cette ville et devient étudiant au Bauhaus.

Dès le départ, Gropius, qui passe alors pour *le* maître de la forme à l'atelier d'ameublement, comprend que Breuer est un étudiant exception-

Bureau de Walter Gropius dans sa maison de Dessau, conçu en 1925-1926 par Breuer. La chaise pivotante — modèle B7 — a été fabriquée par Standard-Möbel. Breuer a dessiné d'autres meubles pour cette maison, dont un sofa pour le séjour.

Intérieur de la maison de Laszlo Moholy-Nagy à Dessau. On y retrouve de nombreux éléments de mobilier créés par Breuer, dont le célèbre fauteuil club en acier tubulaire (1925) — une première incursion dans ce traitement du matériau — et sa desserte, fabriquée sur le même principe.

Table et chaises pour enfants, avec assise et dossier en bois contreplaqué (1923). L'influence de Rietveld et du mouvement De Stijl est encore très perceptible. Le tapis, conçu par Benita Otte, sort de l'atelier de tissage du Bauhaus.

nel et il l'encourage à se lancer dans le design de meubles. Breuer réalise ses premières œuvres en bois garni de tissu. Son intérêt pour l'art primitif est manifeste dans la *Chaise africaine*, de 1921, qui reprend les formes stylisées venues de ces contrées et s'orne de motifs abstraits en bois sculpté. Sous l'influence évidente des designers du groupe néerlandais De Stijl Gerrit Rietveld *(pages 98-101)* et Theo van Doesburg, qui, dans leurs créations, conçoivent la chaise sous sa forme la plus simple, Breuer expérimente rapidement des formes géométriques, des plans horizontaux et verticaux.

MOBILIER EN MÉTAL TUBULAIRE

En 1925 il abandonne soudain les structures en bois et, inspiré par la légèreté et la solidité du cadre de sa nouvelle bicyclette, se tourne vers le métal tubulaire. Ses premières expériences le poussent à concevoir un

Siège en contreplaqué cintré dessiné en 1935-1936 pour Isokon. Il témoigne d'une compréhension du corps humain absente des premiers travaux de Breuer au Bauhaus, alors nettement axés sur les matériaux.

design révolutionnaire pour un fauteuil club moderne. Sa forme cubique et son cadre dépouillé, léger mais robuste, antithèse du mobilier traditionnel, lourd et encombrant, offrent une réponse idéale à la nouvelle architecture, exaltant l'espace, la lumière et la structure.

Les cinq années suivantes sont très productives pour Breuer, qui crée d'autres sièges en métal tubulaire, ainsi que des lits, des bureaux, des tables et des tabourets. Quand, en 1925, le Bauhaus s'établit à Dessau, Gropius demande à Breuer, devenu, cette année-là, « jeune maître » de l'atelier de menuiserie, de dessiner le mobilier de la nouvelle cantine, de l'auditorium et des maisons des maîtres. Vers 1926 Breuer imagine une autre œuvre devenue très célèbre, la chaise *B32* (connue depuis 1960 sous le nom de *Cesca*, en référence à sa fille Francesca), et signe un contrat avec la fabrique de meubles Standard-Möbel, pour que ses créations soient produites en série. Gropius, qui veut que les projets de Breuer soient réalisés sous franchise du Bauhaus, n'apprécie pas ce partenariat. Quelques années plus tard Breuer passe un nouvel engagement avec Thonet *(voir pages 78-79)*, qui produit la *B32* et tous ses projets successifs.

TRAVAUX À BERLIN

À cette même époque Breuer aspire à l'indépendance. Il ne veut plus être associé au Bauhaus, qui, s'il lui a offert un environnement idéal pour ses expériences, est à présent miné par les conflits et une ambiance très négative. Il s'en éloigne en 1927, à l'issue de son bref mariage avec une étudiante, Marta Epps ; il démissionne de son poste et suit Gropius à Berlin pour créer une agence d'architecture. Tout en poursuivant son activité de design mobilier, il se consacre davantage à l'aménagement intérieur. Ses travaux pour les maisons de Mart Stam et Gropius sont présentés à l'exposition du Weissenhofsiedlung de Stuttgart en 1927.

Entre 1928 et 1931 Breuer redéfinit la notion d'intérieur moderne à l'occasion de commandes comme l'appartement De Francesco (1929) et la maison Leum, tous deux réalisés à Berlin. Il explique : « Nous n'avons besoin que de quelques objets, à usage multiple, et transformables. Nous évitons ainsi d'être envahis par nos besoins, au travers d'innombrables objets qui compliquent la vie quotidienne au lieu de la simplifier et de la rendre plus légère. » Il conçoit également l'exposition *Werkbund* pour le salon des Artistes décorateurs de Paris de 1930, et répond en 1932 à sa première commande architecturale pour la maison Harnismacher à Wiesbaden.

TRAVAUX EN SUISSE ET EN GRANDE-BRETAGNE

Dans les années trente, Breuer s'est acquis une réputation internationale et compte déjà derrière lui ce que d'aucuns considéreraient comme une carrière bien remplie. Le climat politique en Allemagne, avec la montée du nazisme, est particulièrement incertain pour lui, dont les deux parents sont juifs. De 1932 à 1935 il parcourt l'Europe pour finalement s'arrêter à Zurich. Il y réalise le nouvel aménagement intérieur du grand magasin Wohnbedarf, un des rares en Suisse à proposer au public un mobilier

Siège inclinable en aluminium et bois (élaboré en Suisse). Les préoccupations du moment de Breuer — performances du matériau et inclinaison du corps — s'y expriment clairement. Comme pour beaucoup de ses créations, il a développé de nombreuses versions de ce siège, fabriquées par Embru et diffusées par Wohnbedarf.

B 26 *(1928). Cette table fait partie d'une série de créations en verre et acier tubulaire qui exploite des possibilités formelles. Plusieurs de ces objets ont été édités par Thonet à la fin des années trente.*

moderne, et développe l'usage de l'aluminium. Après ses premiers projets en acier tubulaire, la chaise longue de 1933, par exemple, met l'accent sur la détente et le confort de l'utilisateur.

En 1935, Breuer rejoint de nouveau Gropius, en Grande-Bretagne, où il séjourne deux ans. Il y travaille sur de nombreux projets architecturaux avec F.R.S. Yorke dans le Sud de l'Angleterre et contribue à l'avancée des idées modernistes, quelque peu en retard chez les Britanniques, en concevant un mobilier en contreplaqué cintré pour Isokon, la société de design contemporain de Jack Pritchard. Parmi ces pièces, les plus connues sont une chaise longue (1935-1936), très proche des précédentes créations en aluminium, et une série de tables gigognes (1936), reprenant le concept des tabourets en acier tubulaire qu'il a dessinés pour la cantine du Bauhaus.

CARRIÈRE AUX ÉTATS-UNIS

Après avoir mené carrière dans trois pays, Breuer quitte la Grande-Bretagne pour les États-Unis en 1937, encore une fois dans les pas de Gropius. Les deux hommes établissent un bureau d'architecture à Cambridge, dans le Massachusetts, et enseignent à l'université de Harvard. Certaines divergences de vue les amènent cependant à cesser leur collaboration. En 1941, Breuer crée son agence à New York, où il travaillera pendant vingt ans.

Breuer et sa femme dans leur maison de New Canaan, dans le Connecticut, en 1947. Rompant avec ses expériences antérieures sur les matériaux, Breuer est revenu au bois dans ses créations américaines, tant dans le domaine de l'architecture que du design.

En 1940, il se remarie et en 1947, puis en 1951, il dessine les plans de maisons pour sa famille et lui à New Canaan, dans le Connecticut. Ces bâtiments, comme d'autres créations américaines de Breuer — la *Maison de verre* de Pittsburgh (1945) et la *Maison dans un jardin* du Museum of Modern Art de New York (1949) — témoignent d'une sensibilité plus douce, plus plastique et tactile. Le mobilier simple, en bois, contraste avec la texture, la couleur et le motif de la pierre et du béton. La contribution de Breuer au design de meubles moderne éclôt de nouveau au grand jour dans les années soixante, quand la société italienne Gavina réédite plusieurs de ses pièces des années vingt, montrant ainsi combien, près d'un demi-siècle plus tard, ses créations demeurent populaires.

L'acier tubulaire

Les avancées dans la technologie des matériaux ont joué un rôle fondamental dans l'évolution et l'innovation du design au XXe siècle. La plus importante d'entre elles, celle qui a engendré le plus de changements, est probablement la popularisation de l'acier tubulaire dans le design de meubles. Contraint pour former les éléments structurels des sièges, des tables, tables basses et autres tables roulantes, l'acier tubulaire a contribué à créer une esthétique totalement nouvelle qui a rapidement « signé » l'intérieur moderne. Il a transformé les critères du confort domestique, qui a troqué des formes rebondies et massives pour un espace lumineux et empreint de simplicité. Les lourds rembourrages d'antan ont cédé la place à de fluides silhouettes métalliques, contribuant à faire entrer dans la maison les lignes pures de l'esthétique fonctionnaliste.

SP9B, *chaise en acier et cuir noir extraite du catalogue du fabricant britannique PEL (1937). Dans les années trente, PEL est spécialisé dans la fabrication de mobilier en acier tubulaire.*

ORIGINES DE L'ACIER

Le XIXe siècle prouve l'énorme impact industriel du développement de l'acier — un matériau malléable mais résistant, qui permet la production de produits en série, des machines à coudre aux locomotives. L'acier pressé et estampé prend vite place dans l'environnement quotidien. Sous forme de tubes extrudés, ce métal particulièrement léger et solide est rapidement utilisé dans la fabrication des bicyclettes.

Dès 1830 on tire déjà parti du tube de fer pour construire du mobilier, notamment des armatures de lit, et du bois préformé, popularisé par l'Européen Thonet au milieu du XIXe siècle. L'acier cintré apparaît dans les premières décennies du XXe siècle. On n'est alors pas loin d'envisager l'introduction de l'acier tubulaire dans le design mobilier, bien que son utilisation à des fins domestiques constitue encore une véritable révolution.

INNOVATION ET DÉVELOPPEMENT

C'est au Bauhaus, dans le milieu des années vingt, que Marcel Breuer *(voir pages 108-111)*, inspiré, dit-on, par le guidon de sa bicyclette Adler, entreprend de créer une version radicalement nouvelle du fauteuil club tradition-

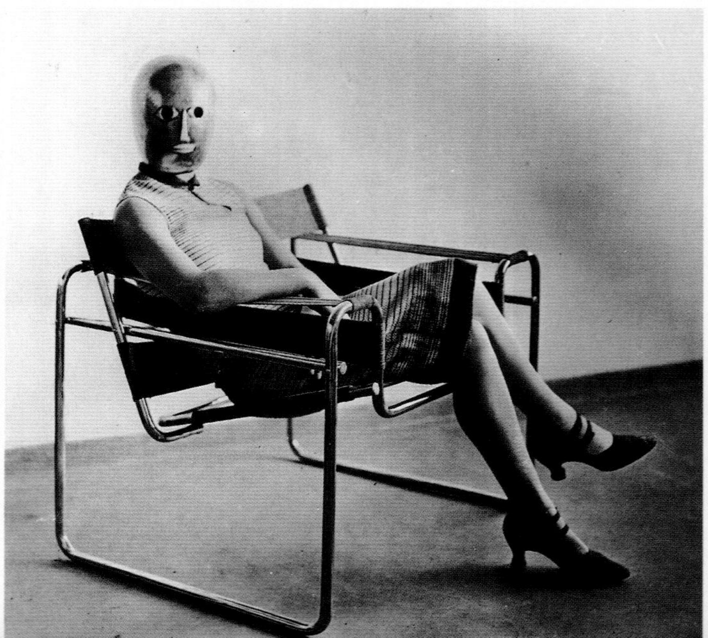

B3, *conçu en 1925 par Marcel Breuer et réalisé en série en 1962 sous le nom de* **Wassily.** *Grâce au design ingénieux, l'utilisateur semble suspendu à l'intérieur d'un cube d'acier. Le personnage porte un masque créé par le peintre et décorateur Oskar Schlemmer, enseignant au Bauhaus. Le* **B3** *a été mis en production en 1927. Il est aujourd'hui édité par Knoll.*

Mobilier de la Maison 16*, unité expérimentale créée par le Deutscher Werkbund pour l'exposition du Weissenhofsiedlung à Stuttgart en 1927. Cette manifestation, destinée à promouvoir le design industriel sur le marché de l'aménagement domestique, a permis de découvrir les travaux de Breuer, Ludwig Mies van der Rohe et Le Corbusier* (voir pages 108-111, 92-93, 94-97).

MR20*, dessiné par Mies van der Rohe et présenté au Weissenhofsiedlung en 1927. Il s'agit sans conteste de la création la plus audacieuse et la plus élégante dans le domaine expérimental de l'acier tubulaire à encorbellement. Le modèle existe avec et sans accoudoirs.*

nel, à la structure entièrement constituée de tubes d'acier d'un seul tenant, soudés entre eux. Ainsi, ses recherches menées sur le mobilier en bois avec les designers du groupe De Stijl — plus particulièrement Gerrit Rietveld — abordent-elles une nouvelle étape. Breuer affine son concept tout au long des années vingt et, vers 1962, le fauteuil est édité et diffusé en série sous le nom désormais fameux de *Wassily*, en hommage à Vassily Kandinsky.

Tandis que Breuer ouvre la voie aux designers en quête de nouveaux matériaux pour atteindre le nec plus ultra de la modernité, le Néerlandais Mart Stam développe le premier l'idée d'une forme de chaise à encorbellement — ou porte-à-faux —, qui répartisse sur l'avant le poids situé à l'arrière. Cette solution permet de se passer d'un certain nombre de raccords et augmente la flexibilité du matériau. En 1927 Stam conçoit un siège d'appoint en utilisant des conduites de gaz et des coudes destinés à la plomberie, dont le confort n'a plus rien à voir avec les lourds fauteuils rembourrés d'antan. En 1928 Breuer élabore à son tour un siège en tubes d'acier à encorbellement, dont Ludwig Mies van der Rohe *(voir pages 92-93)* a produit une version plus stylisée en 1927. À la fin des années vingt, l'acier tubulaire, nickelé ou chromé, associé au tissu ou au cuir noirs, devenu un symbole du modernisme, est utilisé par tous les grands noms de ce courant, qu'il s'agisse de Le Corbusier en France ou de Giuseppe Terragni en Italie *(voir pages 114-115)*.

SUCCÈS INTERNATIONAL

En Grande-Bretagne, la firme PEL se met à fabriquer des sièges en acier tubulaire pour équiper des lieux publics, tandis qu'aux États-Unis, Gilbert Rhode et Wolfgang Hoffmann conçoivent une série de modèles destinés aussi bien aux espaces privés que publics. Ces innovations n'atteignent le grand public qu'après la Seconde Guerre mondiale et connaissent l'apogée de leur succès dans les années soixante et soixante-dix. En Grande-Bretagne, par exemple, Habitat fabrique ses propres versions des classiques du design moderne, et des groupes de designers comme OMK et Plush Kicker rendent ce modernisme populaire à un nouvel éventail de consommateurs.

Table aux pieds de métal chromé créée vers 1935 par Eileen Gray (voir pages 46-49). *Celle-ci a beaucoup utilisé l'acier tubulaire, en combinaison avec des matériaux naturels — ici le pin brut — pour contrebalancer la froideur et la dureté du métal.*

Bien qu'architecte à l'origine, l'Italien Giuseppe Terragni (1904-1943) a souvent dessiné des objets — en particulier du mobilier — pour ses édifices. Comme beaucoup d'autres modernistes, il envisage le design essentiellement comme un assemblage de plans dans l'espace, et comme un prolongement de l'architecture. Sa contribution unique

Giuseppe Terragni

au design moderne a été de montrer comment un élément stylistique venu d'ailleurs — par exemple le mobilier en acier tubulaire développé par le Bauhaus en Allemagne — s'adapte avec succès à une autre culture, un autre climat politique. Ses contemporains décrivent Terragni, fervent catholique resté célibataire durant sa courte vie, comme un personnage obsessionnel dévoué à son métier et à la religion, apparemment proche de l'idéologie fasciste. Bien qu'en Allemagne les nazis aient été opposés aux modernistes, l'Italie de Mussolini a un peu favorisé leur expansion, et il est certain que l'adhésion de Terragni au parti en 1928 lui a facilité l'obtention de commandes.

Giuseppe Terragni a été l'un des architectes éminents du mouvement moderne en Italie. Il a appliqué une rigueur identique à ses constructions et à leur mobilier, qu'il dessine lui-même.

Vue d'une salle de classe de l'école Sant'Elia à Côme, conçue en 1936. Il s'agit d'un bâtiment de style radicalement moderne, en béton et verre. Le mobilier, entièrement en bois et acier tubulaire, est également dû à Terragni.

ANNÉES VINGT

Dans les années vingt, Terragni compte parmi les membres fondateurs du Gruppo Sette, qui se situe dans la ligne du rationalisme, le versant italien du mouvement moderne en design et en architecture. Il s'agit d'une association de sept architectes, adeptes du travail des modernistes en France, en Allemagne et aux Pays-Bas. Après avoir étudié à l'École technique de Côme et l'École polytechnique de Milan, il ouvre un bureau d'architecture en 1927 et acquiert la même année une reconnaissance internationale lors d'une présentation de ses dessins à l'exposition du Weissenhofsiedlung, organisée par le Deutscher Werkbund à Stuttgart.

Le Novocomum à Côme, un immeuble de quatre étages construit entre 1927 et 1929, est l'une de ses premières réalisations *(voir page ci-contre)*. Sa composition, d'un minimalisme saisissant, est l'un des premiers exemples d'architecture adoptant les principes du mouvement moderne en Italie. Durant les années trente, Terragni s'attache à concilier néoclassicisme et modernisme. Parallèlement à son métier d'architecte, il peint, suivant la tradition figurative moderne. Il s'intéresse également au design graphique, comme on le constate dans les lettres chromées, de style Art déco, qu'il réalise pour la façade du Vitrum, un magasin de verrerie et de faïence de Côme.

CASA DEL FASCIO

Le bâtiment le plus célèbre de Terragni est sans nul doute la Casa del Fascio à Côme (1932-1936), à présent Casa del Popolo. À l'instar de Le Corbusier et d'autres designers du mouvement moderne durant les années vingt, Terragni accorde autant d'importance à l'aménagement intérieur et au mobilier qu'à l'extérieur d'un bâtiment, et il se plaît à utiliser de nouveaux matériaux comme

Salle de réunion de la Casa del Fascio à Côme, construite entre 1932 et 1936. Pour le quartier général du parti fasciste, Terragni a aussi créé des sièges en acier tubulaire dotés d'un nouveau concept d'encorbellement, qui leur confère une remarquable flexibilité.

Entrée du Novocomum, immeuble d'habitation construit à Côme entre 1927 et 1929. Il a été surnommé le Transatlantique en raison des ses lignes courbes. Terragni s'est plu à jouer de contraste entre les formes géométriques pour créer un effet théâtral.

l'acier tubulaire, en combinaison avec le cuir noir, pour les sièges de la Casa del Fascio. Mais l'interprétation qu'il en donne est à la fois plus décorative et plus sensuelle que celle de Marcel Breuer *(voir pages 108-111)* ou de Ludwig Mies van der Rohe *(voir pages 92-93)*. Il joue avec les courbes douces des armatures en acier tubulaire et tubulaire et modifie la ligne en encorbellement en créant un espace entre l'assise et le dos — un détail audacieux qu'il applique au siège *Larina* et au fauteuil *Benita* (1936). Il conçoit également des tables et des luminaires pour l'intérieur de ses immeubles.

On lui confie par la suite la construction de l'école Sant'Elia *(voir page ci-contre)*, pour laquelle il crée des pupitres en bois peint et métal, avec un plateau noir et un piètement en acier tubulaire. Après avoir accepté encore quelques commandes en 1938, il gagne les Balkans en 1939 et se joint à l'effort de guerre de Mussolini. Il disparaît quatre ans plus tard, victime d'une hémorragie cérébrale.

Qu'il s'agisse de constituer une clientèle, de collaborer avec des architectes, des ingénieurs et des dessinateurs, de rechercher de nouveaux marchés, de nouveaux matériaux, ou de proposer de nouveaux concepts de produits, ce designer industriel de l'entre-deux guerres, par son dynamisme professionnel, a pris une part essentielle

Walter Dorwin Teague

à la modernisation des États-Unis. Walter Dorwin Teague (1883-1960) a été le doyen d'un groupe de consultants en design industriel pionniers, qui ont commencé leur carrière en freelance à la fin des années vingt et accédé à la notoriété dans les années trente. Plus qu'aucun autre, Teague a contribué à définir le statut et les paramètres de ce nouveau métier.

Walter Dorwin Teague, connu comme le « doyen du design industriel », a été le chef de file des conseils en design industriel américains pendant les années de la Dépression. Il passe pour le fondateur de cette profession ; il a travaillé pour de grandes compagnies comme Kodak et Ford.

Saint-Tropez, *coupes en verre gravé dessinées vers 1932 pour Steuben. Contrairement à beaucoup de ses collègues, Teague a travaillé aussi bien sur des objets décoratifs qu'industriels.*

PUBLICITÉ

Sous bien des aspects, Teague ressemble davantage à un homme d'affaires qu'à un artiste. On a souvent dit de lui qu'il a plus de sens pratique que de créativité, mais ses réalisations ont fait grande impression, qu'il se consacre à l'identité visuelle de nouveaux produits ou à l'aménagement intérieur de boutiques ou d'espaces d'exposition. Teague naît dans l'Indiana. Il arrive à New York en 1930 pour suivre les cours de l'Art Students League, où il choisit la typographie et la lithographie. Puis il se lance dans le monde de la publicité et, jusqu'en 1908, est employé au département artistique d'une agence renommée, Calkins & Holden. Il y excelle et acquiert une certaine notoriété, grâce aux bordures très décoratives qu'il crée pour des annonces imprimées sur catalogue. Il abandonne ce domaine après avoir quitté l'agence et s'établit en free-lance. Très vite, il compte de nombreux clients fidèles, dont la Phoenix Hosiery.

DESIGNS EN TROIS DIMENSIONS

Sa carrière prend son essor avec le développement de la publicité aux États-Unis. En 1911 il ouvre son propre studio sur Madison Avenue à New York. Au début, son travail est dominé par le style grotesque, mais en 1925 il visite l'exposition des Arts décoratifs à Paris et découvre les dessins de Le Corbusier *(voir pages 94-97)*. Il décide alors d'abandonner son style traditionnel et de se lancer dans le design de biens de consommation fabriqués en série, reflétant les exigences de l'ère de la machine. Quand Eastman Kodak le contacte en 1926, il saisit avec enthousiasme l'occasion qui lui est offerte de rénover le design de l'appareil photo *Box Brownie*, inchangé depuis des années. Pour ce projet, il conçoit un boîtier aux bords arrondis, conférant pour la première fois à l'objet une identité véritablement moderne. Entre autres produits, sortent bientôt de son bureau de design l'automobile Marmon (1930), l'appareil *Baby Brownie* de Kodak (1933), des postes de radio pour la Sparton Corporation (1933-1936), de la verrerie pour Steuben, des plats à four pour Pyrex, un stylo pour Scripto (1952), des cuisinières à gaz et des chaudières.

Canapé de bureau créé pour le pavillon Ford de la foire de New York de 1939. Teague a humanisé cet intérieur Streamline avec de chaleureux luminaires en cuivre, une moquette vert bronze et des murs bruns.

Publicité pour Scripto (1953). Le modèle de droite est caractéristique du style Streamline affectionné par Teague.

Un des nombreux exemples de design d'appareil photo que Teague a réalisé pour Eastman Kodak à partir du début des années trente.

IMAGES DE MARQUE ET CARRIÈRE PLUS TARDIVE

Jusqu'à sa mort, Teague consacre une part importante de son activité au design de biens de consommation, mais il s'intéresse également à la création d'images de marque — ce qui va de la décoration des boutiques aux stands d'exposition. Pour Eastman Kodak et Ford, par exemple, il investit autant d'énergie dans le marketing et la diffusion des produits par le biais de logos et d'emballages qu'à leur design. Il élabore également des aménagements intérieurs pour des transports publics, ainsi que pour les wagons Pullman de la Compagnie de chemins de fer de New Haven dans les années trente et, après 1946, pour les Boeing 707 et 747.

Son rôle de président de la Commission du design, fondée en 1936 pour chapeauter la foire de New York de 1939 *(voir pages 118-119)*, consolide son influence grandissante et son statut de précurseur au sein de sa communauté professionnelle. Le bâtiment d'exposition temporaire qu'il y réalise pour Ford témoigne de la maturité de son style et de sa vision d'un environnement concis et moderne, dépourvu d'austérité et plus ouvertement populaire que celui de ses homologues européens.

Après cette manifestation, Teague développe encore son activité et poursuit sa collaboration avec Kodak et Boeing. Il crée peu lui-même, mais dirige un cabinet de conseil en design très prospère, toujours en activité.

New York 1939

Mesurant le succès de la première Exposition universelle de Hyde Park à Londres en 1851, les designers comprennent que de telles manifestations offrent une excellente occasion de faire découvrir leur travail à un public international. Les États-Unis organisent à leur tour de grandes expositions, notamment la Centennial Exhibition (« exposition universelle du centenaire ») de Philadelphie en 1876, l'Exposition universelle de Columbia en 1893 et l'exposition internationale *A Century of Progress (Un siècle de progrès)* en 1933, qui se tiennent toutes deux à Chicago, berceau de l'architecture moderne. En 1939, l'exposition du parc de Flushing Meadows, dans le Queens, témoigne de l'imagination de quelques individus — Walter Dorwin Teague *(voir pages 116-117)*, Norman Bel Geddes, Henry Dreyfuss *(voir pages 130-131)* et Raymond Loewy *(voir pages 120-123)* — auxquels le succès, au cours des années trente, a donné la confiance et l'autorité nécessaires pour proposer leur vision du futur.

Affiche dessinée par le graphiste américain Joseph Binder pour la foire de New York de 1939. Les deux principaux bâtiments de l'exposition, le Trylon et le Périsphère, ont fourni le sujet de cette image moderne et dramatique, et sont devenus le symbole de la manifestation.

EMPLACEMENT ET DISPOSITION

La foire, inaugurée le 30 avril 1939, se divise en sept secteurs — Transports, Communications, Alimentation, Administration, Production, Santé et Sciences —, qui se répartissent le long d'avenues et de perspectives rayonnant à partir de deux bâtiments centraux et dominants : le Périsphère et le Trylon, haut de 60 mètres (tous deux conçus par l'agence Harrison & Fouilhoux). Comme la plupart des édifices de cette exposition, ces constructions temporaires, qui jalonnent les cinquante hectares du site, sont faites de plaques de gypse, de lattes métalliques et de stuc. Peintes en blanc éclatant, elles constituent le premier maillon d'une déclinaison chromatique de nuances rouge, jaune et bleu, allant du plus clair au plus foncé au fur et à mesure que l'on s'éloigne du centre pour gagner la périphérie.

DESIGNERS INDUSTRIELS

Dans la vision du futur induite par le thème choisi, « construire le monde de demain », les nouvelles technologies, ré-humanisées par le designer industriel, jouent un rôle essentiel. Les designers américains sont les vedettes incontestées de l'événement. Teague, président de la Commission du design fondée en 1936 pour superviser la foire, crée l'agencement intérieur du pavillon Ford, un circuit tortueux de quatre kilomètres intitulé *La Route de demain*, où les visiteurs peuvent essayer les véhicules. Bel Geddes conçoit, lui, le très populaire *Futurama* dans le pavillon de General Motors. Assis sur un siège mobile en hauteur, le visiteur jouit d'une vue panoramique sur la maquette du *Monde en 1960*, représentant des gratte-ciel et des routes à sept voies, où la vitesse est limitée à 160 kilomètres à l'heure.

Dreyfuss a pris en charge le pavillon AT&T qui abrite la *Demonstration Call Room*, où des visiteurs préalablement sélectionnés peuvent téléphoner gratuitement n'importe où aux États-Unis, ainsi que la *Democracity*, une cité du futur idéale, située dans le Périsphère. Loewy, quant à lui, imagine un vaisseau spatial futuriste susceptible de transporter des passagers de New York à Londres, et une locomotive à vapeur pour la compagnie des Chemins de fer de Pennsylvanie.

Vue nocturne de la foire internationale de New York, dominée par le Périsphère et le Trylon. Au premier plan, la coupole du bâtiment de l'United States Steel, avec ses arches illuminées.

Salle de séjour rustique conçue par Elias Svedborg et Astrid Sampe pour le pavillon suédois. Ce style simple, emblème d'une sereine modernité — qui a peu en commun avec l'esthétique utopiste Streamline, dérivée de la technologie —, a reçu pour la première fois l'appellation de « moderne suédois », à la foire de New York.

AUTRES CONTRIBUTIONS

Outre les imposants bâtiments consacrés aux puissantes compagnies automobiles, d'autres sociétés ont fait édifier un building, véritable publicité en trois dimensions pour leurs produits, ce qui montre combien les architectes eux-mêmes sont acquis au commerce. On y découvre notamment la façade de la *Wonder Bakery (Boulangerie magique)*, constellée de trous pour évoquer la pâte à pain en train de lever, ou l'édifice de General Electric, surmonté d'une grande coulée d'acier illuminé. De nombreux pays participent à cette foire. Le pavillon turc, par exemple, mêle des éléments modernes et traditionnels, le britannique est une réplique des joyaux de la couronne et le suédois présente des aménagements intérieurs très séduisants. Mais ce qui frappe les esprits est, sans nul doute, la puissance des grandes compagnies américaines et la façon dont elles se servent du design industriel comme d'un outil publicitaire.

Poudrier compact en métal jaune émaillé de bleu, souvenir de la foire internationale de New York. Il fait partie d'une série d'objets commémoratifs, représentant les deux bâtiments symboles de la manifestation.

Pavillon de la National Cash Register Company. À l'instar de nombreux autres pavillons industriels, tous plus fantastiques les uns que les autres, il reproduit à grande échelle le produit fabriqué par la maison.

Raymond Loewy

Le Français Raymond Loewy (1893-1986) est sans doute le plus élégant des designers industriels des années trente. Il a conservé tout au long de sa carrière aux États-Unis un fort accent français. Avec sa moustache bien taillée et sa mise impeccable, il représente à merveille le type même de l'Européen cosmopolite épris d'élégance. Loewy s'est attaché toute sa vie à transformer l'environnement matériel américain, qu'il juge confus et dépourvu de style. En supprimant dans ses projets toute référence au passé, il a joué un rôle clé dans la formation du *styling* américain, qui vise à rendre les produits plus attrayants pour leur donner une valeur ajoutée aux yeux des consommateurs. Loewy, figure quasi mythique, est capable de faire vendre toutes sortes de produits malaisés à écouler dans le contexte économique de plus en plus difficile de la Grande Dépression. Ses derniers projets, comme une bouteille de Coca-Cola, des juke-boxes et des voitures, demeurent étroitement liés à l'idée de la prospérité américaine des années cinquante.

Raymond Loewy, photographié en 1934, est le plus élégant des consultants en design industriel américains des années trente aux années soixante. Français de naissance, il travaille aux États-Unis à partir des années vingt pour de grandes compagnies telles que Gestetner, la compagnie des Chemins de fer de Pennsylvanie et Sears Roebuck.

Projet pour la K4S, une locomotive à vapeur élaborée en 1936 pour la compagnie des Chemins de fer de Pennsylvanie. La forme en obus de la machine rehaussée de chromes suggère la notion de vitesse ; dans les années trente, ce style aérodynamique s'applique aussi aux objets fixes.

PREMIERS PROJETS COMMERCIAUX

Le mythe Loewy a en grande partie été fabriqué par Loewy lui-même à travers son autobiographie *Le Laid se vend mal*, publiée en 1951, à l'apogée de sa gloire. Né à Paris, Loewy se destine au design dès son jeune âge : il crée semble-t-il dès 1909 une maquette d'avion pour laquelle il obtient un prix. Sa passion également précoce pour les locomotives à vapeur se concrétise elle aussi dans les années trente.

La Première Guerre mondiale, à l'issue de laquelle il obtient la croix de guerre, le contraint à interrompre ses études d'ingénieur électricien. En 1919,

Super Coldspot Six, *conçu en 1935 pour Sears Roebuck. Il s'agit du premier modèle de la série de trois que Loewy crée chaque année pour cette société. Son aspect monolithique tient à l'utilisation de grands panneaux d'acier courbes.*

Taille-crayon chromé (1933). Sa ligne aérodynamique prouve que les formes synonymes de vitesse et de mouvement ne s'appliquent pas seulement aux locomotives ou aux voitures, mais également à des objets immobiles.

il émigre aux États-Unis et, à partir d'une esquisse réalisée pour une vente aux enchères, décide de tenter sa chance comme designer commercial.

Son arrivée coïncide avec le boom de la publicité américaine du milieu des années vingt. Il met beaucoup d'énergie à trouver du travail et à persuader les clients de son talent. Il conçoit les vitrines des grands magasins Macy's, ainsi que le graphisme et les uniformes des garçons d'ascenseur de Saks, sur la Cinquième Avenue. Il réalise également des illustrations pour le magazine de mode *Harper's Bazaar* ; dans le même domaine, il dessine aussi quelques modèles de vêtements.

CRÉATIONS INDUSTRIELLES ET SUCCÈS COMMERCIAUX

En 1929, la Gestetner Duplicating Company de Sigmund Gestetner l'invite à redessiner et à moderniser sa machine à dupliquer. Loewy remplace les pieds galbés par des pieds plus discrets et insère le mécanisme dans une coquille en plastique moulé. Ce nouveau design, élégant et moderne, remporte un grand succès auprès des clients.

Le projet Gestetner est rapidement suivi d'autres commandes : au milieu des années trente, Loewy est devenu l'un des principaux designers industriels. En 1934, on lui demande de présenter une maquette de son bureau à l'exposition annuelle de design industriel du Metropolitan Museum of Art de New York. L'élégance austère de cette pièce, où l'on retrouve les matériaux à la mode, tels le chrome et la bakélite, est en parfaite adéquation avec la personnalité et le style de Loewy. Il se considère dès lors comme un designer et son travail, comme un projet stylistique global, développé dans le double but d'accroître l'attrait du produit et de donner une image positive du fabricant. Il appose sa signature sur chaque dessin qui sort de son bureau, qu'il en soit ou non l'auteur.

Dole Deluxe, *distributeur de Coca-Cola (1947). Comme dans la plupart de ses commandes, Loewy a cherché à repenser et à moderniser un objet préexistant ; la surface épurée et les courbes subtiles contribuent à son esthétique.*

United UPA 100 *(1957). Son design caractérise l'approche de la forme développée par Loewy pendant la Seconde Guerre mondiale : des courbes prononcées et des lignes droites accentuées, qui supplantent les formes aérodynamiques des années précédentes.*

Désormais à la tête d'un grand studio de design, Loewy développe en homme d'affaires avisé des procédés sophistiqués pour présenter ses projets à ses clients. Il devient un véritable maître dans le domaine de la promotion personnelle et celui de la vente à grande échelle. Il n'exerce pas ses talents uniquement aux États-Unis : en 1936 il possède un bureau à Londres et en 1951 il crée à Paris la Compagnie d'esthétique industrielle (CEI), bureau de design industriel indépendant. Il dessine bon nombre de voitures et de machines à coudre et travaille aussi en tant que graphiste. Habitant à la fois des deux côtés de l'Atlantique, il cultive cette aura de créateur cosmopolite.

DESIGNER DU TRANSPORT ET DE L'INDUSTRIE

Dans les années trente Loewy compte la Hupp Motor Company parmi ses clients importants ; il élabore pour elle la *Hupmobile*, lancée en 1934. Pour obtenir le marché, il n'hésite pas à financer lui-même le prototype ; le projet connaît heureusement un grand succès et est primé à de nombreuses expositions internationales. Voiture raffinée, élégante et moderne, la *Hupmobile* n'a pas l'allure spectaculaire des véhicules imaginés par des designers américains comme Norman Bel Geddes, ou de la futuriste *Airflow* de Chrysler, sortie la même année.

On ne peut faire le même reproche à deux grands projets de Loewy du milieu des années trente : le réfrigérateur *Coldspot*, conçu pour Sears Roebuck en 1935, et les locomotives de la compagnie des Chemins de fer de Pennsylvanie, en 1936. Le *Coldspot Super Six* *(voir page 121)*, type même du réfrigérateur tout en courbes des cuisines américaines du milieu des années vingt, est décliné chaque année en différents modèles, tout comme les voitures, afin de stimuler le marché. La similitude entre ces réfrigérateurs et l'automobile ne s'arrête pas là : les composants métalliques emboutis proviennent en effet de chaînes de production comparables — parfois les mêmes. La poignée renfoncée, qui permet d'obtenir une surface lisse, est elle aussi directement empruntée au design automobile. Les locomotives dessinées pour la compagnie des Chemins de fer de Pennsylvanie, sur lesquelles des bandes de métal chromées horizontales, destinées à accentuer l'impression de vitesse, soulignent la forme fluide *(voir pages 120-121)*, marquent l'apogée de l'esthétique aérodynamique de Loewy.

Paquet de cigarettes Lucky Strike (1940-1942). Pour ce projet, parmi ses plus connus, Loewy abandonne le vert du paquet original et imprime sur ses deux faces le logo rond de la marque.

Ses projets pour Coca-Cola et les cigarettes Lucky Strike (1940-1942) restent parmi les plus connus. Il redessine la célèbre bouteille pour lui donner un profil plus subtil et conçoit pour Coca-Cola des produits dérivés, comme le distributeur de boissons *Dole Deluxe*, en 1947. Pour Lucky Strike, il renonce au vert du paquet original, car l'encre verte est fabriquée à partir de composants métalliques trop chers en période de guerre. Il préfère le blanc — qui, selon lui, connote la fraîcheur — et assure au logo un impact visuel plus grand en le renforçant d'un second cercle concentrique, et surtout en le plaçant au recto et au verso du paquet, de façon qu'il soit toujours visible. Ces modifications mineures ont un impact commercial important : le logo de Lucky Strike reste l'un des plus facilement reconnaissables.

CARRIÈRE DE L'APRÈS-GUERRE

Après la Seconde Guerre mondiale, la société Raymond Loewy Associates travaille à plusieurs projets importants. De 1947 à 1962, Loewy consacre une grande partie de son énergie à ses projets pour la compagnie Studebaker, pour laquelle il imagine une gamme d'automobiles beaucoup plus avancée en termes de style que d'autres modèles américains. La *Champion*, de 1947, possède des lignes à la fois simples et élégantes, tandis que la *Starline* de 1953 et l'*Avanti* de 1962, au style plus sobre, doivent beaucoup à la sophistication du design européen contemporain. Une influence évidente aussi dans le travail de Loewy pour la compagnie de bus Greyhound : ses bus au profil aérodynamique sont aujourd'hui des exemples de design du transport parmi les plus connus et les plus répandus de l'Amérique de l'après-guerre.

Pour la foire de New York en 1939 *(voir pages 118-119)*, Loewy contribue à mettre au point une maquette de vaisseau futuriste destiné à traverser l'Atlantique. Entre 1967 et 1972, il collabore à un vrai projet spatial car la Nasa lui demande de participer au design intérieur de *Skylab*, pour assurer aux astronautes les meilleures conditions de vie possible. Selon Loewy lui-même, ce travail pour la Nasa est l'une de ses réalisations les plus importantes.

Malgré des projets antérieurs plus fantasques, Loewy cultive dans les années soixante et soixante-dix un design plus minimaliste et empreint d'une élégance qui prouve sa faculté d'adaptation aux fluctuations de la mode. Dès 1970, il passe dans le monde entier pour l'un des designers clés du XXe siècle, ce que confirme la rétrospective de ses œuvres organisée à la Renwick Gallery de Washington en 1976.

Studebaker Commander *(1950). Comparée à nombre de réalisations contemporaines, tout en courbes et chargées de chromes, la* Commander *incarne une élégance et une réserve très européennes. Elle est l'un des projets les plus marquants de Loewy durant l'après-guerre.*

Wells Coates

Dans les années vingt et trente, la Grande-Bretagne joue un rôle assez marginal dans le développement de l'architecture et du design modernes car elle se montre beaucoup plus réticente aux idées nouvelles que le reste de l'Europe. Quelques architectes et designers progressistes, parmi lesquels Raymond McGrath, F.R.S.Yorke, Berthold Lubetkin, Maxwell Fry, Serge Chermayeff et Wells Coates (1895-1958), mettent en avant les principes du mouvement moderniste dans un univers fortement influencé par la tradition. Les réalisations de Coates sont peu nombreuses mais son travail, qu'il s'agisse d'architecture, d'agencement d'intérieurs, de mobilier ou de produits industriels, exerce une influence déterminante.

Wells Coates a été l'un des designers britanniques les plus progressistes de l'entre-deux guerres. Il a voué son talent à toute une gamme de bâtiments, d'aménagements intérieurs et d'objets domestiques en créant des designs originaux qui n'ont rien perdu de leur modernité sous le regard contemporain.

AD65, *radio sans fil dessinée en 1934 pour E.K. Cole. La ligne étonnamment moderne de ce boîtier en bakélite révolutionne la conception que l'on se fait alors de l'objet, considéré comme un meuble plutôt que comme une pièce d'équipement.*

INFLUENCES JAPONAISES

Coates est de nationalité canadienne mais il est né à Tokyo, où son père a été missionnaire ; il y passe les dix-huit premières années de sa vie. Le goût des Japonais pour le minimalisme et les formes pures influence sa conception du design, très austère. De 1913 à 1915, puis de 1919 à 1921 il suit des études d'ingénieur à l'université de Colombie-Britannique de Vancouver et de 1922 à 1924 entreprend un doctorat d'ingénierie à l'université de Londres. Cette formation technique et scientifique rigoureuse lui permet d'acquérir une connaissance approfondie des principes structurels et des procédés techniques qui enrichit énormément son approche de l'architecture et du design.

PREMIERS INTÉRIEURS

Coates possède tous les diplômes requis pour devenir architecte, mais il débute dans les années vingt comme journaliste, principalement à Londres, au *Daily Express*. En 1925, il travaille à Paris, où il visite l'exposition des Arts décoratifs. Les œuvres de Le Corbusier, présentées au pavillon de l'Esprit nouveau *(voir pages 94-97)*, auront une grande influence sur lui.

En 1928, Coates épouse Marion Grove. Il décide alors de s'établir à Londres et de faire carrière dans l'architecture et la décoration d'intérieur. L'une de ses premières commandes est l'agencement des vitrines et l'aménagement intérieur de la firme Crysede Silks en 1928. En 1929, il travaille pour sa filiale Cresta Silks. Ses dessins pour les magasins Cresta de Londres, Bournemouth et Brighton traduisent une esthétique audacieuse, moderne et minimaliste, influencée par l'avant-garde américaine et l'Art déco français. Coates conçoit des vitrines à la mise en scène austère où il propose un design d'une grande nouveauté, à la fois très simple et d'une grande modernité, en partie dû au graphiste Edward McKnight Kauffer *(voir page ci-contre)*.

En 1931, avec d'autres créateurs modernistes, dont Raymond McGrath et Serge Chermayeff, il est chargé d'élaborer la décoration intérieure de la Broadcasting House, nouveau quartier général de la BBC. Il relève avec enthousiasme le défi de créer un design spécifique pour un moyen de communication moderne. Il conçoit pour différentes salles de la BBC des aména-

Intérieur d'un appartement de Lawn Road à Hampstead en 1943. Pour rester en harmonie avec l'extérieur du bâtiment, Coates aménage l'intérieur avec du mobilier de Marcel Breuer (voir pages 108-111) *produit par Isokon — le fauteuil en contreplaqué et la table basse — et des éléments qu'il a dessinés.*

gements intérieurs à la fois sophistiqués et minimalistes *(voir page 127)*, où il fait grand usage de nouveaux matériaux, notamment l'acier tubulaire.

ARCHITECTURE

Dans les années trente, Coates réalise plusieurs projets architecturaux modernistes importants en Grande-Bretagne, dont les appartements de Lawn Road, à Hampstead, la résidence de Marcel Breuer *(voir pages 108-111)* et celle de Walter Gropius *(voir pages 88-89)*. Les appartements, commandés par l'entrepreneur Jack Pritchard en 1932, sont achevés en 1934. Coates élabore aussi d'autres projets, dont les appartements d'Embassy Court à Brighton (1935) et un immeuble du 10, Palace Gate, dans le quartier de Kensington, à Londres

« Cuisine minimale » présentée à l'exposition Les Arts industriels britanniques appliqués à l'habitat, au Dorland Hall de Londres en 1933. Coates a adapté cette cuisine aux appartements de Lawn Road ainsi qu'à un ensemble de logements sur le front de mer de Brighton.

Vitrine aménagée au début des années trente pour le magasin Cresta Silks. Pour obtenir de larges baies contribuant à créer un effet de plan libre, Coates a doté ses vitrines d'une structure métallique, créée par Crittall.

(1936). Il conçoit toujours l'extérieur et l'intérieur comme une entité d'un point de vue pratique et fonctionnel. Les appartements de Lawn Road, par exemple, se fondent sur l'idée d'habitat minimal, inspirée à la fois de Le Corbusier et de l'expérience de Coates au Japon. En 1933, lors de l'exposition *Les Arts industriels britanniques appliqués à l'habitat*, au Dorland Hall de Londres, Coates expose ce qu'il appelle « l'appartement minimal », où ne figurent que les éléments strictement essentiels à la vie de tous les jours. La cuisine présente des rangements fonctionnels et des unités modulaires permettant d'optimiser l'utilisation d'un espace limité. Le petit salon-salle à manger aux murs nus, au sol recouvert d'une moquette, est meublé d'un sofa, d'un fauteuil,

Catamaran. *Coates, grand sportif, l'a dessiné pour son usage personnel. La vitesse, qu'il aime et tient pour une composante importante du monde moderne, influence son design, accessoire essentiel d'un style de vie contemporain.*

d'une bibliothèque, d'une petite table avec deux chaises en acier tubulaire de style strictement moderniste. Ce minimalisme est particulièrement avant-gardiste en Grande-Bretagne, moins perméable que les autres pays d'Europe à l'austérité du modernisme.

MOBILIER

Dans les années trente, Coates ne s'occupe pas seulement d'architecture et d'aménagement intérieur ; il s'intéresse aussi beaucoup à la production en série de meubles de créateurs. Dans la lignée de Breuer, notamment, il considère le contreplaqué moulé et l'acier tubulaire comme deux matériaux parfaitement adaptés au mobilier moderne, qu'il voit — à l'instar d'autres modernistes — comme une sorte de prolongement de l'architecture. En 1932 il fonde avec Pritchard la société Isokon (Isometric Unit Construction) pour concevoir et fabriquer du mobilier — par exemple un système d'étagères — pour des intérieurs minimalistes *(voir pages 78-79)*. En 1935 il travaille avec le fabricant de meubles britannique PEL (Practical Equipment Limited) sur une gamme de mobilier en acier tubulaire — dans un style proche de celui de Breuer — pour les appartements d'Embassy Court, à Brighton.

Telekinema, *conçu en 1951 pour le Festival de Grande-Bretagne, à Londres. Le goût de Coates pour la technique a pris forme dans son passé d'ingénieur, puis dans son activité de concepteur de postes de radio et de télévision, et sa collaboration avec la BBC, dans les années trente.*

ÉQUIPEMENT DOMESTIQUE

Coates pousse un peu plus loin que la plupart des designers modernistes européens en passant de la conception de mobilier à l'étude de nouvelles technologies domestiques, qui mobilisent l'ensemble des designers industriels américains. Sa formation d'ingénieur l'autorise à concevoir des postes de radio et de télévision non pas comme des meubles, mais comme de l'équipement technologique. À cet égard, son travail pour le fabricant E.K. Cole dès 1932 est particulièrement important. Coates, Chermayeff et Misha Black travaillent tous sur leur propre ligne Ekco. Le modèle de radio *AD65*, de 1934

Princess Handbag, *dessiné en 1948 pour E.K.Cole. Cet appareil aux lignes effilées, « féminines », composé d'un boîtier de couleur en acétate de cellulose et ouvertement destiné aux femmes au foyer, offre un exemple de design innovant dans la Grande-Bretagne de l'après-guerre.*

(voir page 124), qui résulte du succès de Coates dans une compétition lancée par le fabricant, marque une étape importante dans le design des radios modernes. Outre son usage innovant de la bakélite, l'appareil prouve comment le principe moderniste, selon lequel la forme découle de la fonction, peut s'appliquer à des produits de consommation. La forme ronde de l'enveloppe en bakélite découle en effet de celle du haut-parleur. En outre, elle exige moins de matériau à la fabrication, et devient donc moins chère à produire que les appareils carrés. Son coût peu élevé associé à son design séduisant et moderne en font un produit très populaire pour les consommateurs anglais.

RÉALISATIONS PLUS TARDIVES

Peu de temps après le succès retentissant de l'*AD65*, Coates conçoit une nouvelle radio pour Ekco, l'*AC76* (fin des années trente), la série de foyers électriques *Thermovent*, également coffrés de bakélite (1937), et un poste de télévision à couvercle (1946). Ces deux derniers produits, qui reposent sur de petits pieds, empruntent plus aux lignes de mobilier traditionnelles. Ils restent néanmoins d'influence minimaliste et revêtent un aspect monolithique complètement dépourvu d'ornements. La radio *Princess Handbag (voir page ci-contre)*, créée en 1948 toujours pour Ekco, présente quant à elle un design particulièrement nouveau. Compacte et portable, munie d'une poignée de plastique transparent à bride, elle s'adresse clairement à une clientèle de femmes au foyer, en quête de distraction au cours de leurs travaux domestiques.

Dans les années quarante et cinquante, Coates travaille comme consultant auprès de nombreuses entreprises, dont la firme aéronautique De Havilland, la BOAC et le fabricant de disques EMI. En 1944, il est fait Royal Designer for Industry. Cette distinction lui est remise en récompense de l'impulsion pionnière qu'il a donnée à cette nouvelle profession de designer pour l'industrie.

Sa carrière amorce un déclin vers 1951 — l'année où il achève le *Telekinema*, un cinéma futuriste *(voir page ci-contre)* pour le Festival de Grande-Bretagne au South Bank de Londres. En 1955 il quitte la Grande-Bretagne pour les États-Unis, afin d'enseigner à Harvard. Il retourne l'année suivante au Canada, où il meurt d'une crise cardiaque.

6D, *studio d'enregistrement élaboré en 1932 pour le siège de la BBC sur Great Portland Street, à Londres. Bien, que la BBC ait également fait appel à Raymond McGrath et Serge Chermayeff pour les aménagements intérieurs, ceux de Coates tranchent par leur fonctionnalité apparente.*

Contrairement à la plupart des designers industriels américains de l'entre-deux guerres, dont l'activité est presque entièrement axée sur les voitures, les avions et autres véhicules, Russel Wright (1904-1976) s'est exclusivement attaché aux objets domestiques — en particulier à la céramique, au métal et au mobilier. Bien qu'il soit spécialisé dans

Russel Wright

Russel Wright, le premier, a rendu le design moderne financièrement accessible aux ménages américains. Observant le changement de mode de vie de ses contemporains, il a conçu des tasses, des soucoupes, des batteries de cuisine et des éléments de mobilier qui répondent aux nouvelles demandes du marché de masse.

les arts décoratifs au sens traditionnel du terme, son design est empreint d'une agressivité des plus modernes. Les lignes minimalistes et organiques de ses créations transforment les objets utilitaires en sculptures abstraites. Mais loin d'être élitiste, Wright a ardemment souhaité que son design contribue à la transformation du mode de vie de chacun.

Residential, *ligne de vaisselle en mélamine créée en 1953 et fabriquée par la Northern Industrial Chemical Company de Boston. Ses éléments bon marché, colorés et gais, aux formes originales, ont été plébiscités par les jeunes mariés ne pouvant s'offrir de la porcelaine. Ses différentes pièces, comme celles de la gamme* American Modern *de la fin des années trente, existent dans diverses couleurs susceptibles d'être mélangées, suivant l'aspiration de Wright à créer un univers domestique plus informel.*

PREMIERS PAS

À l'instar de Norman Bel Geddes et Henry Dreyfuss *(voir pages 130-131)*, Wright débute en réalisant des décors de théâtre. Il apprend d'abord la peinture dans sa ville natale de Cincinnati et entre en 1920 à l'Art Student's League de New York. Il étudie quelque temps le droit à Princeton, suivant les traces de son père, un juge quaker, puis s'oriente vers l'architecture à l'université de Columbia et enfin, vers la scénographie en 1924, tout en assumant déjà quelques commandes, en collaboration avec Bel Geddes — *Le Roi Lear, Le Miracle*. Mais ces débuts n'ont guère de suite. En 1927 il se marie, et son épouse, Mary, l'encourage à créer de petits objets pour la maison, vendables en boutique. Le succès commercial de certains de ces articles, dont les grille-pain ou les seaux en glace en aluminium tréfilé, l'incite à ouvrir son propre magasin à New York en 1930.

ŒUVRES DES ANNÉES TRENTE

Les années trente sont à la fois fécondes et pleines de succès pour Wright. Parmi ses créations de l'époque, on compte de la vaisselle en 1930 et un poste de radio, *Lyric*, pour Wurlitzer en 1932 *(voir page ci-contre)*. En 1931 on lui propose de participer à l'exposition annuelle *Industrial Art* du Metropolitan Museum of Art de New York, et de 1933 à 1934 il crée des ustensiles de cuisine plaqués chrome pour la firme Chase Brass et Copper. Le caractère parfaitement opportun de sa production éclate au grand jour lorsque Conant-Ball commence à fabriquer en série sa ligne de mobilier *Modern Living*, au design simple mais fonctionnel, et la fait diffuser par le grand magasin Macy's dès 1935 *(voir page ci-contre)*.

SERVICES DE TABLE

Sa plus célèbre gamme de services de table en faïence, *American Modern*, est conçue en 1937, puis fabriquée et lancée en 1939 par Steubenville Pottery. Elle trouve sa place dans de nombreux foyers américains dans les années quarante et cinquante, et compte parmi les créations les plus populaires de l'époque, particulièrement chez les jeunes couples. Ses éléments, aux lignes inhabituelle-

Mary Wright, l'épouse de Russel, a été sa plus proche collaboratrice. Elle démontre ici combien il est facile d'être une hôtesse moderne lorsque l'on dispose des accessoires culinaires pratiques et informels dessinés par son mari…

Lyric, poste de radio dessiné en 1932 pour Wurlitzer. Sa miniaturisation représente un immense progrès par rapport aux postes plus anciens, très imposants.

ment effilées et aux bords arrondis, évoquent des formes végétales ; ils sont déclinés dans une palette de couleurs sombres et sourdes susceptibles d'être mélangées et assorties. Le succès populaire d'*American Modern* donne lieu à une série d'articles dérivés : couteaux, verres et linge de table.

Le design de Wright, conçu pour la fabrication en série, connaît la plus grande réussite non seulement en raison de la beauté naturelle et de la simplicité des formes, mais aussi parce qu'il est en accord avec le style de vie informel qui se développe dans la middle class américaine. Wright analyse lui-même ce concept d'« hospitalité informelle » dans son *Guide to Easier Living*, écrit en 1951, en collaboration avec sa femme.

CARRIÈRE PLUS TARDIVE

Le succès inattendu et sans précédent d'*American Modern* ne se renouvelle pas. Avec son projet suivant, *American Way*, une ligne de petits meubles, Wright essuie un tel échec commercial que la production cesse dès 1942. Après cette déconvenue et la mort de sa femme, dix ans plus tard, il quitte le devant de la scène. Il continue à créer de nouveaux designs dans des gammes de céramique et de mobilier durant une quinzaine d'années. Il accroche le public avec la ligne *Casual China*, produite par Iroquois China en 1946, et avec la vaisselle en mélamine *Residential* en 1953, un des premiers exemples d'utilisation du plastique pour un autre usage que le rangement. En 1955 il devient consultant en design pour des industriels du Sud-Est asiatique, s'intéresse à l'idée d'artisanat à domicile et poursuit sa voie au Japon, où, en 1965, il crée plus d'une centaine de nouveaux produits. Après 1967 il quitte New York pour se retirer dans sa maison, Dragon Rock, qu'il a fait construire à Garrison, dans l'État de New York. Il rompt alors avec le monde du design industriel pour devenir conseil en urbanisme auprès des parcs nationaux américains.

Salon aménagé avec le mobilier de la gamme Modern Living *(1935). Ces meubles au design ultramoderne, fabriqués en érable massif, existent en deux teintes — tirant vers le rouge ou le blond clair. La collection a obtenu un énorme succès commercial.*

Henry Dreyfuss

Appartenant à la génération des designers industriels américains qui ont émergé à la fin des années vingt et au début des années trente, Henry Dreyfuss (1904-1972) a été le moins encensé publiquement. Pourtant, il a beaucoup fait pour la respectabilité de la profession avec son approche rigoureuse du design, considéré comme une réponse aux besoins humains. Dreyfuss considère qu'un projet de design doit intégrer toutes les exigences sociales, éthiques, esthétiques et pratiques. Il a diffusé cette idée dans ses écrits et ses interventions à titre de consultant auprès de nombreuses grandes firmes américaines.

Henry Dreyfuss en 1951. Il appartient à la génération pionnière des designers consultants auprès des firmes américaines, qui ont radicalement modifié l'environnement familier dans l'entre-deux-guerres. Sa contribution originale a été de toujours placer l'homme au centre de ses projets, en veillant à ce que le raz-de-marée technologique ne le submerge pas dans son sillage.

PREMIERS CONCEPTS ET PRODUITS

Malgré une image plutôt sobre, Dreyfuss débute comme designer au théâtre, tout comme Norman Bel Geddes, auprès duquel il fait en 1923 un bref apprentissage. Sorti de l'Ethical Culture School de New York, il a auparavant travaillé quelque temps dans le magasin d'accessoires de théâtre de son grand-père. Ne pouvant nourrir sa famille avec les maigres revenus de son travail à Broadway, il se tourne à partir de 1929 vers le design commercial. Il débute dans les emballages, puis travaille pour des grands magasins (articles et devantures). Contacté par des industriels, il s'oriente vers le design de produits. Les laboratoires Bell l'emploient dès 1930 ; Dreyfuss conçoit un des premiers modèles de téléphone moderne, le *300*, qui associe écouteurs et microphone dans son combiné en bakélite noire. Lancé en 1937, modernisé à plusieurs reprises, il se vendra pendant plus d'une décennie.

Au cours des années trente, Dreyfuss travaille pour de nombreuses sociétés, abordant chacun de ses projets avec la même discipline rigoureuse. Au nombre de ses grands clients fidèles figurent à partir de 1932 les réveils Big Ben, et aussi Sears Roebuck, pour lequel il réalise la machine à laver *Toperator* ; à partir de 1933, General Electric, pour lequel il crée le réfrigérateur *Flat Top* ; à partir de 1934, Hoover ; et de 1937, Deere & Co., dont il redessine les tracteurs. Ses produits peuvent se comparer à ceux des autres designers industriels américains par leur forme, leur style et les matériaux employés, mais leur profilage apparaît moins affirmé.

Automatic 101 de *Polaroid (1964). Conçu pour être meilleur marché que son prédécesseur, cet appareil photo a aussi une forme simplifiée et est facile à transporter — il est à peine plus grand qu'un étui à cigares. Soucieux de venir en aide à l'utilisateur, Dreyfuss a doté de repères les différents boutons.*

300, *lancé en 1937 par les laboratoires Bell. Son combiné en bakélite et ses formes sobres résultent de recherches poussées sur les matériaux et la morphologie humaine.*

Préfabriqué conçu en 1942 pour la compagnie d'aviation Vultee à Pasadena, en Californie, en collaboration avec l'architecte Edward Barnes. En plus de ces logements simples, Dreyfuss a réalisé l'aménagement intérieur d'avions de la compagnie.

UN DESIGN POUR LE CONSOMMATEUR

À la fin des années trente, Dreyfuss dessine la locomotive *Mercury* pour la Compagnie des chemins de fer New York Central. Ce modèle, repris pour le futur *20th Century Limited*, un train lancé en 1941, est entièrement pensé comme une unité, jusqu'aux tasses à café du wagon-restaurant. À l'extérieur profilé de la locomotive correspond un assemblage intérieur informel et innovant de sièges conçus pour offrir un voyage plus relaxant. Comme pour chacun de ses projets, Dreyfuss combine un style délibérément moderne avec le souci du consommateur. Sa publication de 1955, *Designing for People*, illustre pleinement cette attention accordée à l'usager. Dreyfuss y proclame au début : « Nous gardons à l'esprit que cet objet auquel nous travaillons va être utilisé par les gens, individuellement ou *en masse*[1] : ils vont voyager dedans, s'asseoir dessus, le regarder, parler dedans, le faire fonctionner, s'en servir d'une manière ou d'une autre. » Il poursuit son idée par l'invention de *Joe* et *Joséphine*, deux modèles de consommateurs ou d'usagers, et par un exposé sur l'anthropométrie, pierre angulaire du processus de conception. Issu, dans les années vingt, des recherches du designer danois Kaare Klint *(voir pages 64-65)*, ce concept a été développé pendant la guerre dans le domaine de l'aviation. Dreyfuss contribue à faire de l'anthropométrie un élément essentiel dans la conception d'objets usuels.

CRÉATIONS PLUS RÉCENTES

Au cours des années cinquante et soixante, Dreyfuss poursuit sa collaboration avec ses clients industriels, anciens et nouveaux. Polaroid fait par exemple appel à lui en 1960 pour créer le premier appareil photo de poche, l'*Automatic 100 (voir page ci-contre*, un modèle plus récent). Ici, comme dans ses autres projets, Dreyfuss tire parti de son absence de connaissances techniques pointues, qui libère son imagination des contraintes de fabrication : il envisage ainsi des solutions que les autres n'explorent pas. Il prend sa retraite en 1969, mais sa société, Henry Dreyfuss Associates, est toujours en activité.

1. En français dans le texte.

Célèbre carafe calorifugée, dessinée en 1936 pour l'American Thermos Company. Quoique Dreyfuss affirme que sa forme s'inspire d'un pichet grec ancien, ses contours profilés et ses détails en chrome et plastique en font une parfaite illustration du style Streamline américain.

Développée dans les années trente aux États-Unis, la profession de consultant en design industriel s'introduit peu à peu en Europe dans les années quarante, notamment en Grande-Bretagne, en France et en Italie. Elle offre une ouverture au rôle traditionnel des créateurs européens dans les arts décoratifs et l'architecture.

Sixten Sason

Singulièrement, c'est du design moderne suédois, axé sur les arts décoratifs, qu'est issu le concepteur industriel Sixten Sason (1912-1969). Né d'une famille de sculpteurs, Sason vit à Paris durant les années vingt, dans une colonie d'artistes suédois. À l'instar de nombreux designers dans la tradition des arts décoratifs, il étudie aux Beaux-Arts. Il transforme son nom de famille, Andersson, en Sason, en ajoutant simplement *son* à ses initiales.

Sixten Sason, équivalent suédois du consultant en design industriel américain. Ses travaux sur la ligne des automobiles Saab, ainsi que ses créations pour Hasselblad et Electrolux, le désignent comme l'un des concepteurs industriels les plus performants du XXe siècle.

Saab 92 (1947). La silhouette intégrée de l'habitacle aérodynamique en fait l'une des automobiles les plus modernes de l'époque. Sason s'inspire des avions, un domaine familier pour Saab, et réussit à transposer les concepts de l'aéronautique dans le champ du design automobile en plein développement.

TRAVAUX D'ILLUSTRATEUR

Comme d'autres designers avant lui, notamment Henry van de Velde *(voir pages 16-17)* et Wilhem Kåge *(voir pages 66-69)*, Sason gagne d'abord sa vie comme illustrateur. Comme il débute sa carrière dans les années trente, il bénéficie du développement de la production de masse et de l'essor sans précédent des technologies et de la commercialisation en Europe. Ses croquis de motocyclettes l'amènent à travailler comme dessinateur dans le département d'ingénierie d'Husqvarna, fabricant de motocyclettes et d'armes légères.

Sason, pilote dans l'armée de l'air suédoise, est blessé pendant la Seconde Guerre mondiale. Une convalescence de quatre ans lui offre la possibilité de suivre des études d'ingénieur par correspondance. Une fois rétabli, il poursuit ses travaux en free-lance pour Husqvarna, tout en dessinant sur le mode figuratif des illustrations publicitaires pour des magazines automobiles et confessionnels, et des revues à l'eau de rose.

DESIGN DE PRODUITS

Dans l'immédiat après-guerre, Sason monte sa propre société, Sason Design AB. Il se forge rapidement une réputation de pionnier du design industriel suédois. Il reçoit des commandes de groupes industriels comme Electrolux, pour lequel il conçoit un aspirateur. Il poursuit sa contribution à la gamme étendue des produits Husqvarna : machines à coudre, fers à repasser, appareils électroménagers. Au nombre de ses projets figure la conception d'autobus et de trains pour ASJ. En 1955 il colla-

bore avec Victor Hasselblad à un nouvel appareil photo. Son savoir-faire de dessinateur et d'ingénieur lui permet de créer des objets innovants, qui intègrent les dernières avancées technologiques, mais dont l'allure, résolument moderne, doit beaucoup au mouvement Streamline américain des années trente.

COLLABORATION AVEC SAAB

Sason est le plus connu pour ses travaux pour Saab, l'entreprise suédoise fondée en 1937 sur capitaux privés, mais à l'instigation du gouvernement, pour produire des avions de combat. Après la Seconde Guerre mondiale, la société choisit de se lancer dans la production automobile et sollicite Sason, dont le projet est immédiatement retenu. À la fin des années quarante, sa vision d'un véhicule léger, mais puissant, résolument aérodynamique et futuriste, sous-tend le projet de la Saab 92 *(voir page ci-contre)*

L'IA37 Viggen *(1971) illustre l'investissement constant de Saab dans la production aéronautique et son désir de donner à ses produits une image résolument moderne.*

mené par l'ingénieur Gunnar Ljungtsröm. Les croquis de Sason offrent une vision de la modernité qui évoque autant un mode de vie que la technicité. Les femmes habillées de nylon qui peuplent ses dessins figurent un âge nouveau, où vitesse et sophistication sont des éléments clés.

Suivant la méthode des designers industriels américains, Sason intervient à tous les niveaux de la conception, du premier croquis aux essais en soufflerie du prototype. Sa vision originelle se poursuit ainsi jusqu'au produit fini. Par ses travaux, de la Saab 92 à la Saab 99, lancée en 1969, Sason est l'auteur de l'immense succès dont jouit l'entreprise, en Suède mais aussi dans le monde. Il meurt avant d'avoir pu assister au lancement de la production de masse de son dernier projet.

Tableau de bord de la Saab 99, conçue par Gunnar Ljungström et Björn Envall sur un projet de Sason. Elle a été lancée en 1969, six mois après le décès du designer.

Le célèbre SLR, commercialisé à la fin des années quarante par Hasselblad. L'entreprise a sollicité les services de Sason comme consultant lors de la conception de l'appareil. L'aspect de ce dernier est resté inchangé pendant des décennies.

Le nouveau modernisme

Le nouveau modernisme

En 1939, quand éclate la Seconde Guerre mondiale, le design moderne est arrivé à maturité. Son influence se fait sentir au niveau international, tant dans les réalisations que dans les idées. Ses théories sont clairement exprimées, ses pionniers, amplement reconnus. Après 1945, les designers disposent d'une « tradition » moderne, au sein de laquelle (ou contre laquelle) ils peuvent s'exprimer, et de précurseurs, qu'ils choisissent de suivre ou de rejeter. Dans son raffinement, le design d'après-guerre offre un champ d'expression aux identités nationales : parmi les pays qui se lancent dans la reconstruction, beaucoup veulent donner au monde une nouvelle image commerciale. Le design leur offre un moyen d'y parvenir.

En Europe, cette tendance se dessine le plus nettement dans les pays scandinaves, en Italie, en Allemagne et en Grande-Bretagne. En dehors de l'Europe, les États-Unis et le Japon utilisent eux aussi le design moderne comme vitrine de leur économie et de leur civilisation tournées vers le progrès. Aux États-Unis, le design prend la forme de produits aux lignes très étudiées, au profil aérodynamique, exportés à travers le monde entier. En réaction, et pour se différencier, de nombreux pays européens choisissent de décliner leur tradition nationale. La Suède et le Danemark remodèlent ainsi leur artisanat traditionnel à la lumière des exigences de la modernité. L'Italie fait appel à son savoir-faire et à son bon goût légendaires pour se créer une image de marque attractive.

Pendant cette période, ces pays tentent de promouvoir leur vision du design. Plusieurs organismes ont pour rôle d'encourager les entreprises et le public à modifier leurs goûts. Certains sont créés à cet effet, tels le Council of Industrial Design britannique, fondé en 1944, et le Rat für Formgebung allemand, institué en 1951. D'autres sont l'héritage de la période d'avant-guerre, tels le Den Permanente danois et le Svenska Slöjdföreningen suédois. Dans ce contexte, le Museum of Modern Art de New York se montre particulièrement actif en lançant des concours, très prisés au niveau mondial, autour du thème du design. Les expositions servent à nouveau de vitrines ; elles atteignent leur point culminant dans les années cinquante, avec la Triennale de Milan, qui rassemble la crème du design international. Les prix décernés à l'occasion de cet événement, très recherchés, servent de tremplin à de nombreuses carrières. Des designers de talent vont ainsi attirer l'attention lors du Festival de Grande-Bretagne, en 1951.

Le design moderne de l'après-guerre reflète les différents types de démocraties instaurées après 1945. Le modernisme d'avant-guerre avait déjà donné le ton ; après 1945, design moderne et idéal du produit bien conçu, accessible à tous, poursuivent ensemble leur progression. Cependant, chaque pays réagit à sa manière face à son passé. L'Italie rejette certains styles d'architecture pour leur lien avec le fascisme. L'Allemagne relance son programme de design moderniste ; l'école du Bauhaus ayant été fermée en 1933 à l'initiative du parti nazi, les Allemands pensent qu'elle n'a pas eu le temps d'atteindre ses objectifs.

En quête d'une nouvelle esthétique moderne, le mouvement du design italien d'après-guerre se tourne vers les formes organiques ; il aboutit à un style original, très raffiné, que l'on retrouve dans le mobilier, les objets usuels, la céramique et le verre. Les luminaires italiens illustrent les magazines de décoration et deviennent l'emblème international d'un nouveau mode de vie, associé à l'aisance et au raffinement.

À l'opposé, l'Allemagne de 1945 s'attache à ranimer ses projets d'avant-guerre. Comme les industriels, les designers favorisent l'approche systématique et cherchent à renforcer la standardisation liée à la production en série. On associe bientôt l'Allemagne et le néofonctionnalisme, symbolisé par les articles électroménagers allemands, innovants sur le plan technologique, mais dotés de lignes austères.

Dans les années cinquante, on assiste dans toute l'Europe et aux États-Unis à un boom de la consommation. Cela concerne notamment les produits fabriqués avec des matériaux modernes, perçus comme symboles d'un niveau de vie aisé. Dans leur aménagement domestique, les consommateurs cherchent à exprimer leurs aspirations personnelles. Cet intérêt sans précédent pour tous les styles modernes disponibles sur le marché incite les designers à offrir un choix de plus en plus vaste, et les entreprises à diversifier leur production. En Grande-Bretagne, par exemple, le style « contemporain » se caractérise par des aménagements intérieurs, du mobilier et des objets décorés de motifs et de couleurs expressives, censés répondre aux attentes variées des acheteurs.

Comme dans les années d'avant-guerre, la décennie qui suit 1945 voit le succès international de plusieurs pionniers du design. Un style dominant se diffuse à travers le monde : le « modernisme organique », élaboré notamment par Charles Eames aux États-Unis, Arne Jacobsen au Danemark, Robin Day en Grande-Bretagne et Marcello Nizzoli en Italie *(voir pages 148-151, 142-145, 168-172)*, et le néofonctionnalisme plus austère de Dieter Rams en Allemagne et de Kenneth Grange en Grande-Bretagne *(voir pages 184-189)*. De nouveaux matériaux, en particulier le contreplaqué moulé, offrent de nouvelles possibilités créatives. Les progrès de l'électronique permettent aux appareils de consommation courante d'atteindre, au niveau du style, le raffinement des créations relevant des arts appliqués. Alors que les objets destinés à la décoration tendent vers des formes plus organiques, rejetant les lignes propres à la production mécanique au profit de formes abstraites, dérivées du corps humain et de la nature, les articles électroniques se définissent par leurs équipements, caractérisés par leur virtuosité technique. Des sociétés telles que Braun en Allemagne ou la toute nouvelle SONY au Japon *(voir pages 180-181)* incarnent cette tendance.

En fin de compte, deux mondes du design coexistent. Privilégiant la dimension symbolique de l'objet, les designers répondent de mieux en mieux à la demande de styles nouveaux. Entre le boom de la consommation d'objets « modernes », à la fin des années cinquante, la mondialisation du marché et l'essor exponentiel des possibilités technologiques offertes aux créateurs, le design moderne a pris toute sa place dans l'économie capitalistique de la fin du XXe siècle.

Intérieur conçu par le designer américain George Nelson, avec son canapé fantaisiste Marshmallow *(1956). Durant les années cinquante, le design recourt à des couleurs nettement plus vives et s'avère en général plus expressif qu'avant-guerre.*

Gio Ponti

Quoiqu'il n'ait jamais été associé à une idéologie ni à un mouvement particuliers, l'architecte-designer Gio Ponti (1891-1979) a toujours été guidé par une idée, qu'il exprime dans le catalogue de l'exposition des Arts décoratifs de 1925 : « L'industrie est le style du XXe siècle, son mode de création. » Il ne prônait pas l'utilisation dogmatique d'une « esthétique de la machine », mais plutôt la prise en compte des implications de la production de masse. Conciliant tradition et modernité, Ponti a collaboré avec des artisans comme avec des industriels, et exploré les différents domaines du design : planification urbaine, architecture, décoration, mobilier, appareils ménagers, objets décoratifs.

Gio Ponti, figure éminente du design italien des années vingt aux années cinquante. Sa contribution à l'architecture, aux arts décoratifs et au design a ouvert une voie nouvelle, et ses publications ont donné un cadre théorique au design italien.

Intérieur de la maison de Ponti présenté à la Triennale de Milan de 1936. De nombreuses créations du designer y figurent : mobilier moderne allant du style « austère » au plus traditionnel, céramiques et objets en verre aux lignes avant-gardistes.

ŒUVRE ARCHITECTURAL

Ponti étudie l'architecture à l'École polytechnique de Milan entre 1918 et 1921. Durant toute sa carrière, il honorera d'importantes commandes d'architecture, travaillant en partenariat dans son cabinet milanais avec des architectes comme Emilio Lancia et, plus tard, Antonio Fornaroli, Eugenio Soncini et Alberto Rosselli. Pour sa première commande, l'immeuble de bureaux de la société Montecatini à Milan (1936), il conçoit l'ensemble de l'équipement intérieur, de la poignée de porte aux chaises en acier tubulaire. Cette création résolument moderne, fondée sur une géométrie répétitive et incorporant des éléments préfabriqués, sans ajout décoratif, le signale comme un architecte majeur de son époque. Une autre œuvre marquante de sa carrière, la tour Pirelli à Milan, achevée en 1958, est l'un des tout premiers gratte-ciel d'Europe. Sa silhouette à facettes, délibérément éloignée de la « boîte », confirme les déclarations de Ponti : plutôt que New York, ce sont les villes brésiliennes, aux gratte-ciel insolites aux formes élégantes, qui lui ont inspiré sa tour.

ARTS APPLIQUÉS : PREMIÈRES RÉALISATIONS

En parallèle avec ses travaux d'architecture, Ponti se consacre sans relâche aux arts appliqués, en particulier la céramique, le verre, le métal et le mobilier. Dans ce domaine, son premier client est la manufacture de porcelaine Richard Ginori, dont le siège se trouve à Doccia. Entre 1923 et 1930, Ponti conçoit pour elle un large éventail d'objets, pour lesquels il revisite l'imagerie classique, par exemple l'iconographie mythologique des frises et poteries antiques, dans un esprit pétillant et moderne. Ces pièces caractéristiques, très décoratives, remportent un prix à l'exposition des Arts décoratifs de 1925 *(voir pages 52-53)*. Bien qu'il réalise également des exemplaires uniques pour Ginori, il réorganise son système de production pour optimiser la fabrication à grande échelle.

En 1930, l'entreprise de luminaires Fontana Arte le sollicite. Pour cette entreprise, associée à une technologie nouvellement développée, l'électricité, Ponti opte pour une approche stylistique différente et élabore une

Lampe de table Bilia, en bois laminé et verre opalescent, de Fontana Arte (1931). La forme pure de cette création illustre la capacité de Ponti à travailler sans référence au passé, en se concentrant sur la forme, la fonction et les matériaux.

Escalier et hall d'entrée de l'appartement de Ponti, via Brin, à Milan, en 1935. Les murs nus, la rampe à claire-voie et les étagères intégrées témoignent de son intérêt pour les options spatiales et fonctionnelles du modernisme européen, adoucies toutefois par l'utilisation du bois et la note décorative apportée par les fleurs.

Projet de tissu imprimé, dessiné dans les années cinquante pour l'entreprise JSA, à Côme. Beaucoup des dessins de Ponti pour le textile sont abstraits, mais celui-ci illustre ses talents d'artiste figuratif. On remarque la palette restreinte de couleurs et la répétition complexe du motif.

gamme de luminaires ultramodernes, en verre et métal. Il n'en néglige pas pour autant son désir de produire des objets de luxe. Pour la 4e Triennale, en 1930, il crée pour Fontana Arte une grande table avec un plateau en cristal noir et des pieds en cristal taillé ; pour la 6e Triennale, en 1936, il présente l'intérieur de sa maison, la désignant comme une « habitation de démonstration » destinée à illustrer la combinaison harmonieuse des différents aspects de son travail *(voir page 138)*.

CRÉATIONS D'APRÈS-GUERRE

Dans les premières années de l'après-guerre, Ponti demeure aussi prolifique qu'avant le conflit. Au cours des années cinquante, son influence grandit à la fois dans le domaine du design industriel et dans celui des arts décoratifs. Son intérêt pour ces derniers transparaît dans ses projets de mobilier, richement orné par un de ses amis, Piero Fornasetti. Pour le casino de San Remo, ils créent des pièces amusantes, décorées d'images de cartes à jouer. Ponti dessine aussi pour la manufacture De Poli des objets en bronze de style néoclassique, des vases et des chandeliers. Son intérêt pour le design industriel se révèle dans la machine à expresso pour La Pavoni, d'une modernité stupéfiante, et dans la chaise *Superleggera* de Cassina (1956). Avec son siège canné, ses pieds fuselés, sa forme accueillante, *Superleggera* évoque le mobilier rustique italien tout en restant dans la ligne du mobilier contemporain. Elle s'inspire, en fait, d'une banale chaise du village de pêcheurs de Chiavari, sur la côte, mais son cadre en bois allégé, réduit au minimum, lui vaut son nom de « superlégère ». Sa simplicité et sa légèreté en ont fait un standard, toujours fabriqué par Cassina.

Au nombre des créations les plus marquantes de Ponti figurent les équipements sanitaires qu'il dessine en 1953 pour Ideal Standard. Sa conception du modernisme lui permet de travailler à ce qu'il appelle le « style approprié à chaque objet ». Le mobilier se rattache, ainsi que la céramique et le verre, à la tradition des arts décoratifs. Mais les sanitaires, objets utilitaires avant tout, relèvent d'une démarche fonctionnelle. Les formes harmonieuses des toilettes et des lavabos dus à Ponti ne répondent pas seulement aux nécessités techniques, mais répondent aussi aux besoins des utilisateurs. Certains modèles possèdent ainsi des bords larges et des surfaces planes susceptibles d'accueillir des objets de toilette.

TRIENNALES

Outre ses fonctions d'architecte et de designer, Ponti assume aussi celle de porte-parole du design italien, surtout dans les années trente, quand il organise les premières expositions de Monza et de Milan. Dans le cadre de ces fonctions, il se refuse à prendre parti, que ce soit pour les architectes et designers rationalistes, étroitement alliés aux néomodernistes allemands et français, ou pour les créateurs en arts décoratifs du Novecento italien, qui prônent un style néoclassique simplifié, plus ornemental et national que le style austère issu du rationalisme. Ainsi, lors de la quatrième Biennale de Monza en 1930 — en 1933, la manifestation, déplacée à Milan, devient Triennale *(voir pages 166-167)* —, Ponti expose la *Maison électrique*, résolument rationnelle, de Luigi Figini et Gino Pollini, alors que lui-même présente une *Maison de vacances*, néoclassique, en collaboration avec Emilio Lancia. Il crée également des projets d'ustensiles ménagers : à la 6e Triennale de 1936, par exemple, il présente des couverts en acier de style minimaliste, conçus pour Krupp Italie *(voir page 167)*.

Après la Seconde Guerre mondiale, Ponti se fait plus largement reconnaître grâce à son rôle déterminant dans la

Table basse, avec un plateau de verre et des pieds obliques en bronze doré, attribuée à Ponti, fabriquée dans les années cinquante par Fontana Arte. Meuble à la modernité agressive, utilisant des matériaux novateurs ainsi que des formes et des couleurs hardies, cette table basse peut accueillir en son centre un pot de fleurs.

Salle de restaurant de l'hôtel Parco dei Principi, *près de Sorrente (1960). Le sol et les plaques de céramique des murs contrastent avec la modernité hardie des fauteuils, aux accoudoirs en porte-à-faux et aux pieds effilés.*

Chaise paillée teintée en noir (années cinquante). Version modernisée d'un meuble rustique — comme d'autres créations de la décennie —, elle est dotée d'un cadre en bois et d'une assise en paille appartenant au passé, mais son dossier subtilement incurvé et ses pieds fuselés s'accordent à l'esprit de son temps.

mise en place du prix Compasso d'Oro et de l'Associazione per il Disegno Industriale, l'ordre des designers italiens. Il représente l'Italie lors de nombreuses expositions à l'étranger.

DOMUS

En tant que fondateur et rédacteur en chef de *Domus*, première revue italienne d'architecture et de design, Ponti apporte un fonds documentaire au design italien et influence ses orientations au long du XXe siècle. Il crée *Domus* en 1928 et reste son rédacteur en chef jusqu'en 1940. Il lance alors *Stile*, revue des arts et de la culture, qui publie aussi des articles sur le design. En 1947, Ponti reprend *Domus* à l'architecte Ernesto N. Rogers, farouche défenseur de la cause du rationalisme. Dès lors, la revue exalte la qualité de vie et l'image de stabilité socio-économique de l'Italie de l'après-guerre. Ses valeurs proches des classes moyennes, son approche du design toujours inspirée par l'artisanat d'art jouent un rôle majeur dans l'orientation du design italien pendant les années cinquante et au début des années soixante, évoluant d'une mouvance politiquement radicale vers une acceptation du luxe intégré à la vie quotidienne.

Plus qu'aucun autre, Ponti permet la réunion des éléments qui font la spécificité du design italien du milieu du XXe siècle : tradition, savoir-faire, nouvelles matières et, par-dessus tout, qualité. Cette approche se retrouve dans ses créations, par exemple l'intérieur de l'hôtel *Parco dei Principi*, près de Sorrente, sur la côte amalfitaine, dans lequel il associe des mosaïques colorées et un mobilier sobre et moderne. Le talent de Ponti, sans conteste, repose dans cette capacité à faire la synthèse de différents éléments et à les combiner pour créer un style unique.

Ponti ne s'est jamais présenté comme un idéologue ni comme le farouche défenseur d'un style. Il a préféré revisiter l'humanisme présent au cœur de la tradition culturelle italienne : c'est ce qui fait de lui un grand designer.

Dans les années qui suivent la Seconde Guerre mondiale, le Danemark joue un rôle important dans l'évolution internationale du design moderne. L'apport innovant de personnalités comme Georg Jensen et Kay Bojesen pour le travail du métal, Kaare Klint *(voir pages 64-65)*, Hans Wegner *(voir pages 160-161)*, Børge Mogensen et Finn Juhl, pour

Arne Jacobsen

Après la guerre, Arne Jacobsen apporte au design danois la reconnaissance internationale, le reliant à l'architecture moderne plutôt qu'à l'artisanat.

la création de meubles, revivifie les racines artisanales de beaucoup d'industries danoises — céramique, verre, travail du métal et fabrication de meubles —, favorisant ainsi le changement. Par leur humanisme et leur modernité assagie, les objets créés au Danemark connaissent eux aussi un grand succès dans l'immédiat après-guerre. Dans ce contexte émerge l'architecte et designer Arne Jacobsen (1902-1971), prêt à reprendre le flambeau du design danois moderne et à l'entraîner vers une ère nouvelle.

FORMATION ET PREMIÈRES RÉALISATIONS

Né à Copenhague, Jacobsen commence par étudier la maçonnerie au collège technique de la ville, puis, dans les années vingt, l'architecture à l'Académie royale des arts. Son tuteur, l'architecte et designer Kay Fisker, marie la tradition et la modernité, et est bien connu pour ses objets en argent dessinés au milieu des années vingt pour la société A. Michelsen. Jacobsen obtient le diplôme de l'Académie en 1927. Pendant les trois années qui suivent, il travaille dans le cabinet d'architecture de Paul Holsoe. En 1930, il ouvre une agence à Hellerup, qu'il dirigera jusqu'à sa mort.

Influencé par l'œuvre de modernistes tels Le Corbusier *(voir pages 94-97)*, Ludwig Mies van der Rohe *(voir pages 92-93)* et Gunnar Asplund,

Swan (Cygne), *fabriqué par Fritz Hansen en 1958. Recouvert de mousse de latex montée sur un cadre en fonte d'aluminium, ce siège illustre l'intérêt de Jacobsen pour les nouveaux matériaux.*

Ant (Fourmi), *conçu entre 1951 et 1952 et fabriqué par Fritz Hansen. La célèbre chaise tripode doit son surnom à sa ressemblance avec la silhouette de l'insecte. Toujours très appréciée, choisie par de nombreux architectes contemporains, elle existe dans une large gamme de couleurs vives.*

Couverts en acier dessinés en 1957 pour A. Michelsen. Leur élégance et la pureté de leurs lignes sont caractéristiques des créations de Jacobsen dans les années cinquante. La société danoise Georg Jensen produit toujours ce modèle, sous le nom du designer.

Egg (Œuf), *fabriqué par Fritz Hansen en 1958. Il a été conçu pour l'intérieur de l'hôtel de la SAS à Copenhague, dessiné par Jacobsen. Sa structure interne se compose d'une coque en fibre de verre moulée.*

Jacobsen adopte dès ses débuts l'approche fonctionnaliste : procéder à une analyse de la structure et de la destination du bâtiment, ainsi qu'à celle de son contenu, pour déterminer son aspect final. En pratique, cela signifie que le design de l'objet est dicté par les matériaux et les procédés industriels impliqués dans sa réalisation, ainsi que par sa fonction future, plutôt que par ce que les fonctionnalistes considèrent comme des ajouts décoratifs inutiles. Jacobsen illustre ces principes dans son premier grand projet architectural, la cité Bellavista, construite à Copenhague entre 1930 et 1934.

DESIGN DE MOBILIER ET TRAVAUX POUR HANSEN

En 1950, Jacobsen ajoute la création de meubles et d'objets à ses activités. Il entame une collaboration avec le fabricant danois de meubles Fritz Hansen, avec lequel il avait déjà pris contact dans les années trente ; mais c'est seulement après la guerre que le progrès technique lui offre la possibilité de mettre en pratique ses idées concernant le mobilier. Leur collaboration aboutit à la production de trois objets qui propulsent le Danemark sur le devant de la scène du design mondial : la chaise *Ant (Fourmi)*, de 1951-1952, et les fauteuils *Swan (Cygne)* et *Egg (Œuf)* de 1958. Ces pièces seront suivies d'autres créations moins célèbres mais aussi importantes, comme, en 1955, les chaises *Series 7*, à la structure en contreplaqué moulé posée sur des pieds en acier tubulaire. *Ant*, *Swan* et *Egg* font d'Arne Jacobsen un créateur de premier plan.

Le recours de Jacobsen aux nouvelles techniques appliquées à la fabrication de mobilier (moulages en contreplaqué et fibre de verre permettant de créer des sièges d'un seul tenant en forme de coque), de même que ses originales formes organiques, doivent beaucoup au designer américain Charles Eames et à ses travaux de l'immédiat après-guerre pour la société Herman Miller *(voir pages 148-151)*. Jacobsen apporte cependant une touche personnelle à cette technique et à cette esthétique, et ses

Chaise Oxford *version fauteuil de bureau. Ce modèle recouvert de cuir et doté de bras et de roulettes s'appuie sur l'original, créé pour St Catherine's College, à Oxford, et produit par Fritz Hansen.*

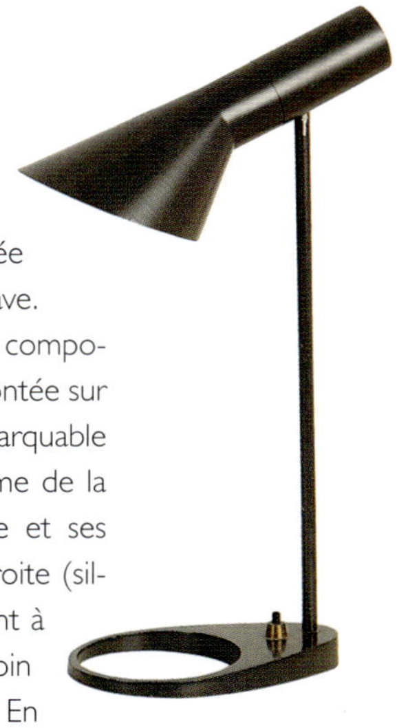

Lampe de table en métal créée en 1956 pour le fabricant de luminaires Louis Poulsen. Son élégance minimale et sa forme aboutie caractérisent l'œuvre féconde de Jacobsen à cette période.

chaises à la silhouette d'une élégance raffinée portent la marque d'une sensibilité scandinave.

Ant, par exemple, première d'une série composée d'une coque en contreplaqué moulé montée sur trois pieds en tubes d'acier chromé, est remarquable par son originalité. La nouveauté de la forme de la coque, avec sa moitié supérieure arrondie et ses « hanches », séparées par une « taille » étroite (silhouette qui lui a donné son nom), confèrent à cet objet une personnalité qui va bien plus loin qu'une simple prouesse technologique. En 1957, *Ant* remporte un grand prix à la Triennale de Milan *(voir pages 166-167)*, ce qui confirme le statut de designer international de Jacobsen. Le premier modèle ne se fait qu'en finition teck, essence représentative du mobilier danois des années cinquante. Mais, par la suite, *Ant* est produite dans une gamme de couleurs expressives : rouge, plusieurs tons d'orange et de bleu, jaune, vert vif et noir. Elle demeure un élément familier des intérieurs modernes, publics ou privés. Le fauteuil de bureau *3107*, des années cinquante, également fabriqué par Fritz Hansen, est une adaptation du même concept, auquel on a ajouté bras et roulettes.

Canapé 3300 *(1956). Avec son cadre en acier tubulaire, ses pieds obliques et son rembourrage en mousse, il s'accorde au style de son époque, mais son aspect minimal reflète des influences modernistes plus anciennes.*

DE NOUVEAUX MATÉRIAUX POUR DES FORMES NOUVELLES

Swan et *Egg*, inaugurés pour l'hôtel de la SAS à Copenhague, un bâtiment gainé de verre, constituent des structures plus complexes qu'*Ant* et des créations bien plus abouties par de nombreux aspects. Leur forme ovoïde, maternelle, a été obtenue grâce à une coque moulée en fibre de verre, montée sur une base en fonte d'aluminium. L'aspect confortable provient de la mousse de latex, recouverte de cuir, vinyle ou tissu suivant le choix du client.

Les fauteuils, à l'aspect organique, répondent aux lignes nettes des espaces architecturaux pour lesquels Jacobsen les a imaginés. Ils servent bientôt pour de nombreux décors de ce style. Bien que de forme abstraite et à l'image de la modernité, ils offrent un réel confort dans un cadre par ailleurs assez austère.

VISION INTÉGRALE

Jacobsen conçoit l'architecture comme formant un environnement global et harmonieux avec son intérieur et son équipement. Cette idée sous-tend son projet pour St Catherine's College, à Oxford, construit entre 1960 et 1964 *(voir page ci-contre)*, pour lequel il dessine le bâtiment, mais aussi le mobilier, les luminaires, les textiles et les couverts. La construction aligne une suite de plans géométriques, dont les lignes droites mettent en valeur les formes courbes et organiques du mobilier. Comme *Ant* avant elles, les chaises *Oxford* sont en contreplaqué moulé, mais leur dossier exagérément haut fait écho à la hauteur du plafond du réfectoire de l'université.

Le mobilier, s'il tient une grande place dans l'œuvre de Jacobsen, ne

Salle de lecture/réfectoire de St Catherine's College, à Oxford, construit entre 1960 et 1964. Jacobsen a dessiné tous les équipements intérieurs, y compris les tables, les bancs et les luminaires, à éclairage direct ou non.

représente qu'une facette des « accessoires architecturaux » — pour reprendre une expression d'Alvar Aalto *(voir pages 74-77)* — auxquels il s'est passionnément intéressé : luminaires pour la société Louis Poulsen *(voir page ci-contre)*, équipements sanitaires pour I.P. Lunds, textiles pour C. Olesen, couverts pour A. Michelsen, ustensiles en métal pour Stelton. Ces créations, dotées de caractéristiques propres à chaque ensemble, montrent cependant leur double rattachement à des formes organiques abstraites et aux lignes épurées du modernisme.

Qu'il travaille le bois, le plastique, le textile ou le métal, Jacobsen parvient au résultat recherché grâce à ses connaissances étendues des techniques de production de masse. Contrairement aux modernistes des années vingt, il a la satisfaction d'assister de son vivant à la production en série de ses créations et de les voir devenir des standards de la décoration d'intérieur en Europe et aux États-Unis. En 1969, ses couverts en métal créés pour A. Michelsen *(voir page 143)* figurent dans le film de science-fiction de Stanley Kubrick *2001, l'odyssée de l'espace*, signalant sans doute combien sa vision du futur a marqué l'imagination populaire.

Cylinda, *dessiné en 1966 pour Stelton. Cette gamme d'ustensiles de table en acier — pichet, théière, sucrier, seau à glace et cendrier —, aux formes géométriques sobres, illustre le néomodernisme des années cinquante.*

Parmi les grands designers du XXe siècle, rares sont ceux qui se sont montrés aussi individualistes et énigmatiques que l'Italien Carlo Mollino (1905-1973). On le connaît pour la réalisation, au cours des années quarante, d'aménagements intérieurs privés en Italie. Mais il a aussi travaillé pour la mode et la photographie, et créé des décors de cinéma,

Carlo Mollino

des carrosseries de voiture et des aménagements de boutiques. Obsédé par la vitesse, il a été aviateur, pilote de course et skieur émérite. Ses intérêts pour l'occultisme et l'érotisme se reflètent dans son œuvre. Son goût pour les formes courbes et les somptueuses matières de couleur vive le différencie de ses contemporains modernistes italiens.

Carlo Mollino, l'un des designers les plus originaux d'Italie. Son mobilier aux courbes organiques, excentriques, s'appuie sur les progrès techniques dans le travail du bois. Il exprime des préoccupations personnelles plutôt que les idéaux d'un groupe. Ses créations ont été redécouvertes récemment.

Bureau dessiné en 1946 pour la Società Reale Mutua di Assicurazioni, à Turin. Posée sur deux supports en forme de Y, avec un seul tiroir central et un plateau en Fibrosil naturel poli, cette structure simple, élégante et légère, s'accompagne d'un meuble à tiroirs amovible.

RÉPUTATION TARDIVE

Toute sa vie, Mollino demeure en marge du monde du design italien, car son œuvre se trouve fort éloigné du mouvement néomoderniste italien, né à Milan dans les années cinquante et soixante et largement formulé et reconnu. Alors que le rationalisme d'avant-guerre (la version italienne du modernisme) influence fortement les créateurs italiens, Mollino s'inspire des mouvements plus anciens du futurisme italien et de l'Art nouveau. Le style organique qu'il développe dans les années quarante est plus sensuel et plus original que celui de ses confrères milanais, et son influence sur l'époque reste moindre. Ce n'est qu'à partir des années quatre-vingt que sa contribution au design moderne et sa sensibilité singulière sont reconnues.

ARCHITECTURE ET INTÉRIEURS D'AVANT-GUERRE

Mollino suit d'abord des études d'ingénieur, puis s'oriente vers l'architecture, à l'université de Turin, dont il est diplômé en 1931. Pendant environ cinq ans, il travaille dans le cabinet d'architecture de son père, Eugenio. En 1937, il s'installe à son compte et dessine son premier bâtiment important : le centre équestre Ippica, à Turin. L'année suivante, il conçoit l'intérieur de la maison Miller, toujours dans sa ville natale *(voir page ci-contre)*, pour laquelle il dessine, entre autres, une petite table basse à trois pieds en bois tourné, avec un plateau de forme organique. Son œuvre d'avant-guerre se caractérise par des courbes voluptueuses et par la juxtaposition d'objets, dans un style qui sera décrit comme « Streamline surréaliste » ou baroque turinois ; le mot surréaliste souligne l'aspect animé, « biomorphologique » des objets. L'emploi réfléchi de luminaires, de tissus drapés et de matières sensuelles — Mollino capitonne souvent ses meubles de velours — ajoute à l'ambiance étrange, presque décadente, de nombre de ses intérieurs. Très loin des machines à vivre de la tradition moderniste, ceux-ci semblent avoir été conçus pour abriter d'étranges fantasmes.

CRÉATIONS DES ANNÉES QUARANTE

Pendant les années de guerre et juste après 1945, Mollino reçoit de plus en plus de commandes pour des intérieurs et du mobilier. Ses tables et ses chaises s'inspirent de formes naturelles : squelettes, branches d'arbre, bois de cerf, et rappellent les créations de l'architecte Art nouveau Antoni Gaudí. L'atelier Apelli & Varesio, de Milan, produit ses pièces, dont beaucoup sont uniques. Le radio-gramophone et la table associée à un porte-revues, qui figurent parmi les objets créés pour la maison d'Ada et Cesare Minola en 1944, arborent une silhouette courbe caractéristique. La table-bureau à cylindre, réalisée en 1946 pour son appartement, comporte un volet à la courbure extravagante.

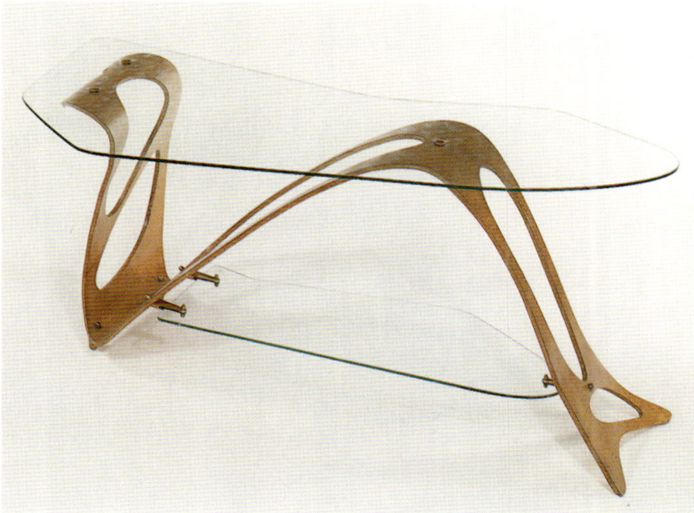

Arabesque, dessiné en 1950 pour le magasin Singer à Turin. Elle se compose de contreplaqué moulé ajouré et plateaux de verre avec fixations de bronze. Le pli du pied sert de porte-revues.

Intérieur de la maison Miller à Turin (1938). L'éclairage suspendu à un rail sinueux, la vitrine posée sur un tripode asymétrique et les fauteuils garnis de velours topaze sont de Mollino.

ŒUVRES PLUS RÉCENTES

À la fin des années quarante et au début des années cinquante, Mollino travaille de plus en plus sur des pièces isolées. Parmi les exemples significatifs, on compte une table à plateau de verre posé sur une structure en contreplaqué moulé, pour l'exposition *Italy at Work* qui sillonne les États-Unis en 1950 et 1951 ; une autre table, *Arabesque* (1950), au pied en contreplaqué voluptueusement courbe supportant un plateau de verre de forme asymétrique, pour le magasin Singer à Turin ; et du mobilier pour les bureaux turinois d'Underwood, dont des tables et une chaise au siège flexible en contreplaqué composé de deux éléments mobiles indépendants. Après le décès de son père, en 1954, Mollino abandonne le design pendant une décennie pour s'adonner à ses autres occupations. Vers la fin de sa vie, il élabore quelques meubles, dont un bureau pour Ada Minola.

Chaise d'appoint réalisée en 1945 dans l'atelier Apelli & Varesio pour les bureaux de la Società Reale Mutua di Assicurazioni, à Turin (achevés l'année suivante). Contreplaqué moulé, fixations et barreaux en laiton en constituent la structure.

Charles & Ray Eames

« Officiellement, je me considère comme un architecte. Je ne peux appréhender les problèmes posés par notre environnement qu'en termes de structure — et la structure, c'est l'architecture. » En dépit de cette affirmation, l'Américain Charles Eames (1907-1978) est surtout connu comme l'un des concepteurs de meubles les plus influents du XXe siècle. Il appartient à un groupe de designers et créateurs de mobilier qui a montré au reste du monde que les États-Unis, où tant de designers européens d'avant-garde avaient émigré, et où production de masse et mass media étaient le plus développés, avaient dépassé l'Europe en matière de créativité. Les concepts pionniers d'Eames, qui tirent parti des progrès de la technologie du bois, des matières plastiques et du métal, ont eu un immense écho. Sa personnalité charismatique, son physique séduisant et son élégance, joints à ses qualités d'illustrateur et de réalisateur de films, et au talent avec lequel il a défendu la cause du design, en font une des personnalités marquantes de la fin du XXe siècle.

Ray et Charles Eames ont développé, après-guerre, une nouvelle vision du mobilier et de l'intérieur modernes, bientôt diffusée dans le monde. L'emploi de matières inédites et le concept de séjour ouvert ont créé une relation exceptionnelle entre design et mode de vie.

Chaises en contreplaqué de hêtre moulé et formé dessinées en 1946 pour Ewans Wood Products ; paravent en contreplaqué de frêne moulé, avec des jointures en toile, fabriqué en 1946 par Herman Miller. Ces pièces doivent beaucoup à l'avancée des techniques de travail du bois aux États-Unis.

CRANBROOK ACADEMY OF ART

De 1924 à 1926, Eames étudie l'architecture à Saint Louis, dans le Missouri, sa ville natale. Il ouvre un cabinet en 1930 et, en 1936, obtient une bourse pour reprendre sa formation à la Cranbrook Academy of Art, dans le Michigan. Entre 1937 et 1940, l'architecte-designer finnois Eliel Saarinen lui confie la direction du département de Design expérimental de l'académie. Eames y rencontre deux personnalités qui joueront un rôle clé dans sa vie et sa carrière : Eero Saarinen *(voir pages 156-157)*, le fils d'Eliel, qui lui propose de collaborer sur plusieurs projets de design et d'architecture ; Ray Kaiser (1912-1988), une étudiante en tissage, qui, entre 1933 et 1939, a travaillé avec le peintre Hans Hoffman à New York et cofondé en 1936 le groupe des artistes abstraits américains.

En 1941, Charles et Ray se marient et s'installent en Californie. En 1944, ils ouvrent un cabinet qui restera actif jusqu'au décès de Charles. On découvre seulement aujourd'hui le rôle joué par Ray dans cette carrière. Il semble qu'ils aient collaboré sur de nombreux projets et que Ray se soit impliquée dans tous les aspects décoratifs de leur œuvre.

TRAVAUX AVEC EERO SAARINEN

Avant son départ pour la Californie, Eames a produit, avec Eero Saarinen, une vaste gamme de mobilier en contreplaqué moulé. En 1940, Eliot Noyes *(voir pages 174-175)*, conservateur du département de Design industriel au Museum of Modern Art de New York (MOMA), lance un concours en vue de l'exposition *Design organique dans l'ameublement*. Les projets d'Eames et Saarinen reçoivent le premier prix dans la catégorie « rangements » et sont exposés l'année suivante au MOMA. Eames

Séjour meublé de plusieurs créations d'Eames : longue table ovale (fin des années quarante), canapé à structure métallique (début des années cinquante), petite table pliante métallique, paravent en contreplaqué galbé. Des objets décoratifs adoucissent et domestiquent l'espace tout en assurant le lien entre les différents meubles.

Vue de la maison des Eames à Pacific Palisades, construite en 1949. L'extérieur en préfabriqué est géométrique et minimal, mais le séjour au plan ouvert, décoré par Ray, contient de nombreuses plantes et objets d'ornement qui lui confèrent un aspect accueillant.

et Saarinen tirent parti des progrès dans le moulage du contreplaqué pour concevoir des sièges-coque. Ils s'intéressent aussi à un nouveau procédé d'assemblage développé par la firme Chrysler, qui permet d'allier bois, caoutchouc, verre et métal. En s'appuyant sur une nouvelle technologie pour développer des formes de mobilier inédites, Eames se place dans le prolongement direct des expériences précédemment menées avec l'acier tubulaire par Mart Sam et Marcel Breuer *(voir pages 108-111)*. Mais Eames et Saarinen ne parviennent pas à faire fabriquer le mobilier conçu en 1941 suivant les techniques projetées ; il est finalement réalisé entièrement en bois.

RÉALISATIONS DE LA MATURITÉ

En Californie, Eames poursuit ses expérimentations sur le contreplaqué moulé. En 1942, la marine américaine demande à Eames et Saarinen d'appliquer ce nouveau matériau à divers équipements, notamment des attelles orthopédiques *(voir page 153)*. Les progrès réalisés grâce à deux années de travail sur des projets militaires permettent à Eames qui reprend en 1944 la conception de mobilier, de développer de nouvelles possibilités structurelles et esthétiques. Il fonde alors en Californie la société Evans Manufacturing, une branche de l'Evans Product Company, pour fabriquer ses nouvelles créations.

En 1946, George Nelson *(voir pages 154-155)* présente Eames à Herman Miller, dont la société se trouve dans le Michigan. Miller va devenir en

Bloc de rangement conçu en 1949-1950 par les Eames. Reposant sur une ossature simple, la structure en bois et métal assemble placards et tiroirs pour le rangement, et éléments ouverts pour l'exposition d'objets décoratifs.

Version à bascule d'un modèle de chauffeuse avec un siège en polyester moulé sur une base en tiges d'acier (1950). Les expériences d'Eames sur les matières plastiques renforcent sa décision de créer des sièges-coque dotés de pieds, en deux parties distinctes, avec des matériaux très différents.

Fauteuil de relaxation avec repose-pied composé de trois coques en bois de rose moulé garnies de cuir sur une base en fonte d'aluminium (1956). Symbole de confort et de raffinement, ce siège est devenu un classique du XXe siècle.

quelque sorte le mécène d'Eames. Cette collaboration jouera un rôle essentiel dans la transformation du mobilier durant la seconde moitié du XXe siècle. La même année, le MOMA demande à Eames de préparer une exposition individuelle pour présenter son travail. Cette fois, il est possible au designer de présenter du mobilier à pieds d'acier joints à une coque en contreplaqué moulé avec, aux articulations, des tampons en caoutchouc offrant une certaine flexibilité. Il expose plusieurs prototypes de chaises d'appoint, dont l'une, n'ayant qu'un seul pied, à l'avant ou à l'arrière, ne sera pas commercialisée du fait de son instabilité. Une gamme de chaises d'appoint aux cadres en tubes d'acier, une table basse, un paravent en contreplaqué galbé ainsi que des chaises et des meubles de rangement en bois massif remportent le plus de succès. Peu de temps après, ces objets envahissent les revues de design. Dans la décennie qui suit, leur influence sur les créateurs italiens, notamment Marco Zanuso *(voir pages 196-197)*, sera très forte après leur présentation dans la revue *Domus*.

MOBILIER HERMANN MILLER

Après l'exposition de New York, Miller lance la fabrication de plusieurs modèles d'Eames, qui ont autant de succès auprès de ses clients que des visiteurs du MOMA auparavant. Pendant une vingtaine d'années, Eames conçoit une série de meubles tout aussi innovants, dont une chaise à coque en fibre de verre (1948), qui engendre plusieurs versions et ouvre la voie à de nombreuses créations en matière plastique par d'autres designers. En 1956, à l'occasion de l'anniversaire du réalisateur Billy Wilder, Eames réalise le célèbre fauteuil de relaxation avec repose-pied, composé de trois coques en bois de rose moulé garnies de cuir noir. Il sera fabriqué plus tard en ocre et en blanc, et deviendra un emblème de l'ameublement moderne. Les sièges à ossature en aluminium et garnitures en cuir élaborés en 1958 se répandent dans les bureaux. Au début des années soixante, Eames transforme l'aspect des aéroports d'une manière aussi définitive en créant des séries de sièges minimalistes pour les aérogares O'Hare à Chicago et John Wayne, dans l'Orange County, en Californie *(voir page ci-contre)*. Ils se composent de matériaux légers mais résistants, tels l'aluminium et le vinyle. Ce type d'ameublement est devenu un standard dans les aéroports du monde entier. La firme allemande Vitra possède aujourd'hui les droits de fabrication de l'ensemble des meubles d'Eames.

Sièges jumelés élaborés en 1962 pour l'aéroport John Wayne, dans l'Orange County, en Californie. Cette barre de sept sièges en aluminium poli garnis de vinyle tendu a contribué à modifier définitivement l'aspect des lieux publics.

ARCHITECTURE

Eames est beaucoup plus connu pour son mobilier que pour son architecture. En 1949, il conçoit pourtant un bâtiment remarquable : sa maison de Pacific Palisades, en Californie. C'est probablement la réalisation la plus connue du programme Case Study House, lancé par John Entenza, rédacteur de la revue californienne *Arts and Architecture*. Les participants au projet, parmi lesquels Eames et Saarinen, sont censés apporter des réponses à la crise du logement de l'après-guerre aux États-Unis en imaginant des habitations à coût modeste, reproductibles à partir d'éléments préfabriqués, dans la région de Los Angeles. La maison des Eames, qui s'appuie sur des panneaux préfabriqués, témoigne des techniques employées par le design d'avant-garde et consolide par la même occasion la réputation d'innovateur de son concepteur. Pour autant, elle s'avère chaleureuse et accueillante. L'aménagement intérieur *(voir page 149)*, que Ray a parsemé d'objets décoratifs du Mexique, d'Afrique et d'ailleurs, surprend après la sobriété de la structure externe. Eames a fait de cette maison le sujet de son documentaire *House*.

Tabourets de noyer (variations sur un même thème) créés à la fin des années quarante par Ray Eames et fabriqués par Herman Miller. Leurs références à des traditions non occidentales et l'option décorative de leurs formes variées contrastent avec les créations beaucoup plus techno-centrées de Charles Eames. Cet exemple démontre une fois encore que le succès du couple a résidé dans l'aptitude de chacun à compléter l'autre de manière créative.

Le contreplaqué moulé

Des travaux du fabricant autrichien de mobilier Thonet, à partir du milieu du XIXe siècle, sur le cintrage du bois laminé, aux projets de chaises en contreplaqué galbé des années vingt et trente d'Alvar Aalto *(voir pages 74-77)* et de Marcel Breuer *(voir pages 108-111)*, producteurs et créateurs ont étudié les techniques de traitement du bois pour le rendre plus léger, plus adapté à la production de masse et plus conforme à la morphologie humaine. Avant la Seconde Guerre mondiale, Aalto réalise déjà une avancée majeure, permettant de courber le bois non pas en deux, mais en trois dimensions. En 1933, il fait breveter son procédé, employé avec un succès durable pour la fabrication de pièces comme son tabouret empilable, dont les pieds s'évasent sous le siège (milieu des années trente). Mais cette méthode requiert toujours l'emploi de la vapeur et un travail manuel assez pénible. Les découvertes majeures dans les techniques de cintrage du bois ont lieu dans les laboratoires de l'industrie aéronautique pendant la Seconde Guerre mondiale. On utilise de nouvelles résines synthétiques pour lier les lamelles, ce qui donne un matériau plus solide, et des machines électriques cintrent désormais le bois. On moule le contreplaqué plus facilement, et, surtout, à un coût plus bas, pour créer des formes organiques et esthétiques mieux adaptées à la morphologie humaine.

DÉCOUVERTES AMÉRICAINES

Au début des années quarante, les recherches de Charles Eames *(voir pages 148-151)*, chargé de concevoir de nouveaux équipements pour la marine américaine, visent à adapter le bois moulé au corps humain. En 1940, il crée du mobilier avec Eero Saarinen *(voir pages 156-157)* pour l'exposition *Design organique dans l'ameublement* au Museum of Modern Art de New York ; ils exposent des chaises-coque en contreplaqué moulé. Mais, à l'époque, il n'existe pas de méthode bon marché pour les fabriquer. Eames investit des trésors de temps et d'énergie dans des expériences visant à lier et mouler de fines lamelles de bois, avec pour objectif leur production de masse, sans investissement lourd dans des machines de précision. Ses découvertes trouvent leur première application en orthopédie, dans des attelles qui serviront

Chaise 3107, conçue en 1955 par Arne Jacobsen. S'appuyant sur les recherches de Charles Eames, Jacobsen utilise une coque monobloc en contreplaqué moulé pour l'assise et le dossier de ce modèle. Eames a déjà proposé ce type de projet dans les années quarante, mais les pièces en bois comportaient deux éléments ou plus. Jacobsen se concentre sur la coque monobloc du début des années cinquante pour lui faire atteindre, vers le milieu de la décennie, une grande maîtrise esthétique.

Antelope, *créé par Ernest Race pour le Festival de Grande-Bretagne de 1951. Des travaux dans l'industrie aéronautique de guerre font connaître à Race le moulage du contreplaqué, qu'il exploite pour l'assise de ce fauteuil.*

Chaise en frêne laminé à 10 couches due à Carlo Mollino. Ayant beaucoup travaillé le contreplaqué galbé et moulé, Mollino combine les éléments de manière complexe pour créer des formes inhabituelles.

par milliers pendant la Seconde Guerre mondiale. Eames conçoit ensuite des éléments d'avions d'entraînement et de planeurs militaires. Vers la fin de la guerre, l'atelier de contreplaqué moulé Evans Manufacturing commence la fabrication de sa collection de meubles (1946), utilisant des coques produites en série.

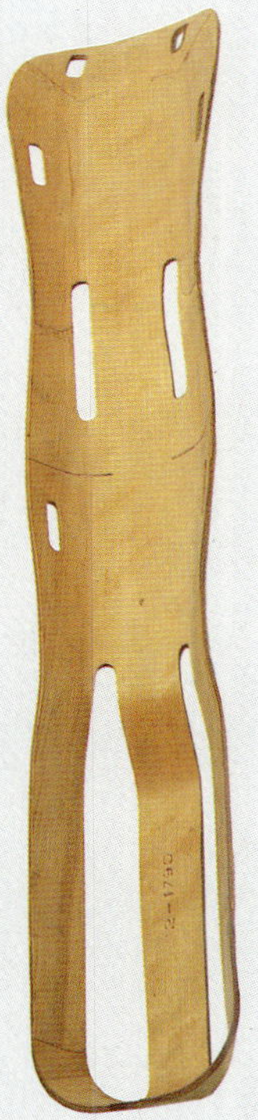

Attelle orthopédique préformée élaborée en 1942 par Eames et Eero Saarinen pour la marine américaine. Sa fabrication bénéficie des progrès dans les techniques de moulage du bois.

DESIGNERS EUROPÉENS

Les avancées d'Eames coïncident avec des progrès similaires de l'autre côté de l'Atlantique, notamment en Grande-Bretagne, où le designer Ernest Race *(voir pages 162-163)* transpose les techniques apprises dans l'industrie aéronautique de guerre pour concevoir du mobilier. Ses fauteuils *Antilope* et *Springbok* possèdent tous deux une assise en contreplaqué moulé.

D'autres créateurs et fabricants européens exploitent les possibilités révolutionnaires du matériau dans des modèles de sièges composés, comme ceux d'Eames, d'une coque en contreplaqué et de pieds en acier : en Italie, les sociétés Arflex, Cassina *(voir pages 212-213)* et Gavina, et les designers Carlo Mollino *(voir pages 146-147)*, Carlo Di Carli et Roberto Mango. Influencés par Eames, dont les créations sont saluées par la revue italienne *Domus* au milieu des années quarante, Di Carli et Mango conçoivent des chaises à l'assise et au dossier en contreplaqué courbé et moulé, souvent montées sur des pieds en acier, suivant la mode du moment.

APPARITION DES MATIÈRES PLASTIQUES

Depuis l'expérience de 1927 de Gerrit Rietveld *(voir pages 98-101)* avec le fauteuil *Birza*, de nombreux designers cherchent à réaliser un siège composé d'une seule pièce de contreplaqué moulé. En 1952, l'architecte-designer danois Arne Jacobsen *(voir pages 142-145)* concrétise ces tentatives avec la chaise *Ant (Fourmi)*, au siège monobloc en contreplaqué. Quand, dans les années cinquante et soixante, il devient possible de mouler la fibre de verre et les matières plastiques, la chaise en contreplaqué cède la place à des créations utilisant ces nouveaux matériaux.

Hillestak, *créé en 1950 par Robin Day pour la firme Hille. Cette chaise toute simple, empilable et facile à transporter, composée d'un siège monobloc en contreplaqué sur une base en acier tubulaire, envahit rapidement les lieux publics anglais.*

George Nelson

Bien que l'Américain George Nelson (1908-1986) ait suivi une formation d'architecte, il a très peu conçu de bâtiments ; en revanche, il a exercé une influence sur le design et, par ses écrits et ses interventions, a fait largement connaître le mouvement moderne. Nelson étudie l'architecture à l'université de Yale (1924-1931), puis à l'Académie américaine, à Rome (1932-1934). En Europe, il découvre le modernisme et, de retour aux États-Unis, publie une série d'articles dans la revue *Pencil Points* sur des architectes comme Le Corbusier, Ludwig Mies van der Rohe et Walter Gropius *(voir pages 94-97, 92-93, 88-90)*. Ses articles ont contribué à renforcer l'influence du modernisme européen dans l'architecture américaine des années trente.

George Nelson, dont la longue carrière a marqué le design des années cinquante et soixante. Il a contribué à instaurer un environnement nouveau, au bureau comme à la maison.

Concept de la chaise de bureau Swag-legged Chair, *à piètement galbé (1958). Comme le montre le cliché, la structure très flexible, due à l'articulation entre l'assise et le dossier, offre à l'utilisateur une mobilité nouvelle.*

PREMIERS ÉCRITS ET ARCHITECTURE

De *Pencil Points*, Nelson passe en 1935 à *Architectural Forum*, en tant que rédacteur en chef adjoint, puis consultant de 1944 à 1949. Dans ses articles, il loue les travaux des architectes et designers modernistes. Il reste toutefois un architecte de terrain, avec le cabinet Fordyce & Hamby à partir de 1937, et en 1941 en partenariat avec William Hamby pour le projet de la maison Fairchild, une des rares résidences modernistes de New York.

NOUVEAUX CONCEPTS EN DESIGN DOMESTIQUE

Après la fermeture du cabinet Hamby & Nelson, en 1942, il consacre beaucoup de son temps à l'écriture. En 1945, il co-écrit un ouvrage intitulé *Tomorrow's House (La Maison de demain)* avec le designer Henry Wright, qui a lui aussi collaboré à *Architectural Forum*. Le livre expose comment les principes du modernisme peuvent concrètement s'appliquer à la maison américaine, notamment avec le principe du séjour ouvert.

La même année, Nelson développe un de ses concepts majeurs en matière de design, celui du mur de rangement, ou *Storagewall*. Il s'appuie sur l'idée que l'espace

Ball Clock *(1950). Ses références visuelles à la structure moléculaire rappellent l'intérêt contemporain pour l'atome. Ayant frappé l'imagination du public,* Ball Clock *est devenu un classique du design du XX*e *siècle.*

Home Desk, *bureau individuel (1946). Le rangement se place au-dessus du plan de travail. L'ensemble est supporté par des pieds en acier, et incorpore un abattant pour la machine à écrire et un tiroir range-dossiers en forme de panier métallique.*

Marshmallow *(1956). Cette œuvre, parmi les plus connues de Nelson, à la forme fonctionnelle, simple mais affirmée, est un clin d'œil au modernisme des années cinquante, avec ses coussins ronds multicolores évoquant les fameuses confiseries.*

perdu au creux des murs des maisons pourrait astucieusement servir de rangement. La nouveauté de cette idée, la combinaison du mobilier et de la structure du bâtiment, incite D.J. De Prée, le président de la société Herman Miller, à fabriquer le *Storagewall* et à engager Nelson à la tête de son bureau de design pour succéder à Gilbert Rohde, mort en 1944. Une des premières initiatives de Nelson sera de convaincre De Prée de produire, à partir de 1946, les créations du jeune Charles Eames *(voir pages 148-15).*

CARRIÈRE DE L'APRÈS-GUERRE

Nelson poursuit à la fois son activité chez Herman Miller et ses travaux de praticien du design. En 1947, il ouvre son agence à New York, où il crée une série de modèles qui marquent leur époque, dont beaucoup pour Herman Miller : la *Ball Clock*, pendule à boules (1950) ; la *Bubble Lamp*, lampe-bulle (1952) ; les canapés *Marshmallow* (1956) et *Sling* (1963). Durant les années cinquante et soixante, Nelson et son équipe chez Herman Miller collaborent également à des expositions — exposition des États-Unis à Moscou en 1959, avec Charles Eames, pavillon irlandais et pavillon Chrysler de l'exposition internationale de New York en 1964 —, des aménagements intérieurs — salons de Chicago en 1948, New York en 1953 et 1956, Washington en 1964 — et urbains. Jusqu'à sa mort, Nelson tient une place incontestée de leader et porte-parole du design moderne américain.

Né en Finlande, Eero Saarinen (1910-1961) appartient à la génération des architectes-designers qui, après la Seconde Guerre mondiale, ont contribué à faire des États-Unis la mecque du design moderne. Avec des concepteurs comme Charles Eames *(voir pages 148-151)*, George Nelson *(voir pages 154-155)*, Harry Bertoia

Eero Saarinen

et Isamu Noguchi, il a joué un rôle essentiel dans l'évolution d'une forme de modernisme utilisant des courbes organiques, plus accueillantes que les lignes sévères du modernisme classique, mais honorant toujours la fabrication industrielle plutôt que le travail artisanal.

Eero Saarinen, le fils de l'architecte Eliel Saarinen, lié à l'Art nouveau scandinave. Il a été un grand architecte et designer de l'après-guerre aux États-Unis. De ses premiers travaux avec Charles Eames à sa collaboration avec Knoll, il a créé des meubles parmi les plus marquants du XXe siècle.

Womb (Matrice) *et son repose-pied, dessiné en 1946-1948 pour Knoll. Composé de fibre de verre garnie de mousse de latex sur une structure d'acier tubulaire, il est conçu pour que l'utilisateur puisse se lover confortablement dans ses formes accueillantes.*

DÉBUTS

Saarinen s'est forgé une réputation dans le Nouveau Monde, mais ses racines plongent dans l'Ancien. Il vit en Finlande jusqu'en 1923, avec son père, l'architecte Eliel Saarinen, et sa mère, Loja. Lorsque son père reçoit le second prix du concours pour le gratte-ciel du *Chicago Tribune* (derrière Frank Lloyd Wright, premier prix), la famille part pour les États-Unis. Eliel y enseigne l'architecture à l'université du Michigan, à Ann Arbor. Eero reste proche de son père jusqu'à la mort de celui-ci en 1950, sans imaginer devenir autre chose qu'architecte. Pour lui, l'architecture est une discipline apparentée aux beaux-arts, en particulier à la sculpture. Il se décrit comme un « créateur de forme » plutôt qu'un architecte, et tous ses projets révèlent une puissante maîtrise du modelé. Avant d'entamer ses études d'architecture à l'université de Yale, entre 1930 et 1934, Eero passe d'ailleurs un an à Paris pour étudier les beaux-arts.

COLLABORATION AVEC CHARLES EAMES

En 1929, la première expérience de Saarinen dans le design consiste à aider ses parents à concevoir du mobilier en bois pour l'école de filles de Kingswood, près de New York. En 1934, il travaille brièvement sur un projet de mobilier avec le designer Norman Bel Geddes. Entre 1934 et 1935, il voyage en Europe ; à son retour aux États-Unis, il enseigne quelque temps à la Cranbrook Academy of Art, près de Detroit, dans le Michigan. Cette institution fondée sur un idéal utopiste, orientée vers l'artisanat d'art, a été fondée en 1927 par Eliel Saarinen, qui en devient le directeur en 1932, et l'éditeur George C. Booth. Parmi les diplômés de l'école, deux auront une influence déterminante sur la carrière d'Eero : Charles Eames et Florence Schust.

En 1937, Eero quitte l'enseignement pour ouvrir avec son père un cabinet d'architecture. La même année, il rencontre Eames, alors étudiant à la Cranbrook Academy of Art. Ils vont collaborer sur différents projets. Leur fleuron, une gamme

Tulip, conçu en 1955-1957 pour Knoll. Né d'une réflexion sur l'illusion visuelle, Tulip semble d'une seule pièce, bien que son pied soit en aluminium et sa coque en fibre de verre. La couleur blanche crée l'unité.

Hall d'embarquement de la TWA à l'aéroport d'Idlewild (aujourd'hui John F. Kennedy) à New York en 1962. Saarinen a donné au bâtiment des formes organiques évoquant un oiseau ou un avion en vol.

de mobilier, remporte en 1940 le premier prix de l'exposition *Design organique dans l'ameublement* du Museum of Modern Art de New York.

De 1941 à 1947, Eero poursuit ses travaux en partenariat avec son père et J. Robert Swanson. Au début de la décennie, il étudie avec Eames les possibilités d'utilisation du contreplaqué moulé pour la marine américaine. Ils resteront très liés, mais leurs chemins se séparent après 1946. Eames crée alors des modèles pour Herman Miller, Saarinen travaille pour une nouvelle firme, Knoll Associates, fondée par Florence Schust et son époux, Hans Knoll.

SIÈGES KNOLL

Saarinen dessine pour Knoll plusieurs sièges qui marqueront l'histoire du mobilier du XXe siècle. Le premier, le fauteuil de salon *Grasshopper* (*Sauterelle* [1946]), digne d'intérêt, est moins révolutionnaire que *Womb* (*Matrice* [1946-1948]), aujourd'hui célèbre, formé d'une seule pièce en fibre de verre *(voir page ci-contre)*. *Womb* est garni de mousse de latex et soutenu par une armature tubulaire en acier. Avec son repose-pied à coussin, sa forme modelée, confortable et enveloppante, évoque bien son nom.

De 1948 à 1956, Saarinen crée pour Knoll une gamme de sièges de bureau formés d'une coque moulée sur un piètement destinés au centre technique de General Motors, dont il a conçu le bâtiment. Sa seconde création devenue un classique, la chaise *Tulip*, fait partie d'une série à pied unique réalisée pour Knoll entre 1955 et 1957. À la source de ce design, Saarinen recherche une forme « monobloc, monomatière » ; il conçoit ce type de pied pour éviter ce qu'il appelle le « fouillis des pieds ». *Tulip* est réalisé en fibre de verre et en aluminium, mais son revêtement de plastique blanc lui donne une apparence uniforme.

Bâtiment du design automobile de General Motors à Warren, dans le Michigan, construit entre 1951 et 1957. L'emploi par Saarinen de grandes parois de verre illustre son goût et son savoir-faire dans les techniques les plus avancées.

À l'exception, non des moindres, d'Alvar Aalto, la contribution des Finnois au design moderne est pour l'essentiel l'œuvre de concepteurs travaillant pour l'industrie des arts appliqués, notamment en verrerie et céramique. Dans les années de l'après-guerre, lorsque se met en place un nouveau vocabulaire du design, Kaj Franck (1911-1989)

Kaj Franck

joue un rôle clé. Il collabore avec les grands industriels de la céramique et du verre, et son influence dans les années cinquante et soixante sur les arts de la table finnois est immense. Homme modeste et réservé, dédaignant l'idée d'objet « signé », il est pourtant, avec Tapio Wirkkala et Timo Sarpaneva, un pivot du modernisme finnois de l'après-guerre. Selon lui, « le but du design est de produire des objets qui rendent service aux hommes ».

Kaj Franck est l'un des plus grands designers d'art industriel finnois durant les années cinquante et soixante. Par son rôle majeur dans l'évolution de la céramique et du verre, il a atteint une dimension internationale.

Vase créé dans les années cinquante pour la verrerie Nuutajärvi. Pièce unique soufflée et moulée en verre translucide et fumé, finie à la main, elle illustre parfaitement le talent de Franck pour concevoir des formes simples mais puissantes. Elle contraste avec d'autres objets du créateur conçus pour la production en grande série.

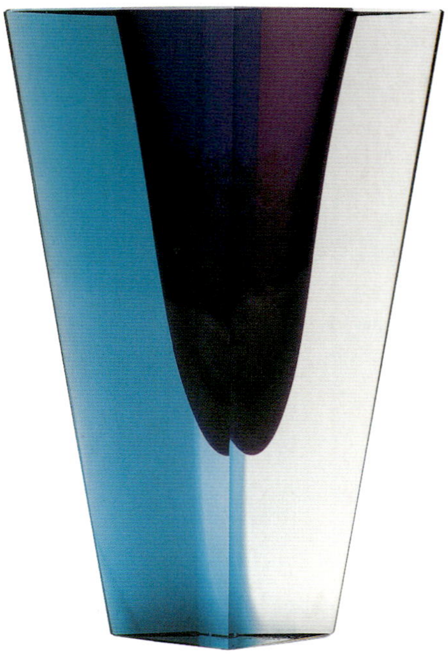

DESIGN FINLANDAIS DE L'APRÈS-GUERRE

Après la Seconde Guerre mondiale, un nouveau dynamisme sous-tend le design moderne. Le modernisme austère propre à l'œuvre de nombreux architectes-designers de l'entre-deux-guerres fait place à une sensibilité plus douce, plus lyrique, qui reste cependant bien en phase avec son époque. Des approches nationales tempèrent la nature fortement germanique des premières phases du modernisme ; celles des pays scandinaves connaîtront un énorme retentissement. Le design finlandais, notamment, donne naissance à une nouvelle vague créatrice qui trouve rapidement un écho dans l'imaginaire international.

FORMATION ET TRAVAIL POUR L'INDUSTRIE

Après une formation de concepteur de mobilier, entre 1929 et 1932, à l'Institut d'art industriel d'Helsinki — où il enseignera dans les années soixante —, Franck débute comme designer indépendant de luminaires et de textiles. C'est d'ailleurs en tant que créateur reconnu de tissus qu'il est approché en 1945 par le fabricant de céramique Arabia pour prendre la direction de son atelier de conception et de design. En 1950, il devient directeur artistique de la firme à la place de Kurt Ekholm, en poste depuis 1931.

CRÉATIONS POUR IITTALA

En 1946, la firme Iittala, un des industriels verriers les plus influents de Finlande avec Nuutajärvi et Riihimaki, contacte Franck, qui retirera de sa collaboration avec ces sociétés une grande expérience du travail du verre. Pratiquant désormais deux disciplines des arts appliqués, il apporte alors sa marque au nouveau mouvement du design finnois. Celui-ci atteint un sommet aux Triennales de Milan de 1951 et 1954 et y est reconnu comme l'un des plus créatifs en matière de design.

Les créations présentées à Milan par Wirkkala *(voir pages 164-165)* et Sarpaneva mettaient l'accent sur le modelé et l'expression. Franck

Deux pièces de la série Cloches du Kremlin, *dessinée en 1958 pour la verrerie Nuutajärvi. Leur silhouette colorée, en verre translucide et fumé moulé et soufflé, parmi les plus décoratives des créations de Franck à cette époque, préfigure l'évolution de la verrerie finnoise au cours de la décennie suivante.*

Poisson plat, *gamme d'objets d'art conçue dans les années cinquante pour la verrerie Nuutajärvi. À côté des objets utilitaires, Franck a créé ces pièces décoratives exploitant le vocabulaire offert par leur matière et explorant des formes abstraites, quoique inspirées par la nature.*

emploie une approche plus retenue et plus pragmatique. Il obtient son premier grand succès avec sa vaisselle bon marché *Kilta*, à laquelle il commence à travailler en 1948, dans la pénurie de l'après-guerre. Ciblant les jeunes couples, *Kilta* décline des objets de table en faïence allant au four, dont certains multi-usages, disponibles dans une palette de couleurs mariables à loisir : blanc, noir, bleu, vert et jaune. Franck a pour idée de s'éloigner du principe du service de table figé et d'apporter à ces objets d'usage quotidien plus de souplesse et de décontraction. Son inspiration doit beaucoup aux concepts de Russel Wright *(voir pages 128-129)* sur les liens entre vie moderne et design. Mais ses créations sont d'aspect bien plus simple que celles de Wright, et se déclinent dans une gamme de couleurs plus sobres. La série *Kilta* connaît un tel succès qu'elle est commercialisée jusqu'en 1974.

ŒUVRES DE LA MATURITÉ

En 1950, Franck quitte Iittala pour Nuutajärvi, où il développe bientôt un design visant à adapter à la production de masse des objets simples et de bonne qualité. Au début de la décennie naissent différentes gammes de « classiques », dont plusieurs, très utilitaires, rappellent les récipients en verre des laboratoires. Mais Franck nourrit aussi un goût pour le modelé et le décoratif, que révèlent ses petits objets en verre sculpté figurant oiseaux et poissons stylisés. À côté des objets du quotidien, il célèbre l'objet décoratif, comme l'illustrent merveilleusement ses doubles carafes *Cloches du Kremlin* de 1958.

Kilta, *lancé en 1952 par Arabia. Ce service en faïence, dans une gamme restreinte de formes et de couleurs, mariables entre elles, reflète le mode de vie plus décontracté de la génération de l'après-guerre.*

L'apport du Danemark au design moderne du XXe siècle a été très important, notamment dans le domaine des arts appliqués, surtout du mobilier. L'héritage laissé par Kaare Klint *(voir pages 64-65)*, associant la tradition et une puissante intuition des attentes du siècle, se fait fortement sentir après 1945.

Hans Wegner

Il influence trois grands concepteurs de mobilier : Børge Morgensen, Finn Juhl et Hans Wegner (né en 1914). Tous trois jouent un rôle clé dans la naissance du mouvement Danish Modern, mais Wegner se distingue particulièrement comme auteur d'une série de sièges — 500 au total — dont certains sont devenus des classiques. Ils incarnent une époque où savoir-faire artistique, valeurs traditionnelles et vie moderne se sont développés en totale harmonie.

Hans Wegner a joué un rôle majeur dans l'émergence du courant Danish Modern dans le mobilier. Dans les années cinquante, ce mouvement s'est imposé dans les intérieurs à la mode et s'est trouvé au centre des réflexions sur le design.

Fauteuil de repos en corde et acier (1950). L'un des projets les plus audacieux de Wegner, pour lequel il abandonne temporairement le bois pour tester des matériaux plus originaux.

FORMATION ET PREMIÈRES RÉALISATIONS

En 1931, Wegner fait son apprentissage chez un ébéniste dans le Jutland. Il acquiert alors les savoir-faire qu'il appliquera au cours de sa longue carrière. Il suit plus tard une formation à l'Académie d'architecture de Copenhague (1936-1938), puis à l'école des arts appliqués de la même ville. Ainsi, dès le début, il marie la compétence du créateur de meubles aux connaissances de l'architecte.

Wegner achève son apprentissage du design en travaillant cinq ans, de 1938 à 1943, comme assistant d'Arne Jacobsen *(voir pages 142-145)* et de son collaborateur Eric Møller, à l'époque où ils s'occupent du projet de l'hôtel de ville d'Aarhus. Nul doute que le modernisme sans concession de Jacobsen renforce la décision de Wegner de défendre ce style. En 1943, il ouvre son cabinet à Gentofte ; celui-ci est aujourd'hui dirigé par sa fille.

TRAVAUX AVEC JOHANNES HANSEN

Le dernier élément décisif dans l'orientation de la carrière de Wegner est la rencontre, vers 1940, du fabricant de mobilier Johannes Hansen, qui se charge de la production de ses premiers modèles. Dans la décennie qui suit la Seconde Guerre mondiale, Wegner crée plusieurs sièges qui assurent au Danemark une réputation internationale. En 1951, il reçoit le prix Lunning, couronnant un créateur scandinave, qu'il partage avec le Finnois Tapio Wirkkala *(voir pages 164-165)*. Il remporte également une médaille d'argent à la Triennale de Milan de 1957 *(voir pages 166-167)*.

En 1944, il conçoit un premier siège remarqué, le fauteuil *Chinois (voir page ci-contre)*, produit par Hansen. Le siège se caractérise par son élégance stricte et son minimalisme, même si, par son matériau et sa structure, il évoque un fauteuil traditionnel. La qualité de ses finitions

Deux chaises d'un ensemble de six, en hêtre et contreplaqué, et table assortie, conçues en 1949 pour Fritz Hansen. Elles allient un aspect moderne — dosseret incurvé, pieds en fuseau et assise galbée — à un matériau classique.

Fauteuil Chinois*, créé en 1944 pour PP Møbler et produit en 1945 par Fritz Hansen. Il marie avec talent tradition et modernité, évoquant un meuble rustique par sa forme simple en bois massif (hêtre ou teck), mais offrant un confort et un raffinement nouveaux grâce à la subtilité de ses courbes.*

et de son assemblage, due au savoir-faire de l'ébéniste, deviendront la signature des créations de Wegner durant les décennies suivantes. *Peacock (Paon)*, de 1947, constitue une version moderne et radicale de la chaise Windsor traditionnelle, un type de siège aussi courant en Scandinavie que la chaise à barreaux typique des pays nordiques. Tout en puisant dans la tradition, Wegner demeure très attaché au style de vie moderne, où chaque meuble, léger mais confortable, s'avère plus pratique que les ensembles traditionnels. C'est cette alliance entre légèreté et confort qui lui permet d'appeler son fauteuil de 1949, en toute simplicité, *The Chair*. Il n'a alors que trente-cinq ans, et il conçoit ce qui représente aujourd'hui un des standards du XXe siècle. Avec son dossier qui rejoint subtilement les accoudoirs en une seule courbe et son assise cannée, *The Chair* symbolise le meilleur de l'esprit du modernisme organique de l'après-guerre.

Flag Line*, dessiné en 1950 pour Fritz Hansen. Ce siège très sculptural en bois — pieds en fuseau, accoudoirs en porte-à-faux, assise et dosseret légèrement rembourrés —, bien que moderne, rappelle le modèle traditionnel des fauteuils transatlantiques.*

CRÉATIONS PLUS TARDIVES

À partir de 1949, la créativité de Wegner donne naissance à une grande diversité de sièges. La plupart sont en bois, de diverses essences (Wegner optera plus tard pour l'acier tubulaire). Il attache la plus grande importance à leur structure. Jusque dans les années soixante-dix, il travaille avec différentes entreprises, dont Fritz Hansen, PP Møbler, Carl Hansen et Planmobel, produisant notamment les modèles *Shell (Coquille)* en 1949, *Y* en 1950, *Silent Valet* (un valet de nuit pliant) en 1953, un fauteuil de bureau en 1955 et le fauteuil *Bull (Taureau)* en 1960. Il s'intéresse aussi à la coutellerie, aux luminaires et au papier peint. Mais Wegner est avant tout connu pour ses premiers sièges, toujours fabriqués.

Ernest Race (1913-1964) joue un rôle clé dans l'émergence d'un mouvement moderniste britannique dans le design de meubles. Dans les années d'après-guerre, il participe activement à la définition du style contemporain. Ce terme distingue la tendance plus légère, plus organique, plus gaie qui se dessine alors dans le mobilier

Ernest Race

et l'aménagement, du modernisme de l'avant-guerre, son austère prédécesseur. Le style contemporain n'en est pas moins rigoureux dans sa promotion des matériaux nouveaux ou dans son approche fonctionnelle de l'objet. Simplement, il s'intéresse plus aux besoins de l'usager qu'au rationalisme de la production industrielle. C'est un style démocratique, qui cherche à rendre accessibles au plus grand nombre des objets modernes et de qualité.

Ernest Race a transposé les avancées technologiques de la Seconde Guerre mondiale dans un nouveau style de meubles, bien dans l'esprit de l'époque. Plusieurs de ses créations sont devenues des classiques.

Neptune, *dessiné en 1953 pour la compagnie maritime P&O. La structure simple, en contreplaqué, de cette chaise pliante légèrement rembourrée s'avère très pratique et, avec ses courbes subtiles, agréable à l'œil.*

FORMATION ET PREMIÈRES RÉALISATIONS

Race est l'un des créateurs les plus marquants de son époque, surtout dans l'application de nouveaux matériaux à la fabrication de meubles. De 1933 à 1935, il étudie à l'école d'architecture Bartlett (université de Londres). Avant de trouver sa voie, dans le design de meubles, il effectue en 1937 un bref mais intéressant détour ; il se rend en Inde auprès d'une tante, missionnaire, directrice d'un centre de tissage à Madras. De retour à Londres, fasciné par les belles étoffes qu'il a découvertes, il ouvre la boutique Race Fabrics, qui présente des tissages indiens. Il suit également un apprentissage en design, travaillant d'abord comme modéliste, puis comme dessinateur pour le fabricant de luminaires Troughton & Young.

GUERRE ET APRÈS-GUERRE

Les années de guerre s'avèrent cruciales pour Race, comme pour nombre de designers de sa génération, dont Charles Eames (*voir pages 148-151*). Race travaille pour l'industrie aéronautique et prend connaissance des progrès techniques réalisés dans le domaine des matériaux. Après la guerre, dans un climat de pénurie générale, il s'associe avec l'ingénieur J.W. Noel Jordan pour fonder Race Furniture, entreprise qui recycle des rebuts de l'industrie de guerre pour fabriquer du mobilier.

Le bois, notamment, manque ; Race et Jordan s'intéressent surtout au métal, en particulier à l'aluminium. Il en résulte la *BA* (*voir page ci-contre*), chaise de salle à manger en aluminium sablé, alliant solidité, légèreté et minimalisme, avec ses pieds raffinés et effilés, son dos élégamment incurvé et un rembourrage minimum pour l'assise et le dossier. La *BA* est la vedette de l'exposition *Britain Can Make It*, organisée en 1946 au Victoria & Albert

Intérieur présentant des meubles de Race (1952), dont (partant du centre, à l'inverse des aiguilles d'une montre) le fauteuil Ladies*, une bergère, un fauteuil de détente, une table d'appoint, un canapé et, au fond, une table et son ensemble de chaises baptisé* BA.

Coupe montrant la composition d'une bergère de la fin des années quarante. L'armature en tige d'acier lui donne sa forme organique, et la technique traditionnelle de rembourrage, son aspect confortable.

Museum à Londres par le tout nouveau Council of Industrial Design, et de la Triennale de Milan de 1951 *(voir pages 166-167)*, où elle remporte une médaille d'or.

CRÉATIONS POUR LE SOUTH BANK ET ŒUVRES DE MATURITÉ

Après le succès de la *BA*, Race enchaîne avec deux autres réalisations, conçues pour être exposées en plein air lors du Festival de Grande-Bretagne de 1951, sur le South Bank, à Londres. Les fauteuils *Antelope (voir page 153)* et *Springbok* sont de parfaites illustrations de l'emploi de la tige d'acier. L'omniprésence de ces fauteuils à l'exposition de 1951 en fait des emblèmes de l'événement ; ils marquent l'imagination du public. L'influence de la tige d'acier terminée en pied-boule gagne bientôt tout le style contemporain, si apprécié du public, engendrant une gamme d'objets allant du portemanteau à la table basse. La symbolique atomique du pied-boule a joué, mais cet accessoire a aussi une fonction pratique en évitant que la tige d'acier ne marque la moquette ou le parquet.

Race atteint l'apogée de la réussite en 1951, mais il poursuit la création de symboles de la modernité avec, par exemple, la chaise *Flamingo (Flamant)* en 1959 et le canapé *Sheppey* en 1963. Il travaille jusqu'en 1954 pour Race Furniture (qui produit toujours ses créations). Il exerce ensuite en tant que designer indépendant jusqu'à sa mort, dix ans plus tard.

Peut-être plus qu'aucun autre designer, Tapio Wirkkala (1915-1985) a représenté sur la scène internationale le mouvement rénovateur du design apparu en Finlande après la Seconde Guerre mondiale. Son allure — visage buriné, barbe et cheveux en bataille — symbolise la manière dont le design finnois de son temps s'inspire de la nature

Tapio Wirkkala

et des éléments, en quête d'un modernisme nouveau, d'inspiration plus organique. Pendant la majeure partie de sa carrière, Wirkkala a passé une partie de l'année en Laponie. Ses créations hardies, presque abstraites — mobilier en verre, bijoux, coutellerie, billets de banque, timbres —, en reflètent les paysages grandioses, l'esprit et les traditions.

Tapio Wirkkala a contribué, avec d'autres créateurs, à forger la réputation internationale du design finnois de l'après-guerre. L'expressivité des formes qu'il a créées et ses talents multiples, principalement en verrerie, ont influencé de nombreuses créations finnoises.

TRAVAIL DU VERRE

De 1933 à 1936, Wirkkala se forme à la sculpture à Helsinki, mais il est plus connu comme artiste et designer verrier. Il se fait connaître en remportant un concours organisé en 1946 par l'entreprise finnoise Iittala, pour laquelle il concevra ensuite des objets durant toute sa carrière. Malgré une formation intensive en verrerie, son approche relève plutôt des beaux-arts. Il fabrique lui-même les moules dans lesquels est soufflé ou fondu le verre et applique sur le matériau des objets naturels, bois ou feuilles, pour créer des textures et des effets de surface. Ses créations irrégulières, très texturées, ne ressemblent à rien de connu.

Parmi ses premières grandes productions couronnées de succès, la gamme de vases *Kantarelli*, de 1946, utilise des formes fluides, gravées de lignes fines, inspirées de la chanterelle. Il a d'abord été difficile pour les artisans d'Iittala de reproduire ses designs délicatement gravés, mais Wirkkala travaille avec eux à résoudre les difficultés techniques. Ses bols *Leaf (Feuille)* et *Lichen*, de 1951, montrent comment il exploite les techniques traditionnelles du verre pour obtenir des solutions visuelles nouvelles. La surface opaque du *Lichen* s'obtient par gravure à l'acide. De 1959 jusqu'à sa mort, Wirkkala collabore aussi avec la verrerie italienne Venini.

Kantarelli, *en cristal soufflé incisé de lignes, conçu en 1946 pour la verrerie Iittala. Il a remporté un grand prix à la Triennale de Milan de 1951.*

TRIENNALES DE MILAN

Wirkkala se forge une réputation internationale avec les travaux présentés à la Triennale de Milan de 1951 *(voir pages 166-167)*.

Vase créé au début des années soixante pour Iittala. L'alliance d'une forme géométrique affirmée, du motif moulé en surface et de la couleur profonde est caractéristique du style de Wirkkala, simple mais expressif.

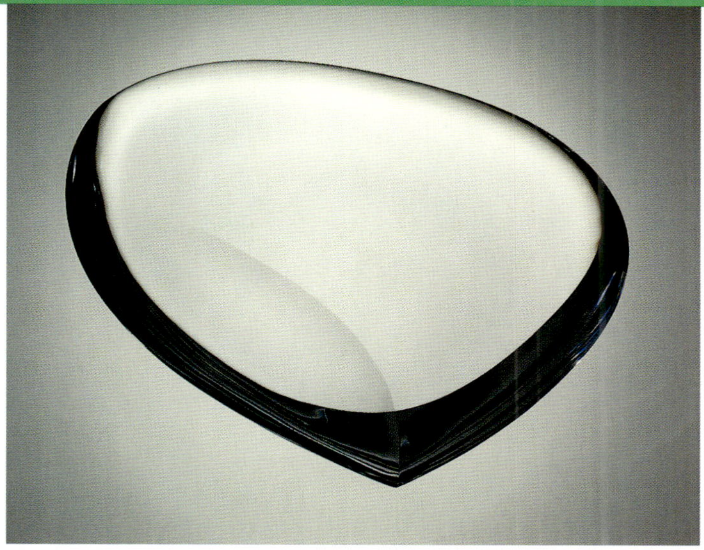

Avec son épouse, la dessinatrice Rut Bryk, qui, dans les années soixante, travaille au service de création de l'entreprise de céramique Arabia, il prépare et organise le stand finnois. Cette présentation impressionnante, avec comme toile de fond un paysage finlandais, propose de nombreuses créations en céramique et en verre ; parmi celles-ci se trouvent trente de ses œuvres, avec *Kantarelli* et *Lichen*. Les exposants finnois reçoivent six grand prix, dont trois pour Wirkkala. Le designer dirige aussi la délégation finnoise à la Triennale de Milan de 1954 ; le grand succès rencontré alors aide les pays scandinaves à dominer ces manifestations pendant toutes les années cinquante.

Plat asymétrique, moulé et poli, réalisé en 1952 pour la verrerie littala. Ses talents de sculpteur ont permis à Wirkkala de modeler cette forme minimale et organique, que souligne l'épaisseur du rebord. Exposé à la Triennale de Milan de 1954, ce plat a contribué à assurer la réputation internationale de la Finlande dans l'art du verre.

Tapio, *gamme de gobelets dessinée entre 1954 et 1956 pour littala. En verre soufflé translucide, ils se caractérisent par leur base lourde et leur taille élégamment incurvée. Leur pied enferme une bulle d'air.*

AUTRES MODES D'EXPRESSION

Créateur prolifique à multiples facettes, Wirkkala, au cours de sa carrière, a utilisé bien d'autres matériaux que le verre. Dans les années soixante, il passe de l'objet d'art unique au design industriel. De 1956 à 1985, il conçoit des pièces en céramique pour la firme allemande Rosenthal, dont une théière en porcelaine noire (1968) et le service commémoratif *Century* (1979). Il crée aussi des objets modelés, tels des bols, à partir de bois laminé multicouche. Il dessine aussi des meubles, par exemple une table pour le fabricant finnois Asko (1958). Un de ses projets les plus marquants, au début des années soixante, est une version moderne et effilée du *puukko*, couteau finnois traditionnel à fourreau, pour l'entreprise Hackman. Il dessine aussi plusieurs modèles de couteaux et une lampe sur pied en métal (1960).

ŒUVRES PLUS RÉCENTES

Dans les années soixante-dix, Wirkkala revient à la sculpture et crée des oiseaux en bronze. Il continue de s'intéresser aux traditions finnoises, mais les reformule de façon très moderne. En 1981, il imagine par exemple trois commodes, une pour sa femme, une pour son fils, Sami, et l'autre pour sa fille, Maaria, qui seront fabriquées traditionnellement, avec des chevilles en bois.

Table en bouleau laminé et métal (années quarante). Wirkkala, qui a reçu une formation de sculpteur, possède les savoir-faire nécessaires pour travailler des matériaux très divers. Son sens de l'harmonie et de l'élégance s'exprime pleinement dans cette table. Il a également conçu des couverts en bois et en métal.

Triennales de Milan

Dans les années cinquante et soixante, les Triennales de Milan jouent un rôle majeur dans la mise en lumière des tendances du design moderne. Les designers se pressent à Milan, avides de découvrir les œuvres novatrices venues de pays européens comme la Finlande, la Suède, l'Allemagne et, bien sûr, l'Italie. Les revues de design du monde entier publient l'actualité de la manifestation, et des réputations naissent du jour au lendemain.

Décor et éclairage de l'entrée de la salle de conférences réalisés par Achille et Pier Giacomo Castiglioni pour la 11e Triennale de 1957. Les Castiglioni ont apporté une contribution majeure aux Triennales des années cinquante.

ORIGINE DES TRIENNALES

En 1923, le critique Guido Marangani conçoit une biennale pour exposer des œuvres artisanales locales ; elle se tient à Monza. Dès 1930, la manifestation devient la Triennale internationale d'arts modernes décoratifs et industriels, une scène pour les activités d'avant-garde en Europe.

En 1933, la Triennale se déroule pour la première fois à Milan, dans le Palais des arts construit à cet effet, un bâtiment de style néo-classique Novecento dû à Giovanni Muzio. La 5e et la 6e Triennale (1936 et 1940) sont marquées par le fascisme : pour la 5e, Marcello Nizzoli *(voir pages 172-173)*, avec les architectes Giancarlo Palanti et Edoardo Persico et le sculpteur Lucio Fontana, conçoit un *Salon de la victoire* décoré de portraits d'empereurs romains.

Lady, dessiné en 1951 par Marco Zanuso (voir pages 196-199) pour Arflex. Innovant par l'utilisation de la mousse de caoutchouc créant une forme organique et un confort nouveaux, il remporte un grand prix à la Triennale de 1951. Zanuso est aussi distingué aux manifestations de 1954 et 1957.

TRIENNALES DE L'APRÈS-GUERRE

Après la défaite, la Triennale illustre le concept de la Ricostruzione, renaissance économique, politique et culturelle parallèle à l'émergence de la nouvelle république italienne. La 8e Triennale de 1947 s'intéresse à la construction de logements. Beaucoup de jeunes architectes-designers, dont Ettore Sottsass *(voir pages 216-219)* et Vico Magistretti *(voir pages 216-217, 198-201)* exposent du mobilier créé dans cet esprit.

En 1951, lors de la 9e Triennale, la renaissance du design à laquelle on assiste dans de nombreux centres européens, dans le but, entre autres, de ranimer le commerce et la culture après la guerre, est manifeste. L'Italie mène le jeu avec son époustouflante présentation *La Forme de l'utile*, dans laquelle des entreprises italiennes dynamiques, notamment Olivetti et Piaggio, exposent des objets conçus par les nouveaux designers industriels, dont Nizzoli, Gino Valle et les frères Castiglioni *(voir pages 194-195)*.

L'Italie n'est pas la seule à briller lors de cette manifestation. Cette année-là, Tapio Wirkkala *(voir pages 164-165)* réalise le stand finnois, qui remporte de nombreux prix avec ses objets d'art en verre et en céramique. Quant à l'Allemagne, elle présente sa nouvelle orientation en matière de design industriel, un néofonctionnalisme rigoureux qui intègre des concepts du Bauhaus, et affirme sa puissance économique internationale.

Zone de détente conçue par Joe Colombo (voir pages 208-209) pour l'exposition Expression et Production italiennes de la 14e Triennale de 1968. Chaque usager dispose d'écouteurs, d'un cendrier et d'un repose-verre. La Triennale ferma prématurément à cause des émeutes étudiantes dans le parc du Palais des arts.

Salle de conférences dessinée par les Castiglioni pour la 11e Triennale de 1957. L'éclairage particulièrement original, reprenant la lampe Bulb produite par Leuci, inspirée d'une ampoule de 1 000 Watts, provient d'un travail déjà réalisé par les deux frères pour la 9e Triennale de 1951.

La Triennale de 1954 s'inscrit dans la même tendance, tout comme celle de 1957, dont Hans Wegner *(voir pages 160-161)* reçoit le grand prix. À cette date, il apparaît clairement que le design industriel est fortement ancré dans la culture européenne et que les pays les plus actifs cherchent à affirmer leur propre style. Mais, en 1964, se produit une réorientation. Le star-système, qui plaçait des designers sur un piédestal et en faisait les représentants d'une culture raffinée, a dominé la décennie passée. Il atteint son apogée dans ces années-là et commence à donner des signes de faiblesse. En choisissant les loisirs comme thème de la manifestation, les organisateurs de la 12e Triennale mettent en avant le consommateur plutôt que le designer.

Les bouleversements de 1968 annoncent le déclin de la Triennale. L'exposition de 1968 ferme prématurément à cause des manifestations estudiantines. D'autres Triennales se déroulent dans les années soixante-dix et quatre-vingt, mais l'événement ne retrouve pas le rôle de premier plan qu'il a tenu dans les années cinquante et soixante.

Couverts en acier créés en 1936 par Gio Ponti pour Krupp Italia. Ils ont été exposés à la 6e Triennale de Milan, deuxième manifestation organisée au Palais des arts, bâti à cet effet. Ponti joua un rôle déterminant dans l'instauration des Triennales dans les années vingt et trente.

Robin et Lucienne Day (nés respectivement en 1915 et 1917) comptent parmi les grands designers britanniques des années cinquante. Leur jeunesse, leur talent et leur vision optimiste en ont fait des symboles de l'ère nouvelle de l'après-guerre, ensemble comme séparément. Reconnus sur le plan international pour des meubles

Robin & Lucienne Day

et des textiles remarquables, ils ont contribué à distinguer leur pays sur la carte du design moderne. Un temps, les Day ont été des personnages publics ; les médias en ont fait des « faiseurs de modes », à l'instar des designers industriels américains des années trente, les présentant comme les brillants représentants d'un nouveau style de vie, illustré par la décoration et les meubles de leur maison de Chelsea (sujet d'un numéro de la revue *House and Garden* de 1952). Cela a renforcé leur statut de célébrités, tout comme leur apparition, trois ans plus tard, dans une publicité pour la vodka Smirnoff.

Robin et Lucienne Day (pour la publicité Smirnoff) ont, dans les années cinquante et soixante, renouvelé la décoration intérieure britannique.

Pièce du pavillon Maisons et Jardins *conçue pour le Festival de Grande-Bretagne de 1951. Les étagères, la table, les chaises et les rangements intégrés sont dus à Robin Day. Leur aspect léger et ouvert porte la marque d'un nouveau style de design d'intérieur.*

FORMATION ET PREMIÈRES RÉALISATIONS

Les Day étudient tous deux au Royal College of Art, à Londres ; Robin de 1934 à 1938, après une première formation au mobilier reçue au lycée technique de High Wycombe, dans le Buckinghamshire (1930-1933) ; Lucienne de 1937 à 1940, après des études à l'école d'art de Croydon. Ils se marient en 1942 et travaillent ensuite en étroite collaboration. À l'issue d'un voyage en Scandinavie en 1947, ils décident, inspirés par ce qu'ils y ont découvert, de contribuer à renouveler le design contemporain britannique.

ROBIN DAY

Jusqu'en 1948, ayant peu d'occasions de travailler à la création de meubles, Robin gagne sa vie comme graphiste et concepteur d'expositions. Sa vie change en 1949 grâce à un projet qu'il conçoit avec le designer de mobilier Clive Latimer pour un concours d'ameublement bon marché organisé par le Museum of Modern Art de New York. Leur meuble en contreplaqué moulé à structure d'aluminium remporte le premier prix dans la catégorie rangements, pour son design innovant et le recours à de nouveaux matériaux. Cette distinction, parmi quelque 3 000 créateurs, représente pour Day et Latimer un accomplissement majeur (Charles Eames *[voir pages 148-151]* reçoit le prix du fauteuil).

Le succès de Robin attire l'attention de Lesley et Rosamund Julius, propriétaires de l'entreprise britannique Hille, alors en voyage aux États-Unis et désireux de travailler avec des designers contemporains. Ils commandent des meubles à Day et Latimer pour l'Exposition industrielle de Grande-Bretagne de 1949 ; Day y expose une salle à manger en bois.

À partir de 1950, Day occupe les fonctions de directeur du design chez Hille. Il s'intéresse à l'image de marque de la société et, de manière plus évi-

Intérieur de Super VC 10 aménagé en 1963 par Robin Day pour la BOAC. Day a choisi le tissu des sièges, le revêtement des parois et les moquettes. Il a aussi contribué au design des sièges et des équipements de service.

Chaise en polypropylène, lancée en 1963 pour Hille. Cette création, parmi les plus connues de Day, résulte de ses recherches sur le contreplaqué moulé, qui l'ont conduit naturellement à cette forme de chaise monocoque, montée sur des pieds en acier tubulaire. Bon marché et facile à produire, légère, colorée et empilable, elle connaît un immense succès et s'est rapidement répandue dans les lieux publics.

dente, conçoit pendant vingt années de nombreux sièges et autres meubles de rangement ou bureaux pour l'ameublement professionnel. Sa formation technique à la réalisation de meubles lui permet de s'investir dans le processus de fabrication de ses créations, du premier dessin à la production en série, en passant par le prototype.

L'année 1950 voit la naissance d'*Hillestak*, petite chaise d'appoint d'allure très moderne en contreplaqué laminé préformé. En 1951, on sollicite

Sièges en métal créés en 1995 par Day pour Hille. Ce design léger et élégant, destiné aux lieux publics (gares et aéroports), se rencontre fréquemment, notamment dans le métro londonien.

Regent Street, *créé en 1958-1959 par Lucienne Day pour Rosenthal. De 1957 à 1968, la designer collabore avec ce fabricant allemand. Elle conçoit des produits marqués par la diversité des motifs modernes, tel ce service en porcelaine au décor discret mais affirmé.*

Day pour meubler deux pièces, dont la salle à manger, du pavillon Maisons et Jardins du Festival de Grande-Bretagne, et pour créer du mobilier pour la salle de concert, le restaurant et le foyer du Festival Hall à Londres. Cette même année, il réalise un intérieur contemporain pour la Triennale de Milan *(voir pages 166-167)*, avec un tissu imaginé par sa femme. Une médaille d'or honore chacun d'eux.

En 1963, Day et Hille créent l'événement en lançant une chaise bon marché monocoque en polypropylène, nouvelle matière plastique. Elle connaît un succès immédiat ; la stratégie publicitaire astucieuse de Hille, qui consiste à offrir un exemplaire de la chaise à six cents architectes, designers et journalistes, n'y est pas étrangère. Très vite, la revue *Architect's Journal* prophétise que la chaise « sera le produit le plus marquant du design britannique de grande diffusion depuis la guerre ».

Day conçoit aussi des appareils électroménagers, notamment des postes de radio et de télévision pour la firme britannique Pye, tout en créant divers articles pour des intérieurs privés ou publics. Cela va de l'équipement de bureau et des tapis à l'aménagement des avions de la BOAC *(voir page 169)*.

LUCIENNE DAY

Les tissus créés par Lucienne ont apporté une contribution majeure au design britannique moderne. En 1948, Alistair Morton lui offre son premier grand projet en lui commandant deux chintz pour sa société Edinburgh Weavers. Ces créations, très réussies, attirent sur elle l'attention de Heals Wholesale and Exports.

En 1951, Lucienne collabore avec Robin sur deux installations. Pour le Festival de Grande-Bretagne, elle conçoit *Calyx*, son motif le plus réussi et le plus connu, qui remporte le premier prix de l'American Institute of Decorators et reçoit par ailleurs une médaille d'or à la Triennale de Milan de 1951. À la Triennale de 1954, *Graphica*, *Tickertape*, *Spectators (voir page ci-contre)* et *Linear* gagnent le prestigieux grand prix.

Trop de cuisinières, *dessiné à la fin des années cinquante par Lucienne Day pour la firme de textiles Thomas Somerset à Belfast. La fraîcheur du motif léger et figuratif, qui marie style rustique et sensibilité moderne, a rapporté à sa créatrice un prix du Design Council.*

Trio, *créé en 1954 par Lucienne Day pour Heals. La designer y révèle son aptitude à transposer sur un textile des motifs relevant des beaux-arts. L'alliance d'un fond à bandes de couleur, d'un motif abstrait à « main levée » et d'un style contemporain s'avère très novatrice.*

Flotilla, dessiné en 1952 par Lucienne Day pour Heals. L'imagerie nautique qui a séduit le public du Festival de Grande-Bretagne, l'année précédente, y est déclinée. Les motifs amusants et abstraits reflètent le style de l'époque.

Spectators, conçu en 1954 par Lucienne Day pour Heals. Ses formes semi-abstraites et ses couleurs hardies mais maîtrisées ont fait son succès. Il orne de nombreux intérieurs de style contemporain et remporte un grand prix à la Triennale de Milan de 1954.

Après le succès de *Calyx*, Lucienne crée pour Heals *Fotilla*, au motif plus resserré, inspiré de l'imagerie nautique, qui orne la *Maison des gens* de l'exposition *La Maison idéale*, à Londres, en 1952. D'autres motifs très appréciés, dont *Small Hours* et *Strata*, suivent rapidement.

De 1954 à 1974, Lucienne crée pour Heals une demi-douzaine de tissus par an. Son travail se distingue par son originalité, sa fraîcheur et son inscription affirmée dans la modernité. Ses motifs, dont beaucoup découlent des plantes, mais fortement stylisés (quand ils ne sont pas abstraits), s'allient à un remarquable sens de la couleur qui les distingue de ceux des autres créateurs. Ils trahissent une vive influence de la peinture abstraite de l'époque, notamment des œuvres du Catalan Joan Miró. Mais leur transposition dans un matériau différent leur donne une vie et une qualité nouvelles.

Pendant les années cinquante et soixante, Lucienne étend sa gamme aux papiers peints, aux céramiques et aux tapis, apportant à ces trois techniques la diversité qui caractérise ses tissus. Elle réalise des papiers peints pour Crown (1954-1964), des céramiques pour Rosenthal (1957-1969 *[voir page ci-contre]*) et des tapis pour plusieurs fabricants.

À partir du milieu des années soixante-dix, elle cesse de travailler pour la production de masse et commence à créer ce qu'elle appelle des « mosaïques de soie » : de grandes draperies décoratives destinées aux intérieurs. Un modèle saisissant orne le magasin John Lewis de Kingston, dans le Surrey, un autre le foyer du centre de conférences Queen Elizabeth II à Londres. Des musées en Suède, aux États-Unis et au Canada en possèdent des exemples, tout comme le Victoria & Albert Museum de Londres et la Whitworth Gallery of Art de Manchester.

Le travail de Marcello Nizzoli (1887-1969) sur le design de produits a exercé une forte influence, en Italie comme dans le monde entier. Nizzoli n'a commencé à travailler dans ce domaine qu'à l'âge de cinquante-trois ans, après une longue et brillante carrière dans le design textile, le design graphique et l'agencement d'espaces d'exposition.

Marcello Nizzoli

Ce bagage solide et diversifié lui a permis d'apporter une contribution à la fois exceptionnelle et sophistiquée à la conception de produits manufacturés. On le connaît surtout par ses créations pour Olivetti, spécialiste du matériel de bureau, pour qui il conçoit quelques « classiques », dans les années quarante et cinquante.

Marcello Nizzoli, après un début de carrière réussi dans le design graphique et l'agencement d'expositions, conçoit à la fin des années quarante et au début des années cinquante les équipements de bureau révolutionnaires d'Olivetti. Designer industriel de renom, il a influencé nombre de ses successeurs.

Machine à écrire Lettera 22*, conçue en 1950 pour Olivetti. Son carénage sobre en métal et sa couleur neutre en font une icône du design moderne et fonctionnel. Elle est rapidement devenue un best-seller mondial.*

FORMATION ET PREMIÈRES RÉALISATIONS

Après avoir étudié l'architecture, les textiles et le dessin à la Scuola di Belle Arti de Parme, Nizzoli entame sa vie professionnelle en 1910 avec un bagage et des intérêts diversifiés qu'il conservera pendant toute sa carrière. Son biographe, Germano Celant, le décrit comme un homme pragmatique. La gamme de ses travaux témoigne de l'importance de la pratique dans ses recherches. Dans les années vingt, il crée ses premiers projets de tissus et des illustrations pour des publicités et des magazines de mode à Milan. Son recours aux motifs géométriques abstraits révèle une forte influence de l'œuvre décorative des Wiener Werkstätte *(voir pages 38-39)*, ainsi que celle des futuristes italiens. À la première Biennale de Monza, en 1923, il expose des châles brodés selon des motifs créés par lui. Pour les deux manifestations suivantes, en 1925 et 1927, il présente des affiches qui témoignent de son intérêt croissant pour le mouvement antirationalise du Novecento. Deux extraordinaires affiches pour Campari, de 1925-1926, révèlent par ailleurs sa fascination pour le cubisme.

En 1930, il est attiré par le rationalisme italien, mouvement d'architecture et de design influencé par les modernistes allemands et français. Il entre en contact avec deux de ses grands promoteurs, Giuseppe Terragni *(voir pages 114-115)* et Edoardo Persico. En 1934, Nizzoli s'associe avec Persico. Ils réalisent ensemble plusieurs projets à Milan : intérieurs minimalistes pour les boutiques des stylos Parker (1934, 1935), décor en acier tubulaire pour la salle des médailles d'or à l'Exposition aéronautique de 1934 et *Salon de la victoire*, pour la Triennale de 1936 *(voir pages 166-167)*.

TRAVAUX POUR OLIVETTI

En 1938, Nizzoli est contacté par Adriano Olivetti pour concevoir un magasin à Venise. Sa première rencontre avec cet industriel dynamique est décisive. En 1940, Nizzoli est chargé du design des produits Olivetti, auxquels il doit insuffler l'image de marque de l'entreprise. Il se montrera sans conteste à la hauteur de la tâche.

APRÈS-GUERRE

Quelques-unes de ses réalisations voient le jour avant la guerre, comme la machine à calculer *Summa 40*, avec son carénage entièrement repensé. Mais le vrai bouleversement intervient après 1945, avec l'apparition de la nouvelle machine à écrire *Lexicon 80*. Agréable et innovante, elle se présente sous forme d'une simple coque de forme organique, composée de deux éléments.

À partir des années cinquante, Nizzoli conçoit une série de produits novateurs pour Olivetti — dont la machine à écrire portable *Lettera 22*, en 1950 *(voir page ci-contre)* — et le fabricant de machines à coudre Necchi. Ses créations n'engendrent pas seulement de nouvelles formes, mais aussi une nouvelle définition du produit lui-même. À noter parmi ses autres succès : les machines à coudre *Supernova* et *Mirella*, de 1956. En 1960, il crée une pompe à essence pour AGIP, démontrant ses multiples talents de designer industriel.

Tout en poursuivant son travail dans le design de produits, Nizzoli conserve son intérêt pour l'architecture et la conception d'expositions. Un de ses derniers projets, jamais réalisé, concevoir un village entier, est digne d'un designer ayant exercé une si grande influence sur l'environnement moderne du XXe siècle.

Affiche dessinée dans les années trente pour Campari. Nizzoli, qui a débuté comme graphiste, a été fasciné par le cubisme.

Salon de la victoire, *dont l'aménagement a été réalisé en collaboration avec le sculpteur Lucio Fontana et les architectes Giancarlo Palanti et Edoardo Persico, pour la Triennale de Milan de 1936. Il y est rendu hommage aux conquêtes militaires italiennes.*

Machine à coudre Mirella, *créée en 1956 pour Necchi. Sa forme dépouillée et profilée, qui appartient aux plus grandes réussites industrielles du design italien des années cinquante, servira longtemps de modèle à l'avant-garde de la création nationale.*

Dans les années cinquante, une nouvelle génération de designers industriels émerge aux États-Unis. Plusieurs membres de l'ancienne génération, dont Walter Dorwin Teague et Raymond Loewy, poursuivent une carrière florissante. Mais certains des nouveaux venus adoptent un mode de collaboration totalement différent avec les grandes firmes.

Eliot Noyes

Eliot Noyes (1910-1977) refuse ainsi de devenir une « call-girl de l'industrie ». S'inspirant des valeurs du modernisme européen plus que de celles du business américain, il se définit comme « un pont entre les grandes firmes et la sensibilité artistique ». Par ses créations, il contribue à modifier l'image du design aux États-Unis.

Eliot Noyes a exercé, dans les années de l'après-guerre, une influence non négligeable en tant que conservateur au MOMA de New York et par son travail avec IBM. Il a contribué à donner au design américain, à côté de son utilité commerciale, une dimension culturelle.

Maison tout électrique, *conçue en 1954, en collaboration avec les ingénieurs de General Electric. Par ses innovations — parois de verre, climatisation et système d'aspiration centralisés, circuit télévisuel interne —, Noyes prouve qu'il travaille pour l'avenir et veut être un créateur du futur environnement matériel.*

FORMATION ET PREMIÈRES RÉALISATIONS

De 1928 à 1932, Noyes prépare un diplôme d'architecture à l'université de Harvard, tout en étudiant les lettres classiques ; de sa formation académique viennent la rigueur et le rationalisme avec lesquels il aborde ses projets. De 1932 à 1935 et de 1937 à 1938, il poursuit ses études d'architecture à la Graduate School of Design de Harvard. Il y reçoit l'enseignement des modernistes européens Walter Gropius *(voir pages 88-89)* et Marcel Breuer *(voir pages 108-111)*, ce qui orientera toute sa carrière. En 1938, une fois son diplôme obtenu, Noyes travaille dans un cabinet d'architecture. En 1939, il est invité par Gropius et Breuer à travailler à Cambridge, dans le Massachusetts. En 1940, il devient le premier conservateur du département de Design industriel au Museum of Modern Art de New York (MOMA), fonction qu'il exerce jusqu'en 1942. En 1932, le MOMA a organisé une grande exposition sur le style international, mais, depuis, aucune initiative importante n'a été prise pour traiter le design comme un domaine à part entière, distinct de l'architecture.

Parmi ses premières initiatives, Noyes organise le concours de l'exposition *Design organique dans l'ameublement*, qui offre à Charles Eames *(voir pages 148-151)* et Eero Saarinen *(voir pages 156-157)* leur première vitrine publique. Elle donne aussi à Noyes la possibilité de réfléchir à ce que recouvre à ses yeux la conception idéale du design. Optimiste sur ses conditions d'existence, il fait alors campagne dans ce sens, déclarant que « le public serait prêt à acheter du bon design, si on lui en proposait ».

TRAVAUX POUR IBM ET AUTRES

En 1946, Noyes est contacté par Norman Bel Geddes pour prendre la direction du service de design de son cabinet. Les philosophies des deux créateurs divergent, mais sa nouvelle situation permet à Noyes de travailler pour la firme IBM (International Business Machines). Il participe à la conception de la machine à écrire électrique *Model A*, plus simple et plus perfectionnée que ses concurrentes. En 1947, il ouvre son cabinet d'architecture, Eliot Noyes & Associates. Il prend part à des projets locaux tout en poursuivant sa carrière dans sa ville natale, New Canaan, au Connecticut. Il conçoit

Pavillon IBM à l'exposition internationale de New York de 1964. Baptisé IBM Day at the Fair, *l'énorme dôme abritait une présentation des réalisations de l'entreprise, dont certains modèles de Noyes créés pour les entreprises.*

Projet de station-service élaboré au milieu des années soixante pour Mobil. Consultant pour le pétrolier, Noyes transforme entièrement son design, du logo à la station-service en passant par la pompe à essence.

également de nombreux bâtiments de bureaux pour IBM. En 1956, IBM propose à Noyes le poste de directeur du design, qu'il conservera jusqu'à sa mort. Pour un jeune designer industriel, c'est une place très enviable. Noyes engage comme dessinateur Paul Rand, un moderniste déjà renommé pour son travail. Il convainc la firme d'engager son ami Eames pour tourner des films d'entreprise et préparer des expositions. Lui-même conçoit de nombreuses machines, dont des machines à écrire électriques. Il conseille aussi IBM sur son image institutionnelle, l'entreprise ayant vocation, selon lui, à « aider l'homme à étendre son contrôle sur son environnement ».

Son approche du design se rapproche de la sculpture. Il fait réaliser des prototypes en bois de ses machines à écrire pour les présenter au comité de direction et travaille sur des maquettes d'une grande précision. Ses premières machines, dont l'*Executive*, de 1959, et la *Selectric*, de 1961, se caractérisent par une forme organique. Ses propositions tentent d'éliminer tout détail superflu. Noyes rejette le mercantilisme qui consiste à modifier les modèles tous les ans, en faveur d'un design plus durable, qui mesure le rôle des grandes entreprises dans la vie sociale.

TRAVAUX PLUS RÉCENTS

De 1960 à 1976, Noyes est consultant en design de la firme Westinghouse. De 1964 à 1977, il travaille aussi pour Mobil et conçoit une pompe à essence ronde révolutionnaire, qui sera utilisée dans le monde entier. De 1969 à 1972, il conseille aussi la Pan-Am. Durant les cinq années suivantes, il est président du Massachusetts Institute of Technology (MIT).

Noyes est bien plus qu'un designer de produits ; il associe architecture et design industriel à ses interventions de consultant. Ses pavillons IBM pour les expositions internationales de Bruxelles et de San Antonio, dans les années cinquante, suscitent l'admiration. La revue *Progressive Architecture* lui décerne un prix pour sa maison, à New Canaan (1954). Entre 1947 et 1954, il écrit des articles sur le design pour *Consumer Reports*. Il a aussi présidé la conférence internationale annuelle sur le design d'Aspen, dans le Colorado.

Machine à écrire à boule Selectric, *imaginée en 1961 pour IBM. Son habillage élégant et sobre illustre l'intérêt de Noyes pour l'approche européenne du design et son aversion pour la superficialité du style* Streamline *américain.*

La vie d'Hans Gugelot (1920-1965) a été courte, mais ce créateur a joué un rôle majeur dans l'instauration d'un style néofonctionnaliste dans le design de produits, fondé sur la simplicité géométrique et l'élimination des détails superflus. Dans les années quatre-vingt, cette tendance fut internationalement admise comme la norme en matière

Hans Gugelot

de design industriel. L'extrême rigueur intellectuelle et pratique de Gugelot a fourni des bases solides à un mouvement nouveau, reposant non plus sur des canons artistiques, mais sur un rationalisme scientifique. À partir des années soixante, il promut un minimalisme visuel devenu le vocabulaire commun au design des objets de consommation.

Hans Gugelot s'est impliqué étroitement dans l'expérience avant-gardiste de l'école d'Ulm, dans les années cinquante et soixante, et a créé de nombreux designs néofonctionnalistes. Son style minimal symbolise l'ambition allemande d'après-guerre de jouer un rôle clé dans le domaine du design rationnel, issu du progrès technique.

Combiné radio tourne-disque SK4, élaboré en 1956 avec Dieter Rams, pour Braun. Ce boîtier métallique en forme de U inversé fermé par deux côtés en bois, surnommé « cercueil de Blanche-Neige » à cause de son minimalisme monochrome et de son couvercle transparent, devint rapidement un standard du design néofonctionnaliste.

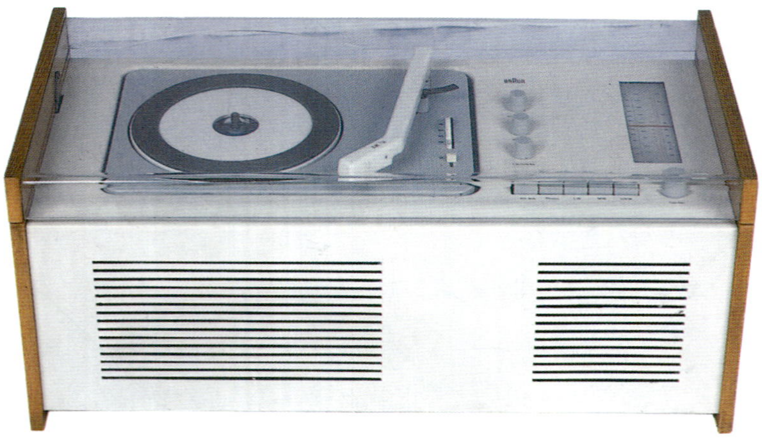

FORMATION ET PREMIÈRES RÉALISATIONS

Gugelot a remporté tous ses succès en Allemagne, mais il est en fait hollandais, né en Indonésie et éduqué en Suisse. De 1940 à 1942, il suit une formation d'ingénieur à Lausanne, puis, jusqu'en 1946, étudie l'architecture au collège technique fédéral de Zurich, où il travaille ensuite dans le cabinet de Max Bill, un ancien architecte du Bauhaus. C'est là qu'il commence à trouver son style. À l'époque, il s'intéresse aussi à la conception de mobilier. Le fabricant Horgen-Glarius produira certaines de ses chaises en bois.

HOCHSCHULE FÜR GESTALTUNG ET BRAUN

Au début des années cinquante, Bill est appelé en Allemagne pour diriger la nouvelle Hochschule für Gestaltung d'Ulm (« École supérieure de design » [voir pages 178-179]). Grâce à lui, Gugelot est invité à diriger la section Design de produits de l'école et part s'installer en Allemagne en 1954. Pendant une dizaine d'années, il se consacre à l'établissement d'un programme d'enseignement, au sein d'une institution favorable à l'approche techno-scientifique du design accompagnée de solides bases théoriques et de la mise en relation avec les sciences sociales.

Ses débuts dans le design de produits passent par cette école, où il rencontre Erwin et Artur Braun, les fabricants d'appareils électroniques. Les frères, qui ont fondé leur société à Francfort après la guerre, souhaitent donner au design de leurs produits un aspect novateur. En 1955, ils proposent à Gugelot de travailler pour eux comme consultant. Avec Otl Aicher, directeur de la section Communication visuelle de la Hochschule für Gestaltung, Gugelot conçoit une série de radios pour Braun. Elles figurent la même année à l'exposition sur la radio de Düsseldorf. La netteté de leurs lignes souligne leur fonctionnalité, au lieu de la cacher ou de lui adjoindre un décor superflu. Dieter Rams *(voir pages 184-187)* rejoint l'entreprise en 1955 ; en 1956, Gugelot collabore avec lui sur le boîtier d'un combiné radio tourne-disque, le *SK4*, bientôt célèbre sous le surnom de « cercueil de Blanche-Neige ».

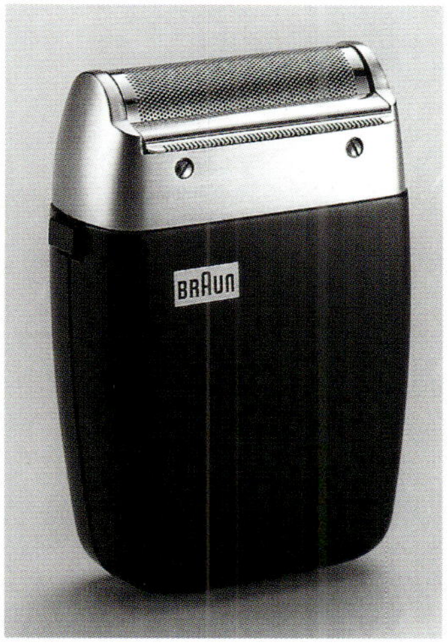

Rasoir électrique, créé en 1962 avec Rams et Gerd Alfred Müller, pour Braun. Sa forme simple et ergonomique a constitué une première mondiale réussie dans l'approche rationaliste, appliquée à la conception d'objets usuels.

Ensemble de bureau M125, réalisé en 1957 pour Bofinger. Le mobilier au principe modulaire qui compose cet intérieur minimal est formé d'éléments assemblables et démontables. Il illustre l'approche pratique et systématique de Gugelot.

Voiture du métro de Hambourg, dessinée en 1962 par des créateurs liés à l'école d'Ulm, dont Gugelot, Herbert Lindinger et Helmut Müller-Kuhn. En s'investissant dans un projet urbain, les designers étendent à un environnement élargi leur approche systématique et minimale.

TRAVAUX PLUS RÉCENTS POUR BRAUN ET AUTRES INDUSTRIELS

Dans les années soixante, Gugelot est l'auteur de plusieurs réalisations importantes pour Braun, notamment son stand, sobre, à la 11ᵉ Triennale de Milan de 1957 *(voir pages 166-167)* et le rasoir électrique *Sixtant*, en 1961. Son talent est aussi reconnu par d'autres clients : en 1959, il commence à travailler avec des étudiants d'Ulm à la conception du métro de Hambourg. L'équipe qu'il dirige offre une prestation globale qui se traduit par un design unifié, de l'extérieur des trains jusqu'au moindre détail intérieur. Le résultat s'avère minimaliste, sans ajout superflu. Le concept du « système » sous-tend sa pensée en matière de design : rien n'existe isolément, chaque élément s'intègre à une entité plus grande.

Au nombre des créations les plus durables et les plus répandues de Gugelot, le *Carrousel S*, de 1963, imaginé avec Kodak pour ranger et projeter les diapositives, relève d'un concept radicalement nouveau et toujours d'actualité. Les formes de Gugelot, universelles, font que celles de ses créations qui demeurent utilisées conservent un aspect actuel.

La Hochschule für Gestaltung d'Ulm

L'évolution du design moderne au XXe siècle doit beaucoup à certaines écoles, dont les deux plus connues sont allemandes. En 1919, Walter Gropius *(voir pages 88-91)* fonde le Bauhaus, à Weimar. Percevant la menace que l'école représente pour le national-socialisme, les nazis la ferment en 1933. Dans les années de l'après-guerre, une fois la démocratie restaurée et la reconstruction en cours, l'Allemagne ressent le vide laissé par l'interruption de cette formation. Le design moderne représente alors un symbole de liberté et Inge Scholl décide de faire revivre ce projet, en hommage à son frère Hans et à sa sœur Sophie, assassinés par les nazis.

ORIGINES DE L'ÉCOLE

À partir de 1947, Inge Scholl lance une campagne active de collecte de fonds pour une nouvelle école. Le projet est officiellement lancé en 1951. Inge Scholl épouse un dessinateur d'Ulm, Otl Aicher, qui s'y investit très tôt, dirigeant la section Communication visuelle de l'école de 1954 à 1966. Il laissera entre autres des innovations typographiques (caractères très simples, sans empattement) qu'il a créées et promues.

L'architecte-designer et sculpteur Max Bill, un ancien du Bauhaus installé à Zurich, est sollicité pour concevoir le bâtiment (1953-1955) de la nouvelle école et en devenir le premier directeur. En 1954, Bill invite Hans Gugelot *(voir pages 176-177)* à diriger la section Design de produits.

SCIENCE DU DESIGN

La Hochschule für Gestaltung (« École supérieure de design ») d'Ulm ouvre officiellement en 1955. Elle entreprend tout d'abord de poursuivre les travaux du Bauhaus. Mais, quelques années plus tard, la composante artistique initiale du programme paraît moins pertinente, et une approche adaptée aux sciences et techniques de l'époque, plutôt nécessaire. La divergence des deux démarches finit par diviser l'école ; c'est une des raisons de sa fermeture en 1968.

Mais, durant treize années, elle réussit à redéfinir entièrement le design. Elle contribue aussi à plusieurs grands projets proches de la vie quotidienne : le métro de Hambourg, des appareils pour Braun *(voir*

Équipe de design industriel travaillant à l'école d'Ulm, dont Hans Gugelot (assis) et certaines de ses réalisations. L'école a réussi à prendre en charge de nombreux projets concernant la vie quotidienne, touchant ainsi un large public.

Vue de la Hochschule für Gestaltung, à Ulm, instaurée après la guerre pour reprendre les projets initiés trente ans auparavant par le Bauhaus. Son programme, très rationaliste, définit le design comme un processus systématique. Mais ce parti pris a souvent été contesté et des divergences ont agité la brève existence de l'école.

Les équipes de l'école d'Ulm sont sollicitées, à partir de 1962-1963, pour concevoir l'image institutionnelle de la Lufthansa. Leur mission va du logo aux plateaux-repas. Le design graphique relevait du dessinateur Otl Aicher, le design de produits était dirigé par Hans Roericht.

Projet d'étudiant, réalisé en 1967-1968, sous la direction d'Herbert Lindinger et Claude Schnaidt, pour un arrêt d'autobus à Hanovre. Les formes simples, associées à un graphisme limpide, reflètent l'approche rationnelle de « résolution des problèmes » adoptée par l'école d'Ulm.

page 177), des gammes de vaisselle empilable sobre, blanche et géométrique pour Rosenthal. L'école forme une génération de designers de produits, dont beaucoup, comme l'Allemand Hans Roericht ou le Tchèque Hans von Klier, responsable de l'image d'Olivetti à partir de 1969, exercent par la suite une influence non négligeable.

Invité par Bill à rejoindre le projet, l'Argentin Tomas Maldonado, un théoricien du design, reprend ensuite la fonction de directeur. Depuis ses débuts, l'école valorise la relation entre théorie et pratique. On y enseigne les sciences humaines, notamment la psychologie et la sociologie. Mais la théorie de Maldonado, l'« ingénierie scientifique », par laquelle on peut systématiser le design selon une approche purement scientifique, non intuitive, éloigne la pensée de l'école de celle de Bill.

Cette divergence se ressent vivement au début des années soixante quand, après d'autres personnalités comme Charles Eames *(voir pages 148-151)*, Bruce Archer visite l'école. Il fait partie des créateurs britanniques du mouvement Design Methods, qui prône l'instauration d'un processus de design systématique, presque entièrement rationnel. Ces débats incessants, ajoutés au problème récurrent du financement et à l'inquiétude du gouvernement du Land face à l'image remuante de l'institution, conduisent à sa fermeture en octobre 1968.

Autobus, élément d'un projet proposé par Lindinger, en collaboration avec Michael Conrad et Pio Manzu, pour les transports urbains de Hambourg. Le concept de base est un design très sobre, fonctionnel, sans détail superflu.

SONY

Le design de produits au Japon joue un grand rôle sur la scène internationale après la guerre. Mais il est difficile de définir les contributions individuelles, car à l'exception de Kenji Ekuan, fondateur en 1957 du cabinet de consultants GK Design, l'essentiel de la création se poursuit anonymement au sein des grandes firmes. Fondée en 1946, la Société d'ingénierie et de télécommunications de Tokyo, rebaptisée SONY en 1958, se montre particulièrement innovante et pionnière dans ce domaine. À ses débuts, inévitablement, elle emprunte ses concepts de base à l'étranger (d'abord aux États-Unis, puis à l'Allemagne), pour lancer ses produits — magnétophones, radios et télévisions portables — très nouveaux au Japon. Elle parvient finalement à créer une gamme d'objets remarquablement novateurs.

Akio Morita, P. D. G. de la société d'électronique japonaise SONY, créée avec Masaru Ibuka à la fin de la Seconde Guerre mondiale. Son enthousiasme et sa compétence, notamment son intérêt pour le concept de design moderne, ont joué un rôle majeur dans le succès mondial de la marque. C'est le premier homme d'affaires japonais qui ait fait la couverture de Time Magazine.

Télévision de poche Watchman Voyager *(1982). Appareil compact de haute technologie, elle caractérise le projet de SONY, depuis la fin des années cinquante, de créer des appareils miniaturisés. Le concept de miniaturisation, rendu possible par les progrès de l'électronique, est par ailleurs profondément ancré dans la culture japonaise.*

ORIGINES DE LA FIRME

En 1946, Masaru Ibuka, qui avait possédé pendant la guerre une société d'instruments de précision japonais, s'allie à un autre entrepreneur, Akio Morita, pour former la future société SONY. Ils se lancent au départ dans la production de magnétophones, sans prêter attention au design, mais en se concentrant sur la technicité, et sortent en 1950 sur le marché japonais leur premier modèle. En 1954, ils obtiennent une licence pour fabriquer des transistors au Japon et, un an plus tard, produisent leur première radio, la *TR-55*. Elle présente tous les signes extérieurs d'un objet conçu sur une planche à dessin, avec un design clairement dérivé du style américain. Quand, trois ans plus tard, SONY lance un transistor de poche doté d'une coque en plastique jaune citron, il est manifeste que ses designers tirent leur inspiration des États-Unis.

UNE NOUVELLE ÉTHIQUE DU DESIGN

Tout en dépendant du design étranger, SONY commence à définir plus précisément son style comme une rencontre entre le progrès technique et le marché, et cherche une ligne qui illustre ce lien. Elle émerge dans les années soixante avec un minimalisme visuel et technique, combinaison de minimalisme japonais et de fonctionnalisme allemand. Ainsi, la *TV8-301* produite en 1958 — une des premières télévisions à transistor, dotée d'un écran miniature de 20 cm et qui a connu un grand succès — présente une apparence fonctionnelle avec son boîtier en acier à deux tons de gris, sans éléments superflus. Par la suite, SONY laisse dans une très large mesure la technologie et l'efficacité de ses produits dicter leur apparence. Ses designers s'attachent à donner à l'objet un aspect évoquant les concepts de virtuosité technique, d'utilité, de rationalité, d'esthétique, d'originalité et de modernité. Ils y parviennent en suivant les règles du minimalisme esthétique et en soignant les détails.

Tout au long des années soixante et soixante-dix, SONY applique ces préceptes à un grand nombre d'articles électroniques de consommation

Publicité pour la radio TR610 (1958). L'entreprise transforme une avancée technologique américaine en un objet de consommation séduisant au moyen de couleurs plaisantes, de détails de conception et d'un graphisme évoquant le design attrayant des produits américains.

Magnétophone Stowaway (Passager clandestin), nom sous lequel le Walkman apparaît en Grande-Bretagne. Lancé en 1979, l'objet serait né du désir d'Akio Morita d'écouter de la bonne musique en avion. Il devient très rapidement un énorme succès mondial.

Transistor portable 810 (fin des années cinquante). Sa forme géométrique rationnelle se combine avec les chromes de ses cadrans pour évoquer un monde de technologie avancée, à l'image des tableaux de bord des voitures contemporaines. Cette publicité cherche à en faire le symbole d'un mode de vie.

courante et innovants sur le plan technologique : le premier magnétoscope (1964), le téléviseur couleur *Trinitron* (1968), le baladeur *Walkman* au succès retentissant (fin des années soixante-dix), l'appareil photo sans pellicule *Mavica* (début des années quatre-vingt), le téléviseur *Profeel TV* (1987).

RENOMMÉE MONDIALE

En 1978, pour affiner sa stratégie, SONY ouvre son « centre de planning des produits », dont la fonction est de relier au plus près la conception et le marketing. Le *Walkman* est le premier résultat de cette initiative. L'intégration étroite de l'innovation, de la technologie, du design et de l'adaptation au marché résulte de cette nouvelle stratégie. Cette politique accorde au design une place si capitale dans la réflexion de l'entreprise qu'il devient impossible de séparer le produit de sa forme. Nombre d'entreprises occidentales ont encore beaucoup à apprendre de cette réussite.

La contribution de cette entreprise au design de produits, depuis la Seconde Guerre mondiale, découle, pour l'essentiel, de la façon dont elle exploite les technologies nouvelles en mettant l'accent, du moins les premiers temps, sur la miniaturisation et la portabilité. « L'esthétique de la parcimonie », dont les racines plongent dans l'intérieur minimaliste japonais, a trouvé son chemin dans les produits high-tech de grande consommation. Ce faisant, SONY a contribué à créer une approche nouvelle du design moderne.

Douglas Scott (1913-1990) est un des premiers designers industriels professionnels britanniques, mais son nom est resté méconnu en dehors de sa sphère, malgré l'omniprésence et la longévité de nombre de ses créations : cuisinière *Aga* (1938), bus londonien *Routemaster* (1953), postes téléphoniques *STD* des Postes britanniques (début

Douglas Scott

des années soixante), etc. Le souci majeur de Scott ayant été de favoriser la fabrication, l'efficacité et l'aspect pratique, ses créations restent discrètes, mais leur apparence s'avère plaisante. En 1945, Scott a enseigné le design industriel à la Central School of Arts and Crafts de Londres et formé de nombreux designers, qui ont ensuite connu le succès.

Douglas Scott, dont la réussite se compare à celle de Raymond Loewy ou de Walter Dorwin Teague (voir pages 116-117)*, bien que les designers industriels britanniques de l'après-guerre aient été moins célébrés publiquement que leurs homologues américains. Nombre de ses créations sont devenues des objets familiers.*

Caméra de télévision couleur Mark VII*, conçue en 1967 pour Marconi. Sa forme sobre et son aspect fonctionnel portent la marque du style de Scott.*

FORMATION ET PREMIÈRES RÉALISATIONS

Conformément à la tradition britannique de l'Arts and Crafts, Scott se forme à l'orfèvrerie de 1926 à 1929 à la Central School of Art and Design. Ce bagage lui servira tout au long de sa carrière. De 1929 à 1936, il commence à travailler avec des designers de luminaires, à Birmingham puis à Londres. En 1936, sa carrière prend une nouvelle direction. Engagé dans les bureaux londoniens du créateur vedette américain Raymond Loewy *(voir pages 120-123)*, il se trouve plongé dans une nouvelle sphère du design, reflet du mode de vie et de la création modernes. Ses trois années chez Loewy le mettent en contact avec des entreprises produisant des appareils de consommation courante, dont General Electric et Electrolux. Il travaille même au design automobile, avec des projets qui, sans être repris directement, auront un impact sur la *Talbot* de Sunbeam et la *Minx* de Hillman.

NOUVELLES ORIENTATIONS

Quand les bureaux de Loewy ferment, au début de la Seconde Guerre mondiale, Scott change à nouveau d'orientation et se fait engager aux usines De Havilland. Il y acquiert des connaissances très différentes, mais tout aussi utiles. Après la guerre, il opte pour deux activités qui domineront le reste de sa carrière. D'un côté, il se consacre à l'enseignement du design, en donnant des cours du soir de manière informelle en 1945, puis en tant que professeur à la Central School of Art and Design de Londres en 1946. De l'autre, il ouvre un cabinet de designer industriel. En 1946, l'exposition *Britain Can Make It*, organisée par le tout nouveau Council of Industrial Design (plus tard Design Council), se tient au Victoria & Albert Museum de Londres. Scott y expose un réfrigérateur pour Electrolux, encastré dans un module préfabriqué. Il adhère à l'optimisme qui anime le design dans les années plutôt grises de l'immédiat après-guerre.

TRANSPORTS LONDONIENS ET ŒUVRES DE LA MATURITÉ

Dès 1948, Scott collabore avec le London Transport pour l'autobus *RTC* de la Green Line et le bus *RF*. Il relève avec enthousiasme ce nouveau

Excavatrice HY-MAC, *dessinée en 1967 pour Peter Hamilton Engineering. L'engin, un des plus grands succès britanniques à l'exportation, symbolise une réussite typique de ce pays. L'année de sa fabrication, il remporte un prix décerné par le Design Council. Sa forme caractéristique en a fait un élément familier du paysage.*

défi, s'attachant surtout à l'aspect pratique, et peu à la recherche esthétique. Le bus à impériale *Routemaster* représente sa réalisation la plus importante. Ce modèle de design pragmatique est toujours en service et fait partie du paysage familier de la capitale britannique.

Durant les années soixante et soixante-dix, Scott poursuit ses deux principales activités, l'enseignement et le design tout en restant dans l'anonymat, bien que certaines de ses créations — tel le lavabo *Roma* d'Ideal Standard — soient devenues des classiques. Au milieu des années soixante-dix, il met en place une section de design à l'université d'Art et de Design de Mexico. Il retourne en Grande-Bretagne en 1979.

Étage de l'autobus Routemaster, *lancé en 1959 par le London Transport et largement utilisé dès le début des années soixante. Il s'agit du réaménagement d'un modèle d'avant-guerre réalisé par une équipe de l'entreprise. Le revêtement écossais discret et la palette de couleurs bordeaux, vert de Chine et jaune Song ont été choisis par Scott.*

Autobus Routemaster, *fruit de la collaboration de Scott et de l'équipe des designers et ingénieurs du London Transport. Le projet a consisté à créer un bus plus léger, pouvant transporter dans un confort inédit un plus grand nombre de passagers. Chargé de la conception de la carrosserie, Scott a arrondi les angles et insisté sur la dimension horizontale du véhicule.*

Dieter Rams

Dans les années cinquante et soixante, l'Allemagne innove dans le design de produits en développant une philosophie et un style qui prennent racine dans l'esprit du Bauhaus. Au lieu de concevoir des objets décoratifs, théières ou rideaux, les créateurs liés au mouvement néofonctionnaliste allemand de l'après-guerre — dont le credo est simplicité géométrique et décoration minimale — s'emparent d'objets relevant jusqu'alors de la compétence des ingénieurs, pour en faire les symboles d'une « deuxième ère de la machine ». L'évolution qui a lieu en Allemagne inspire un mouvement étendu au niveau mondial. Dans les années soixante-dix et quatre-vingt, le design de produits touche jusqu'au Japon et Singapour, et devient l'esthétique de la fin du XXe siècle.

Dieter Rams est, de tous les designers ayant travaillé dans les années cinquante, celui qui a prôné l'esthétique la plus rationnelle appliquée aux produits technologiques. Pour la firme électronique Braun et le fabricant de meubles Vitsoë, il a créé des objets qui symbolisent le néo-fonctionnalisme allemand dans toute sa rigueur.

Transistor 1, *l'un des premiers appareils radio conçu par Rams pour Braun, en 1956. Le designer a remplacé le boîtier classique en bois par du plastique pour lui donner une forme géométrique minimaliste, jamais vue auparavant sur ce type d'objet.*

UNE TECHNOLOGIE REINE

Par sa collaboration avec la firme d'électronique Braun, Dieter Rams (né en 1932) participe à ce qui, dans les années cinquante, reste une tendance uniquement allemande. Alors que les designers américains favorisent le style « Detroit » en ornant leurs appareils de consommation courante d'une abondance de détails et de chromes, et que les Italiens s'inspirent des modelés organiques abstraits pour leurs machines à écrire et leurs aspirateurs, les Allemands adoptent une approche beaucoup plus puriste. Cela est certainement lié à l'interruption prématurée du programme du Bauhaus par les nazis *(voir pages 90-91)* et au désir de poursuivre cette démarche. Ce style reflète aussi l'importance de l'idéal allemand de perfection technologique et souligne la volonté de ce pays de donner cette image afin de promouvoir ses produits, dans la période de l'après-guerre.

Par ses créations, Rams joue un rôle majeur, traduisant cette tendance par une philosophie du produit, à l'attrait universel, qui doit beaucoup à sa personnalité. Nombre de ses collègues le décrivent comme un homme très sensible à l'ordre et au chaos du monde. L'un d'entre eux le voit comme « quelqu'un qui, doué d'une oreille très fine, est contraint de vivre dans un univers de sons discordants ». Sa sensibilité hors du commun et son sens inné de l'ordre l'amènent à considérer le processus créatif du design comme un ordonnancement, une simplification, une réduction du « chaos ». Dans cette démarche, il exprime une des aspirations d'une société aux prises avec un environnement confus, où biens matériels et communication de masse rendent la vie de plus en plus complexe.

UNE PHILOSOPHIE DU DESIGN

Rams possède une philosophie du produit très élaborée. Dans l'environnement domestique, la machine joue le rôle du serviteur muet : invisible,

Braun TP 1, *tourne-disque pour 45-tours (1959), relié au récepteur de poche* T 3. *Enfermés dans des coques en plastique gris uni, ces appareils illustrent le choix délibéré de Rams de formes géométriques dépouillées.*

obéissante, elle n'existe que pour rendre la vie plus facile et plus confortable. Elle doit s'effacer le plus possible pour faire place à la dimension esthétique, des fleurs par exemple — pour Rams des tulipes blanches, dont il orne souvent ses intérieurs par ailleurs austères. Non pas que la dimension esthétique soit dénuée d'importance, mais il n'entre pas dans le rôle des machines de remplir cette fonction. Ainsi Rams se place-t-il, du moins en théorie, du côté de l'ingénieur, bien qu'il ne se limite pas à ce rôle dans la réalité.

FORMATION ET PREMIÈRES RÉALISATIONS

Rams naît à Wiesbaden, où il passe beaucoup de temps dans l'atelier de menuisier de son grand-père, se familiarisant avec les matériaux et les procédés de fabrication. En 1947, il étudie l'architecture et la décoration d'intérieur à l'école des arts de sa ville, mais interrompt ses études entre 1948 et 1951 pour terminer son apprentissage de menuisier. Diplômé en 1953, il travaille les deux années suivantes dans le cabinet d'architecture d'Otto Appel, à Francfort. Il y entre en contact avec l'agence américaine Skidmore, Owings & Merrill, dont les membres travaillent sur les bâtiments du consulat américain en Allemagne de l'Ouest. Ce projet lui permet d'appréhender directement le rigorisme hérité de Ludwig Mies van der Rohe *(voir pages 92-93)*, qu'il appliquera plus tard à son design de produits.

CONCEPTION DE PRODUITS POUR BRAUN

En 1955, la carrière de Rams prend une nouvelle tournure lorsqu'il rejoint la firme Braun, fondée en 1951 à Francfort par ses propriétaires, les frères Erwin et Artur Braun. Ceux-ci cherchent de nouvelles idées pour leur production, leur image de marque et la commercialisation de leurs produits. Ils sollicitent pour cela deux designers, Otl Aicher et Hans Gugelot, alors professeurs à la Hochschule für Gestaltung d'Ulm *(voir pages 176-179)*, qui ont déjà conçu un stand Braun pour une exposition sur la radio à Düsseldorf. Les deux designers poursuivront leur collaboration avec la firme comme consultants, mais Rams est engagé à plein temps. Pour le tester, on lui confie le réaménagement d'une des salles du

Atelier 1, *récepteur avec bandeau de contrôle frontal placé au-dessus du haut-parleur* L 1, *réalisé en 1959 pour Braun. Utilisés ensemble, ces éléments de hi-fi simples et géométriques sont dotés de très peu de détails. Les boutons de réglage s'avèrent ainsi volontairement sobres, dépourvus de chromes.*

Aromaster KF 20, *élaboré en 1972 pour Braun. À la fin des années soixante et au début des années soixante-dix, les couleurs vives s'emparent des créations de Rams. Ce virage par rapport au gris des premières réalisations prouve que même le plus rationaliste des designers subit l'influence de la culture pop.*

siège, qui doit illustrer le style de design qui convient à Braun. L'intervention minimale de Rams convainc les frères qu'ils ont trouvé leur homme.

Rams travaille ensuite sur les produits de Braun. En 1956, il crée avec Gugelot le combiné radio tourne-disque *SK4 (voir page 176)*, symbole d'une rupture radicale dans la conception visuelle de ce type d'équipement. Son boîtier pur en métal blanc, ses lignes nettes, la mise en évidence de sa fonction, ses boutons de réglage sans fioritures créent une ligne qui se situe à l'opposé de celle de son prédécesseur d'avant-guerre. L'ancien modèle, doté d'un boîtier en bois arrondi, ressemblait encore à un meuble ; ce nouvel appareil, d'aspect délibérément fonctionnel, tranche radicalement avec le passé.

NOUVEAUX APPAREILS

Le travail de Rams est très apprécié. Au cours des années cinquante et soixante, il crée de nombreux équipements pour Braun et rénove chaque appareil : chaîne hi-fi *Atelier 1 (voir page 185)*, minuscules radios minutieusement perforées de haut-parleurs, télévisions portables. En parallèle, il travaille sur une vaste gamme d'équipements photographiques, d'électroménager et, à partir du milieu des années soixante, de petits appareils portatifs, tels les sèche-cheveux.

Son premier appareil ménager, le mixer *Kitchen Machine*, de 1957, présente une ligne radicalement nouvelle. Son boîtier simple, ses jointures symétriques et ses courbes rigoureuses offrent un contraste frappant avec le modelé exagérément bulbeux des modèles de style américain qui l'ont précédé. Rams produit d'autres pièces très en avance sur leur temps. Ainsi, son ventilateur de bureau cylindrique, le *HL 1*, de 1961, et son grille-pain rectangulaire *HT 2*, de 1963, illustrent parfaitement les formes rationnelles qu'il invente pour des objets déjà créés. Le peintre britannique Richard Hamilton, touché par la nouveauté des créations de Rams, en intègre quelques-unes dans une série de tableaux du milieu des années soixante, faisant écho à Marcel Duchamp qui, dans une exposition en 1913, avait présenté un urinoir du commerce comme œuvre *ready-made*.

TRAVAUX PLUS RÉCENTS

Rams crée par la suite d'innombrables objets d'un usage courant, tels le réveil cube noir *(voir page ci-contre)* ou des rasoirs électriques. Avec leur ligne simple et fonctionnelle, à la fois discrète et pratique, ils sont devenus des standards de la fin du XXe siècle. Son credo technique imprègne toujours ses concepts, mais son sens inné de l'harmonie et des proportions est si poussé que ses objets ne heurtent jamais les sens. Rams travaille toujours pour Braun, mais, en 1957, au terme d'un arrangement particulier, la firme Otto Zapf — ensuite appelée Vitsoë —, située à Eschborn, lui propose de créer du mobilier (sièges et rangements, notamment). La rigueur et le souci du détail qui caractérisent Rams transparaissent également dans ces créations, de simples formes

Micron Plus, *dessiné à la fin des années soixante-dix avec Roland Ullmann pour Braun. La forme courbe, modelée et texturée, qui permet une meilleure prise en main, et l'extrémité en métal brillant se retrouvent dans presque toutes les créations de rasoirs de Rams. Ses premiers modèles pour Braun datent du milieu des années cinquante.*

géométriques en bois et métal, conçues pour la production de masse. Pour Vitsoë, Rams crée des meubles à l'aspect minimal, avec une préférence pour le métal et le cuir noir.

Ses rangements composés d'étagères en bois s'intègrent aussi bien au bureau qu'à la maison, réussissant à gommer la frontière entre ces deux milieux. Encore une fois, ces créations possèdent une simplicité neutre qui leur permet de s'adapter au contexte dans lequel on les place. Le mobilier convient donc pour le bureau si on l'entoure de classeurs et de téléphones, mais s'adapte aussi bien à un cadre privé si on l'inclut dans un environnement accueillant et décoratif au milieu d'objets usuels.

Il est intéressant de remarquer que Rams applique au mobilier la démarche qu'il a développée dans le domaine des appareils ménagers, et non l'inverse, comme c'est habituellement le cas. Par-dessus tout, ses créations sont synonymes de qualité. Leur simplicité et leur minimalisme exigent que, tout au long du processus de conception, un soin extrême soit accordé aux détails, la moindre imperfection sautant immédiatement aux yeux.

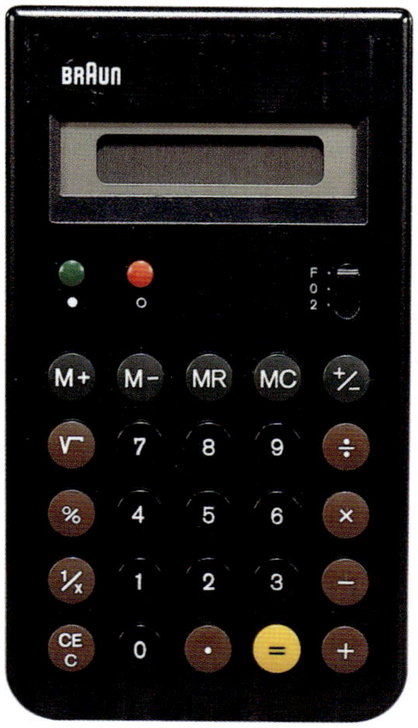

Calculette créée à la fin des années soixante-dix pour Braun. Quoique relativement austère, avec son boîtier de plastique noir, l'objet exploite astucieusement la couleur, tant pour différencier l'emploi des touches que pour donner au design un degré d'expressivité jamais vu auparavant — une tendance visible dans beaucoup de créations de Rams de cette époque.

Rams s'est toujours considéré comme faisant partie d'une équipe, revendiquant l'anonymat et le travail collectif comme des caractéristiques inhérentes à l'activité du design. Sans rechercher la célébrité, il est néanmoins devenu — eu égard à l'intégrité et à la constance de son œuvre — un représentant majeur du design allemand de l'après-guerre. Il assume ce rôle avec le plus grand soin, continuant à appréhender le design comme une activité essentiellement collective. Bien que sa réputation rejaillisse sur celle de ses clients, il tient l'anonymat pour un trait spécifique de l'exercice du design.

Rams, qui a grandi dans l'Allemagne de la Reconstruction, appartient à une génération de designers pour qui le futur est associé à un optimisme sans réserve et voue une foi inextinguible à la technologie. Ses créations symbolisent cette confiance en l'avenir, et malgré le climat plus ambivalent de notre époque, l'enthousiame qu'elles communiquent reste intact.

Phase 4, *imaginé en 1979, en collaboration avec Dietrich Lubs, pour Braun. Ce réveil sans prétention, à l'horloge clairement lisible et doté d'un système de sonnerie pratique, existe en noir ou en blanc. Son omniprésence dans les années quatre-vingt traduit le succès mondial du néofonctionnalisme allemand.*

Phase 1, *réveil digital conçu en 1971, en collaboration avec Lubs, pour Braun. Ce modèle sobre en noir et blanc, avec son affichage clair, est l'un des premiers réveils de ce type à avoir largement séduit le public. Son tableau de bord très simple contraste avec la tendance du design japonais de l'époque, qui complique l'aspect des appareils pour souligner leur virtuosité technique.*

Le design moderne de produits se répand en Grande-Bretagne, en Allemagne et en Italie bien plus tardivement qu'aux États-Unis. À l'exception des avancées de Wells Coates (*voir pages 124-127*), de l'architecte-designer russe Serge Chermayeff et d'une poignée d'autres, dans l'entre-deux-guerres, l'influence moderne n'émerge

Kenneth Grange

que peu à peu dans les années quarante et cinquante, et de façon quasiment anonyme. Plus jeune que d'autres créateurs du design moderne britannique, Kenneth Grange (né en 1929) ne fait d'abord qu'assister aux premières évolutions. Mais, vers la fin des années cinquante, il contribue au renforcement de cette nouvelle profession. Le design de produits britannique n'adopte jamais une image arrogante, avec des designers vedettes, comme en Allemagne et en Italie. Son activité reste plutôt confinée aux coulisses.

Kenneth Grange a constamment cherché, dans ses créations pour Kenwood, Kodak ou British Rail, à améliorer le design des objets de notre environnement quotidien.

Kodak Instamatic 33, 133 et 233 *(1968). La mission étant de créer pour le marché européen un appareil photo qui utilise la nouvelle pellicule Kodak, Grange a imaginé un objet sobre et compact. Il s'est vendu à plus de 20 millions d'exemplaires.*

FORMATION ET PREMIÈRES RÉALISATIONS

Comme souvent en Grande-Bretagne dans les années quarante, Grange ne suit pas une formation de designer industriel, mais de peintre et dessinateur-illustrateur, destiné à travailler dans l'« art commercial ». De 1944 à 1947, il apprend le dessin à la Willesden School of Art, ce qui l'aidera beaucoup dans ses créations. En 1948, il débute comme assistant d'architecte chez Arcon. Pendant son service militaire dans le Génie, comme dessinateur technique, il se découvre une passion pour les machines. En 1949 et 1950, avec Broner Katz, il s'investit beaucoup dans le montage de stands d'exposition, domaine fructueux pour les designers. Il travaille ensuite pour l'architecte Gordon Bowyer (1950-1952), puis à l'agence de Jack Howe, ancien partenaire d'Arcon. Howe, un des grands pionniers du design industriel en Grande-Bretagne, a créé en 1951, pour le Festival de Grande-Bretagne, au South Bank, un mobilier urbain très remarqué.

Au cours des six années chez Howe, Grange commence à recevoir des commandes personnelles pour des expositions ; en 1958, Howe lui demande de collaborer au pavillon Kodak de l'Exposition internationale de Bruxelles. Ce projet amène Grange à repenser l'ancien appareil photo de Kodak. Cette première commande en design de produits donne le *modèle 44 a*, qui connaît un énorme succès.

UNE PHILOSOPHIE DU DESIGN

Très proche de ce que font ses contemporains allemands, Grange fonde ses recherches sur le concept de simplification, qu'il cherche aussi à intégrer dans tout le processus de production. Il vise la clarté et la concision, et les obtient dès 1959 dans de nombreuses créations pour ses

Machine à coudre de la gamme 800, *dessinée vers le milieu des années soixante pour Maruzen. Grange apporte plusieurs améliorations au modèle préexistant : il allonge le plateau à l'avant de l'aiguille et repense le carénage pour séduire le marché européen.*

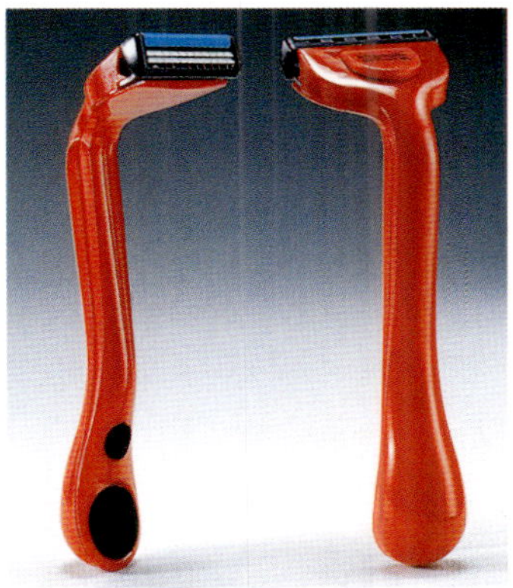

Protector, *rasoir lancé en 1992 par Wilkinson Sword. Sa ligne et ses courbes le rendent plus sûr que ses prédécesseurs ; sa couleur vive souligne son design robuste.*

innombrables clients, entreprises britanniques ou japonaises. Il n'en demeure pas moins attaché au design de qualité, inséparable de la vie moderne et vital pour l'industrie.

Comme d'autres designers, Grange déplore la vision à court terme qu'il observe dans la production de nombreuses entreprises britanniques. Mais il trouvera tout au long de sa carrière suffisamment de clients concernés par le design. Il conçoit des objets, entre autres, pour le producteur de parcmètres Venner, pour Kenwood (son premier client dans les années soixante), Wilkinson Sword (le rasoir *Protector*), Milward Courier, British Rail (le train *125*), Morphy Richards. La production de beaucoup de ses créations se poursuit de nos jours : les parcmètres, les rasoirs, les fers à repasser, le fameux mixer *Chef* de Kenwood ont défié le temps.

PENTAGRAM

En 1972, Grange fonde Pentagram avec Theo Crosby, Alan Fletcher, Colin Forbes et Mervyn Kurlansky. Ce groupe d'architectes et de graphistes devient le premier cabinet de consultants en design britannique, qui compte parmi ses clients Penguin Books, Olivetti et IBM. Depuis les années soixante-dix, Grange travaille aussi pour des entreprises japonaises, dont Maruzen, pour lequel il conçoit des machines à coudre, Shiseido, pour la présentation de parfums pour homme, et Inax, fabricant d'accessoires de salle de bains. Son succès auprès des industriels nippons démontre que le design — et les designers — britanniques savent séduire à l'étranger.

Train rapide 125, *conçu en 1976 pour British Rail. Grange justifie au moyen d'essais en soufflerie la forme avant du train, dont l'absence de tampons souligne l'aérodynamisme futuriste. Son approche modernise l'image de marque de la compagnie.*

Action et réaction

Action et réaction

Le souhait démocratique des premiers modernistes était d'utiliser la production de masse pour rendre les biens matériels accessibles à tous. Dans les années soixante, ce concept est dépassé ; le design passe pour un symbole de modernité et, sur le plan social, pour la marque du raffinement et d'un certain standing culturel. Les designers doivent désormais satisfaire ces attentes symboliques.

Ce phénomène est particulièrement marqué en Italie où, comme durant la décennie précédente, le design moderne produit des créations sophistiquées appréciées internationalement. Même un matériau aussi ordinaire que le plastique trouve une dimension nouvelle dans les mains de créateurs comme les frères Castiglioni, Vico Magistretti, Marco Zanuso, Joe Colombo *(voir pages 194-201, 208-209)*. Leurs élégants concepts néo-modernistes de mobilier, de luminaires, de machines de bureau et d'appareils électriques deviennent emblématiques à la fois d'une Italie nouvelle et d'une aspiration à une meilleure qualité de vie. Cette renaissance est manifeste aux Triennales de Milan de 1957 et de 1964. Les revues de design italiennes, notamment *Domus*, *Abitare*, *Stile Industria* et *Casa Vogue* présentent au monde entier ces remarquables créations, qui deviennent les symboles d'un mode de vie cosmopolite.

En Finlande, le design atteint aussi de nouveaux sommets et peut s'enorgueillir de son petit groupe de créateurs, reconnus sur le plan mondial. Comme les Italiens, les Finnois utilisent des matériaux nouveaux, notamment le plastique. La presse spécialisée du design fait rapidement connaître, entre autres, Esko Pajamies, Eero Aarnio et Yryo Kukkapuro, dont les créations de couleurs vives traduisent l'assurance, le bien-être et l'optimisme nouveaux de leur pays. La même tendance se fait jour en France, où Pierre Paulin et Olivier Mourgue, notamment, créent un mobilier innovant. Celui de Mourgue est si original que le réalisateur Stanley Kubrick l'utilise pour l'environnement futuriste de *2001, l'odyssée de l'espace*.

L'optimisme inhérent à la création, dans ces pays comme ailleurs, correspond à l'explosion sans précédent que connaît alors la consommation. On redynamise et on reformule les idéaux du design des années trente pour répondre à l'évolution des besoins sociaux et psychologiques d'un public nouveau, qui voit dans le design moderne un moyen de s'identifier au temps présent et, plus encore, au futur. Aussi, les premiers modernistes se seraient-ils difficilement retrouvés dans la sophistication et l'opulence du design des années soixante. Les lignes nouvelles des objets symbolisent la frénésie de consommation qui caractérise l'époque. Beaucoup de designers s'emploient à imaginer les produits novateurs qui remplissent les pages des magazines ; mais d'autres commencent à penser qu'il s'agit là d'une sorte de trahison des idéaux du design.

Au milieu des années soixante se produit un basculement soudain, dû à plusieurs causes convergentes. L'émergence d'un marché de jeunes consommateurs, attirés par les objets nouveaux, amusants et jetables, joue un rôle important dans la mise à mal des valeurs de rationalité et d'universalité qui sous-tendaient le mouvement moderniste, en architecture comme en design. La nouvelle esthétique pop privilégie le consommable, le temporaire et bannit toute notion de permanence. Ce déplacement des valeurs des acheteurs bouleverse la théorie dominante du design. Un radicalisme nouveau apparaît dans l'œuvre de designers comme Peter Murdoch et le groupe d'architectes Archigram, en Grande-Bretagne *(voir pages 220-223)*, et Ettore Sottsass, en Italie *(voir pages 216-219)*.

Dorénavant, le design prend ouvertement son inspiration dans la culture populaire. Ce n'est pas une première, mais cela représente un véritable défi aux valeurs du modernisme qui dominaient le design des décennies précédentes. Dans les années trente, les travaux des consultants américains en design industriel avaient déjà posé les bases d'un design fondé sur les aspirations et les rêves populaires. L'esthétique *streamline* a peu de chose à voir, en effet, avec une culture d'élite. Elle a conduit les designers automobiles américains de l'immédiat après-guerre à puiser leurs idées dans l'imaginaire populaire et les aspirations du marché de masse. Harley Earl chez General Motors *(voir pages 214-215)*, et ses collègues chez Chrysler et Ford n'avaient guère tenu compte des valeurs élevées du modernisme en créant leurs « machines à rêver ».

Un schisme fondamental se révèle donc dans les années soixante — préexistant depuis le début du siècle, quand la production de masse a infléchi les idéaux du modernisme pour adapter les objets fabriqués au goût des consommateurs. Les designers contestent alors ouvertement la pertinence du modernisme face au marché de la consommation de masse. Vers le milieu de la décennie, le monde du design admet que le modernisme est en crise. Les avancées technologiques rendent ce débat plus brûlant encore. Avec les progrès de la miniaturisation électronique, les boîtiers des appareils n'ont plus besoin de refléter leur technologie interne. Entre les mains des concepteurs, les produits représentent désormais les accessoires d'un style de vie, des objets à la mode et moins utilitaires. Le fonctionnalisme, qui a longuement fait ses preuves, s'avère alors obsolète.

Or, peu de designers s'adaptent immédiatement à ce changement. La plupart, formés dans la tradition moderniste, continuent à l'appliquer, et répugnent à abandonner ses théories, aussi séduisantes que réconfortantes. Leur attachement à la qualité et à la fonction utilitaire de l'objet leur rend difficile l'adhésion à la tendance postmoderniste qui gagne du terrain dans le design.

Quelques-uns seulement ont la capacité et la volonté de reprendre à leur compte cette nouvelle impulsion. Depuis les années cinquante, Sottsass pratiquait déjà une approche symboliste du design. Dans la seconde moitié des années soixante, il est rejoint par une jeune génération d'architectes et de designers qui rejettent la position, arrogante à leurs yeux, du design italien d'après-guerre. Leurs travaux demeurent pour la plupart théoriques. Mais pour Superstudio, Archizoom, Gruppo NNN et Gaetano Pesce *(voir pages 224-225)* ou Ugo La Pietra, la théorie d'un système unique de valeurs, d'attitudes et de croyances qui régirait tout l'univers du design, est à l'évidence révolue.

Intérieur créé à la fin des années soixante par l'architecte-designer danois Verner Panton. Son mobilier et ses suspensions lumineuses impressionnantes expriment parfaitement l'esthétique néomoderne de l'époque, celle de la conquête spatiale.

Les frères Castiglioni ont activement contribué à l'émergence du design moderne italien après la Seconde Guerre mondiale. Le statut quasi mythique dont ils bénéficient résulte de leur approche sans compromis du design, qui repense la fonction, la forme et les techniques de fabrication de chaque objet produit. Un sens méticuleux du détail, l'élégance

Pier Giacomo & Achille Castiglioni

de la ligne et la beauté des matières sont leur signature — de l'ameublement aux éclairages. Leur contribution au design italien s'est également traduite par un fort engagement dans la préparation et le succès mondial des Triennales de Milan de l'après-guerre, et par leur participation à la formation de l'ADI (Associazione per il Disegno Industriale).

Pier Giacomo et Achille Castiglioni, deux figures majeures du design italien de l'après-guerre. L'originalité de leurs concepts et de leur univers leur a acquis de nombreux adeptes, et leur travail a grandement contribué à mettre en lumière l'importance du design dans la culture contemporaine.

Mezzadro, *conçu en 1957 et produit à partir de 1971 par Zanotta. Dans cette pièce, l'une de leurs plus célèbres créations, les Castiglioni ont détourné le concept de ready-made pour l'appliquer au design.*

FORMATION ET PREMIERS TRAVAUX

En 1938, les frères Castiglioni — Livio (1911-1979) et Pier Giacomo (1913-1968) —, fraîchement émoulus de l'École polytechnique de Milan (respectivement en 1936 et 1937), ouvrent, avec Luigi Caccia Dominioni, une agence de design dans cette même ville. Leur premier succès, la radio *Model 547*, pour Phonola, est exposée à la Triennale de 1940. Sa forme entièrement nouvelle en fait un produit pionnier du design industriel et son revêtement de bakélite lui confère une image moderne, inspirée de celle des combinés téléphoniques. Livio et Pier Giacomo ferment leur agence en 1940 pour la rouvrir en 1944, rejoints par leur jeune frère, Achille (né en 1918), formé lui aussi à l'École polytechnique.

Les Castiglioni concentrent leurs efforts sur les expositions de design et de luminaires, et créent nombre de projets innovants, dont la lampe *Tubino* — simple tube plié doté d'un abat-jour —, exposée à la Triennale de 1951. Son minimalisme et sa souplesse en font une pièce emblématique de leurs expérimentations futures.

ANNÉES CINQUANTE

En 1952, Livio choisit de travailler seul. Pier Giacomo et Achille continuent à collaborer sur des projets variés, qui reflètent la grande originalité de leur style et leur aptitude à trouver des solutions fonctionnelles aux contraintes imposées au design. Tel est le cas du dispositif de luminaires conçu pour la section de design industriel de la 10ᵉ Triennale de Milan, en 1954, qui associe formes sculpturales et fonctionnalité, ou de l'aspirateur *Spalte,* en plastique rouge vif, produit par la firme Rem en 1956. Ses courbes évocatrices sont à la fois plaisantes et pratiques, et sa poignée de cuir assure une meilleure prise à l'usager. Suivent d'autres créations originales, dont les lampes *Luminator* (1955) et *Bulb* (exposée à la Triennale de

Arco, *dessiné en 1962 pour Flos. Avec son socle de marbre et son spectaculaire arceau d'aluminium, cette lampe est une sorte de manifeste du modernisme tardif. Elle a régné sur les intérieurs chic des années soixante.*

Snoopy, *fabriqué en 1967 par Flos. Objet de métal, de verre et de marbre — une combinaison de matériaux appréciée des Castiglioni —, cette lampe dispose d'un piètement de marbre qui lui confère une stabilité inattendue, eu égard à la lourdeur de sa partie haute. Elle s'inspire du héros de bande dessinée du même nom.*

1957 *[voir pages 166-167]*), qui comportent toutes les deux des ampoules apparentes, ainsi que deux sièges expérimentaux pour Zanotta, en 1957 — le *Mezzadro (voir page ci-contre)* et le *Sella* —, inspirés l'un d'un siège de tracteur et l'autre, d'une selle de vélo. On y retrouve l'influence des ready-made de Marcel Duchamp — une appropriation d'objets usuels, dont la forme n'a pour autre origine que la fonction. Les Castiglioni rendent hommage à cette politique d'intervention minimale dans de nombreuses créations.

À PARTIR DES ANNÉES SOIXANTE

Durant les années soixante, Pier Giacomo et Achille continuent à concevoir beaucoup d'agencements intérieurs et de designs. Pour le pavillon Montecatini, à la foire de Milan de 1962, ils imaginent un dispositif de lampes coniques suspendues à des câbles d'acier, dont les modèles *Taccia* et *Toio* (un simple phare de voiture), fabriqués par Flos en 1962. La lampe *Arco,* également exposée à la foire de Milan de 1962, pour Flos, reflète à merveille leur style, par la combinaison d'un matériau noble traditionnel — le marbre du socle — et de la technologie moderne — un mince arc d'aluminium pressé, surmonté d'un réflecteur en aluminium filé. La chaîne hi-fi réalisée pour Brionvega, mobile et montée sur roulettes, s'inscrit dans le même esprit. À la mort de Pier Giacomo en 1968, Achille produit toujours un design radical et innovant pour des fabricants tels que Flos, Ideal Standard, Zanotta et Alessi : éclairages (*Gibigiana*, 1980), couverts, verres (*Par*, 1983), chaises (*Rosacamuna*, 1983) et tables (*Cumano*, table de jardin métallique, repliable et rangeable à plat, 1979, pour Zanotta).

Les Castiglioni ont régné sur le design italien par leur esprit de rigueur et leur originalité, qui leur ont acquis également une reconnaissance professionnelle internationale.

Sanluca, *dessiné en 1960 par Achille pour Gavina. Sa forme s'inspire des courbes organiques du mouvement architectural Neo-Liberty. Il se compose d'une coque de contreplaqué moulé garnie d'une mince épaisseur de cuir rembourré.*

Marco Zanuso, l'un des fondateurs du design moderne italien de l'après-guerre, est né en 1916. Homme sérieux et d'une grande intelligence, il a donné naissance, au fil de sa longue et brillante carrière, à beaucoup de classiques intemporels du design. Il a également été professeur d'architecture, de design

Marco Zanuso

et d'urbanisme à l'École polytechnique de Milan, de 1945 à 1986, a collaboré aux revues d'architecture *Domus* et *Casabella*, et contribué à la fondation de l'A.D.I. (Associazione per il Disegno Industriale) en 1954, ainsi qu'à l'organisation des premières Triennales de l'après-guerre à Milan.

Marco Zanuso a joué un rôle clé dans l'évolution du design néomoderne de l'après-guerre. Des créations majeures résultent, dans les années cinquante et soixante, de sa collaboration avec de nombreux industriels — notamment Arflex, Brionvega et Kartell. Il a également contribué à l'enseignement et à la popularisation du design, et mis en valeur les qualités du design italien contemporain.

FORMATION ET PREMIERS TRAVAUX

Zanuso naît à Milan. De 1935 à 1939, il y étudie l'architecture à l'École polytechnique. Après avoir servi dans l'armée italienne, il fonde son agence en 1945, toujours à Milan. En 1948, il est retenu au concours du mobilier bon marché du Museum of Modern Art de New York, avec un projet de chaise en métal plié intégrant un nouveau mécanisme de fixation du tissu de revêtement à la structure. On retrouve une innovation technique similaire dans son deuxième succès, le très fameux fauteuil *Lady*, conçu en 1951 pour Arflex — une des premières pièces de mobilier en mousse de

Maggiolina, *créé en 1949 et édité en 1970 par Zanotta. Avec ses tubes d'acier qui supportent une assise suspendue, ce siège est le fruit d'une recherche industrielle intensive afin d'obtenir le plus de confort possible à partir d'une structure minimale. Il a reçu un prix à la 9ᵉ Triennale de Milan en 1951.*

Marcuso *(années soixante). Sa simplicité, due à la combinaison de solides pieds chromés et d'un plateau de verre, véhicule une image de modernité sans équivoque. L'objet évoque le luxe, dans le contexte du design italien moderne de l'époque, plus qu'il ne traduit les préoccupations démocratiques des débuts du XX*e *siècle.*

Celestina, *réalisé en 1978 pour Zanotta. En revêtant de cuir ses lames de bois, Zanuso a ajouté une touche de luxe à cette version retravaillée de la traditionnelle chaise de jardin pliante en métal.*

caoutchouc rembourrée. Les lignes de ce siège très original, tout à fait caractéristiques du travail de Zanuso, découlent en grande partie des contraintes techniques de fabrication liées à l'usage du plastique, matériau qu'il prise particulièrement.

COLLABORATION AVEC RICHARD SAPPER

Zanuso tire grand plaisir de sa longue et fructueuse collaboration avec le designer allemand Richard Sapper *(voir pages 230-233)*, qui leur vaut à tous deux une excellente réputation dans le monde du design industriel. Leur premier projet commun, une chaise empilable pour Kartell *(voir page 231)*, pionnière dans l'usage du polyéthylène moulé par injection, n'est réalisé qu'en 1965, bien que les recherches sur le produit aient débuté dix ans plus tôt. À partir de 1959, ils forment un duo de consultants pour la société Brionvega, leader italien de l'équipement électrique qui cherche non seulement à repousser sans cesse les limites de la technique, mais aussi à créer des produits dont l'impact visuel puisse rivaliser avec leurs concurrents japonais et allemands

Durant les années cinquante et soixante Zanuso et Sapper travaillent à une remarquable série de radios et de téléviseurs pour Brionvega, témoignant de leur double intérêt pour la forme et la technologie. Le *Doney 14*, de 1962, est le premier poste de radio italien muni d'un transistor complet ; quant au *TS 502*, de 1964, petit poste de radio portatif à piles, il se compose de deux compartiments repliables l'un sur l'autre, pour ne plus former qu'un cube, ce qui en facilite le transport. Le pari de Zanuso consiste à agencer les composants internes de ces appareils de façon à les intégrer dans une coque aux lignes nettes. Des priorités identiques conditionnent le design des téléviseurs *Sirius*, *Virgo* et *Argol*, tous de 1964, et le summum est atteint dans le téléviseur *Black 201*, de forme cubique — une boîte noire mystérieuse dont la fonction reste dissimulée jusqu'à ce que l'on actionne l'interrupteur.

ÉLÉMENTS D'UN STYLE

Durant les années soixante, l'image de marque de Zanuso repose sur sa rigueur et son originalité. De nombreuses créations en témoignent, notamment des balances de cuisine pour Terraillon (1968), un aiguiseur de couteau au boîtier jaune citron pour Necchi (1966) et le téléphone compact (16 cm) *Grillo*, réalisé en plastique ABS pour Siemens (1966). Que Zanuso travaille sur du mobilier, du design de produit ou des projets d'architecture — il a construit plusieurs immeubles pour Olivetti, dont, de 1956 à 1958, le siège social de São Paulo —, il n'a cessé de penser le design comme une série de problèmes simples résolubles avec élégance par la raison et l'imagination. Telle est l'approche qu'il promeut à travers son enseignement, ses conférences et ses discours. Sa contribution au design mondial lui a valu une place éminente et respectée dans la profession.

Martindale, *créé dans les années cinquante pour Arflex (filiale de Pirelli). Une structure de métal, garnie de sangles en caoutchouc et rembourrée de mousse, compose le corps du siège. La forme « organique » est typique du design de cette époque.*

Vico Magistretti est né en 1920 à Milan, où il exerce toujours en tant qu'architecte et designer, dans une petite agence fonctionnant avec le seul concours d'un dessinateur. Depuis cinquante ans, il incarne le pôle rationnel du design italien de l'après-guerre, en quête des réponses éternelles à des problèmes de technique et de forme. Dans cette recherche,

Vico Magistretti

il n'a cessé de créer des pièces originales et surprenantes, contribuant à forger l'identité du design moderne italien. Magistretti souligne clairement l'importance de la collaboration entre industriels et designers : « Le design italien doit son existence aux entrepreneurs tout autant qu'aux designers. » Cette approche lui a permis de travailler avec de nombreux fabricants sur plus de cent vingt projets, dont environ quatre-vingts sont toujours édités.

Vico Magistretti, auteur de nombreux grands classiques du mobilier italien de l'après-guerre. Ses liens avec Cassina, depuis les années soixante, représentent l'un des exemples de collaboration industrielle les plus frappants.

Selene, *dessiné en 1969 pour* Artemide. *Ce modèle appartient à la première génération italienne de chaises entièrement réalisées en plastique. Les piètements, moulés en S, renforcent sa solidité.*

FORMATION ET PREMIÈRES RÉALISATIONS

Tout comme son père, lui aussi architecte à Milan, Magistretti a été éduqué selon les principes de l'architecture rationaliste. Il suit par ailleurs les cours d'Ernesto Rogers, architecte communiste favorable à l'utilisation d'éléments préfabriqués adaptés au logement social, qui a dirigé pendant deux ans l'influent magazine *Domus*, à la fin de la Seconde Guerre mondiale. Sa formation, combinée aux impératifs de la reconstruction et de l'industrialisation de l'après-guerre, oriente Magistretti vers le design industriel plutôt que vers l'architecture.

Dès sa sortie de l'École polytechnique de Milan, en 1945, Magistretti entre dans l'agence de son père. Il y passe quelques années à dessiner du mobilier bon marché pour des logements construits au profit de populations sans abri, sinistrées par la guerre. Il conçoit à cette fin une bibliothèque mobile composée de deux montants d'acier tubulaires fixés au sol et au plafond, et une chaise pliante en tissu rayé, du type chaise longue, exposées en 1946 à la Riunione Italiana Mostre Arredamento (RIMA, « Association italienne pour l'exposition de l'ameublement »), à Milan *(voir page ci-contre)*. Magistretti imagine un mobilier simple et rationnel, apportant des réponses élégantes aux problèmes posés. Il recherche avant tout la légèreté et le côté pratique, qualités que l'on retrouve dans un modèle de petite table en bois empilable, réalisé en 1949 pour le nouveau fabricant Azucena.

ANNÉES CINQUANTE

Une bonne part de l'architecture et du design italien des années cinquante évolue à mi-chemin entre tradition et modernité, reconnaissant la nécessité d'adapter les principes rigides du modernisme d'avant-guerre aux besoins d'une nouvelle ère. Durant cette décennie, Magistretti se consacre plus à l'architecture et à la création d'un cadre institutionnel en faveur du design italien — notamment en aidant à mettre sur pied les expositions de la Triennale de Milan, où il remporte une médaille d'or en 1951 et un premier prix en 1954 *(voir pages 166-167)*. C'est alors qu'il signe la tour d'habitation

Demetrio, *conçu en 1964 et fabriqué en 1966 par Artemide. Cette table fait partie d'une série de meubles en plastique à laquelle Magistretti a collaboré. Sa surface brillante (en résine de verre) et ses couleurs franches (vert pomme, rouge, noir et blanc) ont conféré une image de luxe à ce matériau.*

Bibliothèque mobile et sa chaise pliante, exposées à la Riunione Italiana Mostre Arredamento de Milan de 1946. La chaise est calquée sur un modèle traditionnel de chaise longue ; des fixations extensibles à chaque extrémité rendent les montants d'étagères adaptables à différents espaces. Ces deux éléments ont été spécifiquement dessinés pour des appartements neufs destinés à reloger les sans-abri de l'après-guerre.

Torre Parco, en 1956, et un bâtiment de bureaux sur le Corso Europa, à Milan. En 1959, on lui confie la création du mobilier du club-house et de la piscine du Carimate Golf Club. Pour ce programme, il dessine une chaise qui aura une influence spectaculaire sur sa carrière, *Carimate*, projet hybride qui associe une facture traditionnelle rustique (structure en bois et assise en paille de jonc), rappelant les chaises des designers danois Kaare Klint *(voir pages 64-65)* et Finn Juhl, à une peinture rouge vif qui en fait un meuble contemporain.

DEPUIS LES ANNÉES SOIXANTE

Carimate, devenue une icône des années soixante, est présente dans le monde entier : restaurants, lieux publics, résidences privées. Elle symbolise le nouveau style de vie des jeunes et riches consommateurs de l'époque. En même temps, elle restitue à Londres, à New York ou à Tokyo l'atmosphère de l'Italie traditionnelle et d'une culture méditerranéenne exotique. Ce succès international résulte d'une collaboration avec le fabricant de meubles Cassina *(voir pages 212-213)*, dont le directeur et propriétaire a approché Magistretti en 1960 pour lui proposer de produire cette chaise en série — initiant ainsi une longue et fructueuse association

À partir des années soixante, Magistretti se consacre à la création de meubles et de luminaires pour Cassina, Artemide et O-Luce. Il faut retenir le canapé *Maralunga*, de 1973, avec son appuie-tête et ses accoudoirs ajustables, la série *Broomstick*, de 1979, et le canapé *Sindbad*, de 1981 *(voir page 200)*, dont la ligne s'inspire de plaids pour chevaux achetés lors d'une des fréquentes visites de Magistretti à Londres. La couverture s'attache à une simple ossature de bois au moyen de clips et peut donc aisément s'enlever et se changer. Caractéristique de Magistretti, ce concept associe l'humour et la décontraction à la simplicité fonctionnelle.

Bien qu'il soit très productif dans le domaine du design durant cette période, Magistretti n'abandonne pas son activité d'architecte. Il continue à concevoir des agencements de stands d'exposition, de maisons et de

Chimera, *fabriqué en 1966 par Artemide. La forme serpentine du corps en plastique de cette pièce sculpturale lui confère une stabilité supplémentaire, grâce au supplément de poids apporté par la quantité plus importante de matériau utilisé.*

bâtiments, parmi lesquels, en 1969, une école primaire à Meda, près de Milan, en collaboration avec Gae Aulenti, et, en 1978, avec F. Soro, le pavillon du département de biologie de l'université de Milan.

EXPÉRIENCES PLASTIQUES

C'est aux designers italiens que le plastique doit ses lettres de noblesse. Initialement perçu comme un matériau bon marché, il accède, grâce à eux, au rang de produit stylé et sophistiqué. À l'instar de Marco Zanuso *(voir pages 196-197)*, qui fait fabriquer le premier siège en polyéthylène moulé par injection, et de Joe Columbo *(voir pages 208-209)*, dont le fauteuil *Elda* est le premier à utiliser une coque en fibre de verre, Magistretti établit sa réputation à partir d'une série de mobilier expérimental en plastique.

En 1964, il crée la table *Demetrio (voir page 199)* pour Artemide, version renforcée, en résine injectée, semblable en bien des points à la petite table empilable de 1949, que lui ont inspirée les bacs des laboratoires photographiques. Née en 1966, la table *Stadio*, plus grande, comporte un piètement aux montants incurvés auxquels un pliage en *S* confère une meilleure résistance. La chaise *Selene*, de 1969 *(voir page 198)*, la plus célèbre des créations de Magistretti, forme simple en plastique ABS, possède un renfort de piètement identique à celui de *Stadio*. Conçue dans les tons vert, rouge, blanc et noir, elle connaît rapidement un succès international. Artemide la fabrique toujours.

Comme Zanuso et Colombo, Magistretti réussit à donner à son mobilier en plastique un chic néomoderne susceptible de séduire une clientèle internationale sophistiquée. La combinaison de couleurs vives, de surfaces brillantes et de formes pures éradique l'image de laideur et de mauvaise qualité dont ont souffert auparavant les produits en plastique, au point de susciter l'intérêt des collectionneurs pour les pièces créées.

Atollo, *réalisé en 1977 par O-Luce. Cette simple composition géométrique en métal laqué doit son impact visuel à ses proportions élégantes. Le réflecteur, conçu pour créer un intéressant jeu d'ombres, paraît en suspension dans l'air.*

Canapé et chaise Sindbad, *lancés en 1981 par Cassina. Ils mettent en évidence l'aptitude constante de Magistretti à créer des objets entièrement nouveaux. Inspiré par des plaids pour chevaux achetés en Grande-Bretagne, le designer a inventé un concept de siège à la fois simple, gai, confortable et informel.*

Restaurant à Milan, au début des années soixante, équipé de chaises Carimate, créées en 1963 pour Cassina. Avec leur ossature de bois peint en rouge et leur aspect rustique, ces chaises sont devenues un accessoire familier des lieux publics.

ÉLAIRAGE

Durant les années cinquante et soixante, Magistretti dessine aussi de nombreux luminaires. Parmi ses projets, la lampe *Eclisse*, créée en 1966 pour Artemide, reçoit une médaille d'or à la Triennale de Milan de 1967. Simple forme de métal conçue pour être posée ou appliquée au mur, disponible en blanc et en rouge brillant, elle dispose d'un système permettant de modifier la luminosité en faisant coulisser une demi-sphère à l'intérieur d'une autre afin de produire une « éclipse » partielle ou totale. Le lampadaire *Chimera* de 1966 *(voir page ci-contre)*, très différent, est un objet aux lignes sculpturales, dont les formes sensuelles évoquent un tissu de lin plié. La lampe *Atollo*, de 1977 *(voir page ci-contre)*, une des plus célèbres créations de Magistretti, lauréate en 1979 du prix de design Compasso d'Oro, apporte une autre réponse originale : une harmonie de formes géométriques mises en valeur par un jeu d'ombres.

RÉPUTATION D'ÉLÉGANCE

La nature intemporelle des créations de Magistretti résulte non pas d'un style, mais de la concrétisation rationnelle d'idées très personnelles. Ses objets proviennent toujours d'un concept simple et apportent d'élégantes solutions aux problèmes de design. Ils naissent d'une idée initiale, poursuivie jusqu'à sa conclusion logique puis réalisée en fonction de contraintes techniques, économiques ou pratiques. Magistretti est avant tout un designer pragmatique, pour qui l'imaginaire doit constamment être passé au crible des possibilités réelles.

Cependant, sa contribution au design italien de l'après-guerre dépasse le cadre de ses créations. Son tempérament vif et enthousiaste a inspiré les nombreux étudiants qui ont suivi son enseignement dans de multiples institutions, en Italie comme ailleurs, parmi lesquelles l'académie Domus de Milan, le Royal College of Arts de Londres et l'école d'architecture de Tokyo. Ambassadeur essentiel et influent du design moderne, Magistretti représente aussi un exemple de persévérance et de modestie.

Matières plastiques

Au XXe siècle, aucun matériau n'a eu un impact sur l'environnement public et domestique plus important que le plastique. Depuis sa découverte à la fin du XIXe siècle, il constitue le matériau le plus utilisé, a révolutionné la production de masse et présenté pour les designers un défi esthétique et écologique sans précédent.

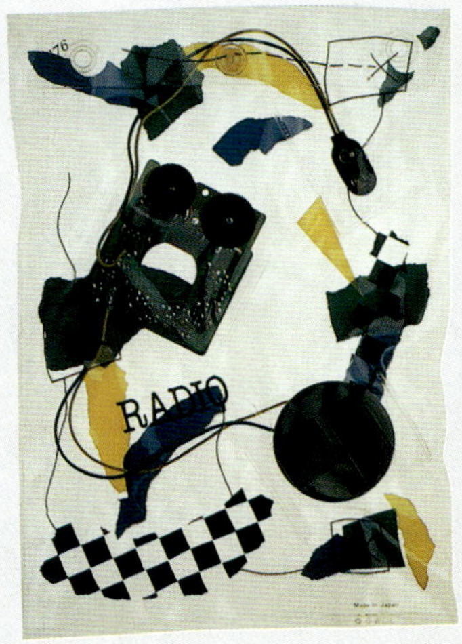

Radio Bag, créée en 1981 par Daniel Weil, d'abord produite en série limitée par Parenthesis, son entreprise. En 1983, le Japonais Apex en reprend la fabrication. Les composants électroniques, englobés dans du vinyle transparent, demeurent visibles.

Universale, *modèle 4857, dessiné en 1965 par Joe Colombo* (voir pages 208-209) *pour Kartell. Sa forme résulte de l'intention de réaliser une chaise en plastique moulé d'une seule pièce, par injection. Pour obtenir cette surface brillante, Colombo a utilisé du plastique ABS, remplacé en 1976 par du polypropylène.*

DÉBUTS DU PLASTIQUE

Les premiers plastiques naturels et semi-synthétiques sont découverts au milieu du XIXe siècle, dont la Parkesine, en 1855, et le celluloïd, breveté, en 1870. Ces matériaux servent d'abord de substitut bon marché aux matières comme le jais, l'ivoire et l'ambre. La bakélite, premier plastique entièrement synthétique, connaît un très grand succès. Sa découverte par le Belge Leo Baeckeland en 1907 coïncide avec le développement de l'industrie électrique, où elle remplace le caoutchouc pour l'isolation des prises ou des interrupteurs. La bakélite est immédiatement investie d'une identité moderne dont les designers des années vingt et trente usent pour accompagner l'apparition des appareils électriques : réfrigérateurs, radios et téléphones. Les formes en bakélite, moulées, affichent des lignes fluides et arrondies afin d'en faciliter le démoulage ; elles sont en partie à l'origine du style Streamline, en vogue dans les années trente.

Le plastique convient à la production de masse. Le coût à l'unité et la rapidité de production compense l'investissement de fabrication initial. À partir de 1927, les plastiques issus de la pétrochimie — vinyle, acrylique, nylon, polyester et acétate de cellulose — commencent à se développer ; ils ne sont exploités largement qu'après la Seconde Guerre mondiale.

APRÈS 1945

Les progrès technologiques associés à l'effort de guerre élargissent encore la gamme des plastiques destinés aux produits de consommation. Les mousses, le polyuréthane et les plastiques renforcés accroissent l'éventail des options offertes aux designers. Mais le plastique passe désormais pour un produit de mauvaise qualité, moins apprécié que les matériaux naturels. Le défi des designers de l'après-guerre consiste à restaurer cette image en exploitant ses nombreuses qualités : légèreté, couleurs, malléabilité, faible coût, hygiène, robustesse et imperméabilité. Beaucoup de créateurs des années cinquante y consacrent leurs efforts. Les projets de chaise en plastique de Charles Eames *(voir pages 148-151)* et ceux d'Eero Saarinen *(voir pages 156-157)*, par exemple, inspirent à Marco Zanuso la forme de la première chaise en polyéthylène moulée par injection *(voir pages 196-197)*. Verner Panton *(voir pages 204-205)* met au point la première chaise monobloc à piètement en porte-à-faux, et les attentes liées à la production en série de mobilier de bureau sont récompensées trois ans plus tard, quand

Couverture d'une publication de 1947, Plastics in the Home, *présentant une gamme de matériaux en plastique couramment utilisés à l'époque : bakélite (pour le boîtier rond de la radio), mélamine (pour la vaisselle) et vinyle (pour les rideaux et l'imperméable).*

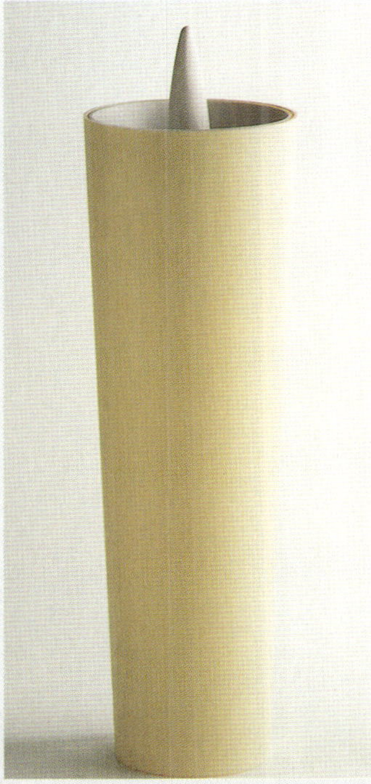

Brosse pour sanitaires créée en 1990 par Philippe Starck. Elle fait partie d'une série d'objets en plastique pour la maison. Son élégante simplicité suffit à légitimer l'usage du plastique comme matériau actuel, au même titre que le bois ou l'acier.

Robin Day *(voir pages 168-171)* crée la chaise *Polyprop* pour Hille & Co. et la vend à plus de 14 millions d'exemplaires dans le monde.

AUJOURD'HUI ET DEMAIN

Dans les années soixante, les designers des années pop travaillent sur des plastiques souples, tels le vinyle et les mousses de polyuréthane, pour créer du mobilier flexible, gonflable et jetable, en théorie. On se souvient du fauteuil gonflable *Blow*, inventé par les designers d'Urbino de Pas et Lomazzi. Dans les années soixante-dix, la crise du pétrole et la prise de conscience des questions d'écologie (biodégradabilité des produits) suscitent une désaffection à l'égard du plastique. Dans les années quatre-vingt et quatre-vingt-dix, on en fait un usage plus réfléchi.

Des designers tels que Philippe Starck *(voir pages 246-249)* ont largement recours au plastique, tout en intégrant des préoccupations écologiques. À preuve, la chaise *Louis XX*, avec son corps en polypropylène moulé au piètement arrière en aluminium, amovible et recyclable. La combinaison unique des propriétés qui font du plastique le matériau le plus utilisé au XXe siècle lui garantira certainement une place au siècle prochain. Le défi lancé à la nouvelle génération de créateurs sera d'en pondérer les avantages en améliorant les performances écologiques du matériau.

Gamme de boîtes hermétiques en plastique, fabriquée en 1949 aux États-Unis par Tupperware. Conçues dans un matériau souple et opaque, ces boîtes affichent de nombreux coloris à la mode. Très populaires depuis les années cinquante, elles se sont vendues en grandes quantités grâce aux « réunions Tupperware » organisées par les consommatrices elles-mêmes.

L'architecte-designer danois Verner Panton, né en 1926, est installé en Suisse depuis les années cinquante. Conséquence de cet exil volontaire, on ne retrouve dans son œuvre prolifique et original ni les traditions artisanales chères aux Danois ni le rationalisme rigoureux des Suisses. Ses influences sont plutôt à chercher du côté

Verner Panton

des États-Unis et ou de l'Italie, où les designers de l'après-guerre ont tenté de créer un mouvement moderne et sophistiqué, réceptif aux nouvelles formes et aux nouveaux matériaux. Dans les années soixante, Panton a cherché à mettre en valeur les possibilités offertes par les technologies modernes et les matériaux de synthèse.

Verner Panton : depuis le milieu des années cinquante, il a mêlé dans ses créations invention visuelle et innovation technologique. Installé en Suisse, il n'est affilié à aucun style national, mais appartient plutôt à la communauté internationale des créateurs.

Chaise empilable, conçue en 1960 et fabriquée à partir de 1967 par Vitra pour Herman Miller. C'est la première chaise monobloc produite en plastique moulé par injection avec piètement en porte-à-faux.

Panthella, édité en 1970 par Louis Poulsen. Composée d'un abat-jour hémisphérique en acrylique monté sur une tige, cette lampe évoque des formes « spatiales » et émet une lumière diffuse, de source indéfinie.

CARRIÈRE VOUÉE À L'INNOVATION

Panton étudie à l'école technique d'Odense et est diplômé de l'Académie de Copenhague en 1951. De 1950 à 1952, il développe du mobilier expérimental dans l'atelier d'Arne Jacobsen *(voir pages 142-145)*, lui-même inspiré par le travail de Charles Eames *(voir pages 148-151)* et d'Eero Saarinen *(voir pages 156-157)*. Panton crée un atelier à Binningen, en Suisse, dès 1955. À la fin des années cinquante, ses fauteuils aux lignes futuristes, produits par l'entreprise danoise Fritz Hansen, avec qui les liens de Panton sont restés solides, lui valent une notoriété internationale. Son fauteuil *Cône*, de 1958, se compose d'une plaque de métal repliée en cône, garnie de mousse recouverte de textile et d'une galette amovible. La série *Cœur*, de 1959 *(voir page ci-contre)*, combine elle aussi une ossature en métal revêtue d'un tissu

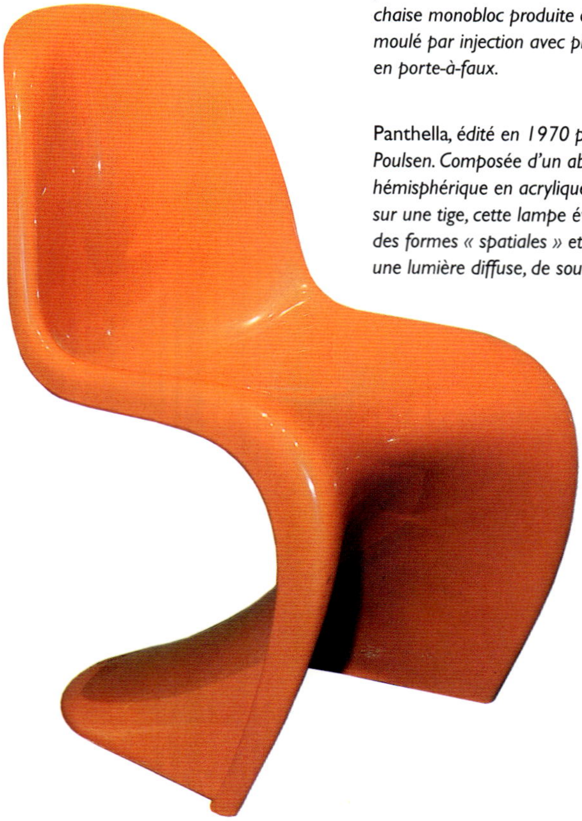

Hanging Chandelier, créé vers 1970 pour Luber. Panton a réalisé de nombreux éclairages innovants pour cette société dans les années soixante et soixante-dix. *Hanging Chandelier*, inspiré de la structure atomique, se compose d'une grappe de boules chromées, suspendue à un plafonnier circulaire.

Cœur, dessiné en 1959 pour Plus Linje. Sa forme extraordinaire, extrêmement futuriste pour l'époque, est réalisée avec une plaque de métal pliée rembourrée de mousse et revêtue de textile en maille stretch.

extensible. La chaise empilable, de 1960 *(voir page ci-contre)*, demeure sa création la plus innovante. Avec sa courbure et son piètement en porte-à-faux, elle a été créée en polyester renforcé et est la première chaise monobloc en plastique moulé. Produite par Fritz Hansen jusqu'en 1968, elle est fabriquée en série par la société américaine Herman Miller. Le concept d'assise anatomique, épousant la forme du corps, est la préoccupation constante de Panton. Dans cet esprit, il faut retenir la chaise *S*, constituée d'une feuille de contreplaqué, un système d'assise en fil métallique formant une rangée de sièges sinueuse et incurvée (1972) et, à la fin des années quatre-vingt, une étrange série postmoderne de chaises organiques en plastique.

PAYSAGE DOMESTIQUE

Au milieu des années soixante, Panton imagine une gamme de luminaires inspirée des nouvelles technologies et des formes « spatiales », notamment le lustre *Hanging Chandelier* et la lampe *Panthella (voir page ci-contre)*. À l'issue des années soixante, il conçoit des textiles et des revêtements de sol. Il crée notamment une gamme textile pour la société Mira-X, dont le célèbre motif *Spectrum*, de 1969, au dessin abstrait op art (art cinétique), et les chintz des lignes *Diamant* et *Cubus*.

Antti & Vuokko Nurmesniemi

Né en 1927, Antti Nurmesniemi a tenu avec sa femme, Vuokko Eskolin-Nurmesniemi, un rôle majeur dans le design finlandais depuis les années soixante. Leurs contributions respectives — pour l'un, dans le domaine industriel et mobilier, pour l'autre, dans la mode et le textile — ont contribué à établir la réputation internationale du design de leur pays. Ils ont ainsi conçu ensemble l'exposition finlandaise de la Triennale de Milan de 1960 ou encore, en 1976, le fauteuil *004* (qui n'a pas dépassé le stade du prototype), qui associe structure et forme imaginées par Antti au revêtement textile noir et blanc de Vuokko — fidèle reflet du goût de celle-ci pour les motifs simples.

Antti Nurmesniemi et Vuokko Eskolin-Nurmesniemi, les plus célèbres et les plus talentueux des designers finlandais. Antti a été un pionnier du design moderne dans son pays, Vuokko a fait preuve d'une grande créativité dans ses modèles de tissus.

FORMATION ET PREMIÈRES RÉALISATIONS

Tous deux se sont formés à l'Institut d'art industriel d'Helsinki, l'un en aménagement intérieur, l'autre en céramique. En 1950, année de son diplôme, Antti est embauché comme designer de mobilier pour les magasins Stockman, à Helsinki. En 1951, il travaille pour l'architecte Viljo Revell à Helsinki, puis chez Giovanni Romano, à Milan, avant d'ouvrir son agence d'aménagement intérieur à Helsinki en 1956. Après son diplôme en 1952, Vuokko est employée par le fabricant textile Marimekko. Elle y sera un designer de premier plan de 1953 à 1964, année où elle crée sa société. Elle dessine des motifs simples, qu'elle fait imprimer dans des

Antti Slim, *produit en 1984 par* Fujitsu. *Du fait de l'extrême petitesse des composants, la taille de ce téléphone s'adapte parfaitement à l'anatomie de l'utilisateur.*

Tabouret de sauna, conçu en 1952 pour le Palace Hotel *d'Helsinki. Il est réalisé en placage de bouleau laminé et doté de pieds en teck. Produit pendant de nombreuses années, c'est un classique du design finlandais de l'après-guerre. Il a été primé à la Triennale de Milan de 1964.*

Aranko, *pièce de coton créée en 1964 par Vuokko. Ce tissu au motif audacieux est typique de ses créations de l'époque.*

Helle, *robe droite en coton dessinée en 1964 par Vuokko, à partir d'un de ses motifs en noir et blanc intitulé* **Pyorre.** *Ce modèle entre aussi dans la réalisation de meubles créés par Antti, mais produit ici un effet très différent, ce qui démontre la polyvalence de son design cynamique.*

matières naturelles, et crée des vêtements plus inspirés par les valeurs d'usage et de liberté que par celles de la mode.

En 1957, Antti crée une gamme de cocottes en fonte pour Wärstilä, ainsi que la cafetière *Finel* (en noir, blanc et rouge), de forme cylindrique et fuselée vers le haut, avec une anse en plastique noir. Les cocottes, fabriquées dans des couleurs vives — rouge, blanc, jaune, et brun —, sont présentes dans de nombreux foyers finlandais de la classe moyenne. À la fin des années cinquante, Antti dessine aussi des chaises en cuir et acier poli dont le style « moderne chic » lui vaut, en 1959, le prix de design Lunning. En 1964, il reçoit un prix à la Triennale de Milan pour un tabouret de sauna en forme de fer à cheval, créé à l'origine pour le *Palace Hotel* d'Helsinki en 1952 *(voir page ci-contre)*. Au cours des années soixante, il aménage des intérieurs de banques, de restaurants et de bureaux, leur apportant une touche de sophistication rare auparavant dans le design finlandais, excepté chez Alvar Aalto *(voir pages 74-77)*.

INFLUENCE SUR LE DESIGN FINLANDAIS

Antti contribue à modifier la perception du design finlandais : assimilé jusqu'alors à un art décoratif traditionnel de haute qualité, il le place au niveau d'un design industriel de réputation internationale. Avec Eero Arnio, entre autres, il y apporte un raffinement nouveau qui intègre les traditions nationales et lui assure une certaine réussite commerciale hors de ses frontières. Le tabouret de sauna en est une bonne illustration.

L'influence du couple ne se limite cependant pas au design de produits. En 1967, Antti et Vuokko conçoivent l'exposition *Bulle sur le rivage*, à Helsinki, avec le peintre Ahti Lavonen et le sculpteur Veikko Eskolin : une tente translucide est posée non loin du bord de mer, dans laquelle Antti présente la chaise *001*. En 1971, ils travaillent sur un nouveau concept, la *Table de vie*, une sorte de plate-forme sur laquelle ils disposent ce qu'ils appellent le « minimum vital pour l'habitat ». Certains de ces objets sont l'œuvre d'Antti, dont un vase de verre, un four à micro-ondes et un porte-revues.

Dans les années soixante-dix et quatre-vingt, le couple continue à représenter le design finlandais à l'étranger tout en œuvrant à des projets personnels. Antti se consacre à l'ameublement et Vuokko à la fabrication d'articles plus usuels, tels des sacs à linge ou des porte-monnaie, réalisés dans des tissus de sa conception. En 1988, Vuokko introduit une touche d'élégance dans ses dessins de vêtements, tout en restant fidèle aux textiles naturels. Le style de vie du couple symbolise ses réussites dans le monde de la création finlandais de l'après-guerre, alliant la sophistication et le confort, la simplicité et la beauté, et mettant l'accent sur les couleurs, les textures et des matériaux très écologiques.

Bien qu'il n'ait eu qu'une courte carrière, Cesare « Joe » Colombo (1930-1971) fut une figure centrale du design moderne italien dans les années cinquante et soixante. Il a élaboré d'innombrables produits et systèmes qui associent l'innovation technologique à une nouvelle réflexion sur la fonctionnalité. Il ne concevait pas le rôle

Joe Colombo

du designer comme se limitant à la création de produits, mais allant jusqu'à façonner l'environnement quotidien. On a dit que Colombo avait vécu sa vie comme une course de vitesse. Il a effectivement accompli beaucoup en très peu de temps, associant au design sa passion des activités physiques, en particulier celle du ski et de la conduite.

Joe Colombo, l'un des designers les plus visionnaires de sa génération. Il a poussé à l'extrême sa recherche sur l'habitat. Reconnaissable à sa stature, sa pipe et sa barbe, il fut une figure marquante du design milanais.

Tube *(1969). Cette série de tubes en plastique semi-rigide recouverts de mousse et de tissu permet, par son système d'assemblage modulable, de créer toute une gamme de sièges.*

FORMATION ET PREMIERS PROJETS

Il étudie la peinture à l'académie Brera à Milan, dont il est diplômé en 1949. Au début des années cinquante, il devient membre du Movimento Nucleare (« Mouvement nucléaire »), un courant artistique d'avant-garde mené par Enrico Baj. En 1953, il décore le plafond du Santa Tecla, un night-club de Milan et, en 1954, il prépare l'exposition des céramiques d'Albisola à la Triennale de Milan. Cette année-là, il s'inscrit aussi en architecture à l'École polytechnique de Milan.

CARRIÈRE DE DESIGNER

Son père meurt en 1959, le laissant à la tête d'une entreprise d'équipement électrique. En 1962, Colombo ouvre son agence à Milan et se consacre à l'aménagement intérieur et l'ameublement. Dès l'origine, il considère l'habitat comme une sorte de système, dont les meubles forment les composants essentiels. De ses premières réalisations se détachent l'hôtel Continental à Sardinia (1964) et le magasin de sports Leka à Milan. À la même époque, Colombo se consacre à ses deux grands centres d'intérêt, le « système d'habitat » et l'emploi de nouvelles formes et matériaux dans la production en série. La *Kitchen Box*, de 1963, démontre son intérêt pour les unités intégrées, concept qui le mène à l'« unité mobile d'habitation », inspirée de travaux menés sur les expéditions spatiales. Ultime contribution à cette notion, le projet expérimental d'*Unité globale d'habitation*, de 1971 *(voir page ci-contre)*, est présenté après sa disparition à l'exposition *Italie : un nouveau paysage domestique* au Museum of Modern Art de New York, en 1972.

Linea 72, dessiné en 1970 pour Alitalia. Le projet, résultat des recherches de Colombo sur la stabilisation des objets dans un milieu en mouvement, répond à de strictes contraintes de taille, de poids et de coût de fabrication.

Unité globale d'habitation *(1971)*. *Colombo tente de répondre aux besoins basiques de la vie domestique. Les quatre sections — cuisine, rangement, lit et cabinet de toilette — démontrent que la vie quotidienne se réduit à un simple jeu de fonctions.*

Unité Roto-living *dressée pour le dîner. Au fond le lit* Cabriolet *(1969). Les objets de cet intérieur futuriste, destinés à prendre place dans un intérieur contemporain, mettent en pratique les recherches de Colombo sur les modes de vie et l'habitat.*

COLOMBO ET LA MODERNITÉ

Par ses recherches sur le thème de la chaise, Colombo est l'auteur d'incursions futuristes dans le design de mobilier. Le fauteuil *Elda*, de 1963, comporte une coque en fibre de verre ; en 1964, il conçoit une chaise galbée en contreplaqué ; et la chaise *Universale*, de 1965 *(voir page 202)*, pour Kartell, est la première chaise en plastique avec dos et siège moulés d'un seul bloc. Comme Vico Magistretti *(voir pages 198-201)* et Marco Zanuso *(voir pages 196-197)*, Colombo explore les voies ouvertes par le matériau plastique pour l'ameublement moderne. Il confirme son engagement dans cette voie avec le chariot *Boby*, de 1970, qu'il décline en rouge, jaune, noir et blanc.

Ses luminaires, aussi radicaux que ses chaises, révèlent son intention de créer de nouvelles formes et d'orienter la lumière de façon ingénieuse, à l'aide de technologies comme la lampe halogène. Fidèle à lui-même, Colombo commence par définir le problème, puis recherche des solutions innovantes : la lampe *Acrilica*, de 1962, composée d'un convecteur en Perspex en forme de *C* sur une base de métal, avec un tube fluorescent ; la lampe *Araignée*, de 1965, bulbe agrémenté d'un abat-jour en métal qui se pose comme une lampe, ou s'accroche au mur ou au plafond ; et *Ciclope*, de 1970, une lampe en suspension capable de glisser verticalement le long de deux câbles parallèles. D'autres objets originaux restent dans les mémoires, tels les deux services de verres *Smoke* et *Assimetrico*, de 1964, le réveil *Optique*, de 1970, et le système climatiseur *Candy*, de 1970.

Plus jeune que Marco Zanuso *(voir pages 196-197)* et Vico Magistretti *(voir pages 198-201)*, l'architecte-designer italien Marco Bellini (né en 1935) s'est néanmoins forgé lui aussi une réputation de designer industriel majeur de l'après-guerre. Depuis les années soixante, il a couvert l'architecture, le mobilier et le design

Mario Bellini

de produit, en s'attachant, dans chacun de ces domaines, à créer un style fonctionnel et élégant. Son travail pour Olivetti et Cassina, en particulier, a représenté l'âge d'or du chic italien, depuis les années soixante jusqu'aux années quatre-vingt.

Mario Bellini : il a créé pour Olivetti, dans les années soixante, des équipements de bureau parmi les plus sophistiqués qui soient — tout comme ses nombreuses autres créations pour des entreprises italiennes ou étrangères. Son intelligence des technologies de pointe et de leur incidence sur le comportement et les besoins humains est exceptionnelle.

ETP55, *machine à écrire électronique portable dessinée en 1987 pour Olivetti. Épousant une forme simple et angulaire (que Bellini avait développée au cours de la décennie précédente), ce modèle tire son originalité de sa couleur, se démarquant des produits concurrents.*

FORMATION ET PREMIÈRES RÉALISATIONS

Bellini étudie l'architecture et obtient son diplôme de l'École polytechnique de Milan en 1959. Il passe les trois années suivantes au département de design du grand magasin milanais La Rinascente, puis fonde son agence en 1962 et enseigne à l'Institut de design industriel de Venise (1962-1969). C'est au cours des années soixante que se révèle son intérêt pour le design industriel, qui connaît alors une expansion rapide en Italie. On y élabore un style sophistiqué, capable de rivaliser avec les produits allemands (focalisés sur les technologies de pointe) et japonais (plus axés sur la réduction des coûts).

Poursuivant le travail de pionnier de Zanuso et Marcello Nizzoli *(voir pages 172-173)*, Bellini se consacre à forger un style italien, qui accorde la suprématie à la fonction tout en respectant l'importance de la forme. La chance de sa carrière se présente en 1963, lorsqu'il entre chez Olivetti en qualité de consultant. Avec le soutien de cette entreprise dynamique, il peut mettre en œuvre des idées qui autrement seraient restées à l'état de croquis. Dans les années soixante-dix, le succès couronne plusieurs de ses créations électroniques, parmi lesquelles la calculatrice *Divisumma 18/28* (1972), de forme arrondie, en plastique de couleur vive et recouverte d'une fine membrane de caoutchouc ; la machine à écrire portable *Lettera 10* (1976-1977) et la calculatrice à imprimante *Logos 80* (1978).

DESIGN ET STYLE

Doué d'une personnalité moins flamboyante que celle de beaucoup de ses contemporains, Bellini est un homme sensible et réservé qui, la plupart du temps, laisse son travail parler pour lui. Son approche du design se fonde plus sur l'instinct que sur une philosophie, et il se montre moins ouvertement radical que son confrère Ettore Sottssas, lui aussi consultant chez Olivetti *(voir pages 216-219)*. Les formes très originales qu'il imagine touchent cependant la sensibilité internationale, et ses produits sont aujourd'hui réputés dans le monde entier pour leur élégance et leur sophistication.

Son bagage architectural lui permet de se livrer à toutes sortes d'expérimentations. Il s'intéresse particulièrement au mobilier, et ses relations avec différents industriels — au nombre desquels Cassina et C&B (futur B&B) Italia — aboutissent à des créations aussi surprenantes que la table

monumentale *Il Colonnato*, de 1977, composée de trois colonnes et d'un plan de marbre, ou du fauteuil de cuir *Cab*, de 1976, simple bien qu'extrêmement original, zippé sur le côté comme une botte, tous deux réalisés pour Cassina. Formes somptueuses, matériaux luxueux et niveau élevé de finition caractérisent nombre de ses réalisations.

Bien que Bellini mette beaucoup de sa sensibilité dans ses œuvres, son travail s'avère particulièrement eclectique du point de vue du style, comme on le constate en comparant, par exemple, la lampe *Area*, de 1974, qui rappelle un morceau de tissu tranlucide et gelé suspendu dans l'espace, avec le siège de bureau en polyuréthane *Teneride*, de 1970, en forme d'accordéon. Son approche inventive des matériaux, des formes et de la fonction apparaît clairement dans des objets aussi remarquables que le lecteur de cassettes stéréo *TC 800D* conçu pour Yamaha (1974), un intérieur de voiture pour Lancia (1977-1978) ou la chaise de bureau *Persona* pour Vitra (1979-1984).

ACTIVITÉS ANNEXES

Comme tant de ses contemporains, Bellini fait aussi office de porte-parole du design moderne italien, par le biais d'activités variées. Il enseigne et donne des conférences dans de nombreux établissements culturels et éducatifs internationaux et est le concepteur et organisateur d'expositions remarquables, notamment *Le Projet domestique*, qui forme une partie de la 17e Triennale de Milan. De 1986 à 1991 il dirige *Domus*, magazine milanais d'architecture et de design internationalement renommé.

Robinet dessiné en 1978 avec la collaboration de Dario Bellini pour Ideal Standard Italie. Sa ligne en cuivre chromé en fait l'un des objets les plus ouvertement sensuels créés par Bellini. Sa forme organique est clairement influencée par la sculpture moderne.

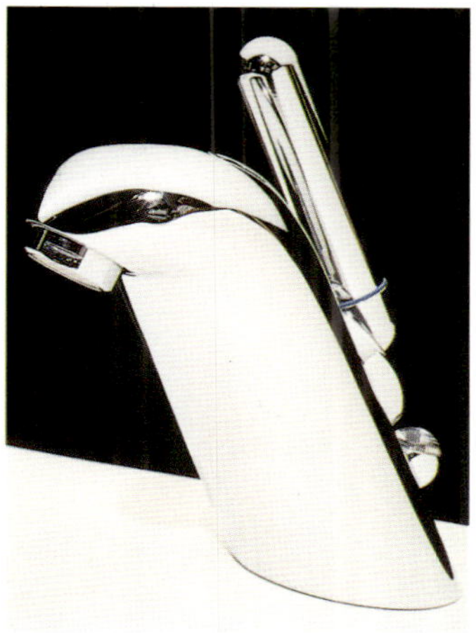

Area, *lancé en 1974 par Artemide. Pour cette lampe, partie d'une série de lampadaires et de plafonniers, Bellini s'est inspiré d'expérimentations sur les formes organiques à partir de membranes extensibles. Ces abat-jour en forme de mouchoirs sont réalisés en polyester diffusant.*

Figura, *fauteuil de bureau conçu entre 1979 et 1984 avec Dieter Thiel pour Vitra. Élaborée sur la base d'un modèle existant, cette version plus récente, habillée de tissu puis ceinturée à la « taille », répond au désir de mettre le design de haute technologie plus directement en relation avec le corps humain.*

Cassina

Le fabricant de mobilier Cassina a joué un rôle essentiel au sein du design moderne italien. Sous la direction de Cesare Cassina (1909-1979), et par la suite, la firme a travaillé, avec de nombreux créateurs de premier plan, à se forger une réputation internationale qui rejaillit sur l'ensemble du design italien de meubles de l'après-guerre. Grâce à ses bonnes relations avec les designers, cette entreprise familiale assez modeste, d'origine artisanale, a développé une gamme de meubles qui décore toujours les intérieurs sophistiqués dans le monde entier.

Feltri, *créé par Gaetano Pesce et produit en 1987 par Cassina. L'entreprise a travaillé avec ce designer pendant vingt ans, éditant beaucoup de ses créations. Ces fauteuils en forme de trône, dont le revêtement textile est imprégné de résine pour le rigidifier, illustrent la réputation innovatrice du fabricant.*

ORIGINES ET DÉVELOPPEMENT

L'histoire de l'entreprise commence au XVIIIe siècle. Installé à Meda, au nord de Milan, l'atelier d'ameublement de la famille Cassina réalise des meubles en bois de facture traditionnelle pour des clients locaux. Au début du XXe siècle, son équipe de menuisiers s'emploie à la fabrication de petits meubles sur mesure. Cesare Cassina, qui reprend la firme en main avec son frère aîné, Umberto, en 1927, apprend la tapisserie à Milan. L'atelier se met donc à fabriquer des fauteuils et d'autres articles à tapisser. Dans les années vingt et trente, Cassina produit du mobilier de salon de style classique, dont Umberto lui-même assure presque toujours la conception.

Le grand changement se produit après 1945. La firme emploie alors une trentaine de tapissiers et de menuisiers ; en 1955, elle en compte quarante. Cet accroissement du personnel est cependant moins considérable que les changements intervenus dans les procédés de fabrication et dans l'échelle de production. Cassina s'oriente vers la fabrication de meubles en grande série et, dans le but de pénétrer le marché international, vers la production de pièces de style « contemporain ». Entre 1947 et 1952, la production de Cassina augmente rapidement pour deux raisons : les grands magasins ont besoin de mobilier moderne et une commission gouvernementale investit dans l'aménagement de la flotte.

COLLABORATION AVEC LES DESIGNERS

La collaboration de Cassina avec les designers modernistes s'installe peu à peu. Son association avec Gio Ponti *(voir pages 138-141)*, qui a fait la connaissance de Cassina en 1950, à l'occasion d'un contrat d'équipement naval, en est le premier exemple positif. Il en résulte la chaise *Superleggera*, qui affirme le nouveau positionnement de Cassina. Sa création nécessite une longue période de gestation — de 1950 à 1956 — et permet à

Soriana, dû à Afra et Tobia Scarpa et produit en 1970 par Cassina. Les Scarpa, mari et femme, collaborent avec Cassina dès 1963. Cette ligne de sièges de style dépouillé, avec socle en contreplaqué, structure en acier chromé et rembourrage en mousse de polyuréthane, existe en tissu ou en cuir.

Rotonda, dessiné par Mario Bellini (1976). Le plateau de verre ou de bois repose sur une base en frêne ou en noyer. Cette simplicité caractérise le style de Bellini.

Nuvola Rossa, imaginé par Vico Magistretti et lancé en 1977 par Cassina. Ce système, proposé en hêtre naturel ou laqué noir, comporte quatre étagères amovibles. La longue collaboration de Magistretti et de Cassina a commencé dans les années soixante.

l'entreprise de mettre au point la production en série d'un meuble de designer, du prototype au produit fini ; ce processus de fabrication ouvre la voie à des réussites futures et à de nombreuses collaborations avec les designers contemporains. Parmi eux, pour les années cinquante, il faut citer Carlo di Carli (des chaises à ossature en bois), Ico Parisi (un sofa et des chaises à coque rembourrée) et Gianfranco Frattini (le fauteuil *831*). Dans les années soixante, soixante-dix et quatre-vingt, Vico Magistretti (à partir de 1960 *[voir pages 198-201]*), Mario Bellini (depuis 1962 *[voir pages 210-211]*), Tobia et Afra Scarpa (depuis 1963), Gaetano Pesce (depuis 1964 *[voir pages 224-225]*) et Paolo Deganello (début des années soixante-dix) collaborent avec Cassina.

Bien que produisant principalement des créations, Cassina réédite aussi, à partir des années soixante, une collection de chaises du début du XXe siècle, baptisée *I Maestri (Les Maîtres)*. Il y figure des pièces de Charles Rennie Mackintosh (notamment les modèles *Hill House*, *Argyle* et *Willow*), de Le Corbusier, de Pierre Jeannneret et Charlotte Perriand, (la chaise longue *LC4*, le sofa et la chaise *LC2*, dits aussi *Grand Confort*) ainsi que de Gerrit Rietveld (les chaises *Red/Blue* et *Zig-Zag*). Ces collections prouvent elles aussi le désir constant de Cassina de donner au design la place qui lui revient dans la culture contemporaine.

Cannareggio, série de fauteuils, sofas et ottomans conçue par Pesce et fabriquée en 1987 par Cassina. Chaque pièce, réalisée dans une structure de contreplaqué garnie de mousse polyuréthane, et utilisable seule ou en bloc, est adaptable, selon Pesce, dans « une diversité aussi formelle qu'informelle ».

Harley Earl (1893-1969) a, le premier, considéré le design dans son aspect commercial. Se tenant en dehors des canons du design de qualité tel qu'il fut défini dans l'Europe des années vingt et adopté plus tard par de nombreux designers américains des années cinquante, son approche du design automobile cherchait à séduire le consommateur

Harley Earl

et, ce faisant, à accroître les ventes. Earl, grand artisan du style de General Motors, a traduit les aspirations de la société américaine en laissant à l'acheteur la possibilité d'acquérir un idéal de luxe et de séduction. Il fit ainsi passer l'automobile du statut de machine à celui d'objet de désir. Presque à son insu, il permit au design d'émerger du modernisme puriste pour s'ouvrir à des considérations plus marchandes et s'orienter vers un style plus libre.

Harley Earl, avec une maquette de la Buick Y-Job. Il est le promoteur d'une approche du design qui rejette le caractère intemporel du modernisme et s'attache, au contraire, à épouser les caprices de la mode.

Intérieur de la Cadillac 1954*, modèle d'exposition présenté la même année à Miami. Son tableau de bord évoque celui d'un avion.*

DÉBUTS ET PREMIERS TRAVAUX

Earl naît fort à propos à Hollywood, où son père, fabricant d'attelages, l'emploie comme apprenti. Après la Première Guerre mondiale, il étudie la mécanique à l'université de Stanford, tout en gagnant sa vie dans l'entreprise de son père, où il réalise de flamboyantes automobiles multicolores et personnalisées pour les stars d'Hollywood. En 1919, l'entreprise est rachetée, et General Motors convoque Earl à Detroit pour travailler sur un modèle de la division Cadillac, nouvellement formée.

Au cours des trente-deux années suivantes, Earl dirige le design automobile de la compagnie. À bien des égards, il est l'homme de la situation. Sa philosophie, plus instinctive que rationnelle, repose sur la conviction que les voitures doivent flatter l'œil et qu'un modèle est remplaçable dès que son attrait s'estompe — une approche en phase avec la commercialisation de la production en série, dans les années cinquante.

CLASSIQUES DE GENERAL MOTORS

La première voiture d'Earl, *La Salle*, de 1927 *(voir page ci-contre)*, remporte un grand succès. En conséquence, le directeur général de General Motors, Alfred J. Sloan, invite Earl à travailler sous contrat pour la compagnie et lui confie en 1927 le département Art et Couleur. En 1934, le deuxième modèle *La Salle* connaît également le succès. En 1937, le département Art et Couleur devient celui du Style et Earl initie le concept de la « voiture de rêve » : un véhicule futuriste, en avance sur son temps, dont les accessoires peuvent devenir accessibles dans un proche avenir.

Earl utilise l'argile pour créer des formes nouvelles et séduisantes inspirées de la conquête spatiale. La Buick *Y-Job*, bien que dessinée en 1937, comporte déjà des traits anticipant les modèles de l'après-guerre : unité visuelle, profil long et bas, et profusion de chromes. Son design de l'après-guerre en soigne les détails, ajoutant un coloris deux tons, un pare-brise panoramique et, surtout, des ailerons. Empruntés à l'aviation militaire, ceux-ci sont largement copiés après le lancement de la première Cadillac à ailerons, en 1948.

Earl, dans la Cadillac La Salle *(1927). Les courbes douces, la forme allongée et le châssis bas représentent une nouvelle forme d'élégance dans le design automobile américain.*

Coupé sport Chevrolet Impala *deux portes, lancé en 1959, peu après qu'Earl eut pris sa retraite. On y perçoit à quel point la direction artistique d'Earl influence les modèles qui sortent de l'usine. L'Impala, moins chère que la Cadillac, bénéficie du même habillage Streamline, des finitions chromées aux ailerons. Son accompagnement publicitaire démontre que l'industrie automobile américaine vend ses produits comme les accessoires d'un style de vie aisé plutôt que comme une nécessité fonctionnelle.*

De 1948 à 1958, General Motors produit ses modèles les plus spectaculaires, tous imaginés par Earl. Les voitures deviennent plus longues, plus basses, aux courbes très accentuées, semblables à des avions. En 1952, Earl institue le Motorama, événement annuel consacré au lancement de nouveaux modèles.

Earl prend sa retraite en 1959, l'année de la sortie de la Cadillac convertible *Eldorado*. Trois ans plus tard, Ralph Nader, dans son manifeste *Unsafe at Any Speed*, condamne la Chevrolet *Corsair* de General Motors, « un des plus grands actes d'irresponsabilité industrielle de ce siècle ». Les temps ont changé, et les idées d'Earl ont perdu la faveur du public. Mais son influence survit là où le plaisir, le style et la fantaisie prennent le pas sur le « bon » design.

Firebird II 1956, *modèle expérimental d'exposition Pontiac. Ses lignes spectaculaires et futuristes — celles de l'aileron en particulier —, comme celles de la* Cadillac 1954, *doivent beaucoup au profil des avions à réaction. Chaque détail annonce la grande vitesse, faisant presque oublier l'image d'une voiture classique.*

Au cours de sa longue carrière, l'architecte-designer Ettore Sottsass (né en 1917) a été reconnu tant pour son intégrité intellectuelle et philosophique que pour l'originalité de son design. Enfant du modernisme, il en est devenu l'un des plus brillants critiques en développant un éventail de solutions intellectuelles et esthétiques pour en

Ettore Sottsass

démontrer les points faibles. Il a participé à de nombreux mouvements marquants du design, dont le Studio Alchimia et le groupe Memphis. C'est en ce sens qu'il est, dans sa quête de lui-même, l'un des protagonistes des changements intervenus dans le design international du XXe siècle et l'inspirateur de plusieurs générations de jeunes designers.

Ettore Sottsass, l'un des designers les plus radicaux et les plus prolifiques du XXe siècle. Installé depuis 1945 à Milan, il a dominé, par son travail pour Olivetti et d'autres, la seconde moitié du siècle. Il a suivi une voie toute personnelle, remettant constamment en question les contraintes du modernisme traditionnel pour aboutir à des solutions riches et innovantes.

Valentine, *conçu en 1969 pour Olivetti. Dotée d'un corps en plastique ABS rouge vif et d'un caisson protecteur facile à enlever, elle s'inspire du concept du stylo à bille : coût faible et usage facile.*

FORMATION ET PREMIÈRES RÉALISATIONS

Sottsass naît à Innsbruck, en Autriche. Son père, Ettore Sot-Sas, formé auprès de grands architectes à Vienne, s'installe avec sa famille à Turin en 1928. Il y devient l'un des plus importants architectes modernistes de l'entre-deux-guerres. Le jeune Sottsass étudie à l'École polytechnique de Turin jusqu'en 1939. Après une période militaire de trois ans, de 1942 à 1945, il monte son agence à Milan. Il débute en aménageant les intérieurs et le mobilier de logements sociaux de l'après-guerre, projets qu'il partage avec ses confrères Marco Zanuso *(voir pages 196-197)* et Vico Magistretti *(voir pages 198-201)*, également impliqués dans la conception d'ameublement adapté aux petits espaces des nouveaux appartements. Il participe aux mouvements contemporains en art plastique et arts appliqués, et travaille à des sculptures abstraites dans l'intimité de son atelier. Son besoin de se partager entre ses projets personnels et professionnels demeure une constante de sa carrière.

La première occasion professionnelle qui s'offre à lui est une invitation à rejoindre Olivetti à Ivrea, en qualité de consultant en design industriel. Il s'agit d'un acte audacieux pour l'entreprise, si l'on considère les choix sans concession de Sottsass en matière d'art, d'architecture et de design. En 1958, Roberto Olivetti le charge de reformuler le design de son premier ordinateur *Elea 9003*, qui occupe une pièce entière. Au cours des années soixante, Sottsass conçoit une gamme très appréciée de machines à écrire, dont *Praxis* (1963) et *Tekne* (1964), toutes deux remarquablement modernes et simples. Il rejette les formes Streamline de son prédécesseur Marcello Nizzoli *(voir pages 172-173)*, leur préférant une esthétique moins ouvertement expressive.

DÉVELOPPEMENT D'UN STYLE PERSONNEL

Une fois son activité assurée à Milan grâce aux contrats Olivetti, Sottsass peut, au cours des années soixante, commencer à construire son propre langage esthétique. Ses voyages aux États-Unis en 1956, et de nouveau au début des années soixante — au cours desquels il découvre le pop art et la culture pop —, l'inspirent. À New York, il travaille avec le designer vision-

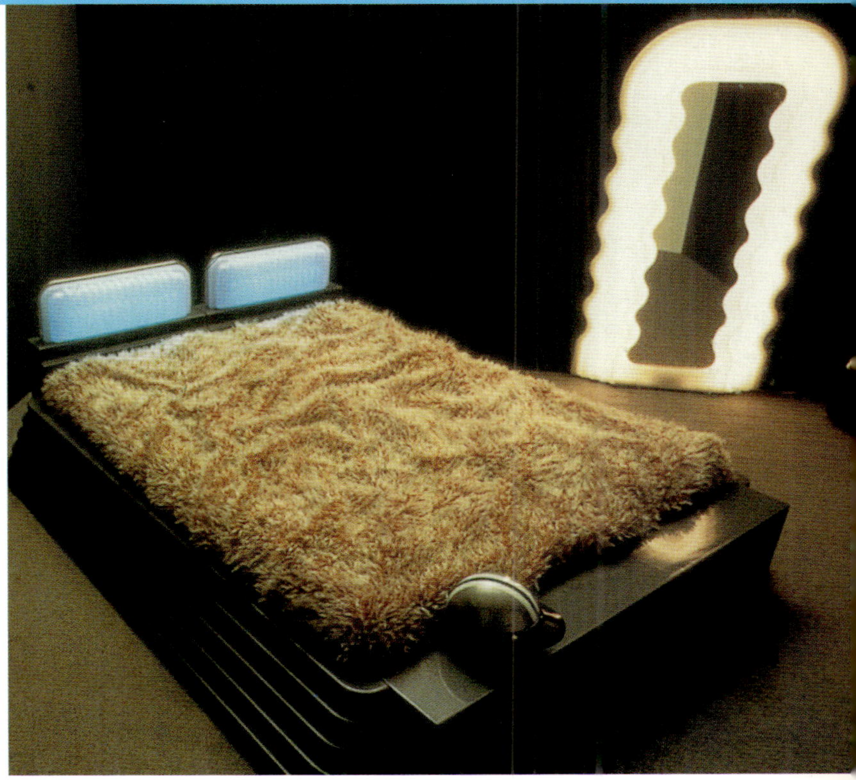

naire George Nelson *(voir pages 154-155)*. Il se rend aussi en Orient, visite l'Inde en 1961, où il découvre l'art tantrique.

Ces deux voyages lui donnent l'occasion de mettre à distance ce qu'il appelle « l'anxiété européenne » et d'envisager le design sous des perspectives nouvelles et différentes. Sa méfiance à l'égard du rationalisme de l'avant-guerre se renforce et il entreprend d'explorer le design en tant que vecteur de sensualité et de communication. Le dogme moderniste selon lequel le design peut déterminer le comportement et le mode de vie, et véhiculer des idéologies lui fait horreur. Il se met à exprimer ses convictions dans des projets personnels, notamment des étagères, des bureaux et des armoires inspirées par le pop art, exposés en 1965 et 1966 à Milan, et le meuble Grey, édité en prototype par Poltronova. Il faut également citer une gamme d'objets en céramique évoquant le mysticisme indien : *Ceramiche delle Tenebre*, de 1963, *Offerta a Shiva*, de 1964, ses céramiques-sculptures monolithiques de 1967 et les séries *Tantra*, de 1969, et *Yantra*, de 1970.

Ces projets, fruit d'un travail d'atelier, sont emblématiques du travail personnel de Sottsass. Il y met en pratique une nouvelle approche du

Ultrafragola, *fabriqué en 1970 par Poltronova. Ce miroir appartient à un ensemble prototype en fibre de verre grise comprenant des lampes, un placard, une table et un lit recouvert de fourrure. Ces pièces font partie d'un projet visant à débarrasser le design de son héritage artisanal et artistique en le faisant entrer dans l'univers de l'image.*

TC800, *terminal informatique pour le bureau, dessiné en 1974 pour Olivetti. Sottsass illustre là son intérêt constant pour les machines de haute technologie, à un moment où ses recherches semblent le mener au-delà de l'objet lui-même, vers une approche plus conceptuelle.*

Elea 9003, *conçu à la fin des années cinquante pour Olivetti. Pour son premier projet pour cette entreprise, Sottsass s'est contenté de réduire la hauteur des coffrages — les machines occupaient alors une pièce entière —, pour que les employés restent en contact visuel, et de créer le code couleur des tableaux de contrôle.*

Unité de rangement pour la cuisine, en poirier et stratifié, présentée lors d'une exposition personnelle, Ruins, *à la Design Gallery de Milan en 1993. Âgé de plus de soixante-dix ans, Sottsass insuffle toujours originalité et fraîcheur à son travail.*

design privilégiant le « sens » par opposition à la fonction, et s'intéresse davantage à la réception par le public qu'au design lui-même. Il étudie les réactions des utilisateurs en interaction avec les objets et le pouvoir des objets sur ces utilisateurs. Pour lui, le style et le goût n'ont pas d'importance.

Son travail inspire toute une génération d'architectes et de designers qui, de 1966 à 1970, s'identifient au mouvement anti-design dont font partie les groupes Superstudio, Archizoom et Gruppo Strum *(voir pages 222-223)*. Tous voient en Sottsass un leader naturel, tant ses créations, même les plus commerciales, pour Olivetti reflètent son désir de fonder une approche du design entièrement nouvelle. La machine à écrire portable en plastique moulé rouge vif *Valentine*, de 1969 *(voir page 216)*, et une chaise de secrétaire en aluminium laqué et plastique jaune vif, avec des pieds « Mickey Mouse » en fournissent les exemples les plus probants.

À travers sa rencontre avec le pop art, la culture pop et le mysticisme indien, Sottsass trouve donc un moyen d'évoluer en marge du courant moderniste, à l'époque prépondérant en Italie. Le design radical de ses créations, qu'il s'agisse de mobilier, de céramique ou de joaillerie, choisit la liberté plutôt que la contrainte et représente alors un facteur de changement. Bien que sa notoriété soit déjà bien installée en Italie et que ses grandes céramiques de 1967 aient été exposées à Stockholm, Sottsass s'avère alors moins connu sur le plan international.

À vrai dire, à l'époque, Sottsass est très dérangeant dans le monde du design. Ses expérimentations personnelles restent incompréhensibles au courant moderniste, qui s'intéresse peu à son travail, y voyant l'émanation d'une « culture alternative ». Sa réussite chez Olivetti, néanmoins, donne tort aux sceptiques, qui finissent par reconnaître son grand talent visionnaire.

À la fin des années soixante, Sottsass fait de plus en plus d'adeptes chez les designers, en Italie et ailleurs. Tous voient poindre dans son œuvre une réponse moderne à ce qu'est devenu, pour beaucoup d'entre eux, le modernisme tardif : des objets prétentieux et glacés.

STUDIO ALCHIMIA

Pour l'exposition *Italie : un nouveau paysage domestique*, qui se tient au Museum of Modern Art de New York en 1972, Sottsass conçoit un projet d'aménagement intérieur composé d'éléments d'habitation modulaires *(voir page 217)*. En 1976, le Centre de design international de Berlin lui consacre une rétrospective qui voyage en Europe ; l'année suivante, Sottsass est invité à exposer au centre Georges-Pompidou, à Paris. Mais, en dépit de cette reconnaissance internationale, les années soixante-dix lui sont difficiles, tant sur le plan personnel que professionnel. Sans illusions sur les possibilités offertes au design, il se tourne vers le concept abstrait, qu'il décline dans des dessins, gravures et photographies. À la fin de la décennie, il aborde une période des plus fécondes pour son activité créatrice.

La formation du Studio Alchimia, un groupe de designers — parmi lesquels Alessandro Mendini et Andrea Branzi — né en 1976 à Milan et lié au mouvement du design radical, suscite un regain d'intérêt de Sottsass pour la discipline. Le groupe rejette les dogmes du Bauhaus en matière de design au profit de créations anarchiques et pleines d'esprit, présentées dans des expositions ironiquement surnommées *Bau Haus*. Sottsass dessine une gamme de mobilier pour Alchimia — tables, étagères et luminaires —, qu'il recouvre de plastique stratifié orné de motifs issus de la non-esthétique des banlieues, tels les revêtements

Pièce en verre créée en 1995 pour Venini. Sottsass commence à travailler le verre au début des années soixante-dix. Il se montre cependant moins intéressé par le travail artisanal que par la possibilité de créer de nouvelles formes à partir d'un matériau riche, ancré dans le passé, mais pouvant servir les formes actuelles.

Medici, *dessiné en 1985 pour Swid Powell. À l'engouement pour le décoratif — perçu dans les années quatre-vingt comme un moyen d'échapper à la domination du style high-tech — répondent ces motifs graphiques semi-figuratifs.*

de sols marbrés des cafés des années cinquante. Une fois encore, il utilise le design comme une forme de contre-culture — une approche qu'il a affinée au fil des années.

MEMPHIS

En 1980, Sottsass fonde Sottsass Associati avec Marco Zanini, Matteo Thun et Aldo Cibic, et, en 1981, il rompt avec Alchimia pour fonder son agence à Milan avec un groupe de jeunes collègues et amis : Michele De Lucchi *(voir pages 252-253)*, George Sowden, Nathalie du Pasquier, Zanini et Cibic.

Le groupe Memphis fait la une de la presse spécialisée en quelques heures, lors de la première présentation de son mobilier dans une galerie de Milan en marge du salon du Meuble de 1981, et devient *le* phénomène de design de la décennie. Son univers postmoderne plein d'humour s'inspire de sources aussi diverses que l'architecture classique ou le kitsch des années cinquante, et incorpore des plastiques stratifiés aux couleurs vives et aux formes non conventionnelles.

Au nombre des contributions célèbres de Sottsass, il faut retenir les buffets *Casablanca* et *Carlton* — ce dernier se comportant à la fois comme une grande unité de rangement et comme une cloison de séparation. Memphis, qui invite à exposer avec le groupe nombre de créateurs influents du monde entier — notamment Javier Mariscal *(voir pages 250-251)*, Shiro Kuramata *(voir pages 240-241)*, Hans Ollein, Arata Isozaki et Michael Graves *(voir page 236-237)* — donne au design un nouvel élan en contrant d'une façon ouverte et internationale les préceptes du modernisme.

ACTIVITÉS PLUS RÉCENTES ET INFLUENCE SUR LA JEUNE GÉNÉRATION

L'adhésion à Memphis constitue un tournant dans la carrière de Sottsass. À soixante-quatre ans, il affirme la maturité de sa philosophie et sa réputation en sort encore grandie. Des années quatre-vingt au début des années quatre-vingt-dix, Sottsass fait toujours preuve d'une grande énergie, travaille pour de nombreux clients internationaux tels Knoll, Cleto Munari et Artemide, retrouvant dans ses travaux une grande liberté, qu'il s'agisse de commandes ou de recherches personnelles.

Il s'intéresse au verre et collabore avec des artisans de Murano. Pour la première fois depuis longtemps, il se consacre à l'architecture et conçoit, entre autres, la Wall House, pour un client du Colorado (1986-1990). Beaucoup de jeunes designers viennent à Milan pour travailler avec lui. Sottsass, lui, continue à puiser son inspiration dans des voyages sous des latitudes lointaines et exotiques. En 1994, une nouvelle rétrospective au centre Georges-Pompidou confirme l'importance de son œuvre dans le design du XXe siècle.

Casablanca, *conçu pour la première exposition de Memphis en 1981. Véritable icône du design postmoderne, c'est l'une des œuvres de Sottsass les plus connues. Elle est recouverte d'un plastique stratifié Abet-Print, imprimé du motif Bacterio créé par Sottsass. Sa silhouette imposante évoque une sorte de robot de l'ère spatiale.*

La crise du modernisme

Au cours des années soixante, une combinaison de plusieurs facteurs conduit à un bouleversement des valeurs culturelles, lançant un défi au modernisme. La généralisation de la consommation de masse, l'émergence d'un public « jeune » et un courant général d'optimisme économique et technologique engendrent ce qui va devenir la révolution pop. Ses aspirations — plaisir, variété, changement, désinvolture, humour, éphémère — se reflètent dans de nouvelles formes musicales et dans la mode. Ce changement a des répercussions dans le monde du design. Les valeurs de la génération précédente, incarnées par le modernisme, y sont balayées. Des créateurs se mettent en quête de formes plus expressives, plus démocratiques — un design qui, comme le résume le graphiste Michael Wolf, puisse « swinguer comme les Supremes ».

Mary Quant en 1967, lors du lancement de sa collection de bottes Quantafoot. Elle a été la première à proposer une mode aux couleurs insouciantes de l'ère du consommable à la génération montante de femmes à haut pouvoir d'achat du début des années soixante.

Biba (page ci-contre) *a vendu des vêtements empreints de la nostalgie du XIX*[e] *siècle. Son décor évoque le style Art nouveau — un des premiers exemples du revival rétro qu'entraînèrent les désillusions du modernisme.*

Logo de Biba, dessiné en 1968 par John McConnell. Le lettrage souple au graphisme Art nouveau d'inspiration celtique situe clairement Biba dans la mouvance du revival pop des années soixante.

GRANDE-BRETAGNE

En Grande-Bretagne, le pop influence la mode, le graphisme, le mobilier et le design intérieur. La styliste Mary Quant domine le monde de la mode. En 1955, elle ouvre à Londres, sur King's Road, sa boutique Bazaar, qui devient rapidement la mecque du style pop. En 1963, elle lance le Ginger Group, une société de prêt-à-porter capable de produire à grande échelle, afin de mettre ses créations « à la portée des vendeuses et des dactylos ». Elle s'essaie aussi au design intérieur.

L'aménagement d'espaces reflète également le nouvel esprit du temps, irrévérencieux et drôle. Pour la boutique de chaussures Mr Freedom, dans le quartier de Kensington, le designer Jon Wealleans crée un décor surprenant, sorte d'espace de jeu pour enfants, aux couleurs vives. Un peu plus loin, sur King's Road, le magasin Granny Takes a Trip *(voir page ci-contre)* laisse surgir l'avant d'une voiture américaine de sa vitrine, à la surprise des passants. D'autres designers d'intérieur, dont Max Clendenning, proposent des espaces privés et publics inspirés de l'esthétique pop.

Spotty, créé en 1963 par Peter Murdoch. Réalisé en carton enduit de polyéthylène stratifié, livré à plat et prêt à monter, il est une icône du design jetable. Murdoch l'a dessiné alors qu'il était encore étudiant au Royal College of Art de Londres.

Devanture de la boutique Granny Takes a Trip, à Londres. La voiture est restée plusieurs semaines encastrée en trompe l'œil à l'extérieur du magasin. Puis un autre décor l'a remplacée, démontrant combien l'éphémère et le consommable sont liés à la culture pop.

De nombreuses boutiques apparaissent à Londres, dont la décoration intérieure et les devantures distrayantes présentent la consommation comme une activité amusante.

Le mobilier de l'époque délaisse l'idéal de solidité et de prestige pour l'éthique du jetable. La chaise *Spotty*, créée en 1963 par Peter Murdoch, en carton imprimé d'un motif à pois géant op art, se présente emballée à plat, prête à monter. Bien que symbolique du produit jetable par excellence, elle est paradoxalement recouverte de plastique stratifié : cela augmente sa durée de vie. Roger Dean imagine un pouf gonflable recouvert de fourrure pour Hille ; bien qu'il ne soit pas littéralement jetable, il peut être dégonflé. Le design pop anglais trouve même un critique et défenseur en l'historien de l'architecture Peter Rayner Banham, qui se répand en louanges dans *New Society*. Enfin, le mouvement pop est illustré en architecture — à tout le moins sur le plan théorique et utopique — par le groupe d'architectes et designers Archigram, fondé en 1963, dont font partie Peter Cook et Warren Chalk *(voir page 223)*.

ANTI-MODERNISME EN ITALIE ET DANS LE MONDE

En Italie, le mouvement pop naît moins de l'émergence d'un nouveau marché de consommateurs que d'une réaction idéologique au courant, alors dominant, du design néomoderne. À partir de 1966, une nouvelle génération d'architectes-designers s'efforce de couper les liens avec la production industrielle traditionnelle et de faire du design un outil d'expression politique. Des designers décident de travailler au sein de collectifs et commencent à créer du mobilier et des décors visionnaires, porteurs de leurs idées radicales. Parmi eux, les célèbres groupes florentins Superstudio (fondé à Florence en 1966, avec Adolfo Natalini, Cristiano Toraldo di Francia, Gianpetro Frassinelli, Alessandro et Roberto Magris, et Alessandro Poli), Archizoom (fondé en 1966, avec Andrea Branzi, Gilberto Corretti, Paolo Deganello, Massimo Morozzi, Dario et Lucia Bartolini) et Gruppo 9999 (fondé en 1968), sans oublier le collectif turinois Gruppo Strum (1966).

Tous ces groupes puisent leur inspiration dans l'œuvre d'Ettore Sottsass *(voir pages 216-219)*. Les expositions de son mobilier et de ses céramiques à Milan, sous influence de la culture pop et du mysticisme indien, tiennent lieu de balises à cette nouvelle génération désireuse d'ébranler les fondements de l'institution. Ce mouvement global se fait appeler anti-design et reprend activement à son compte les valeurs délaissées par le modernisme, tels l'ironie, le kitsch et la notion d'éphémère.

Couverture d'Archigram (n° 4, 1967). Le magazine est édité par le groupe londonien d'architectes pop du même nom, fondé en 1963, dont les membres (parmi lesquels Peter Cook et Warren Chalk) sont fascinés par l'esthétique pop, particulièrement celle des comics et de l'imagerie de science-fiction. Ils sont à l'origine de nombreuses créations architecturales utopiques s'inspirant de cet univers.

Up 2, série de six sièges réalisée en 1969, par Gaetano Pesce et fabriquée par C&B Italia. Cet élément se gonfle automatiquement dès la sortie de son emballage. Baptisé Donna, inspiré des formes féminines, il est coordonné à Up 6, un repose-pied en forme de ballon.

Une poignée d'industriels se lancent dans l'aventure. Zanotta, par exemple, produit le fauteuil gonflable et transparent *Blow*, créé par De Pas, D'Urbino et Lomazzi en 1967 *(voir page ci-contre)*, ainsi que le fameux *Sacco*, dû à Piero Gatti, Cesare Paolini et Franco Teodoro en 1968 — un siège-sac en cuir ou vinyle souple rempli de billes de polystyrène, capable d'adopter naturellement la forme du corps. Autres icônes du design pop italien : la série de sièges gonflables *Up* de Gaetano Pesce *(voir pages 224-225)*, l'ensemble de sièges *I Sassi (Les Rocs)* de Piero Gilardi, fabriqué en 1967 par Gufram en mousse de polyuréthane souple, dont la capacité à épouser la forme du corps, en s'effaçant sous son poids, dément l'aspect dur et ferme. Giorgio Ceretti, Piero Derossi et Ricardo Rossi usent de la même stratégie pour le fauteuil *Tornerai (Tu reviendras)*, également édité par Gufram, tout comme Archizoom avec le fauteuil *Mies*, lancé par Poltronova — un objet « sacrilège », qui combine de façon unique forme géométrique et consistance molle, avec une ossature d'acier rigide et une assise en caoutchouc souple, s'enfonçant sous le poids du corps. À la fin des années soixante, l'anti-modernisme est devenu un concept international. En Allemagne, le graphiste Ingo Maurer produit des éclairages à l'esprit typiquement anti-design. En 1980, inspiré par le sculpteur pop américain Claes Oldenburg — à l'instar de tant de designers de ces années-là —, il crée *Bulb Bulb*, une lampe en forme de bulbe géant. En Finlande, Eero Arnio imagine en 1965 la chaise *Ball*, de couleur jaune vif, fabriquée par Asko. En 1966, l'architecte américain Robert Venturi critique le formalisme rigide du modernisme dans son livre *Complexity and Contradiction in Architecture*, qui devient le manifeste de ce nouveau courant.

SIGNIFICATION DU MOUVEMENT POP

À la fin des années soixante-dix, le concept de postmodernisme *(voir pages 238-239)* est bien installé. Bien que l'envergure du modernisme lui ait fait défaut et qu'il n'ait produit, en comparaison, qu'une poignée d'objets-phares et d'idées, le design pop s'avère néanmoins un mouvement influent et riche de sens. Par nature, il se donne pour but de transcender un conservatisme étouffant qui, pour révolutionnaire qu'aient été les théories sur lesquelles il s'est fondé, en arrive à exclure les aspects innovants et stimulants du design industriel de masse. Le courant pop insuffle au design de l'après-guerre une vitalité et une idéologie rafraîchissantes.

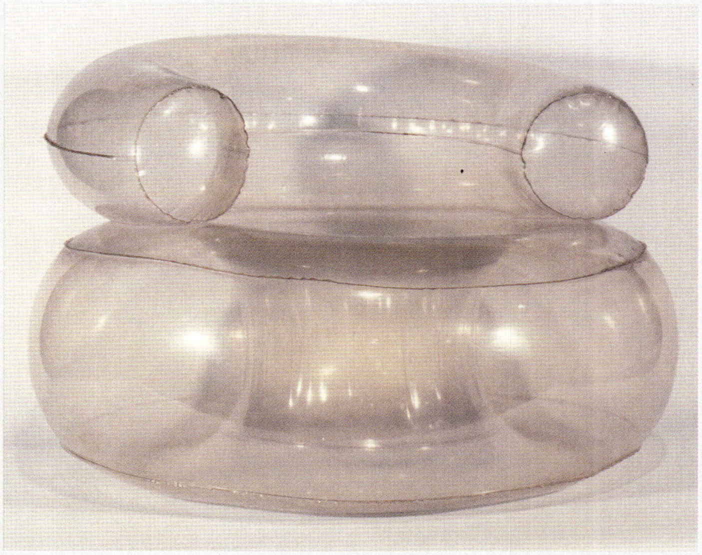

Copie de Blow, siège conçu en 1967 par De Pas, D'urbino et Lomazzi et fabriqué par Zanotta. La popularité immédiate que rencontre ce premier modèle en plastique entièrement gonflable, amusant et souple, a donné lieu à beaucoup d'imitations.

Lit dessiné en 1967 par Archizoom. Il fait partie d'une série de modèles miniatures jamais édités. Usant d'une esthétique kitsch, qui mêle le style « Hollywood » et les références à la culture pop, il met à mal le « bon goût » du modernisme.

Né en 1939, Gaetano Pesce est l'un des designers les plus énigmatiques du XXe siècle — et, depuis les années soixante, l'un des plus radicaux. Travaillant à la frontière de l'architecture et du design, il s'est inscrit à contre-courant de la pratique dominante, inspirant des générations de jeunes designers dans la remise en question des valeurs institutionnelles.

Gaetano Pesce

Il y est moins parvenu par la provocation délibérée que par ses incursions dans des zones jusqu'ici inexplorées. Son originalité tient d'abord à un goût particulier pour les formes et les ambiances douces, puis à une approche « organique », visant à explorer le potentiel décoratif et tactile de nouveaux matériaux.

Gaetano Pesce, l'un des designers les plus fascinants et les plus fondamentalement radicaux de la seconde moitié du XXe siècle. Depuis les années soixante, il a régulièrement remis en cause les présupposés du design moderne, créant des objets à la fois originaux et stimulants.

Up 5, l'une des six pièces de la série Up produite en 1969 par C&B Italia. Pesce a réussi à obtenir des formes voluptueuses, utilisant de la mousse de polyuréthane moulée, étroitement gainée de jersey stretch.

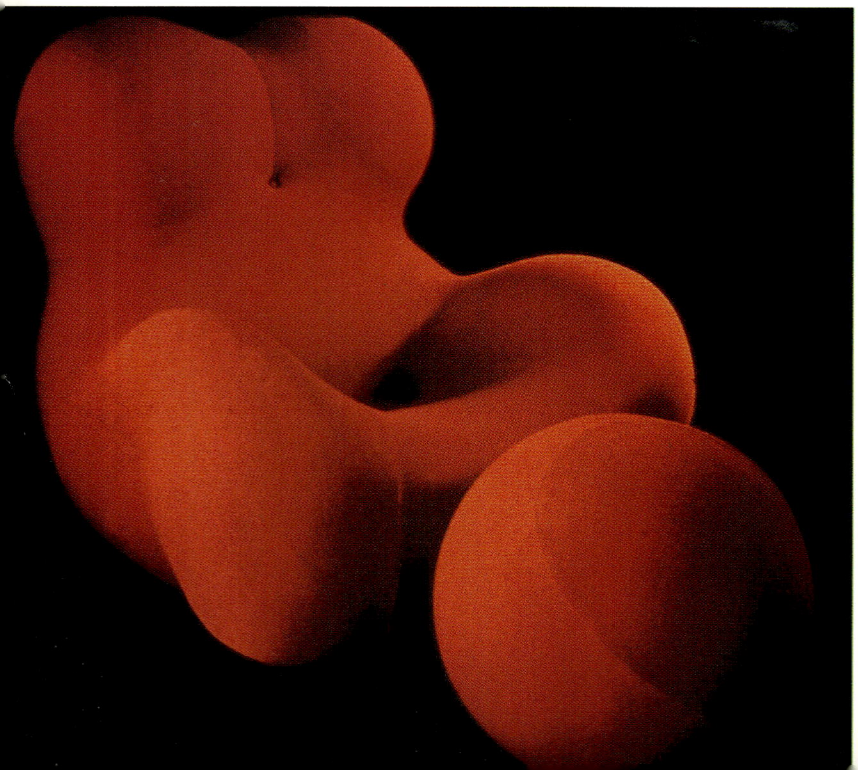

TRAVAUX DE JEUNESSE

Pesce est né à La Spezia, en Italie. Il étudie le graphisme à Padoue, puis l'architecture et le design à Venise, de 1959 à 1965. Il y passe les premières années de sa carrière. En 1959, il prend part à la fondation du Gruppo N, un collectif d'artistes plasticiens installés à Padoue, défendant l'idée d'un « art programmé » issu en droite ligne des principes rationalistes du Bauhaus. Vers le milieu des années soixante, il participe à de nombreuses activités artistiques au sein d'autres groupes comme le Gruppo Zero, en Allemagne, et Motus, à Paris. Au milieu de la décennie, il commence à douter du réel impact des beaux-arts dans la société contemporaine et se tourne vers le design, qui lui donne le moyen d'exprimer ses idées radicales. Ce changement d'orientation s'effectue dans la logique du mouvement anti-design italien, à Venise et ailleurs *(voir pages 222-223)*. Pesce se rapproche alors du Gruppo Strum, d'Ugo La Pietra et d'autres designers férus de happenings et de performances.

CARRIÈRE DANS LE DESIGN

Sa carrière de designer débute au milieu des années soixante. En 1969, C&B Italia met en fabrication le fauteuil *Up 5 Donna*, qui imite la forme du corps féminin, et le pouf rond assorti *UP 6*, retenu au fauteuil par une chaîne. Tous deux sont conçus en mousse de polyuréthane à haute densité et recouverts d'une fibre nylon stretch rouge vif. Ils se présentent compressés à plat, puis se gonflent et prennent forme d'un seul coup, dès la sortie de leur emballage en plastique. On peut lire ce travail à plusieurs niveaux : il s'agit à la fois d'un commentaire sur le statut de la femme (le pouf rond en forme de boulet) et d'un manifeste pop à la gloire du jetable.

Par la suite, Pesce continue à faire du design son premier mode d'expression. Au lampadaire *Moloch*, de 1970 — version agrandie et surréaliste de la classique lampe d'architecte —, succède une série d'autres objets, dont beaucoup édités par Cassina *(voir pages 212-213)*. Il faut en retenir la bibliothèque *Carenza*, de 1972 *(voir page ci-contre)*, l'ensemble de tables et chaises en fibre de verre *Golgotha*, de 1973, les fauteuils matelassés *Sit-down*,

Carenza (1972). Les contours bruts et accidentés témoignent d'une conception du design très éloignée des lignes pures du modernisme des années trente. La bibliothèque a été présentée à l'exposition Italie : un nouveau paysage domestique *du Museum of Modern Art de New York en 1972, puis au musée des Arts décoratifs à Paris en 1975.*

Square, *réalisé en polyuréthane souple (1986). La lampe comprend seize petites ampoules intégrées dans des carrés répartis uniformément afin d'illuminer toute la surface.*

Seaweed *(1992). L'aspect surprenant et voluptueux de cette pièce, utilisant des matériaux de récupération, est un véritable défi aux formes lisses du modernisme.*

de 1975, en mousse de polyuréthane recouverte de fibre Dacron — dont la garniture évoque des couvertures matelassées simplement jetées sur le siège —, les tables *Sansone* et les chaises *Dalila*, de 1980, le canapé *Tramonto a New York (Coucher de soleil à New York)*, de 1980 — composé d'un soleil de vinyle rouge vif posé sur des coussins en forme de cube imitant la *skyline* de Manhattan —, une bouteille d'eau minérale thermoformée pour Vittel, de 1986, des meubles en feutrine, des projets expérimentaux en verre ainsi qu'une gamme impressionnante d'objets en résine colorée (début des années quatre-vingt-dix). Ces pièces, empreintes d'une vision et d'une sensibilité particulières, explorent la question de l'individualité dans un contexte de production de masse.

Pesce a vécu à Paris et travaille actuellement à New York — qui l'a déjà accueilli au Museum of Modern Art lors de l'exposition *Italie : un nouveau paysage domestique*, en 1972. Bien que le design ne représente qu'une de ses nombreuses activités — il conçoit des architectures et des installations audiovisuelles, il enseigne à Strasbourg, à New York et ailleurs, et s'implique dans d'autres secteurs de la création — c'est bien là qu'il s'est illustré le plus. En s'appuyant sur le rejet du modernisme pour construire son œuvre, Pesce est devenu l'un des designers clé de l'après-guerre.

Vers le nouveau millénaire

Vers le nouveau millénaire

Les années soixante-dix sonnent le déclin d'un style international unique en matière de design. Alors que le mouvement moderne continue à subir des attaques de toute part, les tenants du modernisme tardif commencent à prouver la validité de leurs idées et à persuader le public que, quel que soit le contexte économique, social ou culturel, la technologie lui promet un avenir radieux. Tout comme pour le premier modernisme, le débat porte d'abord sur des questions d'architecture — le design passant au second plan. La question du postmodernisme et de sa traduction concrète est alimentée par le travail des architectes américains Robert Venturi et Michael Graves *(voir pages 236-237)*, qui plaide en faveur d'une esthétique influencée par la culture pop et par une certaine renaissance stylistique, voire par le mouvement Art déco. Il ressort clairement de ces controverses que, sur un plan purement stylistique à tout le moins, des solutions autres que le modernisme sont désormais en place, qui annoncent le pluralisme en vigueur au cours des trois décennies suivantes. Cette forme d'indétermination reproduit le morcellement progressif de la société occidentale et l'émergence d'un nouveau marché dit « de niches », par opposition au marché de masse. L'architecture postmoderne reflète cette nouvelle diversité. En Grande-Bretagne, elle trouve des références plus conservatrices dans le néoclassicisme nostalgique de Quinlan Terry et Terry Farrell, tandis qu'en France et en Espagne, ses tenants adoptent une esthétique plus avant-gardiste.

Tandis que les architectes débattent de la légitimité de leur style, les designers des années soixante-dix, à l'instar de leurs prédécesseurs au XIXe siècle, doivent prendre en compte d'autres paramètres. Les conséquences de la crise du pétrole sur le coût des matières plastiques ou encore l'intérêt grandissant du public pour l'écologie et le recyclage prennent le pas sur les questions de style et poussent les designers à se concentrer sur leur rôle social et sur leurs liens avec le monde industriel. Une désillusion profonde quant aux promesses de la technologie gagne du terrain et menace de ruiner les fondements du design moderne.

Ces angoisses s'effacent pour un temps lorsque, au début des années quatre-vingt, le design administre la preuve qu'à l'instar de l'architecture, il peut susciter le débat culturel et focaliser l'attention. Comme on pouvait s'y attendre, cette prise de conscience se produit d'abord en Italie. La première exposition du groupe Memphis à Milan en 1981, qui se déroule en même temps que l'essentiel salon du Meuble dans la même ville, en est le point déterminant. Avec l'aide de jeunes collaborateurs et le soutien bienveillant de designers du monde entier, Ettore Sottsass *(voir pages 216-219)* expose des objets qui inversent les valeurs sur lesquelles s'accordait l'establishment international du design. Le mobilier créé par Memphis se caractérise par des couleurs vives, des lignes excentriques et des ornements choisis en référence à d'innombrables détails stylistiques du passé. Pour la première fois, le design se passe de l'appui de l'architecture pour se proclamer libre des contraintes du modernisme et en phase avec l'ère postindustrielle. L'impact international de cet événement produit des effets si libérateurs que de nombreux adeptes au-delà de l'Italie — en France, en Espagne, en Allemagne, en Hollande, en Grande-Bretagne, en Tchécoslovaquie et au Japon — se rallient à ce mouvement que Sottsass lui-même a baptisé « nouveau design ».

Les années quatre-vingt, les « années design », connaissent un nouveau boom mondial de la consommation, et la notion même de design, désormais démocratisée, s'en trouve modifiée. L'acception *design* est désormais apposée à toute prestation supposée originale, qu'il s'agisse d'une coupe de cheveux ou d'un jean. Dans le contexte du marché mondial de la fin du XXe siècle, le label *designer* garantit un niveau de personnalisation et de style propres à satisfaire le désir d'auto-affirmation du consommateur. Au-delà d'une stratégie de marketing, le concept de design et de designer connaît une popularité inédite. Les designers deviennent des personnalités reconnues, à l'instar de leurs prédécesseurs américains des années trente.

Cette culture du design ne profite pas seulement à l'Europe, mais également au Japon, à la Corée, à Singapour et à Taïwan. Différents styles sont disponibles sur le marché — des expérimentations radicales post-Memphis au style high-tech, plus sérieux, qui prône l'usage détourné de matériaux industriels. Certains fabricants, dont Alessi, spécialisé dans le métal, font du design une priorité en confiant le dessin de leurs produits à des célébrités — ce qui leur vaut rapidement le statut d'icônes. Au milieu des années quatre-vingt, des institutions comme le Design Museum de Londres voient le jour.

Ces mutations ont également pour effet d'associer le concept de design à la publicité et au marketing. Simultanément, le rôle créatif du designer est ramené à un simple élément du processus de production et les produits assimilés à des accessoires de l'environnement quotidien. Quand la bulle finit par éclater et que la culture du design, en même temps que l'économie mondiale, entre en récession au début des années quatre-vingt-dix, les designers doivent dépasser la superficialité qui a caractérisé la décennie précédente.

Le vent de liberté des années quatre-vingt continue de souffler. Les designers peuvent s'exprimer en dehors du modernisme et utiliser une gamme de styles plus affirmés. Pour ces mêmes raisons, les valeurs héritées du début du siècle redeviennent d'actualité. Il ne s'agit plus d'une contradiction, dans la mesure où aucune théorie du design ne prévaut plus et où chaque approche peut, par conséquent, être évaluée selon son mérite.

Certains créateurs aspirent toujours à la célébrité, d'autres travaillent dans l'ombre. Beaucoup ont compris la dimension de l'écologie et l'intègrent dans leur travail. Au tournant du XXIe siècle, le monde du design, conscient qu'il n'est plus possible de continuer à raisonner en termes d'identité locale ou nationale, adopte une pensée globale. Cette discipline aux débuts modestes, longtemps restée entre les mains de quelques visionnaires aspirant à créer et améliorer un univers matériel en phase avec l'ère moderne, affecte désormais presque chaque aspect de la vie moderne.

Bar américain de la discothèque Felix (29e étage du Peninsula, *à Hong Kong), conçu en 1993 par Philippe Starck. Les lignes expressives, aux allures théâtrales et quasi fantastiques de ce design intérieur, sont caractéristiques de son travail et font de Starck une des figures majeures de cette décennie.*

Richard Sapper

Au sein d'une génération de « designers stars » dont le travail a eu une influence déterminante durant les désormais légendaires années quatre-vingt, l'Allemand Richard Sapper est l'un des créateurs les plus respectés de ses pairs, dans le monde entier. Son travail a toujours transcendé les frontières — combinant le meilleur d'une pratique rationnelle allemande avec l'assurance et l'expérience italiennes —, ce qui lui a valu d'apparaître comme une figure majeure du design contemporain. À une rigueur jamais démentie, sa démarche allie originalité et fantaisie, ainsi que la maîtrise des technologies complexes.

Richard Sapper incarne un modèle de designer industriel associant l'approche rationnelle de son pays d'origine, l'Allemagne, au talent et à l'originalité de son pays d'adoption, l'Italie. Ses collaborations avec nombre d'industriels — d'IBM à Alessi — témoignent de son habileté à concevoir des objets aussi divers qu'une cocotte ou un ordinateur, sans se départir de son engagement ni de son intégrité.

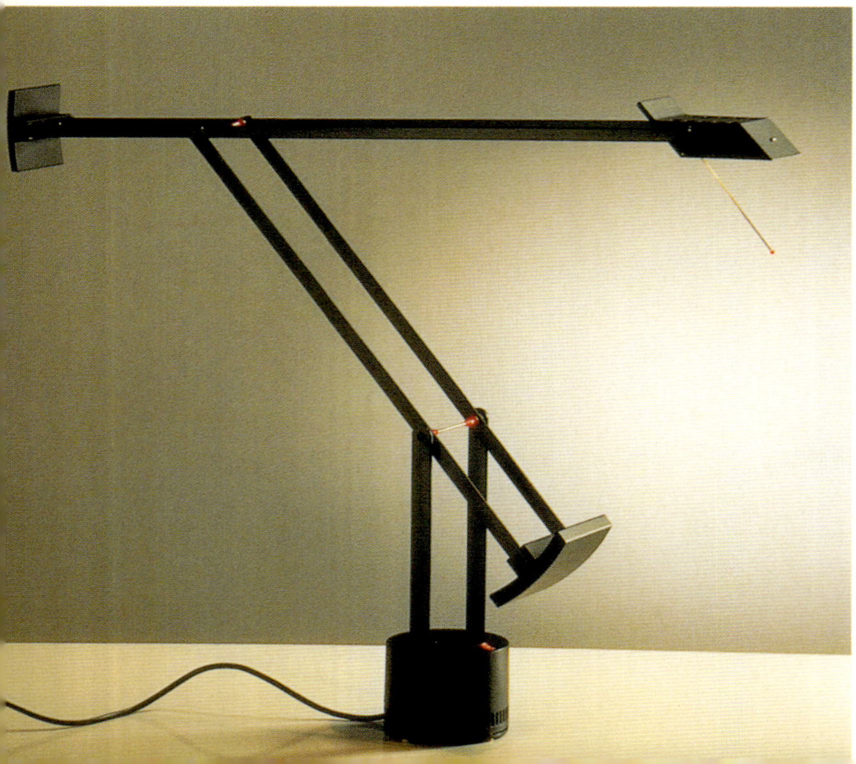

Tizio, conçu en 1972 pour Artemide. *La lampe cumule innovation technique — on la repositionne à partir d'une légère pression de la main — et sophistication — sa ligne sculpturale d'un noir mat lui confère une présence toute particulière.*

FORMATION ET PREMIÈRES RÉALISATIONS

Sapper naît en 1932. De 1952 à 1956, il étudie la philosophie, l'anatomie, les arts graphiques, l'ingénierie mécanique et enfin l'économie à l'université de Munich, sa ville natale. En 1956, il commence à travailler au bureau de style de Daimler Benz à Stuttgart, pénétrant ainsi un monde où l'ingénierie et l'esthétique tiennent lieu de religion.

En 1958, son déménagement en Italie bouleverse sa vie. Il entre à l'agence d'architecture milanaise Ponti-Rosselli, s'immergeant dès lors, au côté de Gio Ponti, dans d'importants projets urbains. Sa collaboration avec Ponti l'influence *(voir pages 138-141)*. En 1959, il quitte l'agence pour travailler au bureau de design du grand magasin milanais La Rinascente, au sein duquel il élabore de nombreux appareils domestiques, dont un sèche-cheveux.

COLLABORATION AVEC ZANUSO

L'année 1959 est pour lui déterminante : elle marque la rencontre de Sapper avec Marco Zanuso *(voir pages 196-197)* et le début d'une collaboration fructueuse qui, de 1960 à 1970, produira nombres d'icônes de la modernité italienne. L'enseignement que Sapper recueille auprès de Zanuso reste indélébile et lui profite pour le restant de sa carrière. Les deux designers imaginent ensemble de remarquables produits de haute technologie, notamment une chaise empilable d'enfant entièrement en plastique pour Kartell, qui fait également office de jeu de construction *(voir page ci-contre)*. De leur collaboration résultent également une gamme étendue d'appareils de style très travaillé pour le fabricant d'équipement audiovisuel Brionvega — dont le poste de télévision *Doney*, de 1962, la radio portative *TS502*, de 1965 *(voir page 232)*, et le téléviseur *Black*, de 1970 —, une machine à coudre et un aiguiseur de couteaux pour Necchi (1962 et 1975), et le téléphone compact *Grillo* (1967).

Leurs produits devancent, en originalité, les créations concurrentes sur le marché international — non seulement parce qu'ils sont du dernier cri sur le plan technologique, mais aussi en raison de leurs lignes à la fois

Rocket, fabriqué en 1971 par Ritz Italora. Cette horloge, que l'on retrouve un peu partout en Italie et ailleurs, affiche une simplicité caractéristique du design de Sapper.

Modèle 4999/5, à l'étude depuis la fin des années cinquante, en collaboration avec Marco Zanuso, et édité en 1964 par Kartell. Ces chaises pour enfant empilables, en polyéthylène moulé par injection, appartiennent à une génération d'objets en plastique créés en Italie, censés conférer une nouvelle légitimité à ce matériau moderne.

dépouillées et sophistiquées, mettant l'accent avant tout sur la fonction, et de leurs séduisants dispositifs d'utilisation.

SUCCÈS CROISSANT

En 1972, Sapper revient en Allemagne et ouvre une agence à Munich. Sa carrière prend un nouveau tournant avec la conception, pour l'éditeur italien Artemide, de *Tizio*, lampe de bureau à basse tension. Conçue en noir mat, dotée d'une ligne minimale et possédant non seulement une forme inédite mais un nouveau mode de fonctionnement — un subtil mécanisme incorporé à la lampe permet d'en modifier la position par simple effleurement —, *Tizio* devient bientôt un objet culte largement repris dans la presse et quasiment indissociable de la représentation d'un intérieur moderne et sophistiqué *(voir page 230)*.

Son profil élégant et expressif, délibérément high-tech, et son adéquation naturelle au minimalisme des intérieurs privés et professionnels en vogue à l'époque, en font le parfait objet néomoderne. La lampe reçoit de nombreux prix de design internationaux, dont le Compasso d'Oro, en 1979.

Sapper continue sur sa lancée en fondant un groupe d'étude sur les transports urbains avec l'architecte italienne Gae Aulenti et réfléchit à un modèle

TS 502, *conçu en 1965 en collaboration avec Marco Zanuso pour Brionvega. Cette radio compacte se referme en deux pour dissimuler son appareillage, formant un cube aux angles adoucis. Seule la poignée rétractable demeure visible. Cette création est déclinée dans une gamme de couleurs vives.*

de véhicule pour Fiat, la *Softmore 126X*. Mais c'est en travaillant pour l'innovante firme Alessi qu'il accède véritablement au statut de « designer star ».

ALESSI : AU-DELÀ DU MODERNISME

Sa première création pour Alessi, l'élégante cafetière *9090* (1978), s'inspire d'une ancienne machine à expresso de la marque. Sapper lui confère une silhouette aux lignes sculpturales. Un socle en métal lourd renforce la sécurité de l'usager lors de l'ébullition sur une plaque chauffante et compense sa forme potentiellement dangereuse, .

Le succès remporté par cette cafetière, bien qu'important, est éclipsé par celui de la bouilloire *Bollitore*, dessinée en 1983, au plus fort de cette fameuse « décennie du design ». Le produit, très original, connaît une réussite sans précédent et met le concept de design à la portée d'un large public. Probablement plus destiné à orner les étagères de cuisine qu'à servir de bouilloire — avec son corps au bombé brillant, sa poignée en crête de coq et son sifflet aigu —, il dépasse de très loin les critères formels du rationalisme moderne. Empreint d'une résonance culturelle et d'une signification artistique, il résume à lui seul tout l'esprit du design « années quatre-vingt ». *Bollitore* devient bientôt le modèle à suivre pour les designers en quête d'une stratégie capable d'adapter la formule « utilité-beauté » à la scène postmoderne et de faire du design d'objet un thème d'étude pour les mass media — ainsi qu'un nouveau débouché pour les boutiques spécialisées —

Sapperchair, *dessiné en 1979 pour Knoll. Rejetant les mécanismes complexes et le body-sculpting de bien de ses contemporains, ce fauteuil combine un rembourrage confortable et léger et un système d'ajustement unique — en hauteur, par exemple. Il apporte une réponse typiquement minimaliste aux contraintes du siège de bureau.*

dans des proportions sans précédent. Pour reprendre le commentaire d'un critique, c'est comme si le design était devenu l'art de la fin du XXe siècle — du moins entre les mains de Sapper.

De la collaboration durable entre Sapper et Alessi résulte une nouvelle gamme de produits promis au succès, tous édités dans les années quatre-vingt et quatre-vingt-dix — des cocottes (1986), une théière (1995), des plateaux (1995) et une série de couverts (1995). Cette dernière réalisation représente l'aboutissement d'un projet qu'Alberto Alessi a demandé à Sapper d'entreprendre dès leur première rencontre, en 1977. Cette longue période de gestation traduit la détermination du fabricant à obtenir le design le plus abouti possible avant de passer à la fabrication.

Secrétaire en bois réalisé en 1988 pour Unifor. Il se referme sur lui-même lorsque l'abattant est relevé. Ce meuble illustre le travail de Sapper dans un domaine traditionnel, qu'il maîtrise aussi bien que la haute technologie, créant de simples formes géométriques et concevant des objets dont la fonction détermine la forme.

Fourchette à spaghetti dessinée en 1994 pour Alessi. Elle fait partie d'une série d'objets pour la table et témoigne, parmi d'autres créations contemporaines, de l'attrait de Sapper pour les idées postmodernes, qui mettent l'accent sur la part expressive et symbolique de l'objet plus que sur sa valeur d'usage.

Leapfrog, *conçu en 1992 en collaboration avec Samuel Lucente pour IBM. Consultant pour IBM à partir de 1981, Sapper prend part aux décisions stratégiques concernant tous les produits de la firme. IBM a ainsi régulièrement créé des produits élégants, minimalistes et discrets.*

RÉALISATIONS PLUS TARDIVES

Sapper travaille pour d'autres industriels. En 1981, il devient consultant en design industriel pour IBM et réalise de nombreux produits dont un ordinateur portable (1986), un micro ordinateur PC (1991) et l'ordinateur *Leapfrog* (1992). Chacun de ces objets, d'esprit totalement minimaliste, reflète une élégance simple et dépouillée. À cet égard, le style évoque plutôt les débuts du modernisme, sans subir les contraintes formelles du fonctionnalisme.

À l'orée des années quatre-vingt-dix, Sapper, devenu une référence incontestable pour les designers industriels du monde entier, poursuit sa collaboration avec des clients de toujours, comme Artemide ou Alessi. Sa polyvalence a fait de lui l'un des designers les plus ouverts et les plus marquants du XXe siècle, capable de comprendre et d'engendrer des concepts forts au service d'une technologie avancée, et de répondre en même temps au défi apparemment plus simple des objets du quotidien, de la théière aux petites cuillers.

Né en 1949, Borek Sipek est l'un des plus fervents propagateurs d'une nouvelle sensualité dans le design de la fin des années quatre-vingt et des années quatre-vingt-dix. Étranger à l'ordre, à la géométrie, au rationalisme et au souci de pureté envahissants du premier modernisme, Sipek enrichit son design d'objets « arts appliqués »,

Bořek Šípek

typique de la fin du XXe siècle — qu'il s'agisse de mobilier, de céramique ou de pièces en verre ou en métal — avec les perspectives ouvertes par la décoration, le symbolisme et la poésie dans l'expression personnelle et collective. Par son regard unique, son exubérance et son imagination, qui semble sans limite, il transforme les objets du quotidien.

Borek Sipek, l'un des designers des années quatre-vingt-dix les plus ouverts aux arts décoratifs. Bien qu'appartenant à la fin du XXe siècle, son travail emprunte aux styles baroque et rococo.

FORMATION ET PREMIÈRES RÉALISATIONS

Sipek est un produit de la « nouvelle Europe ». Il est né à Prague, mais, surtout après l'ouverture de l'Europe de l'Est, en 1989, sa vie est marquée par la mobilité. Il étudie à l'école des arts appliqués de Prague en 1969 et poursuit son cursus pendant une dizaine d'années, d'abord en architecture, au collège des beaux-arts de Hambourg, puis en philosophie à Stuttgart, et de nouveau en architecture, à Delft. De 1979 à 1983, il enseigne le design à l'université d'Essen.

Sedlak, *bureau en bois massif, contreplaqué et acier, produit en 1992 par Vitra. Ses formes courbes, ses angles dentelés et ses pieds tournés accessoirisés d'une corbeille en papier en acier paraissent excentriques. Mais le bureau est des plus ergonomiques, laissant tout à portée de main de l'usager.*

EXTRAVAGANCE ET NOUVEAUTÉ

Depuis 1983, Sipek vit et travaille à Amsterdam. En 1984, en compagnie du designer David Platerer, il y fonde la société Alterego, qui lui permet de produire nombre de ses extravagantes créations. Depuis le milieu des années quatre-vingt, il s'est beaucoup investi dans la création d'objets en verre, dont la plupart sont fabriqués à la main à Novy Bor, en République tchèque, ou à Murano. Il développe un nouveau langage des formes et des couleurs, puisant dans l'imagerie mythologique, débordant du monde quotidien pour plonger dans le mythe et la magie. La notion de cérémonie et de rituel, notamment celui du repas, imprègne son travail. Il conçoit ses formes sauvages comme la « trace » d'une nouvelle sensibilité pour le design, reflet d'attitudes et d'émotions plus que d'un simple caractère utilitaire.

Boutique Shoebalo à Amsterdam (1991). Sipek a enrichi la décoration du magasin en y intégrant des miroirs au cadre excentrique et un ameublement original. Il s'est aussi servi de la lumière pour créer des effets de miroitement sur les murs et au plafond.

Sedlak, *chaise créée en 1992 pour Vitra. Sa forme expressive est caractéristique du langage plastique de Sipek. Ses éléments peuvent être démontés, échangés et recyclés — une préoccupation de plus en plus fréquente dans le design de produit de la fin du XX*e *siècle.*

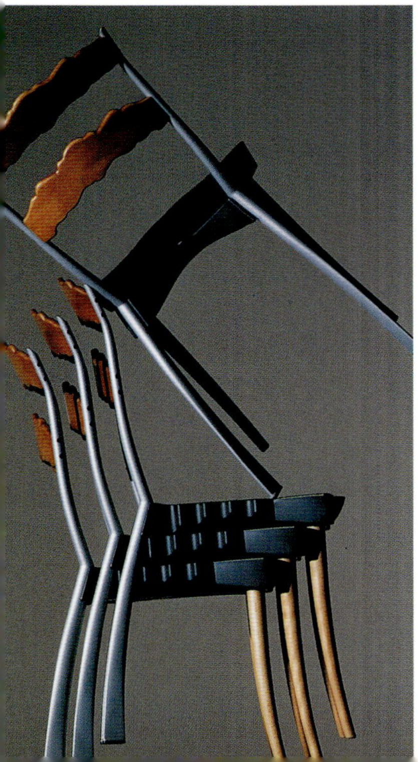

Il transforme de même le mobilier. Il réalise ainsi des pièces pour Driade, en Italie, Vitra, en Allemagne, les galeries Néotu, en France, et Leitner, en Autriche, à partir d'un large éventail de matériaux — rotin, cuir, bois et cuivres travaillés —, fruit d'une quête incessante d'images et de formes. Alors que les chaises en rotin pour Driade sont voluptueuses et anthropomorphes — Sipek a même appelé l'une d'elles *Helena* pour souligner sa ressemblance avec le corps féminin —, la petite chaise *Ernst and Guduld*, en bois d'ébène, de padouk et d'érable, éditée par Néotu à la fin des années quatre-vingt, et dont la forme évoque un chapeau de bouffon, révèle une inspiration plus médiévale.

Ses intérieurs n'échappent pas davantage à ces influences. À Amsterdam, il a signé l'aménagement du café *Daybreak* en 1989 et du chausseur Shoebalo, deux ans plus tard. Cependant, c'est peut-être dans la création d'articles pour la table qu'il a donné le plus libre cours à son imagination. Ses verres semblent venir d'un autre monde, sa coutellerie prend des formes inédites et ses bols et assiettes s'avèrent tout aussi inattendus.

En dépit de l'extravagance particulière et de la nouveauté de son design, le sens pratique n'est pas entièrement absent de son travail, spécialement en ce qui concerne le recyclage des matériaux. La chaise *Sedlak*, en aluminium brossé et hêtre teinté, de 1992, est conçue pour être démontée et recyclée. Sipek dont la marque de fabrique reste l'originalité et la liberté d'expression, a joué le rôle d'un véritable catalyseur, permettant au design de sortir du carcan du high-tech, qui avait introduit des matériaux industriels comme le verre et l'acier dans un contexte domestique. En 1990, pour honorer la contribution de Sipek au design européen, l'Académie des arts de Prague l'a nommé professeur d'architecture — un juste retour à ses racines.

Argentomania, *service de couverts à dessert en argent (signé et numéroté), dessiné en 1995 pour la société hollandaise Steltman. Sipek a exagéré les formes habituelles pour y intégrer des poignées pointues et des manchons apparents à l'intersection des poignées et des parties nobles.*

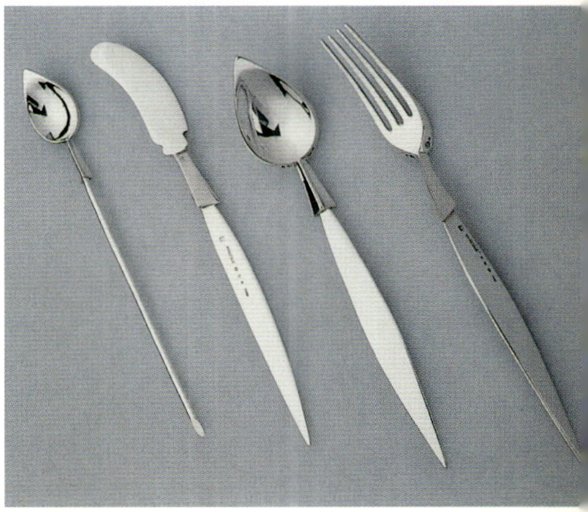

Seuls quelques architectes et designers de la fin du XXe siècle se sont associés délibérément au mouvement postmoderne. Parmi eux, Michael Graves, architecte et designer américain né en 1934. À l'instar de son confrère Robert Venturi, Graves affirme publiquement la nécessité d'aller au-delà du modernisme. Il considère

Michael Graves

ce point comme essentiel, en raison de l'échec de ce courant à satisfaire le goût des consommateurs pour des objets qui expriment — par leur forme, leur couleur, leur texture et leur style — les valeurs culturelles de leur environnement.

Michael Graves, un des architectes américains postmodernes devenus célèbres dans les années soixante-dix, est aussi connu pour son design d'objets. Par ce biais, il a exprimé ses idées sur la culture matérielle contemporaine. Sa contribution au groupe Memphis durant les années quatre-vingt, notamment, ou ses céramiques pour Swid Powell, ont fait de lui une figure majeure du design.

Corinth, *service en céramique réalisé en 1984 pour Swid Powell. Les références à l'âge classique — dans le nom du produit et dans les motifs légers et élégants de la décoration — illustrent la vision postmoderne de Graves, qui emprunte beaucoup au néoclassicisme.*

SOURCES D'INSPIRATION ET PREMIÈRES RÉALISATIONS

Graves naît à Minneapolis et étudie l'architecture à l'université de Cincinnati, jusqu'en 1959. Après une année de troisième cycle à la Graduate School of Design de l'université de Harvard, il étudie, de 1960 à 1962, à l'académie américaine de Rome ; à partir de 1962, il enseigne l'architecture à l'université de Princeton. Deux ans plus tard, il ouvre un cabinet d'architecture. Son œuvre de jeunesse s'inspire du passé — classicisme et cubisme en particulier —, dont la connaissance lui permet de maîtriser l'usage de la forme et des couleurs.

Au début des années soixante-dix, Graves appartient au groupe d'architectes New York Five — Richard Meier, John Hejduk, Peter Eisenman et Charles Gwathmay —, se réclamant du postmodernisme. Sa réputation repose alors principalement sur ses dessins ; ce n'est qu'en 1982, avec un immeuble à Portland, dans l'Oregon, qu'il exprime enfin ses idées sous forme architecturale, en trois dimensions. Il a auparavant fait des incursions dans le design de mobilier, avec une collection pour la société américaine Sunar Hauserman. En 1981, il réalise pour le groupe Memphis une coiffeuse inspirée du style « Hollywood Art déco », baptisée *Plaza*, contribuant ainsi à ajouter une touche internationale au nouveau design présenté à Milan.

COLLABORATION AVEC ALESSI

En 1985, Graves commence à collaborer avec le fabricant italien Alessi, qui s'est déjà aventuré deux ans auparavant dans l'esthétique postmoderniste avec la bouilloire *Bollitore* de Richard Sapper. Celle de Graves, encore plus fantaisiste, dotée, sur le bec verseur, d'un petit oiseau en plastique qui siffle quand l'eau se met à bouillir, donne la priorité à la forme plutôt qu'à l'aspect pratique. Le design à la fois radical et ludique de cette création introduit les concepts de narration et de métaphore dans un objet produit en série. Plus de 500 000 exemplaires ont été vendus, et la bouilloire appartient aux classiques du design postmoderne.

Graves dessine d'autres pièces pour Alessi, dont un ensemble salière poivrier au milieu des années quatre-vingt, un jeu de plateaux en 1990-1991 et un service à condiments en 1994. Avec dix architectes-designers, il est invité à concevoir un service à thé dans le cadre du projet initié par Alessi, Tea and Coffee Piazza, plus destiné aux institutions culturelles et aux

musées qu'à la commercialisation. Cette intelligente stratégie de marketing vise à introduire une valeur ajoutée culturelle aux produits. Beaucoup des grands designers des années quatre-vingt— parmi lesquels Venturi, Aldo Rossi et Charles Jencks — travaillent sur ce projet.

La production de Graves est alors abondante : céramiques pour le fabricant américain Swid Powell (1984), mobilier pour Sawaya et Moroni (1985), une montre pour l'Italien Cleto Munari (1987) et une série de motifs pour la collection de tapis *Dialog* du fabricant allemand Vorwerk (1988). Ses créations rencontrent un tel succès qu'il ouvre une boutique à Princeton en 1993, année où il rend hommage à la culture populaire en produisant sa théière *Mickey Mouse*. Il se consacre également à l'architecture, avec l'hôtel *Swan*, à Orlando, en Floride (1990) et une extension du Whitney Museum de New York (1989-1990). Graves est aussi à l'aise avec la culture classique que populaire, et a influencé de nombreux designers de la jeune génération postmoderniste.

Tapis de la collection V'soske *(1979-1980). Inspiré des textiles Art déco, il témoigne du goût de Graves pour la couleur ; le terracotta léger est exactement de la même intensité que le bleu « œuf d'oiseau », qui contraste avec lui. Cet intérêt explique comment Graves a pu s'affranchir des restrictions du modernisme.*

Big Drippe, *créé en 1986 pour Swid Powell. La forme géométrique et le sobre motif de cette cafetière évoquent aussi bien le style Art déco américain que les lignes des Wiener Werkstätte ou du Bauhaus. Ce renouveau stylistique délibéré, adapté au goût de la fin du XX*e *siècle le nom de cette pièce illustrent l'éclectisme et l'humour caractéristiques de Graves et de ses contemporains postmodernes.*

Séjour (avec panneau mural) de la maison Hanselman à Fort Wayne, dans l'Indiana (1968-1970). Les fauteuils de cet intérieur, avec leur structure en acier tubulaire et leur assise de cuir, prouvent l'attachement de Graves aux idées du Bauhaus. Ce n'est qu'à partir des années soixante-dix qu'il commence à s'éloigner du modernisme.

Postmodernisme

Le postmodernisme, courant dominant du design international des années soixante-dix et quatre-vingt, prône la remise en question du modernisme — « la forme suit la fonction » — et privilégie autant le rôle symbolique de l'objet que sa dimension pratique. Le terme devient usuel chez les théoriciens de l'architecture des années soixante-dix, mais la notion est popularisée par Charles Jencks, en 1980, dans *Le Langage de l'architecture postmoderne*.

DÉBUTS DU POSTMODERNISME

Les racines du postmodernisme remontent aux années soixante, alors qu'apparaissent les premiers doutes quant à la viabilité à long terme du modernisme *(voir pages 220-223)*. Les valeurs révolutionnaires associées au mouvement pop, reflétant le tempérament de la jeunesse — plaisir, consommation et expression individuelle — vont à l'encontre des idéaux élevés ainsi que des grandes aspirations culturelles qui ont dominé la première partie du XXe siècle. En 1966, *Complexité et Contradiction en architecture*, texte fondateur de l'architecte américain Robert Venturi, dénonce l'inadéquation du modernisme à la nouvelle culture émergente, aux facettes multiples. Entre 1970 et 1980, les débats font rage pour déterminer si le postmodernisme constitue une émanation du modernisme ou, au contraire, une remise en question pure et dure de ses principes.

En Italie, par exemple, le travail du groupe de designers milanais Studio Alchimia dans les années soixante-dix, puis de Memphis, à partir de 1980, manifeste toutes les caractéristiques du postmodernisme, en ce qu'il admet diverses formes de références historiques, évoque une culture populaire, est éclectique, prend en compte les aspirations du consommateur et, par-dessus tout, use et abuse du langage des formes, des couleurs et des motifs. Radicalement optimistes et tournés vers l'avenir, les membres du groupe Memphis refusent cependant l'étiquette postmoderne, préférant l'acception de nouveau style international.

SUCCÈS INTERNATIONAL

Dans les années quatre-vingt apparaît un mouvement de design international qui adopte les principes du postmodernisme — que le terme soit explicitement employé ou non, à son propos. En Finlande, par exemple, Yrio Kukka-

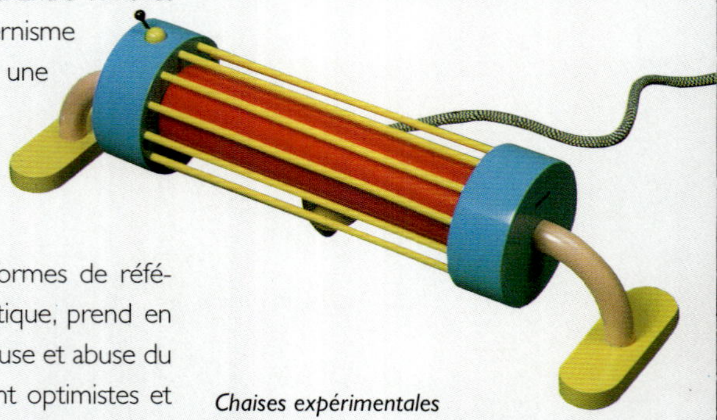

Maquette d'un chauffage électrique appartenant à la série Elettrodomestici *(« appareils électriques pour la maison ») créé au début des années quatre-vingt par Michele De Lucchi* (voir pages 252-253) *pour Girmi. L'intention du projet est de contrer les formes agressives noir et chrome, typiques des appareils domestiques modernistes, pour y substituer des lignes plus douces et des couleurs expressives.*

Chaises expérimentales dessinées au début des années quatre-vingt par Yrio Kukkapuro pour Avarte. Longtemps féru d'un modernisme tardif faisant grand usage de formes lisses et luxueuses, de cuir noir et d'acier chromé, le Finlandais a changé de direction pour explorer le potentiel de couleurs et de formes offert par le postmodernisme.

Cyclone, *conçu au début des années quatre-vingt par James Dyson. Il prend à revers les clichés du style Streamline, tout en chromes et plastique noir, qui ont fleuri dans l'adaptation populaire et commerciale du modernisme.*

puro défend le modernisme, mais délaisse les chromes lisses et élégants au profit de formes et de couleurs expressives *(voir page ci-contre)*. En Espagne, Javier Mariscal *(voir pages 250-251)* s'exprime délibérément à l'écart du canon moderniste. En Grande-Bretagne, la radio *Bag* de Daniel Weil *(voir page 202)*, dont l'enveloppe transparente met en évidence les circuits électroniques, contredit le vieil adage selon lequel « la forme suit la fonction ».

Le Japon, pays de l'électronique, s'ouvre au design de consommation et élabore des produits adaptés aux idéaux pop de l'amusement et de l'expression de soi. Qu'il s'agisse du radiocassette revival années cinquante *QT50* de Sharp, des téléviseurs Panasonic aux lignes expressives ou du célèbre *Walkman* de Sony, proposé dans des couleurs vives *(voir pages 180-181)*, les Japonais empruntent avec enthousiasme au postmodernisme, sous un angle cependant moins théorique et plus ouvertement commercial.

Une vague de produits de consommation inonde le marché au cours des années quatre-vingt. Né, en théorie, pour s'adapter au concept de culture commerciale, le postmodernisme participe lui-même de cette culture. En bien des points, ce mouvement a dénoncé les inadéquations du style qui l'a précédé. Le postmodernisme ouvre de nouvelles voies — par exemple, celle d'un design comme forme d'expression du consommateur. Sans cet apport, l'émergence d'un design varié et signifiant à la fin du XXe siècle, empreint de simplicité, de sensualité et d'une éthique écologique, n'aurait pas été possible.

Intérieur de la Thematic House, résidence londonienne de Charles Jencks (1982-1985). Surtout connu comme avocat du postmodernisme, Jencks a lui-même supervisé la décoration de cette maison. La nature postmoderne de son intérieur tient à l'éclectisme des styles juxtaposés, à l'usage de la couleur et d'éléments symboliques forts.

QT50, radiocassette portable de Sharp (1986). L'appareil, dont les formes arrondies et les tons pastel recréent un style rétro années cinquante, est l'un des premiers produits japonais à pénétrer le marché occidental sur le créneau du « style de vie ».

Au cours des années quatre-vingt, le Japon a offert au moins deux visages du design moderne. D'un côté, les poids lourds de l'industrie électronique aux produits très étudiés — Sharp, Sony, National Panasonic, notamment — ont envahi le marché, faisant du Japon un leader du design dans ce domaine. De l'autre, un groupe relativement restreint

Shiro Kuramata

d'architectes-designers ont attiré l'attention sur ce que leur pays pouvait apporter à l'avant-garde internationale en matière de design et d'aménagement intérieur. En concevant un design progressiste dans les domaines de l'architecture, de l'aménagement intérieur ou du mobilier, Kiro Kurakawa, Masanori Umeda, Arata Isozaki, Shigeru Ushida, Shiro Kuramata (1934-1991) et bien d'autres ont comblé le fossé existant entre le Japon et l'Occident. Ils se sont attaché les créateurs de mode japonais — Issey Miyake, Rei Kawakubo (Comme des Garçons) et Yohji Yamamoto —, dont ils ont aménagé les boutiques. Ils ont ouvert une voie stylistique et érodé, par leurs créations, la querelle opposant le modernisme au postmodernisme.

Shiro Kuramata, dont les meubles au style éloquent et radical illustrent le rôle des designers japonais dans la formation des mouvements moderne et postmoderne.

Apple Honey *(1985). L'élégance minimaliste de cette chaise rappelle les lignes familières du modernisme, mais la touche de couleur dans la partie haute en acier tubulaire et le nom même de l'objet traduisent une sensibilité nouvelle.*

PÉRIODE D'APPRENTISSAGE

Kuramata, sans conteste le plus prolifique des designers japonais, est l'un des tout premiers à s'installer à l'Ouest. Il apprend le travail du bois au lycée technique de Tokyo jusqu'en 1953, puis étudie trois ans à l'institut de design Kuwazawa, toujours à Tokyo. En 1953 également, il intègre l'entreprise de mobilier Teikoku Kizai et à la fin de la décennie il travaille pour le département de design de nombreux grands magasins de Tokyo, dont le célèbre établissement Matsuya. En 1965, il ouvre son agence à Tokyo et se consacre pendant une dizaine d'années à l'aménagement intérieur de plus de trois cents boutiques et restaurants au Japon. Cette période représente le point culminant du boom économique du Japon de l'après-guerre, et la contribution de Kuramata s'inscrit dans un vaste processus de reconstruction identitaire du pays.

TRAITS PARTICULIERS

Par essence, Kuramata est un minimaliste plein de respect et d'enthousiasme pour le design intérieur traditionnel japonais. En même temps, son approche du design est intuitivement subversive. Il en résulte dans ses créations une combinaison du sens du détail et de la composition harmonique, agrémentée d'ajouts d'éléments inattendus et très particuliers. Son fameux chiffonnier ondulé à tiroirs, qui appartient à la série *Meubles de formes irrégulières*, de 1970 *(voir page ci-contre)*, est une brillante combinaison de ces deux tendances et le place sur le devant de la scène internationale. Ces pièces à tiroirs multiples, magnifiquement réalisées jusque dans le moindre détail, sont rendues insolites par l'ondulation élégante de leurs contours.

How High the Moon, *fauteuil en résille d'acier (1986). Version retravaillée du traditionnel et confortable fauteuil club en cuir, au nom poétique et plutôt surprenant.*

Pièce de la série Meubles de forme irrégulière, *dessinée en 1970 et désormais éditée par Cappellini. Ses nombreux compartiments et ses harmonieuses proportions évoquent le Japon traditionnel ; son mouvement théâtral suggère une approche expressive et novatrice du design de meubles.*

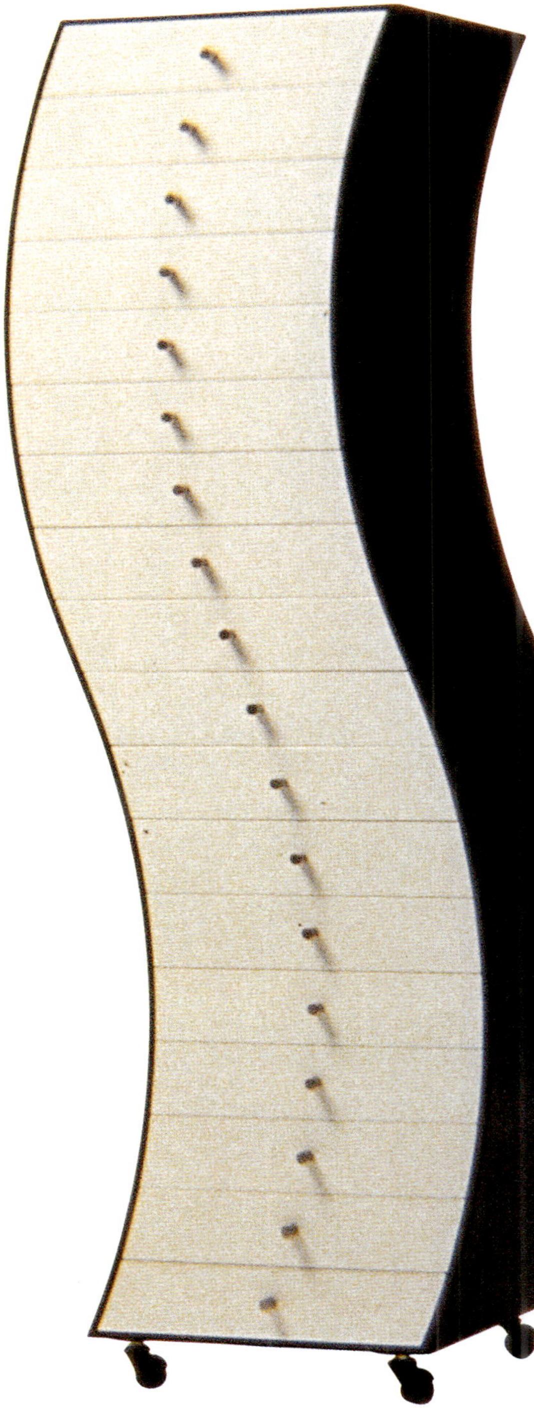

TRADITION ET INNOVATION

En 1981, Kuramata expose une série de pièces à Londres, dans la boutique de Zeev Aram (un marchand de meubles très influent). Il est alors invité à participer à la première exposition du groupe Memphis à Milan *(voir pages 216-219)*, pour laquelle il réalise *Imperial*, un petit placard en trois parties. En 1983, il crée *Kyoto*, table d'appoint en béton dans lequel sont inclus des morceaux de verre multicolores. Le résultat, décoratif et expressif, convient parfaitement à l'esprit du temps. Durant les cinq années suivantes, il produit une série de sièges. Leur nom, parfois inspiré de chansons populaires, en traduisent la poésie. De *Begin the Biguine* (1985), hommage à Josef Hoffmann *(voir pages 34-37)*, à *How High the Moon* (1986), fauteuil en résille de métal, ou *Miss Blanche* (1989), siège de plexiglas avec des inclusions de roses rouges, Kuramata explore les potentialités de l'objet et sa richesse métaphorique, tout en conservant une sobriété inspirée du modernisme.

Il s'intéresse à la création d'objets domestiques : coupes à fruits minimalistes en bois et métal (1989), réalisées par Market Central of Japan, ou lavabo transparent (1990) répondant au nom énigmatique et français de *Coup de foudre*. Ces créations originales et simples démontrent son aptitude à créer des formes saisissantes et rafraîchissantes à partir de matériaux basiques. Là réside toute son originalité.

Kyoto, *créé en 1983 pour la troisième exposition de l'année du groupe Memphis. En ciment, avec des inclusions de morceaux de verre multicolores, elle joue avec l'idée de motifs décoratifs et reflète le climat créatif de l'époque.*

Eva Jiricna est née en 1939. Durant les années quatre-vingt, elle joue un rôle moteur dans l'émergence, en Grande-Bretagne, du style high-tech, caractérisé par l'usage exclusif, en architecture et design, de matériaux industriels dont le verre et le métal. Contrairement à beaucoup de ses contemporains, son choix s'enracine dans un solide

Eva Jiricna

système de valeurs. La formation d'architecte qu'elle a reçue en Tchécoslovaquie, son pays natal, féru de tradition moderniste et dominé par des personnalités comme Pavel Janak ou Ladislav Zak, détermine son approche du design. Elle est fidèle aux principes du fonctionnalisme et à l'idée de ne prendre en compte que ce qui sert la vocation finale de l'objet.

L'architecte d'intérieur Eva Jiricna, a aménagé nombre de boutiques de créateurs et de restaurants londoniens. Elle a adapté les principes du modernisme au contexte de la fin du XXe siècle.

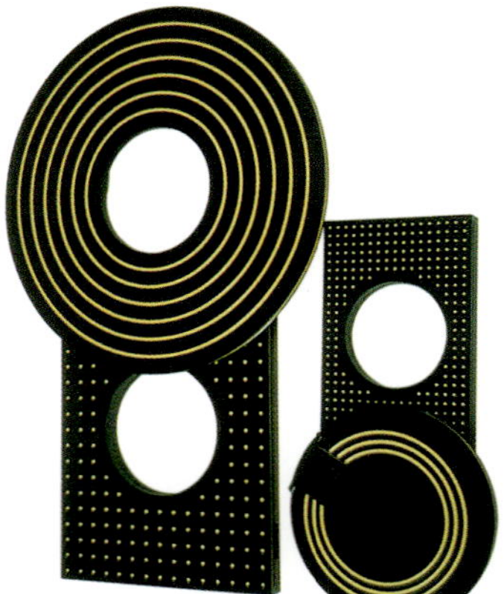

Eva Jiricna, suivant les consignes de son commanditaire, Formica, a utilisé le nouveau plastique stratifié Colorcore pour réaliser ce tabouret et cette chaise pliante. Le motif géométrique exploite le potentiel décoratif du produit.

Intérieur de la boutique Joseph pour la Ville, à Londres (1986). La majestueuse cage d'escalier, avec des balustrades en acier chromé, est caractéristique du style d'Eva Jiricna, comme l'usage très modéré de la couleur.

FORMATION ET PREMIÈRES EXPÉRIENCES

Fille d'architecte, Eva Jiricna apprend l'architecture à Prague, de 1956 à 1962 — dans la tradition tchèque rationaliste, qui privilégie l'ingénierie. À ses débuts, elle travaille pour une cimenterie, puis au bureau d'État des architectes, deux postes peu aisés pour une femme. Frustrée par le peu de possibilités créatives offertes par son pays, assujetti aux normes du communisme, elle décide de partir pour la Grande-Bretagne — elle ne retournera dans son pays natal que brièvement, en 1990.

Engagée à la Schools Division du Greater London Council, elle y travaille neuf ans, dans le bureau de l'architecte Louis de Soissons. Elle s'occupe du projet d'aménagement de la marina de Brighton, une vaste entreprise qui consiste à gagner sur la mer pour construire un port. Elle y met en pratique ses compétences en ingénierie et perfectionne sa maîtrise des matériaux, tout en intégrant de nouvelles connaissances concernant l'univers nautique. Elle mettra à profit cette expérience d'une manière extrêmement personnelle et imaginative, dans l'aménagement de boutiques, au début des années quatre-vingt, pour le créateur de mode Joseph Ettedgui (Joseph).

CHANTIERS À LONDRES

Eva Jiricna devient citoyenne britannique en 1976. Au cours de la décennie suivante, elle étend son champ d'activité en travaillant avec son compatriote Jan Kaplicky et avec l'architecte David Hodges sur de nombreux projets d'aménagement intérieur, puis collabore quelque temps avec l'agence de l'architecte Richard Rogers. Durant cette période, elle se distingue au sein d'un courant de design intérieur au style sophistiqué, répondant aux besoins des nouveaux magasins qui transforment les rues élégantes de Londres. Les réalisations des designers britanniques dans l'aménagement de boutiques — marquées par le travail de designers tels Fitch & Company et Din Associates — se positionne à l'avant-garde d'une tendance internationale très concernée par l'impact du style sur le choix des consommateurs. Le travail d'Eva Jiricna dans ce domaine est fort estimé et très suivi.

Joe's Café à Londres (1986). *L'usage de câbles visibles sur tout un pan de la pièce s'inspire de l'expérience d'Eva Jiricna sur le chantier de la nouvelle marina de Brighton, quelques années plus tôt.*

Cage d'escalier en acier chromé, avec marches de verre (1989). L'impression générale est celle d'une sophistication décontractée.

Avec Kaplicky, elle participe à la création de la première boutique Joseph au sud de Londres, sur Molton Street. Son premier projet en solo est pour ce même client, dont elle réaménage l'appartement. En choisissant des carreaux blancs, des rayonnages de verre et des portes coulissantes, elle introduit des techniques et des matériaux industriels dans un contexte domestique. Ce style devient sa marque de reconnaissance et ses chantiers à Londres — *Le Caprice* (1980), la boutique Kenzo de Sloane Street (1982), Joseph pour la Ville (1986, *voir page ci-contre*), *Joe's Café* (1986) et une autre boutique Joseph sur Fulham Road (1988) — développent tous ce thème. Acier, verre, câbles, complexes jeux d'escaliers ouverts et couleurs neutres composent son vocabulaire architectural. Son grand talent consiste à « manipuler » un espace pour mettre en valeur sa lumière et sa théâtralité.

ÉVOLUTION

Après une collaboration de courte durée avec sa consœur Kathy Kerr, Eva Jiricna crée une agence à Londres, Eva Jiricna Associates, en 1986. À ce moment de sa carrière, elle focalise l'attention internationale par le biais de publications dans les magazines, qui lui valent de nombreuses commandes — dont celle du chausseur Joan and David à Los Angeles et du salon Vidal Sassoon à Francfort. Son attachement au fonctionnalisme, qui sous-tend sa démarche architecturale, permet à Eva Jiricna de passer sans encombre du stylisme formel des années quatre-vingt au dépouillement plus austère des années quatre-vingt-dix. Elle poursuit son œuvre durant cette décennie, développant un langage personnel — matériaux, escaliers spectaculaires, imagerie de marine — pour l'appliquer à une échelle toujours plus vaste.

frogdesign

Quand le jeune designer allemand Hartmut Esslinger fonde frogdesign en 1969, il souhaite créer un nouveau langage pour le design industriel, mêlant le fonctionnalisme allemand traditionnel — dont le pionnier fut Braun, des années cinquante à soixante — et l'éclectisme stylistique instauré par Ettore Sottsass et le groupe Memphis, au début des années quatre-vingt. Avec ce mélange d'idées, Esslinger et frogdesign se trouvent confrontés au défi posé au design contemporain : l'opposition entre la simplicité du fonctionnalisme et la fantaisie du postmodernisme. Frogdesign réussit parfaitement son pari en appliquant ses principes non seulement aux objets traditionnels, mobilier ou céramique, mais aussi, de façon plus significative, à un éventail de produits électroniques, en particulier les ordinateurs.

CD900 et Telecar 9, *téléphones de voiture dessinés en 1982 pour AEG-Telefunken. Les lignes douces sont typiques du travail de frogdesign à l'époque.*

Robinets et douches de la série Uno, *créés en 1985 pour Hansgrohe. Depuis les années soixante-dix, frogdesign a imaginé une série d'articles exubérants pour ce fabricant. Un logiciel informatique a été utilisé pour leur conception.*

FONDATION DU CABINET

Esslinger fonde le premier bureau de frogdesign à Altensteig en Allemagne. Le nom de son groupe est l'acronyme de Federal Republic of Germany. Après une formation d'ingénierie électronique à l'université de Stuttgart, suivie d'un cycle de design industriel au College Swabish Gmunden, dans les années soixante, Esslinger dispose des cartes idéales pour combiner technique et esthétique. L'équipe de frogdesign mettra cette formule en pratique pour un large éventail de clients parmi lesquels Wega Radio, König et Neurath, Villeroy & Boch, Rosenthal, AEG, Erco, puis — à la suite de l'ouverture d'un bureau, en 1982, à Campbell, Californie — Apple, NeXT Computers, Olympus et AT&T. En1986, frogdesign déploie ses activités vers l'Asie et ouvre un bureau à Tokyo.

Les premiers travaux sur la couleur de postes de télévision et d'équipement stéréo pour Wega sont fondamentaux pour le suc-

Frollerskates, *imaginé en 1979 et produit par Indusco. Ces patins, qui comptent parmi les projets les plus excentriques d'Esslinger, évoquent la vitesse et le plaisir caractéristiques de l'esprit de l'équipe, et présents dans nombre de ses créations.*

Gamme de mobilier de bureau pour König et Neurath. Figurant au nombre des créations les plus traditionnelles de frogdesign, elle associe le principe d'un piètement de mobilier de bureau classique, des matériaux modernes tel le plastique, et des teintes pastel peu orthodoxes. Ce design reprend les bases d'un fonctionnalisme dépouillé fait de lignes nettes et rejetant les détails superflus, et répond aux critères high-tech d'un bureau des années quatre-vingt, comme le modèle King Alpha *(à gauche).*

cès futur du groupe. L'équipe doit traiter une gamme d'objets de haute technologie dont le design, tout en conservant les principes du fonctionnalisme, exprime audace et personnalité. Les téléviseurs bénéficient d'une esthétique minimaliste qui leur confère une ligne remarquablement moderne : boîtier en plastique aux contours adoucis et détails raffinés. Quand Sony acquiert Wega, frogdesign continue à travailler pour la compagnie et découvre l'acception japonaise du marketing : « styler » les produits électroniques et en faire des accessoires bien conçus pour le marché de masse. Ces principes influencent sa démarche.

UN DESIGN ADAPTÉ À L'USAGER

Dans le cadre de projets pour des produits de haute technologie, la relation entre la machine et l'utilisateur préoccupe beaucoup frogdesign. Pour respecter la consigne d'Apple, concevoir un ordinateur « sympathique à utiliser », le groupe recourt à des formes simples et à des couleurs douces (blanc cassé), et simplifie les mécanismes d'utilisation. À bien des égards, frogdesign est partie prenante dans la domestication des ordinateurs et contribue au changement de leur statut, au service du consommateur, et non plus l'inverse. En 1984, l'Apple *IIc*, consacré « design de l'année », fait la couverture de *Time magazine*.

Le travail de Frogdesign, ludique et plein d'humour, reflète l'expérience de son fondateur, qui se forme dans les années soixante. Cela se perçoit dans la plupart de ses créations — des *Frollerskates* pour Indusco *(voir page ci-contre)* au robinet de douche *Uno* pour Hansgrohe *(voir page ci-contre)* —, faisant écho à la devise de l'agence : « La forme suit l'émotion. »

PHILOSOPHIE GLOBALE

En 1987, Esslinger affirme que le but du design est de rendre un environnement artificiel plus humain et que son objectif est, et a toujours été, de concevoir des produits de base comme des œuvres d'art. Lui et son équipe contribuent largement à promouvoir le design industriel. Forts de leur capacité à relever les défis et à appliquer leur philosophie à toutes sortes de projets, ils font du designer industriel un acteur essentiel du monde de l'entreprise et de la vie contemporaine. Esslinger lui-même est à la fois un généraliste et un spécialiste, capable de traiter le problème du rayon de fréquence d'un bouton de commande de téléviseur et la demande du marché global du début du XXIe siècle avec le même professionnalisme.

Par son expérience, et plus que beaucoup de groupes de design industriel en exercice, frogdesign apporte à ses membres la capacité de repérer et de prévoir les tendances. Tout en travaillant sur les formes et les couleurs, ceux-ci apprennent à anticiper l'émergence de nouvelles technologies, de mouvements sociaux et de stratégies commerciales. En agissant ainsi, frogdesign — plus d'une centaine d'agences réparties à travers le monde — a redéfini le rôle du design industriel au XXe siècle.

IIc, *lancé en 1984 par* Apple. *Cet ordinateur très innovant, aux formes simples et fuselées, se présente comme un objet sympathique et non comme le produit froid et impersonnel de la haute technologie.*

Né en 1949, Philippe Starck est sans conteste le « designer star » de la fin du XXe siècle. Son image très médiatique de créateur voué à appliquer son talent aux objets les plus divers reprend à son compte la tradition — chère aux designers américains Norman Bel Geddes et Raymond Loewy, durant l'entre-deux guerres —

Philippe Starck

consistant à signer un produit pour en stimuler la vente. Dans les années quatre-vingt, cependant, avec l'expansion des mass media, ce qui n'est jusqu'alors qu'un phénomène national atteint des proportions planétaires, et la réputation de Starck, magicien capable de métamorphoser la vie quotidienne en un clin d'œil franchit, allègrement les frontières culturelles et géographiques. On le connaît à Tokyo, New York, Londres ou Paris pour ses intérieurs d'hôtels, son mobilier ou ses objets domestiques, et l'on recherche sa compétence dans chacune de ces villes cosmopolites.

Philippe Starck, sans doute le designer le plus connu des années quatre-vingt-dix, posant à côté de la lampe Rosy Angelis, *produite par Flos à Milan.*

Miss Sissy, *dessiné en 1990 pour Kartell. Cette petite lampe, entièrement réalisée en plastique et proposée dans divers coloris, prouve que Starck, bien que toujours original, fait preuve d'une simplicité qui confère à ses créations une qualité intemporelle.*

IDÉES ET APPROCHE DU DESIGN

Fidèle à la tradition du « designer star », Starck est à la fois extraverti et individualiste, avec un talent inné pour la promotion. Il parle souvent et sans difficulté du design et de son approche personnelle du terrain. En phase avec le contexte créatif qui accompagne chacune de ses interventions, il souligne la prééminence de l'intuition et des émotions sur la raison. Il se pense plus proche d'un artiste plasticien que d'un ingénieur et pourtant, malgré l'image quasi mythique qu'il s'est construite, son activité s'étend bien au-delà de la seule pratique artistique. Car s'il s'identifie au monde de l'art, c'est à celui du XVIe siècle italien — la Renaissance, au cours de laquelle les artistes ont rejeté toute différence entre le beau et l'utile — plutôt qu'à celui de l'art contemporain, plus strictement centré sur la peinture et la sculpture, et ignorant la plupart du temps le concept d'utilité.

Starck est unique pour bien des raisons, mais il représente aussi toute une génération de designers français (créateurs de mobilier en majorité) parmi lesquels Jean-Michel Wilmotte, le duo Élisabeth Garouste et Mattia Bonetti, Marie-Christine Dorner et d'autres, apparus durant les années quatre-vingt. Ils doivent leur succès à divers facteurs, mais avant tout au soutien apporté par le VIA (Valorisation de l'innovation dans l'ameublement), une association professionnelle aidée par l'État. Ils bénéficiaient aussi du soutien de François Mitterrand, qui voyait dans l'architecture et le design un moyen de replacer la France au rang des nations capables de promouvoir le grand style et commanda à cinq designers de premier plan, dont Starck, une série d'aménagements intérieurs pour le palais de l'Élysée.

Le travail de Starck tourne autour de quelques thèmes essentiels : la légèreté, le brouillage des frontières entre art et technologie et, plus

Sofa aux flancs surélevés, pour le hall du Delano *à* Miami, *dont l'aménagement intérieur a été créé en 1995. La théâtralité de ce siège structure l'espace environnant.*

récemment, les formes animales et celles du corps humain. Il en privilégie certaines, notamment les ailes et les cornes, et s'y réfère constamment, dans de nombreux contextes. Il revient toujours aux mêmes matériaux : bois, aluminium et, tout récemment, plastique.

Par-dessus tout, son travail est empreint d'une modernité enthousiaste. Et si Starck se réfère au passé — par exemple, à des pièces de type traditionnel, telle la chaise pliante —, il l'applique toujours au présent et vers le futur. Beaucoup des noms énigmatiques de ses pièces sont tirés des pages de l'écrivain de science-fiction Philip K. Dick, la science-fiction étant, par excellence, son univers de référence et une source majeure d'inspiration.

FORMATION ET RÉALISATIONS DE JEUNESSE

En 1968, Starck étudie le design de meubles et l'architecture intérieure à l'école Camondo, à Paris, qu'il semble avoir fréquentée assez peu. C'est à peu près à cette époque qu'il crée sa première chaise pliante en bois, *Francesca Spanish*. En 1969, il travaille comme directeur artistique chez Pierre Cardin, mais ne commence à émerger qu'à partir du milieu des années soixante-dix, principalement grâce aux intérieurs qu'il conçoit pour deux boîtes de nuit parisiennes : *La Main Bleue* et *Les Bains Douches*. En 1982, le VIA lui décerne un prix pour sa chaise *Miss Dorn*, une composition très

Tabourets de bar dessinés en 1988 pour le Royalton. *Starck a contrôlé le moindre détail de son projet d'aménagement, des revêtements de sol aux éclairages et au mobilier. Le piètement courbe apporte une touche d'humour, typique de beaucoup de ses œuvres.*

Chaise longue conçue pour le Royalton. *Le dossier courbe, forme très appréciée de Starck, s'allie à l'acier tubulaire et au cuir noir, qui confirment l'influence permanente du modernisme du début du XX*^e^ *siècle sur la démarche du designer.*

M5107, créé en 1994 pour Saba. En dépit de ses lignes courbes, qui signent le style de Starck, cette télévision fait partie de ses designs les plus sobres. C'est l'un des rares exemples du travail du designer sur des produits électroniques.

Bar de la discothèque Felix (29e étage du Peninsula, à Hong Kong), dessiné en 1993. Les murs capitonnés et l'éclairage théâtral des tables instaurent une extraordinaire ambiance de vaisseau spatial.

simple combinant acier tubulaire et assise matelassée ; contrairement à *Francesca Spanish*, cette chaise est commercialisée. En 1984, en découvrant une pièce de Starck exposée au VIA, le propriétaire du *Café Costes* confie à celui-ci le design intérieur de son établissement, situé aux abords du centre Georges-Pompidou.

L'aménagement du *Café Costes* — un espace fortement théâtralisé par un escalier central et une horloge géante — rend Starck célèbre du jour au lendemain. La modernité sans compromis de son style attire l'attention du monde international du design comme celle du public, et figure rapidement dans les magazines de toute la planète. Les simples chaises au dos en contreplaqué incurvé créées pour le lieu, succès commercial, sont largement imitées durant toute la décennie.

CRÉATIONS PLUS TARDIVES

Au cours des années quatre-vingt, Starck dessine une série de sièges. De *Mr Bliss* (1982) à l'expansif *Dr Sonderbar*, qui doit son nom à un pilote de dirigeable, du malicieux *Richard III*, mélange d'un volumineux fauteuil bourgeois fuselé à l'avant et d'une maigre ossature moderniste à l'arrière

(1984), à *Mrs Frick*, tout en courbes de métal évocatrices (1985), de *Lola Mundo* (1986) à *Dr Glob*, pièce minimaliste en acier tubulaire et plastique (1988), Starck collabore avec divers fabricants — notamment Driade, Icee, Baleri, Disform et Kartell — en France, en Italie au Japon et ailleurs. Ses créations frappent par leur originalité, et toutes utilisent énergie et matériaux de la façon la plus légère et la plus économique possible.

Au cours des mêmes années, Starck s'intéresse aussi à l'architecture, comme en témoignent ses créations, visibles dans les centres urbains du monde entier. Ainsi à Tokyo, le café *Nani Nani* et la brasserie *Asahi* — à base de béton et de verre, et dont les formes et l'échelle évoquent un design de produit — se dressent comme des sculptures géantes brisant la ligne d'horizon. Starck semble avoir simplement changé d'échelle en utilisant le langage des formes et le champ référentiel propres à son design. À New York, en 1988 et 1990, Starck réalise deux remarquables aménagements d'hôtels — le *Royalton (voir page 247)* et le *Paramount*. Tous deux sont entièrement réalisés sous son contrôle, et il veille personnellement à chaque détail, jusqu'aux robinets de salle de bains.

DESIGN DE PRODUIT

Au cours des années quatre-vingt-dix, Starck investit beaucoup de son énergie dans le design de produit. Son désir d'imprimer sa marque aux aspects du quotidien les plus banals lui rend séduisant le design d'objets ordinaires : poignée de porte ou brosse à dents. En 1989, il met ses idées à contribution pour Fluocaril et lance la première brosse à dents signée d'un designer. Dans cet esprit, il commence à développer — à l'instar de beaucoup de grands designers avant lui, et notamment son héros personnel, Achille Castiglioni *(voir pages 194-195)* — une solide relation avec l'industriel du métal Alessi. Il en résulte un certain nombre de classiques du design moderne, notamment le très connu presse-agrumes *Juicy Salif* (1990) qui, monté sur ses pattes grêles, ressemble à une créature de l'espace, ou la bouilloire *Hot Bertaa* (1990-1991).

Le design de produit apporte à Starck le vaste public qu'il a toujours recherché, et l'occasion de concrétiser ses idées à la plus vaste échelle possible. La conception d'une bouteille pour Vittel en 1990 confirme son désir de s'impliquer dans le design d'objets plus banals. Au milieu des années quatre-vingt-dix, il s'y consacre pleinement, et son design devient paradoxalement de plus en plus proche de l'intimité du corps humain, au fur et à mesure qu'il aborde la production industrielle de masse. Ses formes zoomorphes et organiques reflètent parfaitement les changements intervenus dans la pensée technologique contemporaine, le style machiniste de l'ère moderne devenant chaque jour plus redondant. Starck continue à utiliser le design — et la puissante position du designer qu'il a lui-même contribué à forger — pour traduire l'esprit du temps sous forme matérielle, faisant en sorte que nul consommateur n'y reste insensible.

Robinets de forme serpentine, imaginés en 1993 pour les salles de bains du Peninsula, *à Hong Kong. Ils reflètent le goût de Starck pour les formes animales.*

Ara *(1988). Cet élément de forme organique, qui évoque une corne surmontant une tige d'acier chromée, est un motif récurrent chez Starck. C'est aussi le seul détail qui détourne l'objet de la stricte application des principes du modernisme.*

Télécommande du Saba M5107 *(1994). Sa forme arrondie, innovante sur le plan visuel, s'adapte bien à la paume de la main.*

Avant les années soixante-dix, l'Espagne ne joue aucun rôle important dans l'histoire du design au XXe siècle. Pourtant, l'élan de liberté qu'entraîne la disparition du général Franco en 1976 a notamment pour effet d'engendrer un courant novateur dans le design espagnol. Cela est particulièrement évident à Barcelone, métropole catalane

Javier Mariscal

en quête d'identité internationale, qui voit dans le design moderne le prétexte d'un nouveau souffle. Se réclamant des influences du *modernismo* d'Antonio Gaudí comme de l'héritage surréaliste de Joan Miró, de nombreux architectes et designers espagnols, dont Oscar Tusquets, Josep Llusca et Javier Mariscal, créent un mouvement d'envergure internationale.

Javier Mariscal, l'un des plus célèbres créateurs espagnols contemporains. Sa contribution à l'identité visuelle des jeux Olympiques de Barcelone, en 1992, lui a valu une renommée internationale, tandis que son œuvre était largement présentée dans les médias.

Alessandra *(1995), l'un des sièges de la collection* Mobilier Amoral, *éditée par Moroso. Son audacieuse silhouette digne d'une bande dessinée et ses couleurs expressives sont typiques du travail de Mariscal.*

FORMATION ET PREMIERS TRAVAUX

Mariscal joue un rôle majeur dans l'émergence d'un courant de design moderne à Barcelone, au début des années quatre-vingt. Né à Valence en 1950, il a étudié à l'école de graphisme Elisava, dont il est diplômé en 1971.

Ses premiers pas dans le design en trois dimensions se produisent en 1970. En 1977, il présente une exposition pour la galerie Mec-Mec à Barcelone, ayant pour objet la re-création d'un grand hôtel des années cinquante. En 1980, il crée un prototype de lampe, *Thelepathic Friends* ; il démontre alors que, dans une perspective toujours ironique et ludique, il voit le design comme une forme de communication, non comme la résolution d'un problème. Cette approche l'éloigne des valeurs du modernisme, pour qui les objets répondent à une fonction.

INTÉRIEURS ET MOBILIER

Son premier projet d'architecture intérieure lui est proposé en 1978. Le bar *Merbeye*, à Barcelone, avec son ventilateur dont les pales semblent découper un des piliers, évoque à maints égards une bande dessinée en trois dimensions — à l'instar de ses créations à venir. En 1981, Fernando Amat, propriétaire de Vinçon, le plus grand magasin de design de Barcelone demande à Mariscal d'exposer du mobilier. Les pièces qu'il crée alors, dont le fauteuil *Gaidío* et la table *Copa Luz*, sont des objets excentriques, qui ignorent toutes les contraintes du rationalisme. Ettore Sottsass *(voir pages 216-219)* se rend à Barcelone pour visiter l'exposition et invite Mariscal à participer à la première présentation du groupe Memphis à Milan, la même année. La table roulante *Hilton* *(voir page ci-contre)*, réalisée pour l'occasion, est l'une des premières pièces de Mariscal qui retient l'attention d'un large public.

Le deuxième objet marquant, le tabouret *Duplex*, aux formes asymétriques et aux couleurs vives, dessiné pour le bar *Duplex* en 1981, est produit deux ans plus tard par BD Ediciones de Diseño. Dès lors, Mariscal élabore nombre d'objets et d'aménagements intérieurs qui, pour beaucoup, deviennent des symboles de la « nouvelle Espagne ». Il faut notamment

Tour du soleil *et* **Tour de la lune**, *sur le toit du night-club* **Torres de Avila** *(1990). Elles ont été conçues avec l'architecte Alfredo Arribas, le collaborateur de Mariscal dans l'aménagement de nombreux restaurants et bars.*

Verre à dents en verre moulé, en forme de poisson stylisé, dessiné en 1977 pour la société Cosmic, de Barcelone. Il fait partie de la série d'articles de salle de bains **Peces (Poissons)**, *disponibles en quatre coloris différents.*

retenir la lampe *Spider*, dessinée avec Pepe Cortes, et le tapis *Kabul*, présentés, en 1983, à l'exposition *Very Formal Furniture*, ainsi que la gamme de céramiques créée pour Vinçon en 1985.

RECONNAISSANCE INTERNATIONALE

À la fin des années quatre-vingt, Mariscal a achevé un grand pan de son œuvre, allant du mobilier et de l'aménagement intérieur aux céramiques, aux textiles et à l'identité visuelle. Son expérience de graphiste et de dessinateur de bande dessinée reste évidente dans les formes expressives et la personnalité de ses objets et de ses images. Mariscal lui-même déclare être plus un créateur d'images qu'un fabricant d'objets. À l'ère du postmodernisme, il fait ainsi preuve de la pertinence de ses vues et justifie pleinement la rapide visibilité internationale dont son œuvre a bénéficié. Une réputation confirmée par son interprétation graphique de la mascotte des jeux Olympiques de Barcelone, en 1992, le chien *Cobi*, incarnant parfaitement l'état d'esprit exubérant de la « nouvelle Espagne ». Son auteur a été célébré comme le catalyseur le plus important de son identité.

Hilton, *dessiné en 1981 avec Pepe Cortes. Les formes épurées en verre et métal, évoquant le premier modernisme, sont contredites par l'ajout d'éléments expressifs : angles et poignées colorées.*

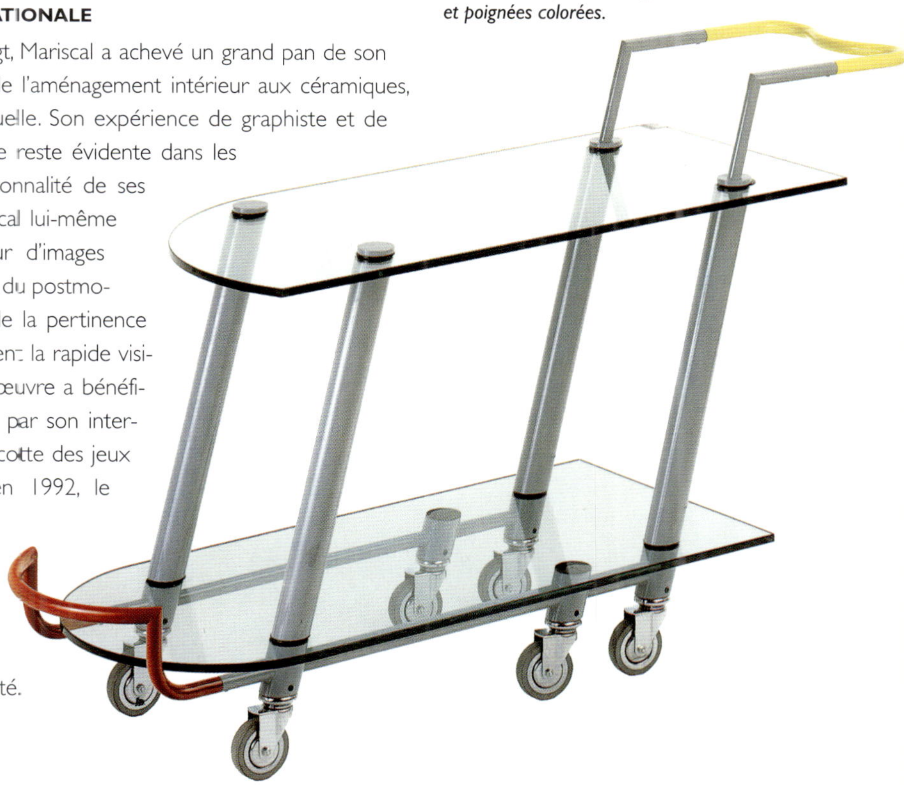

En 1981, Ettore Sottsass et le groupe Memphis, qui exposent pour la première fois leur travail en public à Milan, rassemblent les énergies de nombreux talents dispersés. Beaucoup des jeunes qui participent à cette expérience — notamment Marco Zanini, Aldo Cibic, Matteo Thun, George Sowden, Nathalie du Pasquier, Martine Bedin

Michele De Lucchi

et Michele De Lucchi (né en 1951) — ont connu le succès par la suite, chacun de son côté. De Lucchi, en particulier, est parvenu à opposer brillamment son approche intellectuelle au parti pris conventionnel du design institutionnel et industriel.

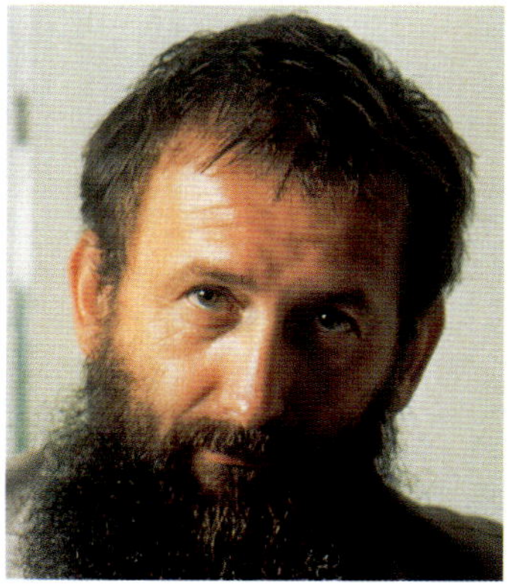

Michele De Lucchi, grâce à l'aspect plutôt radical de son design, a connu une réussite internationale en créant des meubles et des produits à des fins domestiques, industrielles et institutionnelles.

Cairo, guéridon en acier tubulaire et bois verni, créé pour une exposition de Memphis en 1986. De Lucchi aime introduire une pointe d'ironie dans son design, qui se mue en une forme de commentaire critique. Tout en faisant ouvertement référence aux formes géométriques et à l'acier plié, typiques du Bauhaus, il les tourne en dérision par l'ajout de motifs décoratifs et d'un nom exotique qui racontent une histoire plus qu'ils n'illustrent une fonction.

FORMATION ET PREMIERS TRAVAUX

La personnalité du design de De Lucchi est déjà bien affirmée lorsqu'il fait la connaissance de Sottsass *(voir pages 216-219)* au milieu des années soixante-dix. Après une formation d'architecte à l'université de Florence (1969-1975), sous l'égide d'Adolfo Natalini, membre fondateur du mouvement de design radical Superstudio, il éprouve le besoin de se placer en dehors du courant dominant. En 1973, il fonde Gruppo Cavart à Padoue, un groupe d'étudiants qui organise des performances, des événements et des ateliers ainsi que de percutants débats sur le design. Leur goût de la provocation a un impact très fort lors d'un séminaire sur le design radical qui se tient à Monselice, deux ans plus tard. En 1976, De Lucchi fonde son agence, Architetture e altri Piaceri (« architecture et autres plaisirs »), où il continue à travailler sur des objets plus conceptuels que fonctionnels.

Depuis le début de sa carrière, son approche réfléchie du design s'exprime à travers ligne et matériaux d'une simplicité trompeuse. Bien qu'il associe formes, couleurs, textures et motifs de façon amusante, son design reflète, au second degré, le monde des idées, par des références ironiques au bon goût et à la culture.

CONTRIBUTION AU DESIGN ITALIEN

Après son passage chez Gaetano Pesce en 1974 *(voir pages 224-225)*, De Lucchi rejoint Milan en 1977, à l'invitation de Sottsass. Avec le théoricien Andrea Branzi, il travaille à un livre et une exposition consacrés au design italien des années cinquante. En 1979, il collabore avec Sottsass à un projet de mobilier de bureau pour Olivetti. Parallèlement, son design pour le Studio Alchimia subit l'influence, cette année-là, du style des années cinquante. Ses lampes *Sinvola* et *Sipernica*, par exemple, brouillent les frontières entre bon et mauvais goût, design chic et design pauvre. Au début des années quatre-vingt, sa stratégie d'innovation s'avère encore plus efficace au sein du groupe Memphis, où il joue un rôle essentiel, comme créateur et organisateur d'expositions.

Horizon, *réalisé pour l'exposition de Memphis de 1984. Son design, typique des premières pièces de De Lucchi pour le groupe, fait grand usage du plastique stratifié de couleur vive et de motifs graphiques noir et blanc op art. Cette approche humoristique caractérise un nouveau courant moderne du design, visant au-delà des nécessités fonctionnelles pour intégrer ironie et expression.*

MEMPHIS

Son design se signale alors par son exubérance et son recours aux images, ainsi qu'à des contenus référentiels et narratifs qui placent les objets bien au-delà de la simple résolution de problèmes fonctionnels. De Lucchi rejette les angles aigus et les couleurs sobres du nouveau fonctionnalisme, insistant au contraire sur la nécessité d'une approche plus douce, plus innocente et plus enfantine du design, retravaillant les formes, les textures et les couleurs du passé comme des éléments d'un nouveau langage expressif.

La lampe en métal *Oceanic*, à la forme de monstre marin stylisé, réalisée en 1981 pour le groupe Memphis, est une pièce typiquement op art des années soixante, avec son graphisme noir, jaune et blanc. De Lucchi développe son langage visuel à un tel degré de raffinement qu'au milieu des années quatre-vingt, son travail lui vaut la réputation d'un designer talentueux et, surtout, très personnel.

Saltimbanco, *créé en 1992, avec Mario Rossi, pour Play Line. Ses courbes dynamiques démontrent le génie du designer dans la création de formes simples mais expressives. Ce coffre, fonctionnel et ludique, est une version mature des premières créations de De Lucchi pour Memphis.*

Avec le succès de Memphis, la liste des clients de De Lucchi grandit rapidement. Y figurent notamment les fabricants d'éclairages Fontana Arte et Artemide en Italie, le fabricant de plastiques Kartell (pour qui De Lucchi crée des accessoires de bureau) et les meubles Bieffeplats en Allemagne. Au cours de la décennie, l'agence de De Lucchi prend de l'ampleur, tandis qu'il combine son travail pour Olivetti (projet de mobilier *Icarus*, en 1983) avec des aménagements de boutiques (Mandarina Duck à Milan en 1988), du design institutionnel (projet pour la Deutsche Bank), du mobilier et des produits (*Tolomeo*, lampe de bureau pour Artemide en 1983).

Cependant, parallèlement à cette expansion et à la nécessité de développer des stratégies sophistiquées au service des différents et nombreux types de projets suivis par son agence, De Lucchi ressent le besoin de travailler sur une base innovante et plus individuelle. En 1990, il crée Produzione Privata, une cellule de production modeste qui lui permet de travailler sur de petits objets décoratifs en métal, verre et céramique, en s'assurant un épanouissement créatif. Très paradoxalement, depuis le milieu des années quatre-vingt-dix il œuvre à la direction du design d'Olivetti, qui reste l'un des centres de design industriel les plus importants d'Italie. Sa capacité à combiner une approche à la fois personnelle et intellectuelle du design avec des impératifs institutionnels et industriels font de lui un créateur majeur du XXe siècle.

Antares, *vase en verre soufflé élaboré pour l'exposition de Memphis de 1983. Tout comme Ettore Sottsass, De Lucchi apprécie le verre soufflé pour sa souplesse et sa capacité à restituer images et formes saisissantes. Avec une irrévérence caractéristique, il contrecarre l'image traditionnelle du matériau, utilisant l'impact visuel d'une forme de bande dessinée, donnant presque l'illusion du plastique.*

Parmi les designers qui émergent au cours des années quatre-vingt — tels Jasper Morrison, Massimo Iosa-Ghini, Matteo Thun, Ron Arad, George Sowden, Daniel Weil, Michele De Lucchi, Nigel Coates, Borek Sipek ou Philippe Starck —, Antonio Citterio (né en 1950) fait partie des plus discrets. Contrastant avec les productions plus

Antonio Citterio

flamboyantes d'Arad ou de Sipek *(voir pages 256-257, 234-235)*, ses créations se caractérisent par des lignes douces et sobres, qui lui valurent la réputation d'être un designer attentif aux détails, professionnel et peu enclin au compromis.

Antonio Citterio, auquel une attention aux détails, tant dans son travail pour des fabricants de meubles que dans ses projets d'architecture intérieure, a valu une réputation de tout premier plan.

T-Chair*, dessiné en 1996, avec la complicité de Glen Oliver Low, pour Vitra. Les rayures dynamiques du dossier et les accoudoirs verts équilibrent ses formes simples et fonctionnelles.*

APPRENTISSAGE D'ARCHITECTE

Citterio naît à Meda, au nord de Milan. En 1972, il obtient son diplôme d'architecte à l'École polytechnique de Milan, tout en ayant déjà pris en charge, depuis cinq ans, divers projets de design industriel. Jeune lauréat, il monte une agence avec Paolo Nava à Lissone — tous deux s'associent jusqu'en 1981. Son apprentissage, durant ces années, est intense et rigoureux. Citterio travaille avec l'architecte Vittorio Gregotti à la restauration de l'académie Brera à Milan et commence une collaboration fructueuse avec le fabricant de meubles B&B (ex C&B) Italia. Au début des années quatre-vingt, ses clients sont les fabricants de mobilier industriel Boffi, Flexform, Rivaplast, Kartell et Moroso, sans oublier l'Allemand Vitra. Depuis 1987, il conçoit avec sa femme, la designer américaine Terry Dwan, des showrooms pour B&B Italia, des bureaux et des showrooms pour Vitra en Allemagne et à Paris, ainsi que du mobilier pour Olivetti. Au début des années quatre-vingt-dix, ils travaillent ensemble au Japon, sur un design de bureaux, à Osaka et Tokyo.

SUCCÈS INTERNATIONAUX

Citterio remporte ses premiers succès internationaux en matière de design de meubles au début des années quatre-vingt-dix. Ses sièges à la fois élégants et confortables comptent parmi les créations marquantes au salon du Meuble de Milan. Bien qu'à l'époque il ait déjà travaillé sur de nombreuses pièces intéressantes — notamment le fauteuil *Diesis*, de 1980 *(voir page ci-contre)*, pour B&B Italia, le divan *Max* et le sofa *Phil*, de 1983 et 1985, tous les deux pour Flexform, et la petite applique lumineuse en aluminium anodisé *Enea*, de 1987, pour Artemide —, son œuvre atteint un sommet de maturité et d'assurance en 1990, avec la série de chaises et de sofas *Baisity* pour B&B Italia. Des meubles pour Flexform, Vitra et Kartell leur succèdent au cours des années suivantes. Toutes ces créations apportent des solutions simples, élégantes et néomodernes au traitement du siège, à l'aide de matériaux tels que l'acier, le cuir et le tissu.

Alors que les pièces élaborées en 1990 se contentent d'être belles, les tables pliantes et les éléments mobiles de rangement réalisés la même année pour Kartell sont plus sophistiqués. La table roulante *Battista*, en plastique, acier et aluminium, est non seulement très bien finie et élégante

Séjour d'une villa près de Côme, dont l'aménagement intérieur a été conçu par Citterio et sa femme, Terry Dwan. Le vaste plan ouvert, seulement interrompu par des piliers et des rayonnages intégrés, évoque les intérieurs modernistes des années vingt — à l'exception des chaises, au style antique légèrement rétro.

Diesis, *imaginé en 1980, en collaboration avec Paolo Nova, et fabriqué par B&B Italia. Ce siège de détente — structure en acier tubulaire et coussins de cuir —, parmi les toutes premières pièces de Citterio, emprunte beaucoup aux premiers designs du mouvement moderne.*

Mobil, *système de rangement en plastique, conçu en 1994 en collaboration avec Low pour Kartell. À l'origine, Citterio avait pensé ce projet pour son usage personnel.*

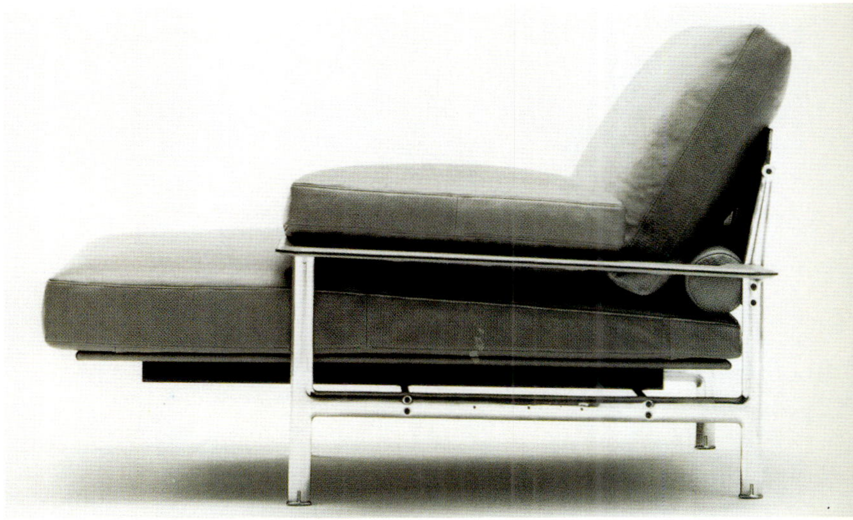

à regarder, mais se caractérise par son originalité — essentiellement par l'adjonction d'un mécanisme peu usité qui permet d'allonger le plan supérieur. *Filippo*, sa version pliante, obtient le même succès.

APPROCHE ÉCLECTIQUE

La séduction inhérente aux créations de Citterio réside dans leur simplicité apparente. Elle s'accomplit par le biais d'une attention continue aux détails, à travers le contact particulier du piètement sur le sol, la combinaison de matériaux naturels et high-tech ou la création d'images attrayantes et durables. Les formes évoquant le passé, notamment ces chaises au dos incurvé faisant écho au néoclassicisme du style Biedermeier, au milieu du XIXe siècle, se mélangent aux lignes et matériaux bruts et néomodernes. Le « fait main » voisine avec la production en série. Une gamme de chaises en cuir rappelle des pièces traditionnelles de Lloyd Loom, bien que les piètements soient recouverts d'acier. Ces thèmes anciens retravaillés avec intelligence et associés à des traits nouveaux caractérisent la production de Citterio des années quatre-vingt-dix.

Installé à Londres, le designer israélien Ron Arad (né en 1951) considère les objets comme la forme d'expression de leur créateur et, compte tenu de leur processus de production et de distribution, de leur acheteur également. De ce point de vue, il travaille plutôt comme un plasticien en s'appuyant avant tout sur des concepts. Dans son travail, à base

Ron Arad

de matériaux presque bruts comme le métal ou le béton, il a cherché à refléter la décadence urbaine postindustrielle liée à la récession économique britannique. Parallèlement, en incorporant à ses créations des pièces de récupération, il a exploré des thématiques initiées par des artistes tels que Marcel Duchamp. Il a focalisé l'attention internationale lors d'expositions dans le monde entier et à travers des projets d'aménagement intérieur.

Ron Arad n'a cessé de produire des produits très sophistiqués et des aménagements pour de nombreux industriels du monde entier. Il est très attaché à la fabrication en atelier et rejette l'efficacité résultant de la fabrication en usine.

Fantastic Plastic Elastic *(1997). Dans ces lignes nettes, Arad allie son amour des nouveaux matériaux et de leurs qualités visuelles, et son attachement aux formes organiques, qui créent une distance avec le courant moderniste.*

FORMATION ET PREMIERS TRAVAUX

De 1971 à 1973, Arad étudie l'architecture à l'Académie des arts de Jérusalem. Il poursuit jusqu'en 1979 à la London Architectural Association, où il est confronté aux idées de Peter Cook (un membre du groupe d'architectes pop Archigram) et découvre aussi le travail de Gaetano Pesce *(voir pages 224-225)*. Le début de sa carrière est marqué par une rencontre avec le fabricant de meubles britannique Dennis Groves, avec qui il fonde un atelier showroom, One-Off (« pièce unique ») — entreprise petite mais prospère, basée à Londres. C'est là qu'il commence à concevoir des structures de mobilier Kee Klamp — un ensemble de pièces ressemblant à des éléments d'échafaudage, attachées les unes aux autres pour former une ossature de lit ou des étagères —, en phase avec le style high-tech en vogue ces années-là. La percée d'Arad en tant que designer de premier plan se produit en 1981, avec le concept de chaises *Rover*, des sièges recouverts de cuir récupérés sur de vieilles voitures de la marque. Il décline cette idée la même année, avec le siège *Transformer*, un sac en vinyle rempli de micro-billes, capable de prendre la forme du corps. Un an plus tard, la lampe *Aerial* détourne à son profit un autre type de technologie — cette fois, une antenne de voiture —, et le nom d'Arad commence à figurer régulièrement dans les magazines de design.

IDÉES À DÉVELOPPER

Travaillant toujours pour One-Off, et désormais installé à son compte dans le quartier de Covent Garden, Arad se consacre durant les années quatre-vingt à la fabrication de meubles. Il traite de façon inattendue et surréaliste la feuille d'acier ou le béton : l'une pour réaliser de grands fauteuils confortables, l'autre pour le design de la chaîne hi-fi *Concrete Stereo*, à l'aspect érodé et artificiellement vieilli. Sa réputation grandit et, en 1987, on l'invite à exposer à Paris, où il présente un compacteur pour signifier son obsession du délabrement urbain. Il l'expose également la même année en Allemagne, à la Dokumenta de Kassel, et présente son travail à la galerie Edward Totah à Londres, un lieu d'ordinaire réservé aux plasticiens.

Bookworm *(1992). Pièce d'atelier, réalisée à partir d'une seule grande feuille de métal repliée plusieurs fois sur elle-même.*

Vue de l'intérieur du bar restaurant Belgo Noord, *au nord de Londres, réalisé en 1994. L'ambiance « utérine » de cet espace est due à la surface irrégulière et incurvée des murs, ainsi qu'à l'éclairage subtil apporté par la lumière naturelle.*

DESIGN ET AMÉNAGEMENTS INTÉRIEURS

À la fin des années quatre-vingt, de grands fabricants de mobilier commencent à rechercher sa collaboration. Arad prend également en charge l'aménagement intérieur de magasins de mode, à Londres et à Milan, ou encore celui du foyer de l'Opéra de Tel-Aviv (1988). Vitra produit la *Well-tempered Chair*, faite d'un assemblage de quatre éléments d'acier trempé boulonnés et pliés. Arad dessine du mobilier en bois pour les Italiens Sawaya et Moroni et une table à plateau de verre pour Zeev Aram, à Londres. En 1989, la firme italienne Moroso fabrique la chaise en vinyle *Big Easy Red Volume*. Dans ces nouveaux projets, Arad abandonne l'apparence brute et artisanale de ses premières pièces au profit d'un design plus sophistiqué.

En 1991, il est applaudi au salon du Meuble de Milan où il présente douze chaises tapissées de couleurs vives pour Moroso, ce qui tend à démentir sa réputation de « métallier ». Au cours des années quatre-vingt-dix, il continue à évoluer dans ce sens en intégrant toujours plus de matériaux. Le Royal College of Arts de Londres l'accueille enfin comme professeur de design de meubles en 1997, confirmant son statut de créateur de premier plan.

Escalier de bronze en amphithéâtre, conçu en 1988 en collaboration avec Alison Brooks, d'Arad Associates, pour le nouveau foyer de l'Opéra de Tel-Aviv. La théâtralisation de l'espace, liée à l'éclat doré des marches en fait l'une des réalisations d'Arad les plus marquantes.

Jasper Morrison

Sa jeune et féconde carrière de designer vaut au Britannique Jasper Morrison (né en 1959) un immense succès international. Depuis sa remarquable et très médiatisée présentation de diplôme au Royal College of Art de Londres en 1985, son attachement à un design simple et honnête ainsi qu'aux détails pratiques, aux formes élégantes et à la qualité de fabrication, l'ont maintenu sur le devant de la scène. Morrison est cependant de nature réservée, et son design reflète, d'une certaine manière, son désir de rester à l'arrière-plan. Ses créations sont, par essence, anti-héroïques, étrangement anonymes et humblement évocatrices — bien qu'indirectement rivales — de celles des grands maîtres. Leur rigueur intrinsèque et leur forte originalité, loin de les rendre ennuyeuses, les mettent en valeur. Le style de Morrison apporte une bouffée d'air frais, après un siècle qui a vu le noble et austère modernisme céder le pas à l'exubérance stylistique du courant postmoderne.

Jasper Morrison a accédé très rapidement à une reconnaissance internationale grâce à son talent et à la grande originalité de son travail. Sa collaboration avec de nombreux fabricants européens, dont Cappellini, en Italie, et Vitra, en Allemagne, l'a fait apparaître comme un designer minimaliste à grand potentiel.

Casier à bouteilles en plastique et métal créé en 1994 et fabriqué par Magis, en Italie. Proposé dans une gamme de couleurs délicates, ce basique utilitaire, réalisé dans un plastique de qualité, devient un objet domestique désirable.

FORMATION ET PREMIÈRES RÉALISATIONS

En 1979, Morrison entame sa formation en Grande-Bretagne, à l'école polytechnique de Kingston, dans le Surrey, où il étudie le design de meubles. En complément, il poursuit son cursus au Royal College de Londres en 1982, et profite d'une bourse pour partir pour Berlin, où il fréquente la Hochschule für Kunst. Néanmoins, sa réputation professionnelle est établie bien avant la fin de ses études. Les succès précèdent de peu son diplôme : la table *Handlebar* (1981), une structure en bois avec deux guidons et un plateau circulaire en verre, des tabourets en tige d'acier dessinés pour Sheridan Coakley, à Londres (1982), ou encore la table expérimentale *Flowerpot* (1983), faite d'une pile de pots de fleurs surmontée d'un plateau circulaire en verre, éditée par Cappellini.

Dès que son travail est exposé à Londres dans le cadre des présentations de dernière année au Royal College, en 1985, Morrison se crée un public. Ce succès précoce se trouve amplement justifié lorsqu'il présente l'un de ses plus remarquables concepts, *Laundry Box*, une chaise innovante, réalisée en aggloméré et fixée par des écrous, dont la fabrication a été prise en charge par une société spécialisée dans l'assemblage de casiers à linge. Morrison organise lui-même la production en plusieurs exemplaires. Il acquiert à cette occasion la réputation d'un designer original, doté d'une fine compréhension des procédés de fabrication et capable d'affirmer un style direct, facile d'accès et séduisant.

Chaise en contreplaqué dessinée en 1988 pour Vitra. Son design, qui n'est pas ouvertement radical, reflète pourtant un esprit très contemporain. La souplesse du contreplaqué rend le siège aussi confortable qu'attractif.

The Rug of Many Bosoms *(1985). Sa surface ornée de motifs reste une rareté chez Morrison, qui exploite habituellement l'aspect ornemental de la structure et des matériaux employés.*

RECONNAISSANCE INTERNATIONALE

L'année suivante, de nombreux magazines publient un aménagement intérieur conçu par Morrison pour son appartement londonien, provoquant ainsi le démarrage sur les chapeaux de roues de la carrière internationale du designer. Les commandes arrivent d'Italie et d'Allemagne, ainsi que les invitations à participer à des expositions internationales. En 1987 Morrison prend part à la Documenta 8 de Kassel, où il présente une gamme de mobilier ; en 1988 il crée un aménagement intérieur pour Reuters et expose de nouveaux objets pour la maison à Berlin. À partir de 1986, il se produit enfin au salon du Meuble de Milan. Il dessine aussi une poignée de porte pour le fabricant allemand FSB, dont il propose de nombreuses variantes les années suivantes.

Vitra, autre fabricant allemand, lui commande plusieurs pièces de mobilier dont il résulte notamment une élégante chaise en contreplaqué au dos évidé, siège plan et piètement arrière subtilement incurvé, en 1988 puis, au début des années quatre-vingt-dix, un canapé aux lignes fluides monté sur quatre pieds en aluminium anodisé. En Italie, Cappellini décèle rapidement l'immense potentiel de Morrison — de la *Thinking Man Chair*, une chaise de salon en métal avec appuis pour les mains (1988) à l'*Universal System*, une gamme de 25 modules de rangement en contreplaqué de hêtre (1993) — et soutient son talent.

Universal System, *conçu en 1989 pour Cappellini. L'unité visuelle de cette série d'armoires et de placards résulte de leur échelle et de leurs proportions, ainsi que des serrures placées sur chaque porte ou tiroir.*

CRÉATIONS PLUS RÉCENTES

Morrison a depuis peu élargi ses compétences au design industriel en concevant un tramway pour la ville de Hanovre, et il penche de plus en plus vers le design de produits. Son attachement aux procédés de fabrication reste prédominant et bien qu'il soit grandement intéressé par les matériaux eux-mêmes, seuls ceux qui permettent une production facile et peu coûteuse, tels l'aluminium et le contreplaqué, l'attirent le plus.

Bien que le travail des prototypes représente pour Morrison une étape importante du processus de création, celui-ci est à l'évidence plus designer qu'artisan, la réflexion restant la ligne directrice de son travail. Il se reconnaît dans les valeurs du premier modernisme, bien qu'appartenant pleinement à la culture des années quatre-vingt-dix.

Bibliographie

ÉTUDES GÉNÉRALES

Albera, G., et Monti, N. Italian Modern : A Design Heritage (New York, 1989)
Ambasz, E. (éd.) Italy : The New Domestic Landscape (New York, 1972)
Art and Industry : A Century of Design in the Products We Use (London, 1982) catalogue d'exposition
Baroni, D. L'Oggetto Lampada (Milan, 1981)
Byars, M. et Flinchum, R. (éd.) 50 American Designers (Washington, 1994)
Cooke, F. Glass : Twentieth-Century Design (New York, 1986)
Design Français : 1960–1990 (Paris, 1988) catalogue d'exposition
Design Process : Olivetti 1908–1983 (Milan, 1983) catalogue d'exposition
Doblin, J. One Hundred Great Product Designs (New York, 1970)
Dormer, P. Design Since 1945 (London, 1993)
Fiell, C., et Fiell, P. Modern Furniture Classics Since 1945 (Londres, 1991)
Fiell, C., et Fiell, P. Modern Chairs (Cologne, 1993)
Fossati, P. Il design in Italia (Turin, 1972)
Gregotti, V. Il disegno del prodotto industriale : Italia 1860–1980 (Milan, 1982)
Heisinger, K. B. et Marcus, G. H. (eds) Design Since 1945 (Philadelphia, 1983)
Heisinger, K. B., et Marcus, G. H. Landmarks of Twentieth-Century Design (New York, 1993)
Mathey, F. Au bonheur des formes : design français 1945–1992 (Paris, 1992)
McFadden, D.R. Scandinavian Modern Design 1880–1980 (New York, 1982)
McQuiston, L. Women in Design : A Contemporary View (New York, 1988)
Myerson, J., et Katz, S. Conran Design Guides : Lamps and Lighting (Londres, 1990)
Myerson, J., et Katz, S. Conran Design Guides : Kitchenware (Londres, 1990)
Opie, J. H. Scandinavia: Ceramics and Glass in the Twentieth-Century (New York, 1989)
Pansera, A. Atlante del Design Italiano 1940–1980 (Milan, 1980)
Phillips, L. (intro) Space and Environment : Furniture by American Architects (New York, 1982)
Phillips, L. et al High Styles, Twentieth-Century Amercian Design (New York, 1985)
Sparke, P. An Introduction to Design and Culture in the 20th Century (Londres, 1986)
Sparke, P. Japanese Design (Londres, 1987)
Sparke, P. Design in Italy: 1870 to the Present (New York, 1988)
Weston, R. Modernism (Londres, 1996)
Wilk, C. Thonet : 150 Years of Furniture (New York, 1980)
Zahle, E. (éd.) A Treasury of Scandinavian Design (New York, 1961)
Zahle, E. Scandinavian Domestic Design (Londres, 1963)

LE NOUVEAU SIÈCLE

Pages 12–13 :
Geretsegger, H. et Peintner, M. Otto Wagner (Londres, 1970)
Otto Wagner, Vienna 1841–1918 : Designs for Architecture (Oxford, 1985) catalogue d'exposition
Pages 14–15 :
Garner, P. et al The Amazing Bugattis (Londres, 1979)
Die Bugatti (Hamburg, 1983)
Pages 16–17 :
Ploegaerts, L. et Puttemans, P. Henri van de Velde (Brussels, 1987)
Sembach, K.-J. Henri van de Velde (Londres, 1989)
Pages 18–19 :
Campbell, N. et Seebohm, C. Elsie de Wolfe : A Decorative Life (New York, 1992)
Smith, J.S. Elsie de Wolfe : A Life in High Style (New York, 1982)
Pages 20–21 :
Frontisi, C. Hector Guimard : Architectures (Paris, 1985)
Ferre, F. et Rheims, M. Hector Guimard (New York, 1985)
Pages 22–23 :
Greenhalgh, P. Ephemeral Vistas : The Expositions Universelles, Great Exhibitions, and World's Fairs 1851–1939 (Manchester, 1988)
Silverman, D. L. Art Nouveau in Fin-de-Siècle France: Politics, Psychology and Style (Californie, 1989)
Pages 24–25 :
Hanks, D.A. The Decorative Designs of Frank Lloyd Wright (New York, 1979)
Pages 26–29 :
Crawford, A. Charles Rennie Mackintosh (Londres, 1995)
Kaplan, W. Charles Rennie Mackintosh (Glasgow, 1996)
Pages 30–33 :
Buddensieg, T. et al Industriekultur : Peter Behrens und die AEG 1907–1914 (Cambridge, MA, 1979)
Windsor, A. Peter Behrens, Architect and Designer : 1868–1940 (Londres, 1981)
Pages 34–39:
Sekler, E.F. Josef Hoffmann (Salzburg, 1982)
Vergo, P. Art in Vienna 1898–1918 (Londres, 1975)
Baroni, D. et D'Auria, A. Josef Hoffmann e la Wiener Werkstätte (Milan, 1981)
Schweiger, W.J. Wiener Werkstätte: Kunst und handwerk 1903–1932 (Vienna, 1982)

LE MODERNISME CONSERVATEUR

Pages 44–45:
Brunhammer, Y. Jean Dunand, Jean Goulden (Paris, 1973)
Garner, P. "The Lacquer Work of Eileen Gray and Jean Dunand", Connoisseur (March 1973)
Marcilhac, F. Jean Dunand: His Life and Works (Londres, 1991)
Pages 46–49 :
Adam, P. Eileen Gray : Architect-designer (New York, 1987)
Garner, P. Eileen Gray : Designer and architect (Cologne, 1993)
Pages 50–51 :
Camard, F. Ruhlmann (Paris, 1983)
Retrospective Ruhlmann (Musée des Arts Décoratifs, Paris, 1934) catalogue d'exposition
Ruhlmann Centenary Exhibition (Foulk Lewis Collection, Londres, 1979) catalogue d'exposition
Pages 52–53 :
Brunhammer, Y. Les années 25 : Collection du Musée des Arts décoratifs (Paris, 1966)
Hillier, B. Art Deco (Minneapolis, 1971)
Duncan, A. Art Deco (Londres, 1988)
Battersby, M. The Decorative Twenties (Londres, 1969)
Battersby, M. The Decorative Thirties (Londres, 1971)
Pages 54–55 :
Fisher, R. Syrie Maugham (Londres, 1978)
Pages 56–59 :
Boman, M. (éd.) Estrid Ericson: Founder of Svenskt Tenn (Stockholm, 1989)
Stritzler-Levine, N. (éd.) Josef Frank : Architect and Designer (New York, 1966)
Wangberg-Ericcson, K. Josef Frank, Livstrad i krigens skugga (Stockholm, 1994)
Pages 60–61 :
Batkin, M. Wedgwood Ceramics 1846–1952 : A New Appraisal (Londres, 1983)
Taylor, D. "Keith Murray : A Modernist Designer in Glass, Ceramics and Metal", Studies in the Decorative Arts Vol. 1, no. 2 (New York, Spring 1992)
Pages 62–63 :
Davidson, G. "Donald Deskey" in Byers, M. and Flinchum, R. 50 American Designers 1918–1968 (Washington, 1994)
Davies, K. At Home in Manhattan: Modern Decorative Arts, 1925 to the Depression (New Haven, 1983)
Hanks, D.A., et Toher, J. Donald Deskey (New York, 1987)
Pages 66–69 :
Wilhelm Kåge : Gustavsberg (Stockholm, 1953) catalogue d'exposition
Pages 72–73 :
Myerson, J. Gordon Russell, Designer of Furniture (Londres, 1992)
Russell, G. Designer's Trade: Autobiography of Gordon Russell (Londres, 1968)
Pages 74–77 :
Fleig, K. et Aalto, E. Alvar Aalto : The Complete Work (New York, 1992)
Schildt, G. Alvar Aalto: The Early Years (New York, 1984)
Pages 78–79 :
Pritchard, J. View from a Long Chair: The Memoirs of Jack Pritchard (Londres, 1984)
Pages 80–81 :
Herald, J. "A Portrait of Enid Marx", Crafts, no. 40 Sept. (Londres, 1979)
Utility Furniture and Fashion (Geffrye Museum, Londres, 1974) catalogue d'exposition
Enid Marx (Camden Arts Centre, Londres, 1969) catalogue d'exposition

LE MODERNISME DE PROGRÈS

Pages 88–91 :
Fitch, J.M. Walter Gropius (New York et Londres, 1960)
Franciscono, M. Walter Gropius et the Creation of the Bauhaus in Weimar (Illinois, 1971)
Gropius, I. Walter Gropius: Buildings, Plans, Projects 1906–1969 (Massachusetts, 1972)
Gropius, W. The New Architecture and the Bauhaus (Londres, 1965)
Scheidig, W. Crafts of the Weimar Bauhaus (Londres, 1967)
The Bauhaus: Masters and Students (New York, 1988) catalogue d'exposition
Whitford, F. Bauhaus (Londres, 1984)
Pages 92–93 :
Blaser, W. Mies van der Rohe: Furniture and Interiors (Londres, 1982)
Ludwig Mies van der Rohe: Furniture and Furniture Drawings from the Design Collection and the Mies van der Rohe archive of MOMA (New York, 1977)
Pages 94–97 :
Choay, F. Le Corbusier (New York, 1960)
De Fusco, R. Le corbusier designer i mobili del 1929 (Milan, 1976)
Women in Design: Careers and Life Histories Since 1900 (Stuttgart, 1989) catalogue d'exposition
Pages 98–101 :
Baroni, D., and Bless, F. The Furniture of

Gerrit Thomas Rietveld (New York, 1978)
Brown, T.M. The Works of Gerrit Rietveld (Utrecht, 1958)
Kuper, M. et van Lijl, I. Gerrit Th. Rietveld: The Complete Works 1888–1964 (Utrecht, 1992)
Pages 102–103 :
El Lissitzky Russia : An Architecture for World Revolution (Cambridge, MA, 1970)
Frampton, K. "The Work and Influence of El Lissitzky", Architect's Yearbook no. 12 (1968)
Pages 104–105 :
Carrell, C., et al The Rodchenko Family Workshop (Londres, 1989)
Karginov, G. Rodchenko (Londres, 1979)
Quilici, V. (éd.) Rodchenko: The Complete Works (Londres, 1986)
Pages 106–109 :
Blake, P. Marcel Breuer, Architect and Designer (New York, 1949)
Droste, M. et Ludewig, M. Marcel Breuer (Cologne, 1992)
Wilk, C. Marcel Breuer: Furniture and Interiors (New York, 1981)
Pages 114–115 :
Eisenman, P. Giuseppe Terragni (Cambridge, 1978)
Marciano, A. F. Guiseppe Terragni: Opera Completa 1925–1943 (Rome, 1988)
Schumacher, T.L. Surface and Symbol : Giuseppe Terragni and the Architecture of Italian Rationalism (Londres, 1991)
Pages 116–117 :
Teague, W. D. Design This Day : The Technique of Order in the Machine Age (Londres, 1940)
Pages 118–119 :
Appelbaum, S. The New York World's Fair (New York, 1977)
Meikle, J. 20th Century Limited: Industrial Design in America, 1925–39 (Philadelphia, 1979)
Pulos. A. American Design Ethic : A History of American Industrial Design to 1940 (Cambridge, MA, 1983)
Pages 120–121 :
Loewy, R. Industrial Design (New York, 1979)
Raymond Loewy: Pioneer of American Industrial Design (Munich, 1990) catalogue d'exposition
The Designs of Raymond Loewy (Washington, 1976) catalogue d'exposition
Pages 124–127 :
Cantacuzina, S. Wells Coates: A Monograph (Londres, 1978)
Wells Coates, Architect and Designer (Oxford, 1979) catalogue d'exposition
Thirties : British Art and Design Before the War (Hayward Gallery, Londres, 1980) catalogue d'exposition
Pages 128–129 :
Hennessey, W.J. Russel Wright : American Designer (Cambridge, MA, 1983)
Wright, R. et Wright, M. A Guide to Easier Living (New York, 1951)
Pages 130–131 :
Dreyfuss, H. Designing for People (New York, 1955)
Flinchum, R. Henry Dreyfuss : Industrial Designer (New York, 1997)
Pages 132–133 :
Ullen, J. "The Saab Saga" Style Auto, 36 (Turin, 1980)
Art and Industry (Conran Foundation, Londres, 1982) catalogue d'exposition

LE NOUVEAU MODERNISME

Jackson, L. Contemporary : Architecture and Interiors of the 1950s (Londres, 1994)
Pages 138–141 :
Portoghesi, P., and Pansera, A. Gio Ponti alla Manifattura di Coccia (Milan, 1982)
Ponti, L.L. Gio Ponti : The Complete Work 1923–1978 (Cambridge, MA, 1990)
Pages 142–145 :
Faber, T. Arne Jacobsen (Stuttgart, 1964)
Pages 146–147 :
Branzi, A., et De Lucchi, M. Design Italiano Degli Anni '50 (Milan, 1980)
Brino, G. Carlo Mollino: Architecture as Autobiography (Londres, 1987)
Pages 148–151 :
Drexler, A. Charles Eames : Furniture from the Design Collection (New York, 1973)
Kirkham, P. Charles et Ray Eames (New York, 1996)
Neuhart, J., Neuhart, M., et Eames, R. Eames Design (New York, 1989)
Pages 154–155 :
Abercrombie, S. George Nelson: The Design of Modern Design (Cambridge, MA, 1995)
Nelson, G. On Design (New York, 1979)
Nelson, G. Problems of Design (New York, 1957)
Pages 156–157 :
Kuhner, R.A. Eero Saarinen : His Life and Work (Illinois, 1975)
Spade, R. Eero Saarinen (Londres, 1971)
Pages 160–161 :
Moller-Nielsen, J. Wegner: En Dansk Mobelkunstner (Copenhagen, 1965)
Pages 162–163 :
Conway, H. Ernest Race (Londres, 1982)
Pages 164–165 :
Bryk, R. Tapio Wirkkala (Washington, 1956)
Pages 168–171 :
Harris, J. Lucienne Day: A Career in Design (Manchester, 1993)
Jackson, L. The New Look: Design in the Fifties (Londres, 199)
Lyall, S. Hille: 75 Years of British Furniture (Londres, 1981)
Pages 172–173 :
Celant, G. Marcello Nizzoli (Milan, 1968)
Pages 174–175 :
Bruce, G. "Eliot Noyes" in Byars, M. et Flinchum, R. (éd.) 50 American Designers (Washington, 1994)
Noyes, E. Organic Design in Home Furnishing (New York, 1941)
Pages 176–179 :
Hans Gugelot : 1920–1965 (Bahnbrecher Systemdesign Munich, 1984) catalogue d'exposition
Hochschule für Gestaltung Ulm: Die Moral der Gegenstande (Berlin, 1987) catalogue d'exposition
Pages 180–181 :
Bayley, S. (éd.) Sony Design (Londres, 1982) catalogue d'exposition
Pages 182–183 :
Glancey, J. Douglas Scott (Londres, 1988)
Pages 184–187 :
Brandes, U. Dieter Rams, Designer: Die leise Ordnung der Dinge (Göttingen, 1990)
Burckhardt, F. et Franksen, I. Design: Dieter Rams (Berlin, 1980)
Pages 188–189 :
Kenneth Grange at the Boilerhouse : An Exhibition of British Product Design (Victoria & Albert Museum, Londres, 1983) catalogue d'exposition

ACTION ET RÉACTION

Pages 194–195 :
Ferrari, P. Achille Castiglioni (Milan, 1984)
Pages 196–197 :
Dorfles, G. Marco Zanuso: Designer (Rome, 1971)
Zanuso, M. Dunhill Industrial Design Lecture (Melbourne, 1971)
Pages 198–201 :
Pasca, V. Vico Magistretti: Elegance and Innovation in Postwar Italian Design (Londres, 1991)
Pages 202–203 :
Katz, S. Plastics: Common Objects, Classic Designs (New York, 1984)
Sparke, P. The Plastics Age (Victoria & Albert Museum, Londres, 1990) catalogue d'exposition
Pages 204–205 :
Verner Panton (Copenhagen, 1986)
Pages 208–209 :
Favata, I. Joe Colombo and Italian Design of the Sixties (Londres et Milan, 1988)
Pages 210–211 :
McCarty, C. Mario Bellini, Designer (New York, 1987)
Pages 212–213 :
Santini, P.C. The Years of Italian Design: A Portrait of Cesare Cassina (Milan, 1981)
Pages 214–215 :
Bayley, S. Harley Earl and the Dream Machine (New York, 1983)
Pages 216–219 :
Di Castro, F. (éd.) Sottsass' Scrapbook (Milan, 1976)
Radice, B. Ettore Sottsass : A Critical Biography (New York, 1993)
Sparke, P. Ettore Sottsass Jr. (Londres, 1982)
Pages 224–225 :
Vanlaethen, F. Gaetano Pesce: Architecture, Design, Art (New York, 1989)
Gaetano Pesce (Tel-Aviv et New York, 1991) catalogue d'exposition

VERS LE NOUVEAU MILLÉNAIRE

Pages 230–233 :
ADI Annual 1976 (Milan, 1976)
Bangert, A. et Armer, K. M. 80s Style: Designs of the Decade (New York, 1990)
Pages 234–235 :
Hirst, A. Metropolitan Home, April (New York, 1990)
Lamarova, M. et Byers, M. Boris ˇSípek : The Nearness of Far Architecture and Design (Amsterdam, 1993)
Pages 236–237 :
Frampton, K., et Rowe, C. Five Architects : Eisenman, Graves, Gwathmay, Hejduk, Meier (New York, 1972)
Pages 238–239 :
Jencks, C. The Language of Post-modern Architecture (Londres, 1980)
Venturi, R. Complexity and Contradiction in Architecture (New York, 1966)
Radice, B. Memphis : the New International Style (Milan, 1981)
Pages 240–241 :
Mobilier Japonais (Tokyo, 1985) catalogue d'exposition
The Works of Shiro Kuramata : 1967–1981 (Londres, 1981) catalogue d'exposition
Pages 242–243 :
Pawley, M. Eva Jiricna : Design in Exile (Londres, 1990)
Pages 246–249 :
Boissière, O. Starck (Cologne, 1991)
Nouvelles Tendances : les avant-gardes de la fin du XXe siècle (Paris, 1986) catalogue d'exposition
Pages 250–251 :
Coad. E. D. Javier Mariscal : Designing the New Spain (New York, 1991)
Julier, G. New Spanish Design (Londres, 1991)
Pages 252–253 :
Buck, A. et Vogt, M. (éd.) Michele De Lucchi (Berlin, 1993)
Pages 254–255 :
Branzi, A. The Hot House: The New Italian Design (Londres, 1982)
Shimizu, F. et Thun, M. The Descendants of Leonardo : The New Italian Design (Tokyo, 1980)
Capella, J., et Larrea, Q. Designed by Architects in the 1980s (New York, 1988)
Pages 256–257 :
Sudjic, D. Ron Arad: Restless Furniture (New York, 1989)
Pages 258–259 :
Dormer, P. Jasper Morrison : Designs, Projects and Drawings, 1981–1989 (Londres, 1990)

Liste des éditeurs et fabricants

Ajeto Lindava 167, 47158 République Tchèque, pour Borek Sipek.

Akaba SA Kale Nagusia 56, Lasarte 20160, Gipuzkoa, Espagne, pour Javier Mariscal.

Alessi SpA via Privata Alessi 6, Crusinallo 28023, Novara, Italie, pour Marianne Brandt, Ettore Sottsass, Richard Sapper, Michael Graves et Philippe Starck.

Alterego 572 Egelantiersgracht, Amsterdam, Pays-Bas pour Borek Sipek.

Ron Arad Studio 62 Chalk Farm Road, Londres, NW1, Royaume-Uni, pour Ron Arad.

Arflex SpA via Monte Rosa 27, Limbiate 29951, Milan, Italie, pour Marco Zanuso.

Arte srl via Nazario Sauro 34, Arosio 22060, Como, Italie, pour Marco Zanuso.

Artek Oy Ab Etelaesplanade 18, FIN-00130, Helsinki, Finlande, pour Alvar Aalto.

Artemide SpA via Bergamo 18, Pregnana Milanese 20010, Italie, pour Vico Magistretti, Ettore Sottsass, Richard Sapper et Michele De Lucchi.

Avarte Oy Hie Kkakiventie 2, FIN-00710, Helsinki, Finlande, pour Yryo Kukkapuro.

Av Mazzega srl via Vivarini 3, Murano Venezia, Italie, pour Michele De Lucchi.

B & B Italia SPA Strade Provinciale, Padua, Italy pour Antoni Citterio.

Baroni & Associati Corso di Porta Romana 122, Milan 20122, Italie, pour Ron Arad.

Belux AG Bremgartnerstrasse 109, Wohlen 5610, Suisse, pour Ron Arad.

Bernini G.B. Bernini SpA, Carate Brianza, Italie, pour Pier Giacomo et Achille Castiglioni.

Bigelli Marmi via Arceviese 26, Senigállia 60019, Italie, pour Ron Arad.

Braun Braun AG, Taunus, Germany pour Dieter Rams.

Cappellini Arte via Marconi 35, Arosio 22060, Italie pour Shiro Kurumata et Jasper Morrison.

Cassina SpA via L. Busnelli 1, Meda 20036, Milan, Italie, pour Cassina, Charles Rennie Mackintosh, Frank Lloyd Wright, Gerrit Rietveld, Le Corbusier, Charlotte Perriand, Pierre Jeanneret, Mario Bellini, Vico Magistretti, Gaetano Pesce et Philippe Starck.

Castelli Anonima Castelli, Bologna, Italie, pour Richard Sapper.

Classicon Perchtinger Strasse 8, Munich 81379, Allemagne, pour Michele De Lucchi.

Cleto Munari Italie, pour Ettore Sottsass.

Cosmic Barcelona, Espagne, pour Javier Mariscal.

De Padova Corso Venezia 14, Milan 20121, Italie, pour Achille Castiglioni et Vico Magistretti.

Driade SpA via Padana Inferiore 12, 29012 Fossadello di Caorso, Piacenza, Italie, pour Borek Sipek et Philippe Starck.

Dux Mobel, Suède, pour Bruno Mathsson.

Dyson Dual Cyclone Technology, Dyson Appliances Ltd, Tetbury Hill, Malmesbury, Wiltshire, SN16 0RP pour Dual Cyclone vacuum.

Evertaut & Hille (Idem Furniture) Cross Street, Darwen, Lancashire BB3 2PW, Royaume-Uni pour Robin Day.

Fiam Italia SpA Chiara del Vecchio, Conseil, 38 Vitruvio, Milan 20124, Italie, pour Ron Arad.

Flos SpA via Angelo Faini 2, Bovezzo 25073, Brescia, Italie, pour Philippe Starck et Pier Giacomo & Achille Castiglioni.

Fritz Hansen A/S Allerodvej 8, 3450 Allerød, Danemark pour Arne Jacobsen, Vico Magistretti, Hans Wegner and Verner Panton.

Halifax srl via Furlanelli 96, Giussano 20034, Milan, Italie, pour Antonio Citterio.

Herman Miller Herman Miller Inc., Zeeland, MI, USA, pour George Nelson et Verner Panton.

Ing C. Olivetti & Co. SpA 77 G. Jervis, Ivrea 10015, Turin, Italie, pour by Michele De Lucchi.

IBM (International Business Machines Corporation), Old Orchard Road, Armonk, New York 10504, USA, pour Richard Sapper.

Iittala Glassworks Iittala, Finlande, pour Alvar Aalto, Kaj Franck et Tapio Wirkkala.

Kartell SpA via dell Industrie 1, Noviglio 20082, Milan, Italie, pour Marco Zanuso, Philippe Starck and Antonio Citterio.

Kenwood Manufacturing Co. Ltd New Lane, Havant, Royaume-Uni, pour Kenneth Grange.

Knoll International Worcester Street, New York, NY, USA, pour Mies van der Rohe, Marcel Breuer, Eero Saarinen et Ettore Sottsass.

Le Klint Egstubben 13-15, DK-5270, Odense N, Danemark, pour Kaare Klint.

Logitech 6505 Kaiser Drive, Fremont, CA 94555, USA, pour frogdesign.

Bruno Mathsson International AB S-331 27 Värnamo, Suède, pour Bruno Mathsson.

Magis srl 15 Via Magnadola, Motto de Lizenza 31045, Treviso, Italie, pour Jasper Morrison.

Mira-X SA CH-5034 Suhr, Suisse, pour Javier Mariscal.

Mobles 114 Enric Granados, Barcelona 08008, Espagne, pour Javier Mariscal.

Morphy Richards Talbot Road, Mexborough, South Yorkshire, S64 8AJ, Royaume-Uni, pour Kenneth Grange.

Motorola 50 E. Commerce Drive North, M1, USA, pour frogdesign.

Nani Marquina Bonavista 3, Barcelona, Espagne, pour Javier Mariscal.

Olivetti via Lorenteggio 257, Milan 20152, Italie, pour Mario Bellini, Ettore Sottsass et Michele De Lucchi.

Packard Bell 1 Packard Bell Way, Sacramento, CA 91362, USA, pour frogdesign.

Philips Consumer Electronics Alexanderstrasse 2, Hamburg 2000, Allemagne, pour Ettore Sottsass

Poltronova Poltronova SpA, Pistoia, Italie, pour Ron Arad.

Produzione Privata SAS e Pintacuda via Pallavinco 31, Milan 20145, Italie, pour Michele De Lucchi.

Race Furniture, Ltd Bourton Industrial Park, Bourton-on-the-Water, Cheltenham, Gloucestershire GL54 28Q, Royaume-Uni, pour Ernest Race.

Rosenthal AG 43 Wittelsbacherstrasse, Selb 95100, Allemagne, pour Walter Gropius, Michele De Lucchi.

Royal Copenhagen Smallgade 45, DK-2000 Frederiksberg, Danemark, pour Arne Jacobsen.

Rudolph Rasmussen's Snedkerier Nørrebrogade 45, 2200 Copenhagen NV, Danemark, pour Kaare Klint.

Sambonet SpA 62 via XXVI Aprile, Vercelli 13100, Italie, pour Michele De Lucchi.

SCP Ltd 135–9 Curtain Road, Londres EC2A 3BA, Royaume-Uni, pour Jasper Morrison.

Sony Corporation 6–7–35 Kitashinagawa, Shinagawa-ku, Tokyo 141, Japon.

Steltman Editions 330 Spuistraat, Amsterdam 1012 VX, Pays-Bas, pour Borek Sipek et Jasper Morrison.

Stelton GI Vartov Vej 1, DK-2900 Hellerup, Copenhagen, Danemark, pour Arne Jacobsen.

Steuben 717 Fifth Avenue, New York, NY 10022 pour W. D. Teague et Michael Graves.

D. Swarovski & Co. Wattens 6112, Autriche, Borek Sipek et Ettore Sottsass.

Svenskt Tenn Strandvägen 5, Box 5478, S-114 84 Stockholm, pour Josef Frank.

Thomson Multimedia 9 Place des Vosges, 92050 Paris la Défense, Cedex France, pour Philippe Starck.

Thonet Gebr. Thonet GmbH, PO Box 1520, 3558 Frankenberg, Allemagne, pour Alvar Aalto et Marcel Breuer.

Tupperware PO Box 2353, Orlando, Florida 32802, USA, pour les produits Tupperware, créés par Earl Tupper.

Venini SpA, Fondata Vetrai 50, Murano, Venice 30141, Italie, pour Ettore Sottsass.

Vitra International AG Klünenfeldstrasse 20, 4127 Birsfelden, Suisse, pour Charles Eames, Verner Panton, Borek Sipek, Jasper Morrison, Antonio Citterio, Michele De Lucchi et Ron Arad.

Wilkinson Sword Ltd Cramlington, Northumberland, NE23 8AW, pour Kenneth Grange.

Zanotta SpA via Vittorio Veneto 57, Nova Milanese 20054, Milan, Italie, pour Achille Castiglioni et Marco Zanuso.

Musées et collections

Musées et collections permanentes de design du XXe siècle.

ALLEMAGNE
Bauhaus Archiv, Museum für Gestaltung, Berlin
Bauhaus Museum, Kunstsammlungen zu Weimar
Deutsches Technik Museum, Berlin Kunstgewerbemuseum, Berlin
Kunstmuseum, Düsseldorf Museum für Angewandte Kunst, Cologne
Museum für Industriekultur, Nuremberg
Museum für Kunst und Gewerbe, Hambourg
Museum für Kunsthandwerk, Francfort
Neue Sammlung Staatliches Museum für Angewandte Kunst, Munich
Ulmer Museum d'Ulm, Hochschule für Gestaltung.
Vitra Design Museum, Weil am Rhein

AUSTRALIE
National Gallery de Victoria, Melbourne
Powerhouse Museum, Sydney

AUTRICHE
Galerie Metropole, Vienne
Historisches Museum der Stadt, Vienne
Österreichisches Museum für Angewandte Kunst, Vienne

BELGIQUE
Musées royaux d'Art et d'Histoire de Bruxelles
Museum voor Sierkunst en Vormgeving, Gand

CANADA
Musée des Art décoratifs, Montréal

DANEMARK
Musée des Arts décoratifs de Copenhague
Holmegaard Museum, Fensmark

ÉTATS-UNIS
Art Institute of Chicago
Brooklyn Museum of Art, New York
Busch-Reisinger Museum, Harvard University, Cambridge
Cooper-Hewitt, National Museum of Design, New York
Corning Museum of Glass, Corning
Denver Art Museum
Huntington Art Gallery, San Marino
Metropolitan Museum of Art, New York
Museum of Fine Arts, Boston
Museum of Modern Art, New York
Philadelphia Museum of Art
Radio City Music Hall, New York
Studebaker National Museum, Indiana

FINLANDE
Arabia Museum, Helsinki
Musée Alvar Aalto, Jyväskylä,
Musée du Verre, Iittala,
Musée des Arts appliqués, Helsinki

FRANCE
Centre Georges-Pompidou, Paris
Musée des Art décoratifs, Paris
Musée d'Orsay, Paris

ITALIE
Museo della Ceramica, Laveno Mombello
Museo di Doccia, Florence
Museo Internazionale della Ceramiche, Faenza
Museo della Scala, Milan
Museo del Tessuto, Prato

PAYS-BAS
Van Abbe Museum, Eindhoven
Boymans-van Beuningen Museum, Rotterdam
The Rietveld Schröder House, Centraal Museum, Utrecht
Nai Nederlands Architectuurinstituut, Rotterdam
Stedelijk Museum, Amsterdam

NORVÈGE
Kunstindustrimuseet, Oslo
Nasjonalgalleriet, Oslo
Nordenfjeldske Kunstindustrimuseum, Trondheim

ROYAUME-UNI
Brighton Museum and Art Gallery
City Museum and Art Gallery, Bristol
Broadfield Glass Museum, Kingswinford
Design Museum, Londres Charts
Gallery of Modern Art, Glasgow
Glasgow School of Art
Hunterian Museum and Art Gallery, Glasgow.
Londres Transport Museum
Manchester City Art Galleries
Royal Museum of Scotland, Édimbourg
Ulster Museum, Belfast
Victoria & Albert Museum, Londres
Wedgwood Museum, Barlaston
Whitworth Art Gallery, Manchester

SUÈDE
Archive for Swedish Design, Kalmar
Nationalmusem, Stockholm
Gustavsberg Museum, Gustavsberg
Orrefors Glass Museum, Orrefors
Röhsska Konstslöjdmuseet, Gothenburg
Tekniska Museet, Stockholm

Glossaire

L'astérisque renvoie à des termes définis eux-mêmes dans le glossaire.

Aesthetic Movement
Mouvement littéraire et artistique anglais de la fin du XIXe siècle, acquis au principe de l'art pour l'art. Le groupe privilégie l'idéal de la beauté en rejetant l'idée que l'art puisse avoir un but social ou moral — à l'exact opposé du mouvement Arts and Crafts*.

Aggloméré
Matériau composé de fibres (bois, liège, paille, etc.) compressées, débité en panneaux.

Anti-design
Mouvement né dans l'Italie de la fin des années soixante, à l'issue de l'exposition de mobilier d'Ettore Sottsass (1966). Le groupe rejette les valeurs formalistes de ses compatriotes néomodernes et tend à redonner au design un rôle politique et culturel — l'idéal du modernisme ne représentant plus désormais pour lui qu'un pâle outil de marketing. Par opposition au modernisme, le mouvement s'attache à démontrer la valeur sociale et culturelle des objets, autant que leur fonction esthétique. Acquis à toutes les valeurs rejetées par le modernisme, le mouvement endosse celles de l'éphémère, de l'ironie, du kitsch, des couleurs fortes et des distorsions d'échelle, dans le but de mettre en péril la pure valeur fonctionnelle de l'objet, en questionnant la notion de « bon design ». Sottsass a été le fer de lance des activités du groupe, qui a aussi opéré au niveau individuel. Tous se sont retrouvés au sein du groupe Memphis, au début des années quatre-vingt.

Anti-modernisme
Mouvement né en Italie à la faveur des activités du mouvement anti-design. À la fin des années soixante, il a pris une ampleur internationale, alors qu'un nombre croissant de designers rejetaient les valeurs fonctionnalistes du mouvement moderne.

Art déco
Terme largement utilisé pour décrire le style architectural et décoratif qui émerge en France dans les années vingt, en relation directe avec l'Exposition internationale des Arts décoratifs et industriels qui se tient à Paris en 1925. Formes et motifs géométriques, couleurs vives, angles aigus, ainsi que l'usage de matériaux coûteux comme la laque, l'ivoire, le bronze et la pierre polie, en sont les touches caractéristiques. On y travaille aussi le chrome, le verre coloré et la bakélite, des matériaux moins chers auxquels le style Art déco donnera ses lettres de noblesse.

Art nouveau
Style particulièrement populaire dans l'art et l'architecture européens à la fin du XIXe siècle et au début du XXe. Il se caractérise par l'utilisation de formes curvilignes et organiques stylisées. En Allemagne, il a pris le nom de Jugendstil*. L'Art nouveau se subdivise en deux tendances. La première reprend le style rectiligne prôné par C. R. Mackintosh, que l'on retrouve dans les œuvres de la Sécession viennoise*, et n'a pas manqué d'influencer les Wiener Werkstätte ; la seconde affiche le style curviligne complexe adopté par les designers belges et français, comme Hector Guimard.

Arts and Crafts
Mouvement à la fois esthétique et social né en Grande-Bretagne à la fin du XIXe siècle sous l'impulsion de John Ruskin, William Morris ou C. R. Ashbee. Il a pour but de redonner ses lettres de noblesse à l'artisanat, sérieusement battu en brèche par une mécanisation galopante et la production de masse. Idéalement, il s'agit de produire à la main des objets soignés et accessibles à tous, mais les coûts de fabrication très élevés réservent forcément ce type de produits à une clientèle fortunée. Arts and Crafts a cependant réussi à faire évoluer la production industrielle en suggérant de nouveaux standards de fabrication. Son credo est le suivant : l'art et le design ont le pouvoir de faire évoluer la société, tout décor inutile doit être banni pour parvenir à l'épure d'un objet. Cette conception aura une influence déterminante sur les tenants du mouvement moderne*, sur les designers du Bauhaus en Allemagne et sur plusieurs designers suédois, finlandais et allemands du XXe siècle.

Bakélite
Nom déposé de la première matière plastique entièrement synthétique, mise au point en 1907 par le chimiste Leo H. Baekeland. Grâce à ses qualités — elle se moule très facilement et son coût de fabrication est très bas —, la bakélite a servi à fabriquer une foule d'objets de consommation courante : appareils téléphoniques, postes de radio, réfrigérateurs...

Baroque
Terme s'appliquant à l'origine à un style artistique qui s'est développé au XVIIe siècle en Europe, dans la mouvance de la Contre-Réforme. Il se caractérise par l'utilisation généreuse de l'ornement, le dynamisme de ses constructions et la somptuosité des matériaux.

Béton armé
Béton renforcé industriellement de barres ou de fils métalliques pour améliorer sa résistance à la traction.

Biedermeier
Style très apprécié de la classe moyenne en Allemagne et en Autriche de 1820 à 1840. Il se traduit par l'utilisation de lignes simples et de formes néoclassiques*. Il a influencé les tenants autrichiens du mouvement moderne*, notamment les designers associés aux Wiener Werkstätte.

***Cantilever* (ou porte-à-faux)**
En architecture, le porte-à-faux consiste à faire dépasser d'un mur un élément horizontal — plancher ou balcon — sans support apparent. Le porte-à-faux a été utilisé aussi par les créateurs de mobilier, notamment pour certaines chaises qui ne comportent pas de piètement arrière : le dossier est relié directement à l'ossature du siège et le poids est réparti sur l'avant. Le porte-à-faux a pu être exploré au XXe siècle grâce à l'utilisation du contreplaqué, des tubes d'acier et du plastique.

Celtique (style)
Style élaboré par les peuples de l'Europe centrale et de l'Ouest pendant l'âge du fer, caractérisé par l'utilisation de motifs curvilignes hautement stylisés, que l'on retrouve à la fois dans les terres cuites et dans le travail du métal. Il a influencé C. R. Mackintosh et son cercle à la fin du XIXe siècle.

Chrome
Métal brillant, couleur argent, très utilisé à partir de 1925 en placage sur d'autres métaux, comme l'acier, à la fois dans un but décoratif et comme agent anticorrosion. Il remporte très vite un énorme succès ; dans les années vingt et trente, il est très employé pour les objets produits de façon industrielle.

Classicisme
En architecture, beaux-arts et design, style attaché à suivre les préceptes formulés pendant l'Antiquité gréco-latine : recherche de l'harmonie, sens de la mesure et des proportions, goût de la rationalité. Au XVIIIe siècle émerge le néoclassicisme*, qui interprète les fondements de l'art classique. Les solutions formelles du classicisme n'ont cessé d'inspirer les designers, notamment ceux qui ont adhéré au mouvement moderne*.

Classique
Dans le domaine de l'architecture, des beaux-arts ou du design, se dit de toute création qui suit les styles définis durant l'Antiquité ou qui s'en inspire en respectant des principes formels stricts.

Constructivisme
Mouvement né en Russie après la révolution de 1917 qui regroupe des artistes, des architectes et des designers désirant rompre avec toutes les traditions artistiques pour élaborer une forme d'art au service du nouvel ordre social et politique. Ses principaux représentants sont Alexandre Rodchenko, El Lissitzky et Kasimir Malevitch. Renonçant à utiliser les matériaux traditionnels, les constructivistes s'attachent à produire des objets d'art en assemblant des éléments disparates, technique particulièrement évidente dans leurs affiches créées à partir de photomontages*. Le constructivisme a eu une grande influence sur des tendances artistiques issues du mouvement moderne*, comme De Stijl* ou le Bauhaus.

Contemporain (style)
Style apparu au lendemain de la Seconde Guerre mondiale, principalement dans le domaine du mobilier. Plus léger, plus joyeux, plus décontracté que ce qui se faisait avant-guerre, au moment du mouvement moderne*, il reflète l'optimisme de cette époque. Il se caractérise par une plus large utilisation de la couleur et la prépondérance des formes organiques. Les tenants du style contemporain ont fait grand usage des découvertes technologiques de leur temps — comme en témoignent notamment les chaises en contreplaqué de Charles Eames — et ont contribué à démocratiser le design.

Cubisme
Mouvement artistique initié par Pablo Picasso et Georges Braque autour de 1907. Par réaction aux préceptes de la peinture traditionnelle, il s'attache à

traduire en deux dimensions une réalité tridimensionnelle, grâce à l'utilisation de techniques connues depuis la Renaissance, comme la perspective et le raccourci. Picasso et Braque représentent les objets du réel vus simultanément sous plusieurs angles, créant une image par juxtaposition de ces différents plans. Le cubisme a eu une influence décisive sur l'art et le design du XXe siècle.

« De la fonction naît la forme »
Précepte moderniste selon lequel un objet ou un bâtiment doit laisser transparaître les principes de sa construction et les contraintes du matériau dont il est fait. La formule a été utilisée pour la première fois en 1896 par l'Américain Louis Sullivan dans un essai sur l'architecture. Pour le mouvement moderne*, qui en a un peu transformé le sens, elle signifie que le caractère utilitaire d'un objet doit en déterminer la forme.

De Stijl
Formé aux Pays-Bas en 1917 autour de la revue qui porte le même nom, De Stijl regroupe des architectes, des designers, des peintres, des théoriciens et des poètes. Le peintre et architecte Theo van Doesburg, figure principale du groupe, veut abolir les frontières entre beaux-arts et arts appliqués pour créer un style plus pur, applicable à l'architecture comme au design, et rejetant les formes naturelles au profit des seules formes géométriques.

Deutscher Werkbund
Organisation fondée en Allemagne en 1907 dans le but de combler le fossé qui sépare industrie et design. Composé d'industriels, d'architectes, de designers et d'hommes politiques, le Deutscher Werkbund souhaite voir émerger un style approprié à l'âge industriel, et est convaincu de l'importance morale et esthétique du design, soulignant que l'aspect pratique doit être la base pour exprimer les valeurs culturelles contemporaines. Le Deutscher Werkbund a repris certaines théories de l'Art nouveau* et les a appliquées au design industriel.

Éclectisme
Dans le domaine du design, attitude de certains créateurs qui incorporent à leur travail des idées et des influences très diverses. Au XXe siècle, l'éclectisme a notamment été le fait du postmodernisme, et autorise une liberté qui a séduit de nombreux designers.

Empire (style)
Style apparu au tout début du XIXe siècle, sous le règne de Napoléon Ier, qui s'est rapidement répandu dans toute l'Europe continentale. Il s'applique principalement aux arts appliqués et fait un large usage de motifs décoratifs inspirés de l'Antiquité, notamment de l'Égypte ancienne.

Faïence
Terre cuite émaillée ou vernissée.

Fibre de verre
Matériau à la fois léger et très résistant, composé de verre travaillé sous forme de fibres. Il a été produit de façon industrielle aux États-Unis dans les années trente. Charles Eames, Arne Jacobsen et Joe Colombo, notamment, ont fabriqué des chaises dans ce matériau.

Fonctionnalisme
Principe selon lequel il faut exclure du dessin d'un objet tout élément qui ne le rend pas plus fonctionnel. L'architecte américain Louis Sullivan, auteur de la formule « De la fonction naît la forme* », passe généralement pour le « père » du fonctionnalisme.

Futurisme
Mouvement artistique italien fondé en 1909 par l'écrivain Filippo Tommaso Marinetti, qui exalte trois aspects de la modernité : la machine, la vitesse et la violence. Les peintures futuristes se caractérisent par leur dynamisme et l'utilisation de formes géométriques qui frisent l'abstraction.

Gothique
Style qui se développe en France à partir du milieu du XIIe siècle et qu devient dans toute l'Europe occidentale, jusqu'au XVIe siècle, le style dominant en architecture et dans les arts décoratifs. L'architecture se caractérise par l'utilisation de l'arc ogival, de la voûte d'arêtes et de l'arc-boutant. Les formes sont recherchées, pleines de légèreté, et font la part belle à l'ornement. Le gothique est à l'origine un art religieux, et même les créations profanes semblent empreintes de spiritualité.

High-tech (style)
Style d'architecture et de design ayant émergé dans les années quatre-vingt, qui épouse la technologie moderne et s'en inspire. Il se distingue par sa grande sobriété visuelle son élégance et l'usage détourné de matériaux industriels ou dérivés de la technologie dans un contexte domestique. Dans un sens plus large, le terme se réfère également à une étape du mouvement moderne* durant laquelle les designers ont commencé à faire appel à de nouveaux matériaux tels que le verre, les briques, les métaux et les plastiques de préférence aux matériaux traditionnels ; ce courant prend également le nom de style « industriel* ».

Industriel (style)
Terme se référant à une étape du mouvement moderne* durant laquelle les designers ont commencé à faire appel à de nouveaux matériaux tels que le verre, les briques, les métaux et les plastiques de préférence aux matériaux traditionnels. Dans les années quatre-vingt et quatre-vingt-dix, cette appellation désigne également le style high-tech*.

Isorel
Fibres de bois encollées et agglomérées.

Jugendstil (littéralement « style de la jeunesse »)
Terme en usage pour désigner les variantes allemandes et scandinaves du courant Art nouveau*, féru de formes rectilignes. L'appellation reprend le titre du magazine *Jugend* qui contribua à le populariser.

Kitsch
Terme provenant de l'allemand *verkitschen* (« galvauder »), qui désigne des objets et par extension un art tape-à-l'œil, prétentieux ou sentimental dont la vulgarité séduit un public populaire, par opposition au « bon design ». Depuis les années soixante, des designers comme Ettore Sottsass au sein du groupe Memphis, dans un rejet du mouvement moderne*, ont délibérément incorporé des éléments kitsch dans leur travail. Le kitsch est devenu une figure de style populaire dans le design des années soixante-dix et quatre-vingt.

Mélamine
Revêtement plastique utilisé pour les éléments stratifiés d'équipement de cuisine et pouvant également servir à la fabrication d'articles de table.

Minimal
Terme définissant l'esthétique du mouvement moderne* qui se caractérise par le rejet de l'ornement au profit de formes et de structures d'une simplicité élémentaire.

Moderne danois (mouvement)
Expression danoise du mouvement moderne*, qui s'est développée à partir de 1945 grâce à des designers comme Hans Wegner ou Arne Jacobsen. Leurs œuvres ne peuvent renier l'influence du mouvement moderne français et allemand, mais elles se distinguent par l'aspect « naturel » des finitions et leurs références à la tradition danoise.

Moderne suédois
Style essentiellement moderne et pourtant ancré dans la tradition, qui fait appel à des matériaux naturels de préférence à l'acier tubulaire, associé au mouvement moderne*, pour concevoir des meubles bien conçus, d'un coût de fabrication peu élevé et abordables. Après la Seconde Guerre mondiale, il domine le goût international en matière de design domestique.

Mouvement moderne
Terme initialement utilisé par l'historien de l'architecture Nikolaus Pevsner dans son ouvrage *Les Pionniers du mouvement moderne* (1936), pour décrire un mouvement international d'architecture et de design qui émerge en Europe dans les premières décennies du XXe siècle. Ce courant adopte une éthique du design reflétant les idéaux de la démocratie et de la réforme sociale, et soutient que le monde de l'art et celui de l'industrie peuvent se réconcilier dans le but de fournir à toutes les couches sociales des produits bien conçus et fabriqués en série. Le Deutscher Werkbund* en Allemagne avant la Première Guerre mondiale et le groupe De Stijl* aux Pays-Bas après 1917 annoncent l'avènement de ce courant. Ses principes ont été remarquablement mis en pratique et ont connu un grand retentissement dans le cadre du Bauhaus, dans l'Allemagne des années vingt à trente. Le mouvement rejette le recours à des styles historiques et à l'ornement inutile, et adhère au principe « De la fonction naît la forme* ». Cette appellation est plus ou moins équivalente à la notion de modernisme.

Néoclassicisme
Style décoratif d'art et d'architecture apparu dans la seconde moitié du XVIIIe siècle. Rejetant le style rococo qui l'a précédé, il marque la renaissance d'un intérêt pour l'Antiquité classique dans l'art et le design, ainsi que du sens de la retenue, de l'harmonie, des proportions et de la raison. Il se distingue par ses formes géométriques simples, ses couleurs sourdes et sa décoration sobre. Le terme s'applique dans un sens élargi aux designs contemporains qui en adoptent les traits caractéristiques.

Néofonctionnalisme
Style de design apparu après la Seconde Guerre mondiale, privilégiant la simplicité géométrique et l'élimination du détail inutile.

Ce courant, caractéristique du travail d'Hans Gugelot, va mener à un nouveau minimalisme, ses partisans se réclamant d'un design « sans style », voire « au-delà du style ».

Néo-liberty
Mouvement de design inspiré de l'Art nouveau* italien, qui émerge à la fin des années cinquante en Italie. Ses partisans, à la suite de Carlo Mollino, tendent à concilier l'esthétique Art nouveau et la production d'objets en série (mobilier, éclairages et aménagements intérieurs), tout en réintroduisant la tradition artisanale, afin de contrer l'esthétique machiniste du mouvement moderne.

Néomodernisme
Mouvement de design italien inspiré du rationalisme des années trente, qui naît dans les années cinquante. On y rencontre des formes minimales, mais contrairement à son prédécesseur, il puise également son inspiration dans le monde de l'art contemporain — la sculpture organique en particulier.

Novecento
Mouvement de design italien inspiré de l'Art déco français, qui se fait jour au milieu des années vingt ; il se caractérise par son style néoclassique. Sa production a été plus ouvertement « nationaliste » que ne l'a été celle de ses contemporains partisans du rationalisme*. Lesquels, après avoir obtenu les faveurs des fascistes, ont été délaissés au profit de ce mouvement.

Op art (Optical Art)
Courant d'expression abstraite né dans les années soixante. À travers une variété de motifs, il exploite les effets optiques pour créer l'illusion du mouvement et de la vibration. Ses représentants majeurs sont Bridget Riley et Victor Vasarely. Étendu à la mode, au design graphique et au design domestique, ce mouvement a connu un grand succès populaire et marqué l'époque.

Perspex
Marque de fabrique d'un plastique dur, léger et d'une transparence remarquable commercialisé à partir des années trente. D'une grande flexibilité, il résiste très bien aux intempéries et remplace très souvent le verre. Il existe dans une version opaque.

Photomontage
Création d'une image complètement nouvelle à partir de fragments de matériaux existant : photographies, textes, et dessins. La technique a été popularisée par les artistes du groupe Dada à Berlin ainsi qu'à travers les affiches des constructivistes. Elle est aujourd'hui largement exploitée par les graphistes et affichistes.

Plexiglas
Marque de fabrique d'un plastique solide, dense et léger qui peut être traité de manière transparente ou opaque. Du fait de sa grande flexibilité, il a été le matériau de prédilection de Marianne Brandt dans les années vingt et de Shiro Kuramata, à la fin des années quatre-vingt.

Pointillisme
Technique picturale consistant à appliquer de la peinture sur une surface, suivant le modèle du canevas, sous forme de petits points de couleurs distinctes qui se combinent dans le regard du spectateur, selon les lois de l'optique. Georges Seurat a développé ce procédé dans les années 1880, dans le but d'apporter une plus grande densité et une meilleure qualité lumineuse et vibratoire à ses couleurs.

Pop
Mouvement artistique et graphique apparu au cours des années soixante en réponse à un élan généralisé d'optimisme technologique et économique, puisant son inspiration dans le consumérisme de masse et la culture populaire. Rejetant le modernisme, il vise à exprimer l'esprit démocratique du temps, remplaçant les valeurs austères par celles du plaisir, du changement, de la variété de l'impertinence et de l'éphémère.

Préfabrication
Mise en œuvre industrielle d'éléments distincts d'un bâtiment qui seront assemblés sur le site. Cette technique autorise la standardisation des formes et rend la construction plus rapide. Le béton armé*, les structures métalliques, les fenêtres et les escaliers appartiennent à cette catégorie de matériaux préfabriqués.

Préraphaélites
Groupe d'artistes et d'écrivains anglais fondé en 1848 ; unis dans leur désaveu de l'art académique et néoclassique du début du XIXe siècle, ils désirent renouer avec l'art gothique et la peinture de la prime Renaissance. Les peintres William Holman Hunt, Dante Gabriel Rossetti et John Everett Millais en ont été les principaux représentants. Ils s'attachent aux sujets bibliques et littéraires en privilégiant les couleurs sombres et une grande minutie du détail. Bien que le groupe ait commencé à se dissoudre dans les années 1850, l'appellation a continué à s'appliquer aux œuvres de Rossetti, d'Edward Burne Jones et William Morris, auxquels les scènes du roman médiéval ont continué à suggérer les éléments stylistiques de leur design mobilier; par extension, le terme a fini par être associé à la notion d'évasion romantique.

Purisme
Mouvement artistique du début du XXe siècle fondé par l'architecte Le Corbusier et le peintre Amédée Ozenfant. Né en opposition au cubisme*, il prend pour modèle la précision mathématique de la machine, en mettant l'accent sur la pureté des formes géométriques.

Rationalisme
Nom italien du mouvement moderne* apparu en 1926 à l'initiative d'un groupe d'architectes connu sous le nom de groupe des Sept, devenu populaire dans les années trente. Influencés par leurs homologues allemands et français, ses membres tendent à faire l'usage le plus économique de l'espace et des matériaux. Durant un court laps de temps, le mouvement a reflété les valeurs révolutionnaires et socialistes du parti fasciste naissant puis s'est avéré trop internationaliste et a été supplanté dans ce rôle par le Novecento*. Le rationalisme a influencé le design italien de l'immédiat après-guerre.

Rétro
Qualifie un design conçu en référence à un style plus ancien — par exemple la radio *QT50* de Sharp, datant de 1986, qui emprunte au style « cinquante » américain.

Rococo
Style d'architecture et de design qui s'épanouit en France, dans le Sud de l'Allemagne et en Autriche durant la première moitié du XVIIIe siècle. Caractérisée par un usage abondant de couleurs claires, de volutes et de coquilles, cette esthétique exubérante a influencé le courant Art nouveau en France.

Sécession
Nom adopté par de nombreux groupes d'artistes en rupture avec les académies officielles dans les années 1890, qui, en Allemagne et en Autriche, organisent leurs propres expositions dans le but de poursuivre leurs idéaux artistiques. La première Sécession a lieu à Munich en 1892. Elle est suivie par la Sécession viennoise* en 1897, puis celle de Berlin en 1899.

Sécession viennoise
Groupe de peintres, d'architectes et de designers viennois, représentés par Gustav Klimt, et derrière lui Josef Hoffmann et Joseph Maria Olbrich, qui rompent avec l'Académie des beaux-arts de Vienne en 1897 pour mettre sur pied leur propre salon d'avant-garde. Tous souhaitent abolir les frontières entre l'architecture, les beaux-arts et les arts décoratifs.

Space-age
Style puisant son inspiration dans le champ de l'exploration spatiale, populaire dans la mode, le mobilier et la décoration intérieure des années soixante.

Streamform
Style décoratif américain des années trente et quarante. À l'instar du style Streamline, le design Streamform est aérodynamique, quelle qu'en soit la fonction : il est le plus souvent profilé en goutte d'eau et souligné de rehauts chromés. On le rencontre aussi bien en architecture qu'en art décoratif et dans le design de produit.

Streamline
Style né dans les années trente, à l'initiative de designers américains tels que Raymond Loewy. On l'utilise pour unifier l'aspect de toutes sortes d'objets et de machines (véhicules, articles domestiques et équipement électrique) et leur conférer une séduction nouvelle aux yeux du consommateur. On le reconnaît aux lignes aérodynamiques et aux finitions pointues arrondies ou polies rehaussées de chrome. Il est resté populaire jusqu'à la fin des années cinquante. Depuis lors, il réapparaît de temps à autre dans des designs profilés pour la grande vitesse comme le TGV britannique 125, conçu par Kenneth Grange.

Symbolisme
Mouvement artistique international de la fin du XIXe siècle entretenant de forts liens avec le mouvement poétique français symboliste. Par contraste avec le naturalisme ou l'impressionnisme, il tend à exprimer les émotions par le biais des couleurs et des formes, à partir de thèmes littéraires et/ou fortement empreints d'occultisme et de mystère.

« Vérité des matériaux »
Précepte du mouvement Arts and Crafts* édictant que la forme des objets doit refléter la nature même du matériau qui les compose. Cette notion a influencé tout le mouvement moderne, du Bauhaus allemand au designer anglais Gordon Russell.

Index

Les numéros de pages en italique renvoient aux illustrations.

Remerciements

L'auteur exprime ses remerciements à Barbara Berry du Royal College of Art, aux enseignants et étudiants du cours d'Histoire du design du Royal College of Art/Victoria & Albert, à John Small, à l'équipe de Mitchell Beazley. L'éditeur remercie Frankie Leibe, Jane Royston, Kirstie Seymour-Ure, Emma Shackleton et Sarah Yates pour leur aide inestimable durant la préparation de cet ouvrage.

L'éditeur souhaite également remercier pour leur aimable autorisation de reproduction photographique (légende : b : en bas - c : centre - g : gauche - d : droite - h : en haut)

Direction artistique de la couverture : Philippe Marchand
Première de couverture : Arne Jacobsen, fauteuil *Egg (Œuf)*. Photo Fritz Hansen
Quatrième de couverture : Verner Panton, intérieur. Photo Verner Panton

7 Herman Miller, Inc ; 11 AKG, Londres ; 12h Philippe Garner, b Angelo Hornak ; 13hg AKG, Londres, hd Sotheby's Picture Library, b Victoria & Albert Museum ; 14h Philippe Garner, b Christie's Images ; 15h Philippe Garner, h Christie's Images ; 16h Philippe Garner, b Vitra Design Museum ; 17hg E.T. Archive, hd Sotheby's Picture Library, b Christie's Images ; 18h Sotheby's Picture Library (Cecil Beaton), b Elsie de Wolfe ('The House in Good Taste', New York, The Century Co, 1916.) ; 19h Derry Moore, b Elsie de Wolfe ('The House in Good Taste' The Century Co, New York, 1916) ; 20h Collection Kharbine-Tapabor, b Collection Kharbine-Tapabor ; 21hg Scope (Noel Hautemaniere), hd Christie's Images, bd Christie's Images ; 22 Christies Images ; 23h Philippe Garner, b Bridgeman Art Library (Giraudon/Musée Carnavalet, Paris), c Collection Kharbine-Tapabor (©ADAGP, Paris and DACS, Londres, 1998) ; 24h The Frank Lloyd Wright Archives, bg Cassina S.P.A. (Romano Fotografie. ARS, NY and DACS, Londres 1998), bd Christie's Images (ARS, NY and DACS, Londres 1998) ; 25hg Paul Rocheleau, hd Christie's Images (ARS, NY and DACS, Londres 1998), b Cassina S.P.A. (Andrea Zani. ARS, NY and DACS, Londres 1998) ; 26h Glasgow School of Art Collection, b Christie's Images ; 27h Christie's Images, b The Glasgow Picture Library ; 28h Hunterian Art Gallery, University of Glasgow (Mackintosh Collection, Mark Fiennes), b Bridgeman Art Library (The Fine Art Society, Londres) 29hg The Glasgow Picture Library, hd The Glasgow Picture Library, b Glasgow School of Art Collection ; 30h AKG, Londres, b G. M. Pfaff AG (DACS 1998) ; 31hg AEG Hausgerate GmbH (DACS 1998), hd Sotheby's Picture Library (DACS 1998), b Sotheby's Picture Library (DACS 1998) ; 32h Sotheby's Picture Library (DACS 1998), b Sotheby's Picture Library (DACS 1998) ; 33 g AKG, Londres, d AKG, Londres ; 34 Philippe Garner, h Bridgeman Art Library (Osterreichisches Nationalbibliothek, Vienna), b Vitra Design Museum ; 35 g AKG, Londres (Osterreichisches Museum fur angewandte Kunst), d Philippe Garner ; 36h Angelo Hornak, b Christie's Images ; 37h Victoria & Albert Museum, b Philippe Garner ; 38h Christie's Images, b Sotheby's Picture Library ; 39hg Philippe Garner, hd Christie's Images, b Sotheby's Picture Library ; 43 Sotheby's Picture Library ; 44 Christie's Images (ADAGP, Paris and DACS, Londres 1998), h Roger-Viollet, b Christie's Images (ADAGP, Paris and DACS, Londres 1998) ; 45h Christie's Images (ADAGP, Paris and DACS, Londres 1998), b Sotheby's Picture Library (ADAGP, Paris and DACS, Londres 1998) ; 46h Philippe Garner, b Christie's Images ; 47h Philippe Garner, b Bridgeman Art Library (Private Collection) ; 48h Victoria & Albert Museum, b Bridgeman Art Library (Private Collection) ; 49h Sotheby's Picture Library, b Vitra Design Museum ; 50h Roger-Viollet, b Christies Images ; 51hg Philippe Garner, hd Christie's Images, b Christie's Images ; 52h Jean-Loup Charmet, hg Roger-Viollet, b Philippe Garner ; 53hd Jean-Loup Charmet, b Philippe Garner ; 54h Sotheby's Picture Library (Cecil Beaton), b National Monuments Record (Crown copyright) ; 55hg Derry Moore ; hd The Conde Nast Publications Ltd (Anthony Denney), bd Philippe Garner ; 56h Svenskt Tenn (Lennart Nilsson), b Vitra Design Museum ; 57hg AKG, Londres, hd Svenskt Tenn, b Svenskt Tenn ; 58h Svenskt Tenn, b Svenskt Tenn ; 59r Svenskt Tenn, hg Svenskt Tenn ; 60h The Wedgwood Museum, b WORSHIPFUL COMPANY OF GOLDSMITHS ; 61 The Wedgwood Museum, h Broadfield House Glass Museum, b The Wedgwood Museum ; 62h Corbis UK Ltd (Bettman/UPI), b Christie's Images ; 63 Christie's Images, h Corbis UK Ltd, b Christie's Images ; 64h Rud. Rasmussens Snedkerier Aps, b DANSKE KUNSTINDUSTRIMUSEET, (Ole Woldbye) ; 65hg Le Klint, hd DANSKE KUNSTINDUSTRIMUSEET, (Ole Woldbye), b Rud. Rasmussens Snedkerier Aps ; 66h AB Gustavsberg, b Victoria & Albert Museum ; 67h Nordiska Museet, b Statens Konstmuseer ; 68h Victoria & Albert Museum, bg Victoria & Albert Museum, bd AB Gustavsberg ; 69h Statens Konstmuseer, b Victoria & Albert Museum ; 70h AB Orrefors Glasbruk, b Svenskt Tenn ; 71hg Nordiska Museet, hd Victoria & Albert Museum, b Keramiskt Centrum ; 72 Christie's Images, h The Gordon Russell Trust ; b Christie's Images ; 73h The Gordon Russell Trust, b Christie's Images ; 74h artek, b Sotheby's Picture Library ; 75h Philippe Garner, b Artek ; 76h littala, bg Vitra Design Museum, bd Artek ; 77h Corbis UK Ltd (Bettmann/UPI), b Artek ; 78h Heals, bg Vitra Design Museum, bd Christie's Images 79h Philippe Garner, b Victoria & Albert Museum ; 80h Mathsson International AB, b Mathsson International AB ; 81h Mathsson International AB ;, b Mathsson International AB ; 82h The Royal Society for the encouragement of Arts, Manufactures and Commerce, Londres (The Faculty of Royal Designers for Industry) ; bg Reproduced by kind permission of the Royal Mail, bd Enid Marx ; 83hg Londres Transport Museum, hd The Whitworth Art Gallery, University of Manchester ; 87 AKG, Londres ; 88 BAUHAUS-ARCHIVE, h BAUHAUS-ARCHIVE, b Rosenthal ; 89h BAUHAUS-ARCHIVE, b AKG, Londres ; 90h AKG, Londres, b Victoria & Albert Museum ; 91h AKG, Londres, bg AKG, Londres (DACS 1997), bd Victoria & Albert Museum (DACS 1998) ; 92h BAUHAUS-ARCHIVE, bg Knoll (The Mies van der Rohe Collection, Tubular Brno Chair, courtesy of Knoll), bd Christie's Images (DACS 1998) ; 93h Esto Photographics (Scott Frances), b AKG, Londres (Erich Lessing) ; 94b Cassina S.P.A. (Oliviero Venturi. ADAGP, Paris and DACS, Londres 1998), h Charlotte Perriand (Pierre Jeanneret) ; 95h Fondation Le Corbusier, b Charlotte Perriand (Pierre Jeanneret. ADAGP, Paris and DACS, Londres 1998) ; 96h Fondation Le Corbusier, b Cassina S.P.A. (Mario Carrieri. ADAGP, Paris and DACS, Londres 1998) 97h Cassina S.P.A. (Oliviero Venturi. ADAGP, Paris and DACS, Londres 1998), bg Hulton Getty Picture Collection, bd Christie's Images (ADAGP, Paris and DACS, Londres 1998) ; 98h Centraal Museum Utrecht (Rietveld Schroder Archive/DACS 1998), b Christie's Images (DACS 1998) ; 99h Centraal Museum Utrecht (DACS 1998), b Reed Consumer Books Ltd. (DACS 1998) ; 100h Cassina S.P.A. (DACS 1998), b Christie's Images (DACS 1998) ; 101h Sotheby's Picture Library (DACS 1998), b Centraal Museum Utrecht (Rietveld Schroder Archive/Jannes Finders/DACS 1998) 102h Stedelijk Van Abbe Museum, Eindhoven, b Christie's Images (DACS 1998) ; 103h Stedelijk Van Abbe Museum, Eindhoven (DACS 1998), bg CHRISTIE'S IMAGES, (DACS 1998), bd Bridgeman Art Library (Private Collection/DACS 1998) ; 104h Society for Cooperation in Russian & Soviet Studies, bg Society for Cooperation in Russian & Soviet Studies, bd Society for Cooperation in Russian & Soviet Studies ; 105h AKG, Londres (Moscow, Lenin Library, Erich Lessing), b Christie's Images ; 106h BAUHAUS-ARCHIVE, (DACS 1998), b Sotheby's Picture Library (DACS 1998) ; 107 Officina Alessi (DACS 1998), h Sotheby's Picture Library (DACS 1998), b Christie's Images (DACS 1998) ; 108h BAUHAUS-ARCHIVE, bg Victoria & Albert Museum, bd Philippe Garner ; 109h BAUHAUS-ARCHIVE, b AKG, Londres ; 110h Victoria & Albert Museum, bg Victoria & Albert Museum, bd Sotheby's Picture Library ; 111 Pedro E. Guerrero ; 112h Victoria & Albert Museum, b BAUHAUS-ARCHIVE, (Erich Consemuller) ; 113 Victoria & Albert Museum, h BAUHAUS-ARCHIVE, b Christie's Images ; 114h Centro Studio Guiseppe Terragni, b Centro Studio Guiseppe Terragni ; 115h Centro Studio Guiseppe Terragni, b Centro Studio Guiseppe Terragni ; 116h Corbis UK Ltd (Bettmann/UPI), b Corning Museum of Glass (Copyright 1985. Gift of Steuben Glass.) ; 117 Advertising Archives, h Henry Ford Museum and Greenfield Village, b CHRISTIE'S IMAGES ; 118 Corbis UK Ltd (Library of Congress) ; 119hg Statens Konstmuseer, hd Corbis UK Ltd (Library of Congress), bd Corbis UK Ltd (Bettmann), bg E.T. Archive ; 120 Corbis UK Ltd (Bettmann/UPI), h AKG, Londres ; 121hg AKG, Londres, hd AKG, Londres ; 122hg AKG, Londres, hd AKG, Londres ; 122bl AKG, Londres ; 123 AKG, Londres ; 124h Design Council/DHRC, University of Brighton, b Victoria & Albert Museum ; 125hg Philippe Garner, hd Royal Institute of British Architects ; b Royal Institute of British Architects ; 126h Design Council/DHRC, University of Brighton (Leonard G Taylor, AIBP), bg Royal Institute of British Architects, bd Victoria & Albert Museum ; 127bd Royal Institute of British Architects ; 128h Corbis UK Ltd (Bettmann/UPI), b Reed Consumer Books Limited ; 129hg Syracuse University, The George Arents Research Library for Special Collections, hd Syracuse University, The George Arents Research Library for Special Collections, b Syracuse University, The George Arents Research Library for Special Collections ; 130h Corbis UK Ltd (Bettmann/UPI), bg AKG, Londres, bd Advertising Archives ; 131h Julius Shulman, b The Thermos Company ; 132h SAAB, b SAAB ; 133h SAAB, bg SAAB, bd CHRISTIE'S IMAGES, ; 137 Herman Miller, Inc ; 138h Archivio Gio Ponti, b Agenzia Fotografica Luisa Ricciarini, Milan ; 139 Index, h Agenzia Fotografica Luisa Ricciarini, Milan ; 140h Index, b Christie's Images ; 141h Archivio Gio Ponti, b Reed Consumer Books Limited (Ian Booth) ; 142 Fritz Hansen, h Fritz Hansen, b Reed Consumer Books Limited ; 143hg Royal Copenhagen (Georg Jensen Silversmiths), hd Fritz Hansen ; 144hg Fritz Hansen, hd Reed Consumer Books Limited (Tim Ridley), b Fritz Hansen ; 145h Royal Institute of British Architects, b Stelton ; 146h Archivio Carlo Mollino, b Christie's Images ; 147h Victoria & Albert Museum, bg Archivio Carlo Mollino, bd Christie's Images ; 148h Herman Miller, Inc, b CHRISTIE'S IMAGES, ; 149hg Julius Shulman, hd Herman Miller, Inc, b Victoria & Albert Museum ; 150h Reed Consumer Books Limited (Tim Ridley), b Herman Miller, Inc ; 151h Herman Miller, Inc, b Herman Miller, Inc ; 152b Fritz Hansen ; 153hg Philippe Garner, hd Victoria & Albert Museum, bg Christie's Images, bd Victoria & Albert Museum ; 154h Herman Miller, Inc (Melissa Brown), b Herman Miller, Inc (Rooks Photography) ; 155hg Herman

Miller, Inc, hd Reed Consumer Books Limited (Tim Ridley), b Herman Miller, Inc ; 156h Knoll, b Reed Consumer Books Limited (Tim Ridley) ; 157hg Victoria & Albert Museum, hd Corbis UK Ltd (Bettmann), b Esto Photographics (Ezra Stoller) ; 158h Ittala, b Reed Consumer Books Limited (Ian Booth) ; 159hg Iittala, hd Iittala, b Victoria & Albert Museum ; 160h Fritz Hansen, b Reed Consumer Books Limited (Ian Booth) ; 161 Fritz Hansen, h Bridgeman Art Library, b Reed Consumer Books Limited (Ian Booth) ; 162h Design Council/DHRC, University of Brighton, b Reed Consumer Books Limited (Ian Booth) ; 163 Race Furniture Limited, h Race Furniture Limited, b Race Furniture Limited ; 164h Iittala, bg Victoria & Albert Museum, bd Christie's Images ; 165 Iittala, h Corning Museum of Glass, b Christie's Images ; 166h Agenzia Fotografica Luisa Ricciarini, Milan, b Reed Consumer Books Limited (Ian Booth) ; 167h Agenzia Fotografica Luisa Ricciarini, Milan, bg Agenzia Fotografica Luisa Ricciarini, Milan, bd Archivio Gio Ponti ; 168h Advertising Archives, b Robin and Lucienne Day ; 169 Robin and Lucienne Day (Hille International) ; 169h Robin and Lucienne Day, b Robin and Lucienne Day ; 170 Robin and Lucienne Day, h Robin and Lucienne Day, b Robin and Lucienne Day ; 171hg Robin and Lucienne Day, hd Robin and Lucienne Day ; 172h Archivio Storico of Olivetti, Ivrea, Italy, b Olivetti (UK) ; 173 Agenzia Fotografica Luisa Ricciarini, Milan, h Archivio Storico of Olivetti, Ivrea, Italy, bd Agenzia Fotografica Luisa Ricciarini, Milan (Roberto Schezen) 174h New Canaan Historical Society, b Corbis UK Ltd (Bettmann/UPI) ; 175 New Canaan Historical Society, h IBM, b Science & Society Picture Library, Science Museum ; 176h Braun, Germany, b Reed Consumer Books Limited (Ian Booth) ; 177hg Ulmer Museum/HfG-Archiv, hd Braun, Germany, b Ulmer Museum/HfG-Archiv ; 178h Ulmer Museum/HfG-Archiv, b Ulmer Museum/HfG-Archiv ; 179 Professor Herbert Lindinger, h Ulmer Museum/HfG-Archiv, b Professor Herbert Lindinger ; 180h Sony United Kingdom Limited, hg Advertising Archives, b Science & Society Picture Library, Science Museum (NMPFT) ; 180b Advertising Archives ; 181tr Advertising Archives ; 182h The Royal Society for the encouragement of Arts, Manufactures and Commerce, Londres (RDI Archive), b The Royal Society for the encouragement of Arts, Manufactures and Commerce, Londres (RDI Archive) ; 183hg Londres Transport Museum (John Somerset Murray), hd The Royal Society for the encouragement of Arts, Manufactures and Commerce, Londres (RDI Archive), b Londres Transport Museum ; 184h Braun, Germany, b Design Council Slide Collection, Manchester Metropolitan University (Boilerhouse) ; 185h Braun, Germany, b Design Council Slide Collection, Manchester Metropolitan University (Boilerhouse) ; 187 Centre Neil Austin, h Reed Consumer Books Limited, h Philippe Garner, b Braun, Germany ; 186b Neil Austin ; 188h Pentagram Design Limited, b Pentagram Design Limited ; 189hg Pentagram Design Limited, hd Pentagram Design Limited, b Pentagram Design Limited ; 193 Verner Panton ; 194h Studio Arch. Castiglioni, b Zanotta, S.p.A. (Mauro Masera) ; 195hg Flos, hd Reed Consumer Books Limited, b Bernini S.p.a. ; 196h Design Council/DHRC, University of Brighton, b Zanotta, S.p.A. (Aldo Ballo) ; 197 Zanotta, S.p.A. (Aldo Ballo), hd Zanotta, S.p.A. (Mauro Masera), b Reed Consumer Books Limited (Ian Booth) ; 198h Fritz Hansen, b Vico Magistretti ; 199hg Vico Magistretti, hd Vico Magistretti ; 200hg Vico Magistretti, hd Vico Magistretti, b Vico Magistretti ; 201 Vico Magistretti ; 202h Pentagram Design Limited, b Studio Joe Colombo, Milano ; 203hg Katz Collection, hd Private Collection, b Tupperware ; 204h Verner Panton, bg Reed Consumer Books Limited (Ian Booth), bd Verner Panton ; 205h Verner Panton, b AKG, Londres ; 206h Studio Nurmesniemi Ky (Rauno Traskelin), bg Studio Nurmesniemi Ky, bd Studio Nurmesniemi Ky ; 207h Studio Nurmesniemi Ky, b Studio Nurmesniemi Ky ; 208h Studio Joe Colombo, Milano, b Philippe Garner ; 209hg Studio Joe Colombo, Milano, hd Philippe Garner, b Studio Joe Colombo, Milano ; 210h Mario Bellini Associati ;, b Mario Bellini Associati, hg Mario Bellini Associati, hd Mario Bellini Associati, b Mario Bellini Associati ; 212 Cassina S.P.A. (Bella e Ruggeri), bg Cassina S.P.A. (Bella & Ruggeri) ; 213hg Cassina S.P.A., hd Cassina S.P.A. (Aldo Ballo), b Cassina S.P.A. (Aldo Ballo) ; 214h Copyright 1978 G. M. Corp. Avec la permission de G. M. Media Archives, b Copyright 1978 G. M. Corp. Avec la permission de G. M. Media Archives ; 215hg Copyright 1978 G. M. Corp. Avec la permission de G. M. Media Archives, hd Advertising Archives, b Copyright 1978 G. M. Corp. Avec la permission de G. M. Media Archives ; 216h Design Council/DHRC, University of Brighton, b Reed Consumer Books Limited (Andy Johnson & Rish Durka) ; 217h Ettore Sottsass, bg Ettore Sottsass ; 217bd Ettore Sottsass ; 218h Ettore Sottsass (Santi Caleca), b Ettore Sottsass ; 219h Ettore Sottsass, b Ettore Sottsass (Aldo Ballo) ; 220h Hulton Getty Picture Collection, b Philippe Garner ; 221hg Hulton Getty Picture Collection, hd Victoria & Albert Museum, b Philippe Garner (Domus, Editoriale Domus – Rozzano (MI) Italy) ; 222h Philippe Garner (Archigram), b Philippe Garner ; 223h Philippe Garner, b Philippe Garner (Domus) ; 224h Gaetano Pesce, b Gaetano Pesce ; 225hg Gaetano Pesce, hd Gaetano Pesce, b Gaetano Pesce ; 229 AKG, Londres (Laurent Limot) ; 230h Richard Sapper (Serge Libiszewski), b Artemide ; 231h Richard Sapper, b Richard Sapper (Aldo Ballo) ; 232h Richard Sapper, b Richard Sapper ; 233hg Richard Sapper, hd Richard Sapper (Mario Carrieri), b Richard Sapper (Aldo Ballo) ; 234h Studio Sipek (Erwin Olaf), b Studio Sipek/Vitra ; 235h Studio Sipek/Leon Gulikers, bg Studio Sipek/Vitra, bd Studio Sipek/Courtesy Steltman Galleries, Amsterdam/New York, Leon Gulikers ; 236h Michael Graves, b Michael Graves (Paschall/Taylor ; 237h Michael Graves (William Taylor), bg Michael Graves, bd Michael Graves ; 238 Studio de Lucchi, bg Dyson Appliances Ltd, bd Avarte ; 239h Reed Consumer Books Limited (Courtesy of Charles Jencks/James Merrell), b Victoria & Albert Museum ; 240h Kuramata Design Office, b Kuramata Design Office (Mitsumasa Fujitsuka) ; 241h Kuramata Design Office (Mitsumasa Fujitsuka), bg Kuramata Design Office (Mitsumasa Fujitsuka), bd Kuramata Design Office ; 242 Eva Jiricna Architects Limited, h Eva Jiricna Architects Limited, b Eva Jiricna Architects Limited (Alistair Hunter) ; 243hg Eva Jiricna Architects Limited (Alistair Hunter), hd Arcaid (Richard Bryant, 1994) ; 244 frogdesign inc. (Dietmar Henneka), h frogdesign inc., bg frogdesign inc. (Victor Goico), bd frogdesign inc. (Dietmar Henneka) ; 245h frogdesign inc. (Dietmar Henneka), bd frogdesign inc. (Victor Goico) ; 246h Flos, b Flos ; 247h Arcaid (Earl Carter/Belle), bg Arcaid (Richard Bryant), bd Arcaid (Richard Bryant) ; 248h AKG, Londres (Laurent Limot), b Thomson ; 249h Arcaid (Simon Kenny/Belle), bg Flos, bd Thomson ; 250h Estudio Mariscal, b Estudio Mariscal ; 251h Estudio Mariscal, bg Estudio Mariscal, bd Estudio Mariscal ; 252 Studio de Lucchi, h Studio de Lucchi, b Studio de Lucchi ; 253h Studio de Lucchi, b Studio de Lucchi ; 254h Antonio Citterio, Architetto (Gitty Darugar), b Antonio Citterio, Architetto (Hans Hansen) ; 255 Antonio Citterio, Architetto (Luciano Svegliado), h Antonio Citterio, Architetto (Gionata Xerra), b Antonio Citterio, Architetto (Miro Zagnoli) ; 256h Ron Arad Associates, b Ron Arad Associates ; 257hg Ron Arad Associates (C. Kicherer), hd Ron Arad Associates (Christopher Kicherer), b Ron Arad Associates (G Dagon) ; 258 Jasper Morrison, h Jasper Morrison, b Jasper Morrison ; 259hg Jasper Morrison, hd Arcaid (Richard Bryant)